実務に役立つ 租税基本判例精選 100

税理士　林 仲宣 [著]

税務経理協会

は し が き

　本書は，「実務に役立つ租税基本判例120選」（税務経理協会刊）を全面的に改訂した内容である。
　「実務に役立つ租税基本判例120選」は，月刊『税』平成21年10月号及び11月号に寄稿した「地方税務職員の実務に役立つコンパクト版租税法関係基本判例120選」に20編の判例を追加したものであり，地方税務職員の研修教材として利用してきた。その後，大学院の教材としても利用したため，若い世代との議論を通じて内容を再検討する機会に恵まれたことから，平成26年6月に「実務に役立つ租税基本判例120選改訂版」を出すことができた。

　しかし，時代は平成から令和にかわり，昭和の時代は遠いものになってしまった。もちろん昭和期の租税判例のなかには，現在でもリーディング・ケースとして色あせない事例も少なくない。もっとも，平成世代には，当時の世相と経済事情，取引の形態と実情，情報の伝達手段など，現在では理解し難い状況が背景にあることは明かである。そのため本書では，税法の理論と実際の概略について理解できるように，昭和期の重要判例と平成期の判例の中から，実務の視点で100事例を精選した。

　長年，谷口智紀氏（島根大学准教授）と髙木良昌氏（税理士・明治学院大学非常勤講師）とともに租税判例の共同研究を続けて来た。その成果は，「実務に役立つ判例研究」（月刊税務弘報連載）及び「地方税判例年鑑」（㈱ぎょうせい・年刊）に随時，発表し，その一部は，「重要判例・裁決から探る税務の要点整理」（清文社，平成27年）として公刊したが，本書にはこれらの共同研究から転載した事例もあり，両氏には改めて感謝申し上げる。また同じく，「税法基本判例を再読する」（月刊税・連載）及び「ザ・税務訴訟」（月刊法律のひろば・随時掲載）に投稿した判例研究も転載した。各編集ご担当には謝意を表する次第である。

　本書の校正等については，「実務に役立つ租税基本判例120選改訂版」以来，継続して拙著の校正等をお願いしている山本直毅君（専修大学法学部助教）に今回もお願いした。専修大学法学部・増田英敏教授のご指導による多忙な研究活動において，時間を割いて頂いたことに心から感謝したい。

　本書は企画の段階から，㈱税務経理協会の鈴木利美氏にご配慮を賜った。出版に関して初めてお世話になってから30年という長い年月が過ぎようとするが，まさしく学成り難しという実感である。しかしながら，地方分権の推進と地方税税制の意義をご指導頂いた坂田期雄先生と税法判例の重要性をご教授頂いた山田二郎先生がともに90歳を超えながら，現在でも直接，ご教示頂けることを踏まえると，さらに精進しなければと痛感する昨今でもある。

2019年（令和元年）盛夏

林　仲宣

本書の構成

1　本書で使用している法令及び通達の略称，法令の条文の表記方法は，通常，税法関係の書籍，雑誌などで採用されている標記を準用している。

2　現在，税法判例と国税不服審判所裁決事例の検索は，LEX/DB・TKC法律情報データベースや一般社団法人 日税連税法データベース（TAINS）を利用することが一般的であるから，本書においても，判決（裁決）の出典は両者を活用している。TKC及びTAINSの関係各位には，心からの感謝を申し上げる次第である。

3　各事例の掲載欄の，「裁判所ＨＰ」は最高裁判所オームページの裁判例情報で検索可能，「TKC」はLEX/DBインターネットTKC法律情報データベースにおける文献番号，「TAINS」は一般社団法人 日税連税法データベースにおけるコード番号を示している。

4　最高裁の判断が棄却・上告不受理の場合には高裁又は地裁の判旨を，また高裁の判断が地裁の判断に加筆訂正しているため判読が難しい場合には地裁の判旨を，それぞれ紹介している。

5　判決（裁決）要旨で引用されている法令，通達，法令の条項及び通達の番号は，その後，廃止，削除，追加，改正，変更などにより現行とは異なるものもあるが，おおむね要旨の中で法令等の趣旨を説示しているので，原則として判決（裁決）が出された当時の表記で記載している。

目　　次

《税法の基礎理論》

001　租税の意義 ……………………………………………………………… 1
最高裁第一小法廷平成21年12月3日判決

　英国王室属領であるガーンジー島所在のわが国法人の子会社が租税として納付したものが外国法人税に該当すると認定された事例（ガーンジー島事件・損保ジャパン事件）。

002　租税と租税法律主義 ………………………………………………… 4
最高裁大法廷平成18年3月1日判決

　国民健康保険加入者にとっては，その給付内容に差異がないにもかかわらず，地方自治体の選択により，公課である国民健康保険料と租税である国民健康保険税という異なる形式が併存する制度において，租税の意義が示され，公課としての規律の必要性が明確にされた事例（旭川国民保険料事件）。

003　地方税法と地方税条例 ……………………………………………… 7
東京地裁平成4年3月19日判決

　非課税規定のない税条例の下で，スポーツ等の施設を提供した所有者に対して，地方税法が規定する固定資産税の非課税措置の適用を首長の裁量で決定したことが違法と判断された事例（東村山固定資産税事件）。

004　通　達　課　税 ……………………………………………………… 10
最高裁第二小法廷昭和33年3月28日判決

　パチンコ球遊器が旧物品税法上の「遊戯具」のうちに含まれるとする税務通達の意義を明示し，通達課税の違憲性を否定した事例（パチンコ球遊器事件）。

005　損益通算と遡及適用 …………………………………………………… 13
最高裁第一小法廷平成23年9月22日判決

　長期譲渡損失の損益通算が廃止になった所得税法の改正が，当該年度の1月に遡って適用されることが憲法の趣旨に反しないと判断された事例。

006　租税公平主義　Ⅰ ……………………………………………………… 16
最高裁第一小法廷昭和50年2月6日判決

　娯楽施設利用税（都道府県税・平成元年3月31日廃止）は，スポーツ施設であるスケート場，テニスコート，水泳プール，野球場等の利用を課税対象としていないにもかかわらず，ゴルフ場の利用に課税されることは，平等原則に反しないとされた事例（ゴルフ場課税事件）。

007 租税公平主義 Ⅱ ･･ 19
福岡地裁平成 6 年12月26日判決

　所得税法上の所得控除である寡夫控除は，寡婦控除と比べ控除を受ける要件としての所得制限があるが，これは平等原則に反しないとした事例。

008 納税者の責任と解説書の効果 ･･･････････････････････････････････ 22
最高裁第三小法廷平成16年 7 月20日判決

　同族会社の出資者が同会社に対してした無利息貸付けについて，法人に対する無利息貸付けを容認・解説した税務当局者の著した解説書に従い申告納税をしなかった納税者の責任が指摘され，利息相当額が収入として課税された事例（パチンコ平和事件）。

009 納税指導と信義則 ･･･ 25
横浜地裁平成 8 年 2 月28日判決

　課税庁職員による明らかな誤指導に対して信義則の適用が認められなかった事例。

010 租税負担と錯誤 ･･･ 28
最高裁第一小法廷平成元年 9 月14日判決

　財産分与契約が租税負担がないという分与者の錯誤によるものとして無効とされた事例。

011 申告義務と錯誤 ･･･ 31
高松高裁平成18年 2 月23日判決

　有限会社の出資口の売買契約に対して低廉譲渡と指摘された事案において，申告期限後の錯誤の主張を否定し，納税義務の免除を否認した事例。

012 納税と無申告加算税 ･･･ 34
大阪地裁平成17年 9 月16日判決

　法定期限内に納税し，期限後に申告書を提出した納税者に無申告加算税を賦課することが容認された事例（関西電力事件）。

013 更正の請求 ･･･ 37
最高裁第二小法廷平成21年 7 月10日判決

　所得税額控除の計算誤りによる申告に対して更正の請求が認められた事例（南九州コカコーラ事件）。

014 税 務 調 査 ･･･ 40
岡山地裁平成11年10月 6 日判決

　税務調査における第三者の立会いを否定した事例。

015 質問検査権 ･･･ 43
京都地裁平成12年 2 月25日判決

　質問検査権の意義と範囲が明示され，違法性が指摘された事例（北村事件）。

016　理由附記 ·········· 46

国税不服審判所平成26年11月18日裁決

　更正通知書の理由附記について要件を満たさない不備があるとして処分の取消しをすべきであるとされた事例。

017　推計課税 ·········· 49

福岡高裁平成11年10月21日判決

　会計帳簿等の保存状態が不適切な納税者に対して行われた推計課税の手法と合理性が容認された事例。

018　時　　　効 ·········· 52

最高裁第一小法廷昭和43年6月27日判決

　課税庁が未納税額について納付を催告し，その後6箇月内に差押等の手段をとったときは，民法153条の準用により，消滅時効の中断を認めた事例。

019　差押えの範囲 ·········· 55

鳥取地裁平成25年3月29日判決

　差押え禁止債権であっても，銀行口座に振り込まれた時点で，差押え可能な預金債権に変化するということになることを確認したうえで，禁止債権である児童手当の差押処分の違法性を認めた事例。

020　第二次納税義務 ·········· 58

最高裁第一小法廷平成18年1月19日判決

　第二次納税義務者が本来の納税義務者に対する課税処分について不服申立てをする場合の不服申立期間について判示された事例。

021　収入の計上時期（権利確定主義） ·········· 61

山形地裁平成18年12月5日判決

　公的年金を遡って一括収受した場合の計上時期について，社会保険庁の裁定日基準ではなく，受給権確定基準による，いわゆる権利確定主義によると判定された事例。

022　益金の計上時期（公正妥当な会計処理） ·········· 64

東京地裁平成20年2月15日判決

　従業員の不正行為により損害を被った法人として損害賠償請求権に係る益金の計上年度が争点となった事例。

023　決算確定主義 ·········· 67

福岡地裁平成19年1月16日判決

　株主総会等の承認を得ていない決算書類に基づく確定申告の有効性に関して，決算確定主義の実際を明示した事例。

《所得税法関係》

024 非課税所得 ……………………………………………………………… 70
福岡高裁平成22年10月12日判決
　商品先物取引に係る損害賠償請求訴訟上の和解金が非課税とされた事例。

025 違法所得 …………………………………………………………………… 73
最高裁第三小法廷昭和46年1月9日判決
　利息制限法による制限超過の利息・損害金において，未収であるかぎり課税の対象とならないとした事例。

026 所得区分Ⅰ（給与所得と事業所得）…………………………………… 76
東京地裁平成19年11月16日判決
　外注費として支払った費用が，請負契約ではなく雇用契約による給与であるとされた事例。

027 所得区分Ⅱ（不動産所得と一時所得）………………………………… 79
名古屋地裁平成17年3月3日判決
　土地に関する賃貸契約の解除に伴い借り主が建築した店舗用建物を解体することなく地主に無償譲渡した場合に，地主に発生するのは不動産所得ではなく，一時所得であるとした事例。

028 所得区分Ⅲ（一時所得と雑所得）……………………………………… 82
最高裁第三小法廷平成27年3月10日判決
　PAT口座を利用し，ソフトに馬券を自動購入させ利益を得ていた場合の競馬の払戻金に係る所得は，一時所得ではなく雑所得であるとした事例。

029 所得区分Ⅳ（譲渡所得と雑所得）……………………………………… 85
大阪高裁平成24年4月26日判決
　譲渡所得に該当するには，所得が，資産の所有権その他の権利が相手方に移転する機会に一時に実現したものであるとした事例。

030 住所の概念 ……………………………………………………………… 88
東京地裁平成21年1月27日判決
　遠洋まぐろ漁船を運航する外国の法人等に雇用された納税者らが，所得税法上の居住者に該当するとされた事例。

031 事業概念と事業所得 …………………………………………………… 91
千葉地裁平成3年6月19日判決
　株式売買益に係る所得が事業所得ではなく雑所得に当たるとされた事例。

032　必要経費の範囲 ………………………………………………94

東京高裁平成24年9月19日判決

　弁護士会役員として支出した交際費等の経費性を認め必要経費の範囲を広義に示した事例。

033　必要経費の計上時期 ………………………………………97

東京地裁平成22年12月17日判決

　不当利得の返還債務の計上は実際に弁済が行われたときに必要経費に算入されるとした事例。

034　必要経費と家事関連費 ……………………………………100

広島高裁平成28年4月20日判決

　事業所得の計算上，従業員を被保険者とする保険料の一部を福利厚生費とした経理処理が否認された事例。

035　家事費と家事関連費 ………………………………………103

東京高裁平成11年8月30日判決

　面積按分により家事費と家事関連費の性格と境界が示された事例。

036　青色事業専従者 ……………………………………………106

東京地裁平成28年9月30日判決

　他に職業を有していることで事業に専ら従事するとは認められないとして青色事業専従者に該当しないとされた事例。

037　給与の範囲 …………………………………………………109

東京地裁昭和44年12月5日判決

　従業員の学資に充てるために給付された金員が所得税法上の非課税所得に該当せず給与所得とされた事例。

038　給与所得の意義 ……………………………………………112

最高裁大法廷昭和60年3月27日判決

　給与所得の性格とその計算方法について示された事例（サラリーマン税金訴訟・大嶋訴訟）。

039　退職所得の意義 ……………………………………………115

最高裁第三小法廷昭和58年12月6日判決

　退職所得を給与所得と区別して優遇する趣旨が示された事例（10年退職金事件）。

040　譲渡の概念 …………………………………………………118

最高裁第三小法廷昭和50年5月27日判決

　財産分与として不動産等の資産を譲渡した場合には分与者には譲渡所得が発生するとされた事例。

041 譲渡所得の意義 ··121

名古屋高裁平成29年12月14日判決

　スワップ取引による金地金の交換に対する譲渡所得の課税が否定された事例。

042 譲渡所得における取得費の意義 ······························124

東京地裁平成22年4月16日判決

　遺産分割の際に要した弁護士費用は，遺産分割により取得した資産を譲渡した場合の譲渡所得の取得費には算入できないとされた事例。

043 居住用財産の特別控除 ··127

東京高裁平成22年7月15日判決

　居住用家屋の敷地である土地を更地として譲渡する目的で取り壊して，当該土地のみの譲渡をした場合でも特別控除の適用が容認された事例。

044 保証債務の履行 ··130

福岡地裁平成23年11月11日判決

　所得税法64条2項の趣旨は，求償権を行使することができなくなった限度で資産の譲渡による所得に対する課税を免れさせることによって，課税上の救済を図る点にあるとした事例。

045 医療費控除 Ⅰ ··133

鳥取地裁平成20年9月26日判決

　医師からすすめられ受け始めた通所介護等に係る費用であっても「療養上の世話」にはあたらず医療費控除の対象外とされた事例。

046 医療費控除 Ⅱ ··136

那覇地裁平成18年7月18日判決

　児童福祉施設に納付した負担金が医療費控除の対象とならないとされた事例。

047 雑損控除 ··139

大阪地裁平成23年5月27日判決

　自宅建物の取壊しに伴い支払ったアスベスト除去工事費用は，雑損控除の対象とはならないとされた事例。

048 住宅ローン控除 ··142

東京地裁平成10年2月26日判決

　住宅ローン控除の対象となる家屋の床面積基準の面積算定方法が争点となり，控除の適用が否定された事例。

049 「居住の用」の意義 ··145

札幌地裁平成14年6月28日判決

　「居住の用」に供する家屋と住民票との関係が争点となった事例。

050　青色申告特別控除 ································· 148

広島地裁平成13年3月1日判決

　期限後申告には青色申告特別控除が適用されないとされた事例。

051　源泉徴収義務 ······································ 151

最高裁第一小法廷平成20年11月27日判決

　県教育委員会事務局財務課長に対する退職教員の退職手当に係る源泉所得税の納付遅延に対する加算税の相当額の賠償責任を否定した事例。

052　源泉徴収税額の計算方法 ···················· 154

最高裁第三小法廷平成22年3月2日判決

　所得税法施行令322条にいう「当該支払金額の計算期間の日数」は，ホステスの実際の稼働日数ではなく，当該期間に含まれるすべての日数を指すとした事例。

053　破産管財人の源泉徴収義務 ················· 157

最高裁第二小法廷平成23年1月14日判決

　破産者と雇用関係のあった者に対する給与等の雇用関係に基づく債務に対する配当であっても，これらの者と破産管財人とは雇用関係にないため源泉徴収義務はないとした事例。

054　準確定申告 ······································· 160

東京地裁平成25年10月18日判決

　遺言書により相続分が零とされたことから遺留分減殺請求を行っている法定相続人が負担すべき被相続人の所得税準確定申告における納税額の負担割合について明示した事例。

055　「生計を一にする」概念 ···················· 163

徳島地裁平成9年2月28日判決

　同一家屋に居住する義父母との間で生活費が区分されていなかったと判断され，「生計を一にする」親族への事業経費の範囲が示された事例。

《法人税法関係》

056　宗教法人の収益事業 ·························· 166

最高裁第三小法廷平成20年9月12日判決

　宗教法人が死亡したペットの飼い主から依頼を受けて葬儀，供養を行う事業が収益事業とされた事例（ペット供養事件）。

057　同族会社の行為計算否認規定 ·············· 169

広島高裁平成17年5月27日判決（差戻控訴審）

　司法書士の同族会社に対する業務委託契約は，人材派遣契約とはいえず，請負契約に類似する契約であるとされた事例。

058　役員給与の適正額 ··172

東京地裁平成28年4月22日判決

　役員給与の高額性の判定について，類似法人の支給実績との比較方法は合理的であり，役員個人の経営能力を別個の判断要素とすることは，主権的・恣意的であるとして否定された事例（残波事件）。

059　役員の事前確定届出給与に対する行政指導 ·······175

東京地裁平成26年7月18日判決

　税務調査による修正申告書提出後，事前確定届出給与に係る手続きの不備について，当初は「指導にとどめおく」とされたが，後日，撤回され課税対象とされた事例。

060　役員退職金と功績倍率 ··178

東京地裁平成29年10月13日判決

　役員退職金の過大判定において，平均功績倍率の1.5倍まで損金算入が認められた事例。

061　分掌変更と役員退職金 ··181

東京地裁平成29年1月12日判決

　代表取締役を退任し，給与を大幅の減額したことで，分掌変更による退職として退職金を支給したが，勤務実態等の事実認定により，退職とは容認されず，役員退職金の支給が否認された事例。

062　交　際　費Ⅰ ···184

東京高裁平成15年9月9日判決

　製薬会社が大学病院の医師らの論文の英文添削差額負担は，その支出の目的及びその行為の形態からみて，「交際費等」に該当するとした第1審判決を取消し，納税者の請求を認容した事例（萬有製薬事件）。

063　交　際　費Ⅱ ···187

東京地裁平成21年7月31日判決

　遊園施設を運営する会社が支払った清掃業務料差額と事業関係者等に対して交付した優待入場券に係る費用が交際費と認定された事例（オリエンタルランド事件）。

064　寄附金の意義 ···190

東京地裁平成26年1月24日判決

　法人税法37条7項にいう「贈与又は無償の供与」とは，資産又は経済的利益を対価なく他に移転する行為のうち，通常の経済取引としての合理的理由がないものであるとした事例。

065　棚卸資産と粉飾決算 ···193

東京地裁平成22年9月10日判決

　粉飾決算として過去に過大計上された棚卸資産は売上原価に算入できるものではなく，また損金算入はできないとされた事例。

目　次

066　福利厚生費と慰安旅行 ··196
東京地裁平成24年12月25日判決
　旅行代金1人あたり約25万円のマカオ2泊3日の社員旅行は，「役員又は使用人のレクリエーションのために社会通念上一般的に行われていると認められる」行事に該当するということはできず給与等にあたるとされた事例。

067　少額減価償却資産 ···199
最高裁第三小法廷平成20年9月16日判決
　減価償却資産に該当するか否かは，当該資産が法人の事業に供され，その用途に応じた本来の機能を発揮することによって収益の獲得に寄与するものであるかどうかで判断するが，エントランス回線が1回線のみでも，基地局のエリア内のPHS端末の通話等は可能であるから，エントランス回線1回線に係る権利が，PHS事業における機能を発揮し，収益の獲得に寄与するとした事例（NTTドコモ中央事件）。

068　有姿除却 ··202
東京地裁平成19年1月31日判決
　火力発電設備が廃止され，将来再稼働の可能性がないと認められる以上，火力発電設備を構成する個々の電気事業固定資産も，火力発電設備の廃止の時点で固有の用途が廃止されたとした事例。

069　貸倒損失 ··205
最高裁第二小法廷平成16年12月24日判決
　住宅金融専門会社の経営が破綻したため放棄した同社に対する貸付債権について，その全額回収不能であるとして貸倒損失が認められた事例（興銀事件）。

070　脱税目的の経費 ···208
最高裁第三小法廷平成6年9月6日判決
　架空の土地造成工事に関する見積書等を提出するなどして脱税に協力した協力者に支払った手数料は，損金の額に算入することを否定した事例。

071　使用人賞与の損金算入時期（政令への委任の範囲） ··································211
大阪地裁平成21年1月30日判決
　法人税法65条の委任の範囲について，使用人賞与の損金算入時期について所得の金額の計算の明確及び課税の公平を確保するためには一定の基準が必要であり，法人税法施行令72条の3は適当であると示された事例。

《消費税法関係》

072　消費税法の違憲性 ···214
岡山地裁平成2年12月4日判決
　消費税法の立法行為と制度の違憲性が争点となった事例。

9

073　消費税法上の事業概念 ··· 217

富山地裁平成15年5月21日判決

　消費税法の事業の意義は，その規模を問わず，反復・継続・独立して行われるものであるという判断が示された事例。

074　免税事業者の消費税 ··· 220

最高裁第三小法廷平成17年1月25日判決

　課税売上高の計算において，免税事業者の売上総額には控除すべき消費税額は存しないとされた事例。

075　仕入税額控除と帳簿保存 ··· 223

最高裁第一小法廷平成16年12月16日判決

　仕入税額控除における帳簿・請求書の保存の意義には提示まで含まれるとされた事例。

076　仮名帳簿と課税仕入 ··· 226

東京地裁平成9年8月28日判決

　仕入税額控除の要件として保存すべき帳簿には，真実の仕入先の氏名又は名称を記載することを要求しているというべきであるから，仮名であると認められる仕入取引に係る消費税額については控除を認めることができないとされた事例。

077　簡易課税の手続 ··· 229

名古屋地裁平成15年5月28日判決

　消費税簡易課税制度の届出書の事業区分の記載が空欄であっても届出の効力が生じるとして，簡易課税制度が適用されるとした事例。

078　簡易課税の事業区分 ··· 232

名古屋高裁平成18年2月9日判決

　歯科技工事業は，歯科医師の指示書に従って，歯科補てつ物を作成し，歯科医師に納品することを業務内容としており，歯科医療行為の一端を担う事業である性質を有すること等を考慮すると，製造業ではなくサービス業に該当するとされた事例。

《相続税法関係》

079　節税目的の養子縁組 ··· 235

最高裁第三小法廷平成29年1月31日判決

　専ら相続税を節税するためにする養子縁組であっても，民法に規定する「当事者間に縁組をする意思がないとき」に当たるということができないとされた事例。

080　相続税の非課税財産 ··· 238

東京地裁平成24年6月21日判決

　弁財天及び稲荷を祀った各祠の敷地部分を相続税法の非課税財産として容認した事例。

081 相続財産の範囲 ·· 241

最高裁第二小法廷平成22年10月15日判決

　所得税の更正処分の取消を求めた税務訴訟の継続中に，当事者である納税者自身が死亡した場合には，税務訴訟に勝訴すれば還付されるはずの納付済み所得税の相当額を還付請求権として，相続財産に算入すべきと判断された事例。

082 相続財産とされる貸付金 ·· 244

大阪高裁平成21年8月27日判決

　会社資産の範囲を明確化した査察調査及びこの結果を受け入れた修正申告がなされたことによって会計帳簿の信用性は十分に担保されていることから，帳簿記載の借入金（被相続人からの貸付金）の存在が認められた事例。

083 相続税申告における保険契約の有効性 ································· 247

東京地裁平成24年10月16日判決

　被相続人である保険契約者の意思能力が否定され保険契約の有効性が示された事例。

084 親族名義預金の帰属 ·· 250

東京地裁平成26年4月25日判決

　相続人名義の預貯金は，被相続人から生前贈与を受けたものとして更正の請求について，当該預貯金は相続財産に含まれるとされた事例。

085 小規模宅地の特例（「居住の用に供された宅地」の意義）················· 253

福岡高裁平成21年2月4日判決

　マンションの利用状況を認定し，マンションが生活の拠点として使用されていたとは認められないとして小規模宅地等の特例の適用を認めなかった事例。

086 有料老人ホームに入居した被相続人の生活の本拠と小規模宅地評価 ········ 256

東京地裁平成23年8月26日判決

　国税庁が公表する質疑応答事例にある，「老人ホームへの入所により空家となっていた建物の敷地についての小規模宅地等の特例」における回答が争点となった事例。

087 「著しく低い価額」の対価の意義 ································· 259

東京地裁平成19年8月23日判決

　相続税評価額と同水準の価額かそれ以上の価額を対価として土地の譲渡が行われた場合は，原則として相続税法7条にいう「著しく低い価額」の対価による譲渡とはいえないとした事例。

088 贈与税における住所の判定 ·· 262

最高裁第二小法廷平成23年2月18日判決

　明らかに租税回避のおそれがあると裁判所も指摘するが，住所認定に関する従来の判断基準をクリアーしており，租税法律主義の観点からも納税者の主張が容認された事例（武富士事件）。

089　書面によらない贈与 ……………………………………………………………………265

京都地裁平成27年10月30日判決

　書面によらない金地金の贈与において，贈与の有無等の主張に関する立証責任が争点となった事例。

《地方税法関係》

090　地方税法と条例の関係 ……………………………………………………………268

最高裁第一小法廷平成25年3月21日判決

　神奈川県臨時特例企業税条例は，法人事業税を定める地方税法の規定との関係において，その趣旨，目的に反し，その効果を阻害する内容のものであって，法人事業税に関する同法の強行規定と矛盾抵触するものとされた事例（神奈川県臨時特例企業税条例事件）。

091　固定資産税の賦課期日 ……………………………………………………………271

最高裁第一小法廷平成26年9月25日判決

　固定資産税は固定資産の所有者に賦課され，所有者とは，家屋については，登記簿又は家屋補充課税台帳に所有者として登記又は登録されている者をさすが，家屋の現況から未登記の所有者に課税された事例。

092　固定資産の評価方法 ………………………………………………………………274

那覇地裁平成29年7月19日判決

　国が自衛隊基地として賃借している各土地の固定資産の評価方法について，所有者及び共有持分権者である納税者らの主張が認容された事例。

093　工事中の土地に対する固定資産税評価 ………………………………………278

東京地裁平成22年11月12日判決

　固定資産税の賦課期日において工事中の土地であっても，建築計画等によりその土地が将来どのように利用されるか明確であれば，それに基づき画地を認定し固定資産税を課すべきであるとした事例。

094　固定資産税の誤評価 ………………………………………………………………281

最高裁第一小法廷平成22年6月3日判決

　固定資産税評価の間違いについて固定資産評価審査委員会に審査の申出をできなかった場合においても国家賠償訴訟による損害の回復の道があることを示し，固定資産税の誤評価による課税ミスについて国家賠償請求が認められた事例。

095　固定資産の誤評価と納税者の責任 ……………………………………………284

東京地裁平成29年5月10日判決

　課税庁が，住宅用地の特例を適用しなかったため，過納付相当額の損害が生じたとして，納税者が求めた賠償請求の一部を認容した事例。

096　不動産取得税と特例要件 ··· 287

最高裁第一小法廷平成28年12月19日判決

　土地上に建築された複数棟の建物について，不動産取得税が減額される住宅に該当するという納税者の主張が排斥された事例。

097　自動車税の減免要件 ·· 290

最高裁第三小法廷平成22年7月6日判決

　条例に規定される減免の要件である「天災その他特別の事情」は，徴収の猶予の要件よりも厳格に解すべきで，納税者の意思に基づかないことが客観的に明らかな事由によって担税力が減少する事情のみを指すものであり，納税者は，脅迫された結果，自動車を貸与することを承諾したのであるから，購入した自動車を利用できないという損害を被ったことは，納税者の意思に基づかないことが客観的に明らかであるとはいえないとした事例。

098　入湯税と納税指導 ·· 293

神戸地裁平成27年10月29日判決

　入湯税の特別徴収義務者が，課税庁から，入湯客数及び入湯税を過少申告していたとして受けた更正処分等について，申告内容は課税庁担当職員との協議に従った実態に即したものであり，過少申告等ではないという主張が排斥された事例。

099　地方公務員の守秘義務 ·· 296

札幌高裁平成30年3月27日判決

　厳重に保護すべき秘密を知人に漏らし，多額の賄賂を収受するなど，悪質な態様により職務の公正に対する社会の信頼を大きく損なったとして有罪とされた事例。

《その他》

100　税理士の守秘義務 ·· 299

大阪高裁平成26年8月28日判決

　弁護士法に基づく照会に応じて依頼者の確定申告書等を依頼者の承諾をないまま開示したことが依頼者のプライバー権を侵害したとされた事例。

13

001 租税の意義

最高裁第一小法廷平成21年12月3日判決
平成20年（行ヒ）第43号・法人税更正処分取消等請求事件
【掲　　載】裁判所ＨＰ・ＴＫＣ：25441558・ＴＡＩＮＳ：Ｚ259－11342
【判　　示】英国王室属領であるガーンジー島所在のわが国法人の子会社が租税として納付したものが外国法人税に該当すると認定された事例（ガーンジー島事件・損保ジャパン事件）。
〔第1審〕東京地判平成18年9月5日・平成16年（行ウ）第271号〕
〔控訴審〕東京高判平成19年10月25日・平成18年（行コ）第252号〕

【解　　説】

　日本国憲法30条は，「国民は，法律の定めるところにより，納税の義務を負ふ」とし，同法84条は，「あらたに租税を課し，又は現行の租税を変更するには，法律又は法律の定める条件によることを必要とする」としている。

　通常は，憲法30条は納税義務，同法84条は租税法律主義を明記した条文として理解する。この憲法における租税に関する規定は，租税の意義について国民が当然に理解しているという前提である。確かに，租税の定義は明確ではないが，その意義について暗黙の上で漠然と理解してきた。租税とは，(1)国や地方自治体が公共サービス提供の費用のため，(2)強制的に徴収されるが，(3)反対給付すなわち直接の見返りはない，金銭の支払いといえる。

　もっとも地方自治体のＨＰなどで，租税について「社会共通の会費」という表現が見られる。社会の全員が，納税しているわけではなく，負担税額の多寡により待遇が異なることもない。団体組織において加入構成する会員が負担する会費は，価額に応じて条件や待遇に差がある団体組織もあるから，租税と会費を同視することには違和感がある。

　この租税に対する認識は，諸外国でも同様のはずであり，例えば，講学的に引用されることの多いドイツ租税基本法は，「租税とは，特別の給付に対する反対給付ではなく，かつ公法上の団体が収入を得るために，法律が当該義務に結びつく要件事実に該当する者に対して課す金銭給付である」と定義していることから，租税に関する概念は万国共通と考えてきた。

　これに対して，タックス・ヘイブンと呼ばれる租税負担がゼロあるいは極端に低い国や地域がある。このタックス・ヘイブンを利用した租税回避に対処するためにタックス・ヘイブン対策税制が存在する。その目的は，国際的租税回避を阻止し，租税公平主義の担税力に応じた課税を実現することにある。

　タックス・ヘイブンに該当するか否かは，租税特別措置法66条の6に規定される要件を充足するかどうかで判断される。租税特別措置法66条の6第1項は，内国法人が外国において設立した子会社が，わが国の法人税に相当する外国法人税を納付していない場合には，特定外国子会社等に該当し，タックス・ヘイブン対策税制の対象となる。本事案当時は，法人税率が25％以下の国などが，タックス・ヘイブンとして取扱われていた。いわゆる軽減税率により負担が少ない租税は，租税に該当しないという趣旨であり，租税負担の少ない外国子会社の所得は，わが国にある親会社の所得に合算されることになる。

【事案の概要と経緯】

　損害保険業を営む内国法人である納税者は，平成10年にイギリス海峡の英国王室領チャネル諸島のガーンジー島に再保険業を営む子会社Ａ社を設立した。設立以来，納税者がその発行済株式のすべて

を有している。

ガーンジー島の所得税制は，法人の同一の収入に対して，(1)免税法人となる，(2)20％の標準税率課税を受ける，(3)段階税率課税を受ける，(4)国際課税資格の申請をして０％を超え30％以下の税率による課税を受ける，という基本的性格を異にする四つの中から適用される税制（デザイナー条項）を，納税者が選択することができるものであった。つまり，ガーンジー島の法人税は納税者に税率の選択を認めるデザイナー条項により，各国のタックス・ヘイブン対策税制に対応し，対象外となる税率をクリアー可能な税率を選ぶことができる。

A社は，ガーンジー島の税制上，免税及び段階税率課税を選択するための要件と，国際課税資格を申請するための要件を満たしていた。A社は，ガーンジー島税務当局に対し，平成11年から同14年までの各事業年度につき，いずれも，適用期間を１年間とし適用税率を26％とする国際課税資格の申請をし，税務当局からこれを承認する資格証明書の発行を受けた。税務当局は，A社に対し，各事業年度について適用税率26％の国際課税法人として所得税の賦課決定をし，A社はこれを納付した。

課税庁は，納税者の各事業年度の法人税について，納税者がガーンジー島に設立したA社は租税特別措置法66条の６第１項に規定する「特定外国子会社等」に該当するとして，その未処分所得の金額のうち所定の金額を納税者の所得の金額の計算上益金の額に算入する旨の更正及び過少申告加算税の賦課決定をするなどした。

争点は，わが国のタックス・ヘイブン対策税制対象基準の税率25％をわずかに超えた26％の税率を選択したA社が，タックス・ヘイブン対策税制の適用される特定外国子会社等に該当するか否かである。ガーンジー島において，税率いわば納税額を納税義務者が自由に選択し支払う金銭が，租税といっていいのか否かが論争となった。

控訴審は，納税者にこのような選択を認める税制は，先進諸国の租税概念の基本である強行性，公平性ないし平等性と相いれないとし，ガーンジー島の租税なるものの実質は，タックス・ヘイブン対策税制の適用を回避させるというサービス提供の対価ないし一定の負担としての性格を有するとして，租税の範囲を狭く解した。

しかし最高裁は，納税者の主張を容認し，租税の意義について，新たな解釈を示した。

【判決要旨】

① 外国法人税といえるためには，それが租税でなければならないことはいうまでもないから，外国の法令により名目的には税とされているものであっても，実質的にみておよそ税といえないものは，外国法人税に該当しないというべきである。

② 控訴審は，本件外国税は，強行性，公平性ないし平等性と相いれないものであり，その実質はタックス・ヘイブン対策税制の適用を回避させるというサービスの提供に対する対価としての性格を有するものであって，そもそも租税に該当しないと判断した。確かに，事実関係等によれば，本件外国税を課されるに当たって，本件子会社にはその税率等について広い選択の余地があったということができる。しかし，選択の結果課された本件外国税は，ガーンジー島がその課税権に基づき法令の定める一定の要件に該当するすべての者に課した金銭給付であるとの性格を有することを否定することはできない。また，事実関係等によれば，本件外国税が，特別の給付に対する反対給付として課されたものでないことは明らかである。したがって，本件外国税がそもそも租税に該当しないということは困難である。

【検　討】

最高裁は，ガーンジー島の租税について「ガーンジー政府がその課税権に基づき法令の定める一定

の要件に該当するすべての者に課した金銭給付」としての性格を認め，租税であるとの判断を下した。租税の意義が大きく変質していることを考慮し，納税者に税率の選択を認めるデザイナー条項による納付金についても租税と認定したという点で，画期的な判断であったといえる。

一方で，ガーンジー島のように他に有力な資源や産業を持たない国や地域などは，自国内への資本の誘致を促進し，国外への流出を阻止するために，税制上の優遇措置を積極的に提供しようとする傾向が強く，国際的な租税回避行為を助長しているのも事実である。このような「有害な税の競争」との関係で，租税の意義をどのように考えるかという点では，論旨は消極的といえなくもない。

なお，平成23年度税制改正では，本事案のような複数の税率の中から課税当局と協議・合意により税率を選択できるような租税については，外国法人税等に含まれないと改正された。これは，本事案の結果を受けて講じられた措置といわれている。

国際的租税回避の防止を強化する政策は，わが国に限らず先進国では共通の考えである。しかし，国際的租税回避を企図するのは，本事案のような大企業ばかりではないことは，最近のいわゆるパナマ文書流出事件が如実に示している。

【論　点】
① 　一般的な租税概念と外国法令等が定める租税との整合性とその効果。
② 　国税的租税回避行為とタックス・ヘイブン対策税制の適用範囲と限界。

002 租税と租税法律主義

最高裁大法廷平成18年3月1日判決

平成12年（行ツ）第62号他・国民健康保険料賦課処分等請求事件

【掲　載】裁判所HP・TKC：28110487・TAINS：Z999-8126

【判　示】国民健康保険加入者にとっては，その給付内容に差異がないにもかかわらず，地方自治体の選択により，公課である国民健康保険料と租税である国民健康保険税という異なる形式が併存する制度において，租税の意義が示され，公課としての規律の必要性が明確にされた事例（旭川国民保険料事件）。

〔第１審：旭川地判平成10年４月21日・平成７年（行ウ）第１号〕

〔控訴審：札幌高判平成11年12月21日・平成10年（行コ）第８号〕

【解　説】

　国民健康保険制度は，同一制度でありながら，加入者が負担する費用は，「国民健康保険料」と「国民健康保険税」と，地方自治体によりその形式が異なる。全国的にみて，保険料を徴収している地方自治体には，東京都特別区や政令指定都市等の大都市が含まれていることから，加入世帯数でみると，保険税と保険料の比率は拮抗している。

　この保険税は，昭和26年度の地方税法改正により創設され，保険者である市町村は，保険税を徴収することができることになった。その目的は，保険料を地方税とすることで，加入者の納付意識を高めることにあったといわれる。

　最近，社会保障の財源を租税方式で確保しようとする見解があるが，その根底には強制徴収である租税固有の性格を活用する意図があることは明らかである。確かに，公課である保険料と租税である保険税を比した場合に，徴収権の消滅時効（保険税は５年，保険料は２年）と徴収権の優先順位の違いはあるから，保険者である自治体の立場からすれば，両者の差異を意識することは理解できる。

　この国民健康保険税の課税要件が争点となった秋田国民健康保険税事件おいて，仙台高裁は，国民健康保険税の賦課徴収に関する条例が，租税法律主義の構成する課税要件明確主義の見地から，違憲と判断している。当時の秋田市の国民健康保険税に係る条例では，保険税の税率決定の基礎となった課税総額の確定方法及び課税総額の金額が明らかにされておらず，税率だけの明示では，課税総額及びそれに基づく税率の決定が条例に基づいて正しく計算されたかを検討することができないという状況にあった。

　租税法律主義の原則を構成する具体的要素である課税要件法定主義が達成されていても，その内容が不明確である場合には，課税庁の裁量に依拠することになるから，その意味で同時に課税要件明確主義の充足が重要となる。

　しかし，地方自治体が保険者である国民健康保険事業において，加入者が負担する費用が，「料」と「税」という名称と形式は異なるが，その実態は，強制加入，強制徴収であり，保険給付の内容など，実質的な差異はない。したがって，秋田国民健康保険税事件において租税法律主義に反するとして違憲判決が出された時，国民健康保険料とを対比する論議は少なくなかった。

【事案の概要と経緯】

　平成６年４月12日，国民健康保険の一般被保険者である加入者は，保険者である旭川市から平成６年度から同８年度までの各年度分の国民健康保険の保険料について，賦課処分及び所定の減免事由に該当しないとして減免しない旨の通知を受けたことから，秋田国民健康保険税事件における納税者と

おおむね同じ論理の主張をして，旭川市に各処分等の取消し求めた。

　第1審は，国民健康保険は，(1)強制加入であり，(2)保険料又は保険税は選択的であり，いずれも強制的に徴収され，(3)その収入の3分の2を公的資金で賄い，保険料収入は3分の1にすぎないのであるから，国民健康保険は保険というより社会保障政策の一環である公的サービスとしての性格が強く，その対価性は希薄であること等の事実に照らせば，保険料は，保険税という形式でなくても，租税と同一視でき，一種の地方税として租税法律（条例）主義の適用があると解するとして，違憲判断を示した。

　控訴審は，国民健康保険料は公課として，租税とは異なる法形式であり，また市長が定める告示の効果に言及し，加入者が逆転敗訴した。最高裁は，控訴審の論理を踏襲した。

【判決要旨】

① 　国又は地方公共団体が，課税権に基づき，その経費に充てるための資金を調達する目的をもって，特別の給付に対する反対給付としてではなく，一定の要件に該当するすべての者に対して課する金銭給付は，その形式のいかんにかかわらず，憲法84条に規定する租税に当たるというべきである。市町村が行う国民健康保険の保険料は，これと異なり，被保険者において保険給付を受け得ることに対する反対給付として徴収されるものである。

② 　国，地方公共団体等が賦課徴収する租税以外の公課であっても，その性質に応じて，法律又は法律の範囲内で制定された条例によって適正な規律がされるべきものと解すべきであり，憲法84条に規定する租税ではないという理由だけから，そのすべてが当然に同条に現れた上記のような法原則のらち外にあると判断することは相当ではない。

③ 　租税以外の公課であっても，賦課徴収の強制の度合い等の点において租税に類似する性質を有するものについては，憲法84条の趣旨が及ぶと解すべきであるが，その場合であっても，租税以外の公課は，租税とその性質が共通する点や異なる点があり，また，賦課徴収の目的に応じて多種多様であるから，賦課要件が法律又は条例にどの程度明確に定められるべきかなどその規律の在り方については，当該公課の性質，賦課徴収の目的，その強制の度合い等を総合考慮して判断すべきものである。

④ 　市町村が行う国民健康保険は，保険料を徴収する方式のものであっても，強制加入とされ，保険料が強制徴収され，賦課徴収の強制の度合いにおいては租税に類似する性質を有するものであるから，これについても憲法84条の趣旨が及ぶと解すべきであるが，他方において，保険料の使途は，国民健康保険事業に要する費用に限定されているのであって，国民健康保険法81条の委任に基づき条例において賦課要件がどの程度明確に定められるべきかは，賦課徴収の強制度合いのほか，社会保険としての国民健康保険の目的，特質等をも総合考慮して判断する必要がある。

⑤ 　旭川市条例は，保険料率算定の基礎となる賦課総額の算定基準を明確にした上で，その算定に必要な費用及び収入の各見込額並びに予定収納率の推計に関する専門的及び技術的な細目にかかわる事項を，市長の合理的な選択にゆだねたものであり，また，見込額等の推計については，国民健康保険事業特別会計の予算及び決算の審議を通じて議会による民主的統制が及ぶものということができる。

⑥ 　旭川市条例が，保険料率算定の基礎となる賦課総額の算定基準を定めた上で，12条3項において，市長に対し，同基準に基づいて保険料率を決定し，決定した保険料率を告示の方式により公示することを委任したことをもって，憲法84条の趣旨に反するということもできない。

【検　　討】

　最高裁は，反対給付の有無を重視しているが，国民健康保険制度において加入者が享受する反対給付は，「保険税」と「保険料」は実質的には差異はなく，強制加入・強制徴収も同様である。にもかかわらず秋田国民健康保険税事件判決のような，課税要件が不明確であるという判断が示されなかったのは，法形式が異なるということに尽きる。

　しかし，注目すべきは，最高裁は，公課であっても，法律又は法律の範囲内で制定された条例によって適正な規律の必要性を示したことである。本事案の補足意見にいう，議会による民主的統制が公課にも及ぶということを，関係者は認識すべきであろう。

　もっとも，規律の在り方については，総合考慮による判断として，本事案では保険料率の公示を市長による告示が，条例による委任と解している。このことは，「保険税」との規律の差が歴然としている。

【参考判例】

仙台高判昭和57年7月23日・昭和54年（行コ）第1号（裁判所ＨＰ・ＴＫＣ：21076789・ＴＡＩＮＳ：Ｚ999－8160)《秋田国民保険税事件》

【論　　点】

① 　旭川市長による「告示」の法的根拠と規範性。
② 　公課に対する民主的統制の解釈と適用範囲。

《税法の基礎理論》

003　地方税法と地方税条例

東京地裁平成４年３月19日判決

平成３年（行ウ）第164号・損害賠償請求事件

【掲　載】ＴＫＣ：22005113

【判　示】非課税規定のない税条例の下で，スポーツ等の施設を提供した所有者に対して，地方税法が規定する固定資産税の非課税措置の適用を首長の裁量で決定したことが違法と判断された事例（東村山固定資産税事件）。

〔控訴審：東京高判平成４年10月７日・平成４年（行コ）第39号〕

〔上告審：最高裁平成６年12月20日・平成５年（行ツ）第15号〕

【解　説】

　地方税の法源は，地方自治体が地方議会の承認を経て制定する地方税条例である。地方税法は「地方団体は，この法律の定めるところによって，地方税を賦課徴収することができる」（２条）としたうえで，「地方団体は，その地方税の税目，課税客体，課税標準，税率その他賦課徴収について規定をするには，当該地方団体の条例によらなければならない」（３条）と規定している。この規定が，地方税の税源に関する規定といえる。これらが地方税条例主義（狭義）と理解されている（広義の地方税条例主義は，地方税の領域においては，憲法30条及び同法84条に基づく租税法律主義と同義として議論される）。

　現行地方税制は，地方税法に立脚して課税されており，地方自治体の課税権は限定されたものになっている。確かに国民全体の租税負担の公平と均衡を図るための合理的課税制限は，不可欠であるとする論理は理解できる。地方自治体ごとの課税権行使の独自性は尊重すべきであるが，一方，納税者の負担の地域格差が著しいことは決して望ましいことではない。抽象的な言い方であるが，各地方自治体においては，調和のとれた課税制度が必要となる。したがって全国統一的な規範の必要性を否定するものではない。

　結局，地方自治体の課税権は，地方税法の定める基準の枠内に留められ，同時に各地方自治体の判断による独自の課税も一定の範囲内で認められるという変則的な状況におかれているといえよう。

【事案の概要と経緯】

　東京都東村山市長は，ゲートボールや少年野球のために，8500㎡の農地を11人の所有者から相場に比べ低額の地代で賃借し，その公益性を考慮して，固定資産税を非課税措置とした。住民である原告らは，東村山市は固定資産税の合計額と同額の損害を被ったとして，東村山市に代位して，被告・市長に対し，右の損害金及びこれに対する遅延損害金を東村山市に支払うよう求める訴えを提起した。

　市長は，非課税措置を，地方税法６条は，「地方団体は，公益上その他の事由に因り課税を不適当とする場合においては，課税をしないことができる」と規定しており，公益性の判断は市長の裁量の範囲内と反論した。

【判決要旨】

① 地方税法３条によれば，地方団体は，その地方税の税目，課税客体，課税標準，税率その他賦課徴収について定めをするには，当該地方団体の条例によらなければならないものとされ（同条１項），また，その長は，右の条例の実施のための手続その他その施行について必要な事項を規則で定めることができるものとされている（同条２項）。これらの規定からすると，地方団体が法348条

7

２項ただし書によって付与された裁量を行使するには条例の定めによってこれをしなければならず，そのような条例の定めをまつことなく賦課権者である地方団体の長の個別的な裁量によって賦課徴収をし，又はしないことは許されないものと解される。

② 市長は，本件各固定資産税を賦課しなかったことは，「公益上その他の事由により課税を不適当とする場合」（法６条１項）に当たるから適法である旨主張する。同項は，地方団体は公益上その他の事由により課税を不適当とする場合においては課税をしないことができる旨を定めるが，地方団体は，その地方税の税目，課税客体，課税標準，税率その他賦課徴収について定めをするには，当該地方団体の条例によらなければならないものとされている（法３条１項）こと等にかんがみると，地方団体が法６条１項に基づき課税をしないこととする場合においては条例によりその旨の定めをしなくてはならないものと解される。しかるに，市には，法６条１項に基づき固定資産税を課さないこととする場合について定める条例の規定はないから，右主張は失当である。

【検　討】

本事案において，最終的に最高裁は，市が公共の用に供するために借り受けた土地に対して固定資産税を非課税とすることができないのに非課税措置を採ったことにより，通常の賃貸借における賃料額よりかなり低額の使用料を支払う旨の合意があったことから，非課税措置を採ったことにより被った固定資産税相当額の損害と非課税措置を採らなかったならば必要とされる土地使用の対価の支払を免れたという利益とは，損益相殺の対象となり，結果として損害が生じなかったとして，損害賠償の請求を否定した。しかし控訴審及び上告審も一貫して非課税措置の違法性を指摘している。

原告らは，当該土地の所有者らが市長の支援者であるなどの指摘もあるが，その背景はともかく，結果としてスポーツ等の施設の目的・用途に公共性，公益性が見いだされることはいうまでもない。

地方税法は，地方自治体の課税権を定め，道府県及び市町村の税目，地方税の賦課・徴収の手続等を定めた法律である。地方税に関する地方自治体の条例は，この法律の枠内において定められる。つまり地方税法は，地方自治体が条例を制定する際の一定の基準・制限枠を定める法律であり，講学的には，「基準法」・「枠法」として位置付けられる。

しかし，地方税の領域においては，地方税の法源は地方自治体が制定する条例である。地方税制は，地方税法に立脚して課税されており，地方自治体の課税権は限定されたものになっている。現行の地方税法の枠における自治体の裁量とは，条例制定において固定資産税を課税するか非課税にするかを決する場合がこれに当たり，さらに地方税法の非課税規定の例外的措置を採るとするならば，当然，条例で規定しなければならない。公益等による課税免除の場合は，公益上の事由により課税が不適当と自治体が判断する場合には，課税権を規制するという判断を，地方自治体に委ねたものである。そのため課税免除を行うということは，地方税の賦課徴収に関する独自の定めをするわけであるから，当然，条例の規定が必要になる。いわゆるこれが必要的条例事項と解される考え方である。地方税条例主義によって地方自治体の課税権行使は条例に委ねられており，首長といえども，裁量の範囲は制限されることになる。

地方分権の推進の根幹は，財源の確立と税源の確保である。そのためにも，課税権に対する制限の範囲は最小限のものでなければならない。地方税法のあり方，とりわけ拘束力の範囲と限界については議論があるべきである。

地域住民の負担と責任に基づき地方自治への参加意識を高め，地方政治への関心を高めることがまさしく地方自治の本旨と考えるならば，課税権に対する制限の範囲は最小限のものでなければならない。住民の自治意識を啓発し，地方自治体の自主・自立と自己責任を求めるためには，まず自主課税権の拡充を目指すことであるが，そのことが地方分権の進展につながると考えられる。地方税法のあ

り方，いわば拘束力の範囲と限界についての議論を始めることから，地方分権の推進を目指す地方税制が見えてくるはずである。

　ともかく，地方税の領域においては，地方税の法源は地方自治体が制定する条例であり，地方自治体の課税権行使は条例に委ねられ，首長といえども，裁量の範囲は制限されることになる。いうまでもないことであるが，このことは，本事案のように納税者にとって有利な課税措置であっても当然である。

【論　　点】

① 　基準法として地方税法の下における地方税条例の意義と限界。

② 　地方自治体の課税権行使と自治体首長による裁量権の適用範囲。

004 通達課税

最高裁第二小法廷昭和33年3月28日判決

昭和30年（オ）第862号・物品税課税無効確認並びに納税金返還請求上告事件

【掲　載】裁判所HP・TKC21009760・TAINS：Z999-7016

【判　示】パチンコ球遊器が旧物品税法上の「遊戯具」のうちに含まれるとする税務通達の意義を明示し，通達課税の違憲性を否定した事例（パチンコ球遊器事件）。

〔第1審：東京地判昭和28年2月18日・昭和27年（行）第29号〕

〔控訴審：東京高判昭和30年6月23日・昭和28年（ネ）第306号〕

【解　説】

　国家行政組織法14条2項は，「各省大臣，各委員会及び各庁の長官は，その機関の所掌事務について，命令又は示達するため，所管の諸機関及び職員に対し，訓令又は通達を発することができる」と規定している。つまり，通達は，上級行政庁から下級行政庁に対して，法律の解釈，運用及び裁量の指針を明示し，行政上の取扱いを全国的に統一するための行政規則であるから，国民を拘束するものではない。したがって法源に含まれない。

　しかしながら，税法の領域いうならば税務行政の執行に当たっては，通達は具体的な基準等を明記していることから，事実上，法源とみなされることは否定できない。通達行政・通達課税といわれる所以でもある。

　国税に関する税務行政では，通達とは，国税庁長官が発遣する国税庁長官通達をさす。この税務通達は，各個別税法における基本的事項及び重要事項について解釈や運用方針を体系化した基本通達と新たに生じた事項について個別に税法の解釈や運用方針を示す個別通達とで構成され，膨大な通達が発せられている。通達は，税務の執行に当たって重要な役割を果たしており，必要不可欠なものとなっているのが実情である。

　本来，通達は，行政機関の内部では拘束力を持つが，国民の権利義務に影響を及ぼさず，国民に対して拘束力を持たない。しかし，税務行政が，通達に過度に依存していることは明らかであり，その結果，通達課税が租税法律主義に抵触するおそれもあるといえる。不明確な法律の解釈の下で，税務行政が通達によって自由に法律の解釈と運用を具体化し，課税を行うことには疑義が生じるといっていい。

　税法において，法律が政令以下の法令に委任することが許されるのは，徴収手続の詳細についての委任や，個別・具体的な委任など，租税法律主義の本質を損なうことのないものに限られるべきである。ただ通達を課税庁の見解として理解することで，通達の実務における効果を認識することも必要である。

【事案の概要と経緯】

　納税者らは，パチンコ球遊器製造業者であるが，その製造するパチンコ球遊器に対し，課税庁もパチンコ球遊器が「遊戯具」に属さない非課税物品としてされてきたところ，昭和26年3月の東京国税局長の通牒がなされ，また同年10月の国税庁長官の通達が発せられることにより，物品税の課税物件である「遊戯具」（旧物品税法1条1項2種丁類42）に該当するとの理由から，物品税を賦課された。これに対し，納税者らは，(1)パチンコ球遊器は，物品税法1条所定の「遊戯具」に属するとし物品税の課税物品とする法の解釈を誤った違法のものであり，(2)10年を超える長い実施期間を通じて物品税法上の「遊戯具」にはパチンコ球遊器を含まないとしてきた事柄に変更を加えようとする「通達」に

より新たに課税をするものであると主張し，課税処分の無効の確認を求めて出訴した。

第一審，控訴審ともに納税者らが敗訴したが，納税者らは，上告理由で，⑴憲法30条は，国民は法律の定めるところにより納税の義務を負ふと規定するが，このことは，国民は行政官吏の処分命令によっては決して納税を強制されないということ，ひいては既存の法律が長い実施の面を通じて，原則的には課税されないものとされていた事柄が後になって，行政官吏の単なる解釈又は通達によって，急変して，課税されるものとなることのないことを意味するのであり，⑵もし，そうでないとすれば法の長い実施面において法の解釈のままに，非課税とされたものが容易に課税されるものとなり，納税義務の根拠を法に認めた憲法の趣旨は失われることとなる，と主張した。

【判決要旨】

① 物品税は物品税法が施行された当初（昭和4年4月1日）においては消費税として出発したものであるが，その後次第に生活必需品その他いわゆる資本的消費財も課税品目中に加えられ，現在の物品税法（昭和15年法律第40号）が制定された当時，すでに，一部生活必需品（たとえば燐寸）（第1条第3種1）や「撞球台」（第1条第2種甲類11）「乗用自動車」（第1条第2種甲類14）等の資本財もしくは資本財たり得べきものも課税品目として掲げられ，その後の改正においてさらにこの種の品目が数多く追加されたこと，いわゆる消費的消費財と生産的消費財との区別はもともと相対的なものであって，パチンコ球遊器も自家用消費財としての性格をまったく持っていないとはいい得ないこと，その他第一，二審判決の掲げるような理由にかんがみれば，社会観念上普通に遊戯具とされているパチンコ球遊器が物品税法上の「遊戯具」のうちに含まれないと解することは困難であり，原判決も，もとより，所論のように，単に立法論としてパチンコ球遊器を課税品目に加えることの妥当性を論じたものではなく，現行法の解釈として「遊戯具」中にパチンコ球遊器が含まれるとしたものであって，右判断は，正当である。

② （上告理由の）論旨は，通達課税による憲法違反を云為しているが，本件の課税がたまたま所論通達を機縁として行われたものであっても，通達の内容が法の正しい解釈に合致するものである以上，本件課税処分は法の根拠に基づく処分と解するに妨げがなく，所論違憲の主張は，通達の内容が法の定めに合致しないことを前提とするものであって，採用し得ない。

【検　討】

本事案は，非課税だったパチンコ球遊器を通達により課税対象とする解釈を示したことを容認した，パチンコ球遊器事件として著名な判決である。いわば通達課税のお墨付きとなった。

しかし，歴史の頁を紐解いてみると，パチンコ球遊器課税が実施された当時は，朝鮮戦争からサンフランシスコ講和条約締結と戦後復興が着実に始まった時期でもある。射幸心を煽る手近な庶民の娯楽として，パチンコ店が各地に出現した時期と重なるはずである。つまり子どもの遊戯具，ゲーム器に過ぎなかったパチンコ球遊器が，金のなる木に変貌し，担税力が備わったと課税庁が判断したという背景があると想像できるのである。したがって当時の世相と経済事情を考慮すると，今日では，いわゆる通達課税を是認した事例として適切であるかは疑問が残る。ただ通達課税に対する批判のひとつである税法の解釈と適用に対する変更の予見性の欠如は，本事案でも指摘できる。

現在では，平成17年の行政手続法改正により規定された「意見公募手続（パブリックコメント）」の制定により審査基準の制定に際しては，法律に基づく命令等の場合と同様に，意見公募手続を経て行うことになっている（同法36条）。

最近の例では，課税庁が敗訴した，いわゆる競馬事件（最高裁平成27年3月10日判決（本書028《所得区分Ⅲ》参照）の後，国税庁は，ＨＰにおいて，パブリックコメントの手続を経て所得税基本

通達の改正を行っている。

　法的には，下級行政機関は法令の解釈や適用に関する行政執行は，通達に従って行うことが求められており，これが公平な行政のあるべき姿といえることはいうまでもない。しかし，通達の示す取扱いが，恣意的な判断と思われる場合も少なくない。

　とくに税務通達は，すでに述べたように膨大であり，税法の解釈と適用の細部にわたり国税庁の見解が示されていることから，実務における影響は極めて大きい。もっとも，この広範さが課税の公平を担保するという見方もあり，これを一概には否定できないのも事実である。

　例えば，相続税の申告納税の基礎となる相続財産の評価に当たっての相続財産評価通達の存在意義は，重要となる。その背景には，代替となる評価方法が，客観性，公平性，効率性の見地から疑義が生じる場合もあることから，財産評価通達を強ち否定できない。

【論　　点】

① 　通達課税の功罪と裁判所の判断。

② 　財務通達としての財産通達の意義と実際。

《税法の基礎理論》

005 損益通算と遡及適用

最高裁第一小法廷平成23年9月22日判決
平成21年（行ツ）第73号・通知処分取消請求事件
【掲　載】裁判所HP・TKC：25443752・ＴＡＩＮＳ：Ｚ261－11771
【判　示】長期譲渡損失の損益通算が廃止になった所得税法の改正が，当該年度の1月に遡って
　　　　　適用されることが憲法の趣旨に反しないと判断された事例。
〔第1審：千葉地判平成20年5月16日・平成19年（行ウ）第15号〕
〔控訴審：東京高判平成20年12月4日・平成20年（行コ）第236号〕

【解　説】

　憲法30条は，「国民は，法律の定めるところにより，納税の義務を負う」と定め，憲法84条で，「あらたに租税を課し，又は現行の租税を変更するには，法律又は法律の定める条件によることを必要とする」と定めている。これを租税法律主義といい，税法の基本原則を構成する重要な要素のひとつとされている。今日的な表現で示せば，租税法律主義は，まさしくコンプライアンスの理念ということになるが，いうまでもなく法令遵守は，納税者側ではなく，課税側に課せられることが，税法領域での本質であるべきである。

　租税法律主義に関する議論は，決して疎かにはなされていないが，実務では，通達課税の恒常化など，租税法律主義の形骸化は著しいという見解も少なくなく，その実情も否定できない。

　この租税法律主義は，さらに課税要件法定主義，課税要件明確主義，合法性の原則，手続保障の原則及び遡及立法の禁止などの理念から構成される。なかでも遡及立法の禁止は，課税に関する予測可能性を保障する意味から構築されている。例えば，毎年，税制に関する法律改正に係る国会審議は，3月から5月に行われ，その改正が遡って1月とか4月から適用されるなど，年度をまたぐことから，遡及の時期についての議論がある。

【事案の概要と経緯】

　租税特別措置法31条の改正によって，平成16年分以降の所得税につき長期譲渡所得に係る損益通算が廃止された。改正の内容は，平成15年12月17日に，与党の平成16年度税制改正大綱として決定され，翌日の新聞で報道された。改正法は平成16年3月26日に成立して，同年4月1日から施行された。この改正後の規定は平成16年1月1日以後に行う土地等又は建物等の譲渡にも適用された。

　納税者は，平成5年4月以来所有する土地を譲渡する旨の売買契約を同16年1月30日に締結し，同年3月1日に買主に引渡した。納税者は平成16年分の所得税の確定申告書を税務署長に提出したが，その後，本件譲渡によって長期譲渡所得の金額の計算上生じた損失の金額と他の各種所得との損益通算の適用を求めて更正の請求をしたが，税務署長は更正をすべき理由がない旨の通知処分をした。納税者は，改正法を施行日である同年4月1日以前に行われた本件譲渡に適用して損益通算を認めないことは納税者に不利益な遡及立法であって憲法84条に違反する等と主張して通知処分の取消を求めて出訴した。

　控訴審は，期間税である所得税の納税義務の成立は暦年の終了時点であるから，本件改正法は遡及立法ではなく，納税者に不利益を与える改正法の遡及適用は合理的な理由があるとして憲法84条に違反しないと判断して，納税者の主張を棄却した。最高裁も控訴審の判断を踏襲した。

13

【判決要旨】

① 納税者の納税義務それ自体ではなく，特定の譲渡に係る損失により暦年終了時に損益通算をして租税負担の軽減を図ることを納税者が期待し得る地位にとどまるものである。納税者にこの地位に基づく上記期待に沿った結果が実際に生ずるか否かは，当該譲渡後の暦年終了時までの所得等のいかんによるものであって，当該譲渡が暦年当初に近い時期のものであるほどその地位は不確定な性格を帯びるものといわざるを得ない。

② 本件損益通算廃止に係る改正後措置法の規定の暦年当初からの適用が具体的な公益上の要請に基づくものである一方で，これによる変更の対象となるのは上記のような性格等を有する地位にとどまるところ，本件改正附則は，平成16年4月1日に施行された改正法による本件損益通算廃止に係る改正後措置法の規定を同年1月1日から同年3月31日までの間に行われた長期譲渡について適用するというものであって，暦年の初日から改正法の施行日の前日までの期間をその適用対象に含めることにより暦年の全体を通じた公平が図られる面があり，また，その期間も暦年当初の3か月間に限られている。納税者においては，これによって損益通算による租税負担の軽減に係る期待に沿った結果を得ることができなくなるものの，それ以上に一旦成立した納税義務を加重されるなどの不利益を受けるものではない。

③ 本件改正附則が，本件損益通算廃止に係る改正後措置法の規定を平成16年1月1日以後にされた長期譲渡に適用するものとしたことは，納税者の租税法規上の地位に対する合理的な制約として容認されるべきものと解するのが相当である。したがって，本件改正附則が，憲法84条の趣旨に反するものということはできない。法律の定めるところによる納税の義務を定めた憲法30条との関係についても等しくいえることであって，本件改正附則が，同条の趣旨に反するものということもできない。

【検 討】

期間税の遡及適用について，例えば減税措置を考慮すれば強ち否定するものでもない。減税措置は1月に遡り，給与所得者等にとっては年末調整で，それ以外は確定申告で，講じられる。もっとも本事案の場合は，納税者にとって不利益な結果をもたらす改正であることが論点となる。もちろん租税法律主義の定める租税負担の変更は，増税のみを対象にするものではないから，遡及適用の是非は，減税の場合においてもその合憲性を議論すべきという見解も出てくる。

これに対して，最高裁は，「改正税法には納税者の駆け込み売却を防止する目的がある」とまで言及し，「納税者間の公平を図る」ことができるとしているが，税制改正が例年実施されることを考えると疑義がでてくる。まさしく庶民感覚でいえば，本事案の争点は，納税者の租税負担の予測可能性である。

通常，不動産取引において当事者は租税負担を検討することは日常的であり，その場合に損益通算を想定することは自然である。最高裁は，「平成16年分以降の所得税につき長期譲渡所得に係る損益通算を廃止する旨の方針を含む上記大綱の内容について上記の新聞報道がされた直後から，資産運用コンサルタント，不動産会社，税理士事務所等が開設するホームページ上に次々と，値下がり不動産の平成15年中の売却を勧める記事が掲載されるなどした」という。

本事案の税制改正は，平成16年4月1日の施行であっても，平成17年度分の所得税から適用すると平成16年12月31日までに損益通算目的の駆け込み的不動産売却が懸念されることから，適用時期を平成16年1月1日以降として遡及適用された。適用時期を平成16年4月1日以降とした場合，申告納税事務及び徴収事務の負担を増大させるとしているが，納税者側の不利益は軽視された。

予測可能性の有無・程度については，ある程度周知はされていたとされるが，本件改正の要旨が初

めて新聞報道及びインターネットに掲載されたのは平成15年12月18日である。損益通算が認められなくなる日のわずか2週間前であったことや不動産の売買という売買期間が長期に亘る可能性が高いものであること，取引金額が高額であることから個人の所得に大きな影響を及ぼすことを踏まえると，納税者の利益とその保護の在り方について，改めて考える必要がある。また，居住用の財産については，個人の生活基盤であることからも本事案のように改正点が遡及することは影響が大きいものであるといえよう。このような予測可能性の有無・程度に大きな影響を及ぼす遡及適用については，納税者の法への信頼を失うこととなり，申告納税制度の有用性が失われることになりかねない。

【論　点】
① 現在の場合の遡及適用の意義。
② 期間税の概念と趣旨。

006 租税公平主義 Ⅰ

最高裁第一小法廷昭和50年2月6日判決

昭和44年（行ツ）第64号・不当返還請求事件

【掲　載】裁判所HP・TKC：21049081・TAINS：Z999-8262

【判　示】娯楽施設利用税（都道府県税・平成元年3月31日廃止）は，スポーツ施設であるスケート場，テニスコート，水泳プール，野球場等の利用を課税対象としていないにもかかわらず，ゴルフ場の利用に課税されることは，平等原則に反しないとされた事例（ゴルフ場課税事件）。

〔第1審：東京地判43年3月21日・昭和40年（行ウ）第116号〕

〔控訴審：東京高判昭和44年6月11日・昭和43年（行コ）第13号〕

【解　説】

　憲法14条1項は，「すべて国民は，法の下に平等であって，人種，信条，性別，社会的身分又は門地により，政治的，経済的又は社会的関係において，差別されない」と規定している。この憲法が定める平等原則は，税法の領域では，租税負担も平等であるべきと考えるが，これが租税公平主義の原則であり，租税法律主義とともに税法の基本原則を構成するとされている。

　租税公平主義の求める理念とは，租税の負担は，納税者の担税力に応じて平等に課すべきであり，同様に租税法規は，納税者に対して平等に適用されなければならないという考え方である。したがって，この租税公平主義の原則は，租税法規の立法上はもちろん，税法の解釈・適用を行う税務行政の執行において，公平・平等な取扱いが行われることで実践されなければならない。つまり課税要件の認定や徴収手続において，同様の状況にある特定の納税者を利益又は不利益に扱うべきではない。もっともこの原則は，不合理な差別を禁止するのが趣旨とされることから，合理的な差別をも禁止するものではないと理解されている。

【事案の概要と経緯】

　平成元年3月まで存続した娯楽施設利用税は，舞踏場，ゴルフ場，ぱちんこ場，射的場，まあじゃん場，たまつき場，ボーリング場などの施設の利用に対して，その施設所在の都道府県においてその利用者に課せられる地方税だった。

　なかでもゴルフ場については，利用の日ごとに定額課税され，昭和40年9月当時，納税者は神奈川県下のゴルフ場を利用した際に娯楽施設利用税450円が徴収された。

　これに対して，納税者は，ゴルフ場利用に対する娯楽施設利用税の課税は，(1)スポーツをする自由を制限すること（憲法13条違反），(2)他のスポーツ施設利用者との租税負担と比べて租税負担の公平に欠けること（憲法14条違反），(3)結社の自由を侵害していること（憲法21条違反）などを主張し提訴した。第1審及び控訴審はいずれも訴えを棄却したことから，納税者は上告したが，最高裁は納税者の主張を斥けた。

【判決要旨】

① 娯楽施設利用税は，一定の娯楽施設を利用する行為が消費支出能力を伴うことに着目し，そこに担税力を認めて課税する一種の消費税であるが，娯楽性とスポーツ性とは決して両立しえないものではなく，ある施設の利用行為がスポーツとしての一面を有するとの一事のみによって，当該施設の利用に対し娯楽施設利用税を課しえないということになるものではない。ゴルフはスポーツであ

ると同時に娯楽としての一面をも有し，原判決が確定した事実によれば，その愛好者は年々増加しているとはいえ，なお特定の階層，とくに高額所得者がゴルフ場の利用の中心をなしており，その利用料金も相当高額であって，ゴルフ場の利用が相当高額な消費行為であることは否定しがたいところであり，地方税法がゴルフ場の利用に対し娯楽施設利用税を課することとした趣旨も，このような娯楽性の面をも有する高額な消費行為に担税力を認めたからであると解せられる。

② 立法上ある施設の利用を娯楽施設利用税の課税対象とするか否かは，その時代における国民生活の水準や社会通念を基礎として，当該施設の利用の普及度，その利用の奢侈性，射幸性の程度，利用料金にあらわされる担税力の有無等を総合的に判断したうえで決定されるべき問題である。ゴルフがスケート，テニス，水泳，野球等と同じく健全なスポーツとしての一面を有することは所論のとおりであるが，スケート場，テニスコート，水泳プール，野球場等の利用は普遍的，大衆的であり，利用料金も担税力を顕著にあらわすものとはいえないのに対し，ゴルフ場の利用は，特定の階層，とくに高額所得者がその中心をなしており，利用料金も高額であり，高額な消費行為であることは否定しがたいところである。

【検　討】

ゴルフが富裕層の贅沢な娯楽であるのか，それとも大衆的なスポーツであるのかの判断について，判決当時，話題となった。平等原則に違反するか否かについて，納税者はテニスやスケート等といった他のスポーツとの関係においての不公平さを主張したが，最高裁は，娯楽施設利用税がスポーツ性に着目したものではないから，スポーツという同様の括りでの平等ではなく，高額な消費行為を行える者が租税を負担するという担税力に即した租税負担という意味での平等であると判示した。最高裁の示した高額な消費行為すなわち経済力に担税力の根拠を求める判旨は，現在でも理解できる論理である。しかし，高校生のプロ選手が登場する現状を踏まえると，ゴルフ愛好層が，高額所得者のみとする時代ではないことは明らかである。

その後，平成元年４月の消費税の導入に伴い，娯楽施設利用税は廃止された。ところが，同時に都道府県税であるゴルフ場利用税が創設され，課税対象としてゴルフだけが残された格好となった。

このゴルフ場利用税は，平成15年から，18歳未満の者，70歳以上の高齢者などに対して，非課税の措置が採られた。きっかけとなったのは，平成11年に熊本県で開催された国民体育大会からゴルフが競技種目に採用されたことだといわれている。つまり国体の競技には高校生も参加することから，高校生が参加するスポーツ競技が課税対象となることへの不満だった。これを推進したのは当然，当時の文部省だったが，税収確保を維持する当時の自治省との攻防は話題となった。実をいえば文部科学省と総務省の鍔迫り合いはいまも続いている。

文部科学省は，毎年，税制改正に関して，ゴルフ場利用税の廃止の要望を出すことは通例といっていい。税制改正に対する報道では，その存否が話題となっている。

文部科学省の主張の趣旨は，高齢化が進む日本社会において，ゴルフの振興は生涯スポーツ社会の実現に大きく貢献するものであり，またその結果，生涯にわたる心身ともに健康で文化的な生活が実現される。ゴルフに国民が積極的に参画できる環境を整備するためには，当然税制改正を行う必要があるというものとなっている。

また，消費税創設以降，スポーツの中でゴルフだけに消費税と施設利用税との二重課税が行われており，公平性を欠いているとの声が寄せられている。他のスポーツに比べ競技者の金銭的負担が高いということになる。ゴルフプレー料金は過去16年間で消費者物価指数が40.8ポイント低下しており，その中に占めるゴルフ場利用税の割合は高まっている。当然，ゴルフ関係団体の廃止運動も活発である。

これに対して，都道府県税に占めるゴルフ場利用税の割合も減少している。最近では，ゴルフ場に子供を同伴する保護者も増えたことから，18歳未満非課税措置により，ゴルフ場利用税の税収も低下しているという話も聞かされるが，ゴルフ場利用税が，実際交付されるゴルフ場所在の市町村にとって貴重な財源となっていることは否定できない。

　高齢化が進むなか，ゴルフの振興は生涯スポーツ社会の実現に大きく貢献することは明かであり，またその結果，生涯にわたる心身ともに健康で文化的な生活が実現されることはいうまでもない。ゴルフに国民が積極的に参画できる環境を整備するためには，ゴルフ場利用税の見直しの必要がある。少なくとも本事案の背景とは全く異なる社会環境が出現している現実を対比すると興味深い。

【論　　点】

① 　性別，年齢，職業，地域，所得，時代背景などが平等性の判断に及ぼす影響。
② 　「経済力＝担税力」という論理の合理性。

《税法の基礎理論》

007　租税公平主義　Ⅱ

福岡地裁平成6年12月26日判決
平成6年（行ウ）第8号・所得税更正処分等取消請求事件
【掲　載】ＴＫＣ：22007655・ＴＡＩＮＳ：Ｚ206－7439
【判　示】所得税法上の所得控除である寡夫控除は，寡婦控除と比べ控除を受ける要件としての
　　　　　所得制限があるが，これは平等原則に反しないとした事例。
〔控訴審：福岡高判平成7年6月13日・平成7年（行コ）第2号〕
〔上告審：最判平成7年12月15日・平成7年（行ツ）第163号〕

【解　説】

　現行の所得控除には，雑損控除，医療費控除，社会保険料控除，小規模企業共済等掛金控除，生命保険料控除，損害保険料控除，寄付金控除，障害者控除，老年者控除，寡婦（寡夫）控除，勤労学生控除，配偶者控除，配偶者特別控除，扶養控除及び基礎控除の15種類の控除が設けられている（所得税法72～86）。住民税も同様である（地方税法314条の2）。

　この所得控除のなかで寡夫控除は，昭和56年度税制改正でいわゆる父子家庭のための措置として，一定の要件の下に寡婦控除に準じて導入された比較的新しい制度である（所得税法81・地方税法314条の2第1項，3項）。これは，寡婦に認められている措置を必要な範囲内で男性にも及ぼすための法整備の一環といわれた。

　現行制度における寡夫控除の適用対象となる寡夫は，妻と死別・離婚した後，再婚していない人又は妻の生死が不明な人で，扶養親族となる子供と生計を一にする生活しており年間所得が500万円以下の人が対象となる。

　これに対して寡婦控除の適用対象となる寡婦は，(1)夫と死別・離婚した後，再婚していない人又は夫の生死が不明な人で，扶養親族又は扶養親族となる子供と生計を一にして生活している人（所得制限なし），(2)夫と死別又は夫の生死が不明な人で再婚をしておらず年間所得が500万円以内の人となっている。

　つまり寡夫の場合は子供を引き取っていることが第一条件であり，重ねて500万円以下という所得制限が課せられる。しかし，寡婦の場合は，子供に限らず親兄弟を扶養していれば所得は無制限で適用され，さらに死別ではなく生き別れであっても，例えば一人暮らしをしていても年間所得500万円以下ならば適用される。寡夫の場合は，人的条件と経済的要件という二重の足枷があることになる。

【事案の概要と経緯】

　納税者は，寡婦控除と寡夫控除との適用要件の差異について，合理的な理由がないのに，性別や社会的関係によって差別的取扱いをするものであるから，寡夫控除の制限は，平等原則を定めた憲法14条1項に違反する，と主張し提訴した。

　第1審は棄却し，控訴審は第1審判決を引用し，最高裁も納税者の訴えを斥けた。

【判決要旨】

　所得税法上，寡婦控除と寡夫控除では控除を受ける要件にはその主張のように差異が設けられているが，これは，寡夫の場合は寡婦と異なって，通常は既に職業を有しており，引き続き事業を継続したり，勤務するのが普通と認められ，また，高額の収入を得ている者も多い等両者の間に租税負担能力の違いが存するので，これらの諸事情を考慮した結果と解される。したがって，この区別が著しく

19

不合理であることが明らかとは到底いえず，憲法14条に何ら反していない。

【検　討】

　寡婦控除は，昭和20年代の母子家庭の救済を目的として成立した制度である。一方，寡夫控除は，昭和50年代に入り，離婚後，子供を父親が養育する父子家庭の増加に伴い導入された制度である。

　現行法制度は，寡夫控除の要件として，(1)妻と死別・離婚した後，再婚していない人又は妻の生死が不明な人であること，(2)生計を一にする子どもがいること，(3)年間所得が500万円以下の人であることとする三つの条件を満たさなければならない。他方，寡婦控除の要件は，(1)ⅰ夫と死別・離婚した後，再婚していない人又は夫の生死が不明な人であること，(1)ⅱ扶養親族または生計を一にする子どもがいること，もしくは，(2)ⅰ夫と死別・夫の生死が不明な人で再婚をしていないこと，(2)ⅱ年間所得が500万円以下の人であることである。寡婦控除の場合，上記いずれかの(1)，(2)の要件を満たすことで適用される。

　確かに寡夫控除と寡婦控除の要件を対比した場合には，人的条件（子どもの存否）と経済的要件（所得が500万円以下）の二つの要件を充たさなければならないので，寡婦控除よりも寡夫控除は間口が狭いといえる。

　高額所得者，すなわち担税力による差別には合理性があるという論理を踏まえれば，担税力の強い父子家庭が，母子家庭より租税負担が多いことを容認する判決には説得力がある。しかし，一方では，裁判所が，わが国における男女の賃金格差という状況を是認したことに対する批判も少なくなかった。

　国税庁が毎年公表する民間給与実態統計調査によれば，民間企業における給与の平均年収は，女性は男性の半分ほどになっている。確かに統計的に見れば父子家庭は恵まれていることから，児童扶養手当法が定める国の支援制度も，同様に父子家庭は対象外となっていた。いわば税制と異なる差別政策であるが，昨今の経済的事情を考慮すれば，余裕のある父子家庭ばかりでないことも事実であるから，不公平感は否めない。このような事実上の問題を踏まえ，平成14年7月に栃木県鹿沼市が，児童扶養手当と同じ条件で父子家庭にも児童育成手当を支給する制度を導入して以来，父子家庭と母子家庭を区別することなく「ひとり親家庭」に対して手当を支給することが顕著となり，平成22年度8月から児童扶養手当法が改正され，父子家庭にも児童扶養手当が支給されることとなった。

　母子，父子という区別でなく「ひとり親」家庭という概念をすべての政策に定着させる必要がある。ただ，いわゆる「子ども手当」導入で論議された所得制限も考慮すべきであり，仮に税制に「ひとり親家庭」控除を設けるならば，所得制限を検討しなければ，新たな平等議論を生む。

　ところで，寡婦控除及び寡夫控除に関する制度においては，この男女間差別の問題より，未婚の母に寡婦控除が適用されないことが議論されることがある。

　国税不服審判所平成19年2月26日裁決（TKC：2601211・TAINS：J73-2-13）は，いわゆる事実婚であった場合には，寡婦控除が認められないと示した事例である。納税者は，母子及び寡婦福祉法6条《定義》1項及び生活保護法による保護の実施要領には，事実婚の配偶者を法律婚の配偶者と同様に取り扱うものとする旨が定められ，事実婚と法律婚とを同様に取り扱うこととする特別の定めであるから，戸籍法上，婚姻はしていないが，事実婚をして離婚もしていることから，寡婦控除の適用を主張した。

　審判所は，「夫と死別し若しくは夫と離婚した後婚姻をしていない者又は夫の生死の明らかでない者」，あるいは「夫と死別した後婚姻をしていない者又は夫の生死の明らかでない者」に該当することが「寡婦」たる要件の一つとされているところ，ここにいう「夫」の意義については，所得税法及び租税特別措置法において格別の定義規定が設けられていないことからすれば，身分法の基本法たる民法が定める婚姻関係（法律婚）にある男子を意味するものと解するのが相当である，と裁決し，納

税者が，戸籍上，婚姻をしていた事実はなく，法律婚にあったことはなかったと認められ，納税者は寡婦に該当しないことになるため，寡婦控除を適用することはできない，判断を下した。

この裁決事例では，扶養親族等の記述がないが，最近では未婚の母子家庭において寡婦控除の適用を要望するケースを聞く機会がある。未婚の母の場合も，現行法では，寡婦が婚姻，いわば法律婚を前提としている以上，適用がないことは明らかであった。平成31年税制改正で，未婚の母にも寡婦控除の適用が議論されたが，改正は見送られ，住民税の負担軽減に止まった。

なお，配偶者の意義について，所得税法上，定義は規定されていないが，最高裁平成9年9月9日判決は，身分関係の基本法たる民法は，婚姻の届出をすることによって婚姻の効力が生ずる旨を規定し（民法739条1項），そのような法律上の婚姻をした者を配偶者としている（民法725条，同751条等）から，所得税法上の「配偶者」についても，婚姻の届出をした者を意味すると解すべきことになる。したがって，事実婚は容認していない。

【参考判例】
最判平成9年9月9日・平成8年（行ツ）第64号（ＴＫＣ：28032803・ＴＡＩＮＳ：Ｚ228-7978）
《配偶者の意義》

【論　点】
①　合理的差別の意義と効果。
②　税法における法律婚と事実婚の区分と影響。

008　納税者の責任と解説書の効果

最高裁第三小法廷平成16年7月20日判決

平成11年（行ヒ）第169号・所得税更正処分取消等請求事件

【掲　　載】裁判所HP・TKC：28092062・TAINS：Z254−9700

【判　　示】同族会社の出資者が同会社に対してした無利息貸付けについて，法人に対する無利息
　　　　　　貸付けを容認・解説した税務当局者の著した解説書に従い申告納税をしなかった納税
　　　　　　者の責任が指摘され，利息相当額が収入として課税された事例（パチンコ平和事件）。

〔第１審：東京地判平成９年４月25日・平成７年（行ウ）第27号〕

〔控訴審：東京高判平成11年５月31日・平成９年（行コ）第70号〕

【解　　説】

　最近では，ネット情報に依存するケースも多いが，基本情報を掲載している国税庁や地方自治体の
ＨＰはともかく，質的にも量的にもネット情報に限界があることはいうまでもない。

　ネット時代といっても，まだまだ解説や相談事例などを記述した書籍や雑誌記事など紙媒体の情報
は有益性が残っている。その場合に，執筆者の学識，経験などは情報の評価に繋がることから，とく
に実務的な領域では，課税庁職員や課税庁経験者の見解は，権威というわけではないが，参考になる
見解として重宝な存在であることは否定しない。

　しかしながら，現在では，税制改正の内容などでは官職名を明記した解説は見られるが，税法の解
釈に関わる見解については，官職名を掲記せず，課税庁に勤務する立場であるが記述内容は私見であ
る旨を併記しているものが一般的となっている。課税庁の見解と課税庁職員の個人的見解との整合性
は暗黙の了解ということであろう。この執筆形式に変更された理由のひとつとされるのが本事案であ
る。

【事案の概要と経緯】

　Ａ社は，同族会社であり，納税者はその資本金の98％に相当する出資持分を有するとともに，解散
に至るまで代表者であった。

　納税者は，所有する店頭売買登録銘柄であるＢ社株式のうち，Ａ社に対し，証券会社を介した場外
取引により，3000万株を代金3450億円で売却した。納税者は，上記代金の精算日に銀行から3455億
2200万円を年利3.375％で借り入れて，Ａ社に対し，うち3455億2177万5000円を，返済期限及び利息
を定めず，担保を徴することもないまま貸し付けた。Ａ社は，同日，証券会社に対し，前記代金及び
手数料を支払い，証券会社は，同日，納税者に対し，代金から手数料及び有価証券取引税を控除した
残額を支払った。納税者は，同日，銀行に対し，前記借入金3455億2200万円及びこれに対する利息
3194万9149円を弁済した。その結果，納税者のＡ社に対する貸付けが無利息，無期限のままの状態で
残存することとなった。Ａ社は，収益のほとんどがＢ社株式の配当収入であり，実質的な営業活動を
行っていなかった。

　納税者の顧問税理士等の税務担当者は，課税庁が個人から法人への無利息貸付けに所得税を課さな
い旨の見解を採っていると解していたため，納税者の所得税については，雑所得を０円とする申告を
したが，課税庁は，貸付けによって納税者に利息相当分に係る雑所得が生じたと認定し，所得税の増
額更正及び過少申告加算税賦課決定をした。

　非課税とする課税庁の見解の根拠として納税者は以下のように主張した。

　前職及び現職の東京国税局税務相談室長が編集した「昭和50年版・税務相談事例集」には，会社が

代表者から運転資金として無利息で金銭を借り受けたという設例について，所得税法上の別段の定めがあるものを除き，担税力の増加を伴わないものについては課税の対象とならないとして，参照条文を挙げた上で，代表者個人に所得税が課税されることはない旨の記述がある。

東京国税局直税部長が監修し，同局法人税課長が編集した「回答事例による法人税質疑応答集」（昭和55年３月発行）及び「昭和59年版・回答事例による法人税質疑応答集」には，会社が業績悪化のため資金繰りに困って代表者から運転資金として500万円を無利息で借り入れたという設例について，所得税の課税の対象となる収入金額とは「収入すべき金額」とされており，無利息で金銭の貸付けをした代表者は，経済的利益を受けていないから所得税の申告をする必要がない旨の記述がある。

これらの各解説書には，編者，推薦者及び監修者が官職名を付して表示され，各巻頭の「推薦のことば」，「監修のことば」等には，その内容が，東京国税局税務相談室その他の税務当局に寄せられた相談事例及び職務執行の際に生じた疑義について回答と解説を示すものである旨の記載がある。また，各解説書の各巻末には，その発行者である財団法人大蔵財務協会が大蔵省の唯一の総合外郭団体であり，財務，税務行政の改良，発達及びこれに関する知識の普及という使命に基づいて出版活動を続けている旨の記載がある，と上記三点について主張した。

第１審は納税者の訴えを棄却したが，控訴審は各解説書の正当性を容認し，過少申告加算税賦課決定を取り消したため，課税庁が上告したが，最高裁は解説書に関する納税者の主張を否定した。

【判決要旨】

各解説書は，その体裁等からすれば，税務に携わる者においてその記述に税務当局の見解が反映されていると受け取られても仕方がない面がある。しかしながら，その内容は，代表者個人から会社に対する運転資金の無利息貸付け一般について別段の定めのあるものを除きという留保を付した上で，又は業績悪化のため資金繰りに窮した会社のために代表者個人が運転資金500万円を無利息で貸し付けたという設例について，いずれも，代表者個人に所得税法に規定する収入すべき金額がない旨を解説するものであって，代表者の経営責任の観点から当該無利息貸付けに社会的，経済的に相当な理由があることを前提とする記述であるということができるから，不合理，不自然な経済的活動として本件規定の適用が肯定される本件貸付けとは事案を異にするというべきである。そして，当時の裁判例等に照らせば，納税者の税務担当者においても，本件貸付けに本件規定が適用される可能性があることを疑ってしかるべきであったということができる。

【検　　討】

課税庁が納税者に対する指導が公的見解であるなら，納税者は信義則違反を論議する機会が出てくる。これまで，複雑多岐な税法規の理解にあたっては，課税庁職員が執筆した解説書は，多くの納税者にとっては課税庁の公的見解としてその信頼性が高く評価されてきた。したがって，権威ある解説書の内容が公的見解となるならば，その見解に従い申告納税した納税者が，その申告内容の誤りを課税庁職員に指摘された場合は，誤った言動を信じて行動したことになり，これによって生じた期待や信頼を保護すべきとする信義則の適用を主張できることとなる。

控訴審判決では，各解説書の各巻頭の「推薦のことば」，「監修のことば」等の記載は，税務当局の業務ないし編者等の税務当局勤務者の職務と各解説書の内容との密接な関連性を窺わせるものであるから，税務に携わる者がその編者等や発行者から判断して，その記載内容が税務当局の見解を反映したものと認識し，税務当局が個人から法人への無利息貸付けに所得税を課さない見解を採るものと解することは，無理からぬところであると判示していた。課税庁職員の執筆した解説書の実務における重要性を考慮し，実際には公的見解に準じた役割を果たしている現実を認識した結果，相当な理由に

当たるとしたことは，当然の感覚であり，実情を理解した判決として評価してよい。つまり，解説書の持つ公的見解の性格を考慮した内容といえるが，最高裁はそれを否定した。

　本事案で留意すべきは，最高裁は，税務判断にあたっては，学説見解より裁判例を優先すべきことを示唆していることである。もっとも，本事案に関連する裁判例は，最高裁も各解説書の発刊以前に示された下級審レベルの事例を唯一提示したに過ぎない。しかし，そうであっても最高裁が判例重視の姿勢を示したことは，納税者の責任が問われる申告納税制度において，判例情報に接する機会が乏しい一般納税者には深刻であり，当然，このことは税務行政の現場の職員にも同様の責務が課せられているといえよう。

【論　　点】
①　税法の解釈と適用における裁判例の意義と効果。
②　税法条文に対する解説の有益性と実務への影響。

《税法の基礎理論》

009 納税指導と信義則

横浜地裁平成8年2月28日判決
平成5年（行ウ）第18号・特別土地保有税免除否認処分取消請求事件
【掲　載】ＴＫＣ：28011449
【判　示】課税庁職員による明らかな誤指導に対して信義則の適用が認められなかった事例。
〔控訴審：判例集等未登載〕

【解　説】

　申告納税制度の下では，課税庁は，納税者への税務相談や申告指導が日常的に行われている。こうした課税庁の行為などに誤りがあった場合に問題が生じ，その救済として信義則の適用を求めることがある。信義則の適用に関する裁判所の考え方は，合理性の原則を犠牲にしてもなお納税者の信頼を保護することが必要であると認められる場合に信義則の適用が肯定されるとしている。

【事案の概要と経緯】

　特別土地保有税は，平成15年度以降は新たな課税は停止されているが，土地の有効利用促進や投機的取引の抑制を目的とする地方税（市町村税・東京都23区内は都税）であった。1月1日現在，一定基準の土地の所有者等が課税対象となり，地方税には珍しく申告納税であり，法定期限は5月31日となっていた。

　裁判所が認定する経緯は以下の通りである。

　納税者は，不動産貸付，不動産管理及び駐車場経営等を業とする株式会社である。納税者は，平成3年5月10日ころ，区役所から「特別土地保有税改正のお知らせ」と題する書面の送付を受けた。書面には，平成3年度の地方税法の一部改正により，青空駐車場等について免除基準が改正された等の記載があったが，免除の認定の基準日については何ら記載されておらず，「ご不明な点につきましては，次の特別土地保有税担当までお問い合わせ下さい。区役所固定資産税課土地係」という記載があった。

　納税者は，書面をみて，従来納税義務の免除対象とされていた青空駐車場等が原則として課税対象となり得ることを知った。そこで，納税者の役員と従業員Aは，5月13日，特別土地保有税の納税義務の免除について相談するため，港北区役所の土地係を訪れた。なお，納税者は，新たな土地を買受ける予定となっており，同年6月27日，売買によりこれを取得した。

　区役所固定資産税課土地係において，特別土地保有税の事務を担当していたのは，土地係長以下，5名の平職員であった。当時，担当職員らは，平成4年度は新税制の初年度であるから，課税に関する措置が緩和され，建設大臣認定の駐車装置が基準日に完成していなくても，申告時期までに完成していれば，特別土地保有税（保有分）の納税義務が免除されるかもしれない，などと話し合っており，B職員は，土地係を訪れた納税者役員らに対し，同様の趣旨を述べた。

　Aは，同年7月26日，駐車装置設置のレイアウト図面を持って，土地係に赴いた。B職員及びC職員は，レイアウト図面をみて，「駐車装置のほかに，管理人小屋も必要である。」などと説明した。そこで，納税者は，説明に従い，レイアウト図面に管理小屋を加えた図面を新たに作成し，Aは，一級建築士の資格を持つ従業員を同行し，7月31日及び同年8月6日，新たに作成されたレイアウト図面を持って土地係を訪れた。

　市は，8月14日，平成3年度の税制改正に伴う準備事務を議題とする特別土地保有税担当係長及び担当者会議を開催した。担当者会議には，市全区の特別土地保有税の各担当者が出席し，区役所から

25

は，係長ら３名の担当職員が出席した。右担当者会議では，８月６日付け自治省税務局固定資産税課企画係長事務連絡などの資料が配布され，免除対象の縮減に伴う課税対象の判定基準などの説明がされた。これを受け，土地係は，８月20日ころ，係内会議を開催し，その席で，担当者会議の報告がされ，また，特別土地保有税の納税義務の免除対象となるか否かは，基準日の現況で判断することが確認された。そこで，担当職員らは，それまでに，課税に関する措置が緩和され，駐車装置が申告時期までに完成していれば，特別土地保有税（保有分）の納税義務が免除されるかもしれないなどとあいまいな説明をしてきた納税者に対し，個別に電話等で連絡することとした。しかし，Ｃが，８月下旬ころ，納税者に対し，電話で連絡をしたことを認める的確な証拠はない。

Ａは，８月29日，土地係を訪れ，また，納税者代表者及び役員は，同年10月25日，土地係を訪れた。さらに，Ａは，10月31日，レイアウト図面を持参して，同土地係を訪れた。

Ｃは，同年11月６日，納税者に電話をし，Ａ職員に対し，「特別土地保有税の新税制への移行期である平成４年度は，申告時期の平成４年５月までに建設大臣認定の駐車装置の工事が完了していれば，納税義務は免除されるという期待を持たせる指導をしてきたが，自治省固定資産税課課長からの通達で，平成４年１月１日の現況で判断することを指示された。また，免除を受けるためには，舗装，区画線引建設大臣認定の駐車装置の設置に加えて，検査済証が取れた管理事務所が必要であると指導したが，管理事務所は不要である。」旨述べた。

納税者役員は，平成３年11月７日，土地係を訪れ，担当職員に対し，「今更（指導変更されても）困る。申告時期までに（駐車場装置が）完成していれば良いと言ったではないか。」などと抗議したところ，担当職員は，「確かにそのように言いました。申し訳ない。」などと述べた。

【判決要旨】

① 土地係の担当職員は，平成３年５月13日，納税者に対し，建設大臣認定の駐車装置が，申告時期の平成４年５月末日までに完成していれば，特別土地保有税の納税義務が免除される可能性がある旨の見解を述べたので，納税者は，これを前提に，その後，相談のため土地係を訪れたが，その間，係内会議が開催され，課税の免除の要件や基準日について確認されたにもかかわらず，担当職員は従前通りの応待を続け，平成３年11月６日に至り，初めて納税者に対し，訂正の電話をしたということになるから，担当職員の納税者に対する対応が，極めて不適切であったことは否めない。

② 納税者に対応した担当職員は，いずれも役職はなく，また，担当職員の言動は，納税者の照会に対する正式な回答ともいい難く，単に口頭でされたに過ぎないのであるから，担当職員の見解の表示をもって，税務官庁がした納税者の信頼の対象となる公的見解の表示とは認められない。

③ 土地係が区内の特別土地保有税に関する説明・指導をする担当部署であること，パンフレットに問合せ先として各区役所の固定資産税課土地係の名が記載されていたこと，納税者が，特別土地保有税の免除を目的に，継続的に，相当回数，土地係に赴き，その意向を確認し，指導を受けながら駐車装置の設置計画を進めてきたことは事実であり，このような納税者の期待が裏切られた結果となったことは，遺憾というほかない。

④ 担当職員の本件基準日についての説明が断定的なものであったとまではいえないし，納税者に対する右の点の訂正の伝達も，遅れたとはいえ同年11月６日にされたのであり，本件駐車装置の設置が右基準日に間に合わなかったのは，右のような装置の注文がメーカーに殺到したという特殊な事情によるものといわざるを得ない。

【検　討】

本事案では，納税者が特別土地保有税の納税義務の免除について相談するため，課税庁土地係を訪

れたのは，5月13日，7月26日，7月31日，8月6日，8月29日及び10月25日の計6回に及び，係内会議の開催日が8月20日であったと裁判所は認定する。しかし，通常の窓口で納税者との質疑応答に役職者が対応する可能性が低いことや一般納税者の質疑内容に対して文章を交付する習慣がないことなどを考慮すると，課税庁担当職員の口頭による回答は公的見解の表示に当たらず，免除を認めないことが信義則に反しないとした裁判所の感覚は極めて非現実的である。

　結局，申告納税制度において納税者の課せられた責任の大きさに驚くばかりである。まさしく納税者の自主性が重視されるといえよう。

　同時に納税義務の免除という重要事項について，課税庁担当職員の認識不足は，理解しがたい。なぜなら，本件の相談内容は，納税義務の成立時期（基準日）と納税者の申告による納税義務の確定時期（申告期限）とは一致しないという，基本的な問題だからである。

【論　　点】

①　信義則適用の範囲と限界。

②　申告納税制度における納税者の責任と課税庁の指導等。

010 租税負担と錯誤

最高裁第一小法廷平成元年9月14日判決

昭和63年（オ）第385号・建物所有権移転登記抹消登記手続請求事件

【掲　載】裁判所HP・TKC：22003091・ＴＡＩＮＳ：Ｚ999－5002

【判　示】財産分与契約が租税負担がないという分与者の錯誤によるものとして無効とされた事例。

〔第1審：東京地判昭和62年7月27日・昭和60年（ワ）第15791号〕

〔控訴審：東京高判昭和62年12月23日・昭和62年（ネ）第2299号〕

〔差戻控訴審：東京高判平成3年3月14日・平成元年（ネ）第3217号〕

【解　説】

　民法95条は「意思表示は，法律行為の要素に錯誤があったときは，無効とする。ただし，表意者に重大な過失があったときは，表意者は，自らその無効を主張することができない。」と規定している。つまり，錯誤により行った法律行為は無効となる。そのため法律行為の結果について認識が重要になるが，その根底には法律の知識がある。

　自主申告自主納税を標榜する申告納税制度の下では，経済的利益が生じれば課税対象となることを一般の納税者が理解していることを前提としているといっていい。そのため税法の領域では，納税者が例えば納税を怠った場合において錯誤の主張が容認されることは難しい。

　利害が絡む通常の経済的取引においては，利益＝課税という図式は認識されているが，直接的な利害関係がない親族間取引の場合には，課税を意識しない行為が多い。もっとも昨今の相続税対策の話題から，いわゆる生前贈与に対する課税問題については，親族間の行為であっても贈与税に対する認識は高まっている。

　いうまでもなく課税関係は，親族間取引を他人同士の通常の取引に置き換えて考慮すれば容易に判断できるが，他人同士を想定できない行為の場合には，税法の適用と解釈に苦しむ納税者も出てくる。

【事案の概要と経緯】

　上告人は，昭和37年6月15日被上告人と婚姻し，二男一女をもうけ，東京都新宿区市谷砂土原町所在の建物に居住していたが，勤務先銀行の部下女子職員と関係を生じたことなどから，被上告人が離婚を決意し，昭和59年11月上告人にその旨申入れた。上告人は，職業上の身分の喪失を懸念して申入れに応ずることとしたが，被上告人は，引き続き建物に残って子供を育てたいとの離婚条件を提示した。

　そこで，上告人は，右女子職員と婚姻して裸一貫から出直すことを決意し，被上告人の意向にそう趣旨で，いずれも自己の特有財産に属する建物，その敷地である土地（以下，「本件不動産」）全部を財産分与として被上告人に譲渡する旨約し，その旨記載した離婚協議書及び離婚届に署名捺印して，その届出手続及び右財産分与に伴う登記手続を被上告人に委任した。

　被上告人は，右委任に基づき，昭和59年11月24日に離婚の届出をするとともに，同月29日本件不動産につき財産分与を原因とする所有権移転登記を経由し，上告人は，その後本件不動産から退去して女子職員と婚姻し一男をもうけた。

　財産分与契約の際，上告人は，財産分与を受ける被上告人に課税されることを心配してこれを気遣う発言をしたが，上告人に課税されることは話題にならなかったところ，離婚後，上告人が自己に課税されることを上司の指摘によって初めて知り，税理士の試算によりその額が2億2224万余円である

《税法の基礎理論》

ことが判明した。

　上告人は，財産分与契約の際，これにより自己に譲渡所得税が課されないことを合意の動機として表示したものであり，2億円を超える課税がされることを知っていたならば右意思表示はしなかったから，右契約は要素の錯誤により無効である旨主張して，被上告人に対し，不動産のうち，建物所有権移転登記の抹消登記手続を求めた。被上告人は，これを争い，仮に要素の錯誤があったとしても，上告人の職業，経験，右契約後の経緯等からすれば重大な過失がある旨主張した。

　第1審は上告人の訴えを棄却し，控訴審は，第1審判決の判断を維持した。最高裁は，上告人の主張に理解を示し，控訴審に差し戻した。その後，差戻控訴審は，要素の錯誤を容認し，財産分与契約を無効としている。

【判決要旨】

① 意思表示の動機の錯誤が法律行為の要素の錯誤としてその無効をきたすためには，その動機が相手方に表示されて法律行為の内容となり，もし錯誤がなかったならば表意者がその意思表示をしなかったであろうと認められる場合であることを要するところ，右動機が黙示的に表示されているときであっても，これが法律行為の内容となることを妨げるものではない。

② 所得税法33条1項にいう「資産の譲渡」とは，有償無償を問わず資産を移転させる一切の行為をいうものであり，夫婦の一方の特有財産である資産を財産分与として他方に譲渡することが右「資産の譲渡」に当たり，譲渡所得を生ずるものであることは，当裁判所の判例とするところであり，離婚に伴う財産分与として夫婦の一方がその特有財産である不動産を他方に譲渡した場合には，分与者に譲渡所得を生じたものとして課税されることとなる。

③ 事実関係からすると，財産分与契約の際，少なくとも上告人において右の点を誤解していたものというほかはないが，上告人は，その際，財産分与を受ける妻に課税されることを心配してこれを気遣う発言をしたというのであり，記録によれば，妻も，自己に課税されるものと理解していたことが窺われる。そうとすれば，夫において，右財産分与に伴う課税の点を重視していたのみならず，他に特段の事情がない限り，自己に課税されないことを当然の前提とし，かつ，その旨を黙示的には表示していたものといわざるをえない。

④ 財産分与契約の目的物は上告人らが居住していた建物を含む不動産の全部であり，これに伴う課税も極めて高額にのぼるから，夫とすれば，前示の錯誤がなければ財産分与契約の意思表示をしなかったものと認める余地が十分にあるというべきである。夫に課税されることが両者間で話題にならなかったとの事実も，上告人に課税されないことが明示的には表示されなかったとの趣旨に解されるにとどまり，直ちに右判断の妨げになるものではない。

【検　討】

　本事案では，夫から妻への財産分与に伴い夫に譲渡所得課税が生じる，とは全く考えもしないで財産分与契約を締結した夫が，課税が生じるなら財産分与をしなかったという主張を最高裁が容認した。夫は，財産分与を受ける妻に課税されることを心配する発言をしており，このことから，錯誤がなければ財産分与は行わなかったと黙示的に表示していると認定されている。最高裁は，このような黙示的な表示にすぎなくとも錯誤を認めているのである。

　自主申告を標榜する申告納税制度における納税者に課せられた責任の重さを考えると，最高裁の判断は極めて異例といえる。しかし，財産分与者に譲渡所得課税が生じることに関しては判例が確立している。増加益清算課税説と譲渡益所得説の見解の対立は，専門家の間でも立場が分かれており，増加益清算課税説を一般の人が理解することは困難である。したがって，財産分与者に譲渡所得課税が

29

生じるということを理解している納税者は少ないだろう。また，租税負担を理由に財産分与を拒否するおそれが出てくるという，家族法の見地からの批判も少なくない。

　興味深いのは，夫の主張を斥けた当初の控訴審の判断である。判旨では，財産分与が譲渡所得課税の対象となる最高裁昭和50年5月27日判決は確定した判断であると言及したことである。つまり税務の常識という認識である。妻側が，夫は銀行員として仕事柄，税務の知識があると暗に反論していたから，裁判所も同調したかもしれない。事実，課税を指摘した上司は認識していたのである。

　大阪地裁平成30年5月6日判決は，競馬の払戻金を申告せず約6200万円を脱税したとして，所得税法違反罪に問われた大阪府下の自治体職員に対して，懲役6月・執行猶予2年，罰金1200万円の有罪判決が言い渡された。裁判所は，被告に対して，「馬券の高額配当の払戻しを受けてから具体的な税額を計算するなどし，所得税の納税義務があることを確定的に認識しながら，2か年分にわたり，虚偽の過少申告を行っている……申告時においては，市役所で課税担当部門に所属するなど，納税者の模範となるべき行動が求められる立場にいたにもかかわらず，多額の税金を免れたものであって，厳しい非難は免れない」と言及した。それもそのはずである。被告は，税務部門の課長という要職にあった。錯誤の主張はなかったようである。

【参考判例】

①　最判昭和50年5月27日・昭和47年（行ツ）第4号（本書040《譲渡の意義》参照）
②　大阪地判平成30年5月9日・平成28年（わ）第4190号（ＴＫＣ：25449489・ＴＡＩＮＳ：Ｚ999
　　－9156）

【論　　点】

①　錯誤の意義と範囲。
②　申告納税制度における錯誤主張の限界。

《税法の基礎理論》

011 申告義務と錯誤

高松高裁平成18年2月23日判決
平成17年（行コ）第4号・賦課決定処分等取消請求控訴事件
【掲　　載】ＴＫＣ：28130855・ＴＡＩＮＳ：Ｚ256－10328
【判　　示】有限会社の出資口の売買契約に対して低廉譲渡と指摘された事案において，申告期限
　　　　　　後の錯誤の主張を否定し，納税義務の免除を否認した事例。
〔第1審：高知地判平成17年2月15日・平成15年（行ウ）第20号〕
〔上告審：最判平成18年11月6日・平成18年（行ツ）第127号〕

【解　　説】

　相続税法7条は，著しく低い価額の対価で財産の譲渡を受けた場合には，譲渡を受けた者が，対価
と譲渡があった時における財産の時価との差額に相当する金額を譲渡した者から贈与により取得した
ものとみなす旨規定している。いわゆるみなし贈与規定である。時価，いわば通常価額より低い額で
取引に合意することができるのは当事者間が特殊な人間関係にあり，租税負担の軽減を意図するもの
と推定されると考えられるからである。

　一般に贈与税の知識は，他の国税と比較して普及していると考えられるが，このみなし贈与規定は，
落とし穴になっていると思えることは多い。

　親族間や同族関係者・同族法人間の財産譲渡において，価額の設定は実務上，苦慮することが多い。
結果として，譲渡益に対する租税負担や相続税の減少や回避を指摘されることがあるから，いわゆる
時価の判断については，慎重にならざるを得ない。

　確かに第三者間の取引と比較して，不自然・不合理な取引を極力避けることで，取引の恣意性を排
除することが，税務上の鉄則である。この場合に，取引価額は重要な要素である。恣意性を排除する
ための価額は，時価いわば経済的交換価値となるが，客観性のある数値といっていい。

【事案の概要と経緯】

　ともに本事案の納税者であるＡとＢの間で，平成9年2月21日，ＡはＢから，有限会社の出資口
1125口を1口当たり1万5000円（総額1687万5000円）で購入する旨の売買契約を締結したところ，課
税庁は，売買契約はその代金額が適正価額1億1541万3750円（1口当たり10万2590円）を下回る低額
譲渡に該当するとして，平成14年2月15日付で，Ａに対し平成9年分贈与税の税額を5775万9700円と
する決定処分及び無申告加算税の税額を866万2500円とする賦課決定処分をした。そこで，Ａは，売
買契約が錯誤により無効であるなどと主張して，各処分の取消しを求めた。

　Ｂは，平成9年分の所得税の確定申告につき，総所得の金額を859万3262円，売買契約に係る譲渡
所得の金額を1571万4600円（収入金額1687万5000円，必要経費116万400円），納付すべき税額を417万
7600円とする確定申告書を提出し，平成13年12月21日，売買契約が錯誤により無効であるとして，平
成9年分所得税の更正の請求をしたところ，課税庁は，平成14年2月15日付で，Ｘ2に対し更正をす
べき理由がない旨の通知処分をした。そこで，Ｂは，課税庁に対し，通知処分のうち所得金額859万
3262円を超える部分の取消しを求め提訴した。

　納税者らは，売買契約につき，ともに錯誤に陥っていたものであるところ，共通錯誤の理論からす
れば，売買契約を有効として保護すべき利益はないから，仮に錯誤に陥ったことにつき納税者らに重
大な過失があったとしても，民法95条ただし書の適用はないことから，売買契約の無効を主張した。

　第1審及び控訴審とも売買契約は無効とはならないから，売買契約が有効であることを前提とする

31

各決定処分はいずれも適法であると判示して，納税者の訴えを棄却し，上告審は不受理となった。

　裁判所は，納税者らが，売買契約を締結するに当たり，売買代金額やAに贈与税を課されるか否かについて，税理士等の専門家に相談するなどして十分に調査，検討をすべきであったにもかかわらず，税理士等の専門家に相談するなどしなかったが，所轄税務署に相談に行って了解を得た旨の話をしたことなどから，出資口の売買代金額を1口当たり1万5000円とすることを了承したものであって，一応の調査，検討はしているのであるから，当時の納税者らの置かれていた立場や年齢をも考慮すると，納税者らの懈怠が著しく不注意であって重大な過失であると認めることはできない，と指摘している。

【判決要旨】

① 　わが国は，申告納税方式を採用し，申告義務の違反や脱税に対しては加算税等を課している結果，安易に納税義務の発生の原因となる法律行為の錯誤無効を認めて納税義務を免れさせたのでは，納税者間の公平を害し，租税法律関係が不安定となり，ひいては申告納税方式の破壊につながるのである。

② 　納税者は，納税義務の発生の原因となる私法上の法律行為を行った場合，当該法律行為の際に予定していなかった納税義務が生じたり，当該法律行為の際に予定していたものよりも重い納税義務が生じることが判明した結果，この課税負担の錯誤が当該法律行為の要素の錯誤に当たるとして，当該法律行為が無効であることを法定申告期間を経過した時点で主張することはできないと解するのが相当である。

③ 　私人間の経済取引については，常に税負担を考えて行うものである。そして，取引当事者間において，どのような取引形態（法律行為）をとれば，両当事者の税負担が最も少なくて済むか，十分に検討を加えた上で，一定の取引形態（法律行為）を決め，それを前提に申告をするのが通常である。

④ 　法定申告期限を経過した後に，当事者の予期に反して，課税当局から，当事者が予定していなかった納税義務が生じるとか，予定していたものよりも重い納税義務が生じることを理由に，更正処分がなされた場合に，この課税負担の錯誤が当該法律行為の要素の錯誤に当たるとして，当該法律行為の錯誤による無効を認め，一旦発生した納税義務の負担を免れることを是認すれば，そのような錯誤の主張を思いつかない一般的な大多数の納税者との間で著しく公平を害し，租税法律関係が不安定となり，ひいては一般国民の素朴な正義感に反することになる。

⑤ 　当該法律行為が錯誤により無効であることを法定申告期間を経過した時点で主張することを許さず，既に確定している納税義務の負担を免れないと解するのが相当である。

【検　　討】

　租税法律主義の目的である法的安定性を確保するためには，税法が対象とする種々の経済的取引が私法によって第一次的に規律されていることから，課税は原則として私法上の法律関係に即して行われるべきである。錯誤とは，表意者の誤認識・誤判断によって，表示から推測される意思と真意が食い違う場合をいい，民法95条に法律行為に錯誤があったときは，無効とするという規定がある。租税負担の錯誤による契約無効の主張については，私的自治の尊重，納税者間の公平の確保，及び租税法律関係の安定維持の見地から合理的に判断されるべきであり，この主張を認めるか否かは難しい。

　本事案では，当該法律行為の要素に錯誤があったこと及び重過失がないことという錯誤無効の二つの要件を充足していることを認めた上で，法定申告期限後における租税負担の錯誤無効の主張を明確に否定された。租税負担は今日の経済取引上考慮に入れるべき重要な要素の一つであり，法定申告期限前に取り消された取引については租税負担に関する錯誤が無効原因となるケースも考えられる。し

かしながら申告納税制度の下では，その制度が民主的な方法であるという一方で，納税者に求められている責任は重く，法の不知はもちろん錯誤の主張も容認されることは少ないのが現実である。

　私法は，当事者の合意によって法律効果が生じるのに対し，税法は，課税要件の充足事実によって納税義務が発生する法定債務であるという税法の特質には，留意すべきである。

【論　　点】

① 　錯誤の意義と範囲。

② 　申告納税制度における錯誤主張の限界。

③ 　みなし贈与の意義と背景。

012 納税と無申告加算税

大阪地裁平成17年9月16日判決

平成16年（行ウ）第107号・消費税及び地方消費税無申告加算税賦課決定処分取消請求事件

【掲　載】裁判所HP・TKC：28101908・TAINS：Z255－10134

【判　示】法定期限内に納税し，期限後に申告書を提出した納税者に無申告加算税を賦課することが容認された事例（関西電力事件）。

【解　説】

　申告納税制度の下では，自主申告自主納税が原則である。この場合に，申告書は，納税者が納付すべき税額を確定させるものであり，納付書は，国税を納付する際に，金銭と共に提出されるものである。申告納税制度では，まず申告書により納付すべき税額を確定することを要請しており，申告書の提出がなければ，金銭を納付したとしても，未だ申告納税手続が完了したとはいえない。

　現在では，申告書の提出は電子申告が中心であり，申告書提出の遅延という事態はおこりにくい。納税に関しても今後，ネットバンキングなどを活用した電子納税が主流となっていくはずである。

【事案の概要と経緯】

　納税者の平成14年4月1日から平成15年3月31日までの課税期間の消費税等の法定申告期限及び法定納期限は，同年6月2日であった。納税者は，平成15年6月2日，指定金融機関である3銀行に対し，それぞれ納付書を添えて，納付書記載の金額合計247億7850万9700円を納付した。

　平成15年6月12日，所轄税務署の職員が納税者の従業員に対し，課税期間の消費税等に係る申告書の提出の確認を行ったところ，納税者が同申告書の提出を失念していたことが判明した。納税者は，同月13日，消費税及び地方消費税の合計納付税額を247億7850万9700円とする確定申告書を提出した。

　課税庁は，申告書の提出をもって，期限後申告書の自発的な提出に当たるものとして，平成15年9月30日，納税者に対し，無申告加算税として12億3892万5000円の賦課決定をした。納税者は，国税不服審判所の棄却裁決を経て提訴したが，第1審は納税者の主張を斥け，納税者の敗訴が確定した。

　納税者の主張は以下の通りである。

　無申告加算税は，申告義務違反に対し特別の経済的負担を課すことによって違反行為を防止し，申告納税制度の定着を図ることを目的とするものであり，一種の行政的制裁の性質をもつとされているが，その究極的な目的は税額の徴収の確保であり，申告義務違反に対する制裁もこの究極的目的のために設けられたものといえる。したがって，納税義務者に申告意思が認められ，かつ，現実に納税が果たされている場合に，単なる形式的な申告手続違背に対する制裁として無申告加算税を賦課することは，実質的には法の趣旨，目的を逸脱した法の運用であって，違法といわざるを得ない。

　納税者は，法定申告期限及び法定納期限である平成15年6月2日に，納付書とともに所定の消費税等の税額を納付したものであるところ，納付書は，納税義務者が記入し，収納機関である銀行を経由して，記載の税額の納付済みを税務署長に通知することを目的とする書面であって，実質上税務署長に提出する書面ということができる上，申告書と主要な記載事項を同じくし，機能的に多くの共通性をもった書面である。納付書には課税期間，税目及び税額が記載されており，申告書に記載すべき事項を網羅するものではないとしても，納付書の提出及び納税の履行の事実によって，少なくとも税務当局は，納税者が自発的な申告意思を有することについて認識し，あわせて，申告書に要求される主要な記載項目である課税期間，税目及び税額についてもこれを十分確認し得たはずである。したがって，適式の申告書の提出を欠いていたとしても，実質的には納付書が申告書の機能の相当部分をカ

バーする役割を果たしたと見ることができるのであり，納付書の提出をもって税額の確定という申告の法的効果が生じるものとまではいえないものの，これを「瑕疵ある申告」とみなす余地は十分ある。

申告書の提出忘れに気付いた納税者は，直ちに自発的に期限後申告書を提出したのであるから，実質的にはこれによって申告に関する上記「瑕疵」は治癒されるに至ったといえる。このように，実質的に申告書の機能の相当部分をカバーするに足りる納付書の提出と税額の納付が履行されている場合において期限後申告書が提出されたときは，納付書の提出を瑕疵ある申告とみなし，期限後申告書の提出によってこの瑕疵が治癒されたと解する余地があり，期限内申告の有無につきこのような実質に即した柔軟な法解釈及び事実認定の余地を認めることは，むしろ通則法の趣旨，目的に適合した運用と考えられる，と以上三点を主張した。

【判決要旨】

① 納税者は，課税期間の消費税等の法定申告期限及び法定納期限が平成15年6月2日であったことから，同日，3銀行に対し，納付書を添えて，納付書記載の金額合計247億7850万9700円を納付したものの，上記法定申告期限までに納税申告書の提出をしなかったものであり，同月12日に北税務署の職員が納税者の従業員に対し，課税期間の消費税等に係る申告書の提出の確認を行ったところ，納税者が同申告書の提出を失念していたことが判明し，納税者は同月13日申告書を提出したものである。

② 納税者が課税期間に係る消費税等についてその法定申告期限内に納税申告書（期限内申告書）を提出しなかったのは，納税者が同申告書の提出を失念していたということに尽きるのであって，これは納税者の責めに帰すべき事由に基づくものにほかならず，このように失念して期限内に納税申告書を提出しなかった納税者に対し行政制裁として無申告加算税を課すことは，法の趣旨に照らして何ら不当と評価されるものではない。

③ 納付書と納税申告書との機能及び法的効果の差異，納付の性格，及び，申告納税方式により納付すべき税額が確定する税についての納税申告書の期限内提出の重要性等にかんがみれば，納税申告書の提出を失念し，これを法定申告期限内に提出しなかったこと自体が，申告納税方式による租税の納税手続の根幹を成す納税義務者の重要な義務の不履行といえるのであって，納税者主張の諸点を考慮してもなお，このような納税者の義務違反は行政制裁としての無申告加算税を賦課するに値するものというべきである。

④ 納税申告書の提出を失念し，これを法定申告期限内に提出しなかったこと自体が，申告納税方式による租税の納税手続の根幹を成す納税義務者の重要な義務の不履行といえるのであるから，たとえ本件課税期間に係る消費税等の全額に相当する金額がその法定納期限までに収納機関に納付されているとしても，納税者の上記義務違反が無申告加算税を定めた法の趣旨に照らして，実質的違法性を欠くということは到底できない。

【検　討】

本事案では，無申告加算税の額は12億3892万5000円という巨額なものであったため話題となった。無申告加算税が課されない正当な理由については，申告義務違反を不問に付すという例外的な措置であることから，裁判所は，正当な理由をきわめて限定的に解している。法定期限内の申告と納税はセットになっている以上，本事案のような単純なミスにおいては，無申告加算税の減免を享受するような正当な理由は，やはり残念ながら見いだすことはできないといえる。

なお，中小企業においては，本事案と異なり，申告書の提出は税理士が，その納税は依頼者である企業が独自に行うことが一般的である。したがって申告書提出と納税が分離していることから，まさ

しく失念することはあり得る。企業が期限内納税後，申告書提出を失念した税理士の行った期限後申告について，最高裁平成12年3月14日決定は，申告書提出と納税の関係について，本事案と同様の判断を示している。

平成18年度の国税通則法66条6項の改正により，期限後申告書の提出があった場合に，その提出が期限内申告書を提出する意思があったと認められ，かつ，当該期限後申告書の提出が，法定申告期限から2週間を経過する日までに行われたものは，無申告加算税が課されないこととなった。

【参考判例】
最決平成12年3月14日・平成12年（行ツ）第8号（TKC：28082947・TAINS：Z246-8607）

【論　　点】
① 　無申告加算税の趣旨。
② 　申告納税制度における納税者の手続履行義務。

013 更正の請求

最高裁第二小法廷平成21年7月10日判決
平成19年（行ヒ）第28号・更正すべき理由がない旨の処分の取消請求上告受理事件
【掲　載】裁判所ＨＰ・ＴＫＣ：25440919・ＴＡＩＮＳ：Ｚ259－11242
【判　示】所得税額控除の計算誤りによる申告に対して更正の請求が認められた事例（南九州コ
　　　　　カコーラ事件）。
〔第1審：熊本地判平成18年1月26日・平成16年（行ウ）第3号〕
〔控訴審：福岡高判平成18年10月24日・平成18年（行コ）第7号〕

【解　説】

　更正の請求は，納税者の立場から税額の減額変更の手続を制限付きで認める制度である。税額の増減に関わらず申告内容の是正は当然のことであるが，納税者の租税負担公平を図るために課税庁も，適正な申告と納税のために必要な手段をとる責務があると考える。したがって更正の請求は，納税者の権利救済の制度として位置づけるべきであるが，その運用においては納税者の主張が全面的に容認されているとはいい難い現実がある。

　通常の更正の請求は，当初の申告において法律解釈や計算に誤り等があり，税額が過大であった場合には，その申告に係る国税の法定申告期限から5年以内に限り，税務署長等に対し，その申告に係る課税標準等又は税額等につき減額すべき旨の更正を求める請求をすることができると理解している。つまり5年以内なら，無制限に更正の請求が容認されると考えがちである。

　しかし実際には，更正の請求について理由がないとされたり，特例適用や租税特別措置にかかる申告には適用されないなどの判断が示された事例が，少なくない。それらの事例は，納税者の自由な意思による判断に基づく申告を前提としている。しかし，そこには，単なるミス，錯誤，そして法の不知など，申告納税制度における納税者の様々な行為が背景にある。そのため，事実認定の捉え方によっては，疑義を感じる事例も出てくる。

【事案の概要と経緯】

　納税者は，法人税確定申告書別表六（一）の「所得税額の控除及びみなし配当金額の一部の控除に関する明細書」の記載について，(1)「預貯金の利子及び合同運用信託の収益の分配」に係る控除税額の計算に当たり，会計システムにおける入力誤り及び外国税額と国内税額の区分誤りによる単なる集計誤りがあったために，過大に記載し，(2)「利益の配当及び剰余金の分配」に係る控除を受ける所得税額の計算に当たり，銘柄簡便法による場合の「利子配当等の計算期末の所有元本数等」を「利子配当等の会計期末における所有元本数等」であると解釈して同規定を適用したために，記載した株8銘柄について，その株式数等の記載誤りが生じ，控除を受ける所得税額を過少に記載した。

　納税者は，確定申告において所得税額の控除の計算を誤るなどした結果，納付すべき法人税額を過大に申告したとして，平成14年7月10日付けで，課税庁に対し，国税通則法23条1項1号に基づき，更正の請求をした。

　課税庁は，納税者に対し，更正すべき理由がない旨の通知をしたことから，納税者は，通知処分の取消しを求める訴えを提起した。

　第1審は，法人税法68条3項が，任意的調整事項である納税者の所得税額控除に関する選択権行使に当たっての恣意性を排除し，租税債権の早期安定を図る趣旨の条項であることに照らせば，いったん選択された範囲内においては，法律適用の誤りや計算誤り等を是正しても上記趣旨に反しない上，

同条4項と均衡のとれた解釈が可能となり，また，租税特別措置法上の特別税額控除制度との均衡や改正の経緯からしても，具体的に確定申告書に記載された金額に限定する趣旨とは解されず，しかも，制限的に解すると納税義務者に過当な不利益を強いるおそれがあることなどの事情を総合考慮すれば，同条項にいう「記載された金額を限度とする。」は，もとより確定申告書に記載された具体的金額と解されるが，いったん選択した所得税額控除に関して，国税通則法23条1項所定の「申告書に記載した課税標準等若しくは税額等の計算が法令に従っていなかったこと又は計算に誤りがあった場合」には，その記載にかかわらず，誤りを是正した上で正当に算定されるべき金額を限度とするものと解するのが相当である，として更正の請求を容認した。

　控訴審は，以下のように示して，更正の請求を否認した。納税者は，単純な転記ミスや計算ミスをした結果，当該金額の記載を誤った訳ではないから，「金額の記載を合理的に判断すべき場合」に当たらないことは明白である。また，上記誤りは，納税者が，本件確定申告書の作成について税理士の関与を求めることもないまま，社内の財務部に所属していた者に任せきりにしていたことが一因になっているものと認められるところ，納税者が相当規模・内容の法人であることをも併せ考慮するならば，上記誤りが「やむを得ない事情」の故にもたらされたものであるということもできない。

　最高裁は，第1審と同様に納税者の主張を容認した。

【判決要旨】

① 法人税法68条3項は，同条1項の規定は確定申告書に同項の規定による控除を受けるべき金額及びその計算に関する明細の記載がある場合に限り適用するものとし，この場合において，同項の規定による控除をされるべき金額は，当該金額として記載された金額を限度とする旨規定している。

② 同条3項は，納税者である法人が，確定申告において，当該事業年度中に支払を受けた配当等に係る所得税額の全部又は一部につき，所得税額控除制度の適用を受けることを選択しなかった以上，後になってこれを覆し，同制度の適用を受ける範囲を追加的に拡張する趣旨で更正の請求をすることを許さないこととしたものと解される。

③ 本件の計算の誤りは，確定申告書に現れた計算過程の上からは明白であるとはいえないものの，所有株式数の記載を誤ったことに起因する単純な誤りであるということができ，確定申告書に記載された控除を受ける所得税額の計算が，納税者が別の理由により選択した結果であることをうかがわせる事情もない。そうであるとすると，納税者が，確定申告において，その所有する株式の全銘柄に係る所得税額の全部を対象として，法令に基づき正当に計算される金額につき，所得税額控除制度の適用を受けることを選択する意思であったことは，確定申告書の記載からも見て取れるところであり，上記のように誤って過少に記載した金額に限って同制度の適用を受ける意思であったとは解されないところである。

④ 本件更正の請求は，所得税額控除制度の適用を受ける範囲を追加的に拡張する趣旨のものではないから，これが法人税法68条3項の趣旨に反するということはできず，納税者が確定申告において控除を受ける所得税額を過少に記載したため法人税額を過大に申告したことが，国税通則法23条1項1号所定の要件に該当することも明らかである。そうすると，本件更正処分は，納税者主張の所得税額控除を認めずにされた点において，違法であるというべきである。

【検　討】

　本事案は，所得税額控除額の計算誤りを理由に更正の請求が認められるか否かが争点となった。第1審では，納税者が勝訴し，課税庁が控訴している。控訴審は，納税者が確定申告書の作成に税理士の関与を求めなかった点も指摘し，計算誤りに「やむを得ない事情」があったとはいえないとした。

もっとも所得金額が約59億円という大企業に，外部の税理士が関与する機会は少ないかもしれない。

　これに対し最高裁は，申告書に実際に記載した誤った控除税額が限度ではなく，誤りを是正した金額を控除限度とするとした。法人税法には他にも限度規定として，外国税額控除（法人税法69条10項・11項），受取配当等の益金不算入（同法23条7項），寄附金の損金不算入（同法37条9項）など多くあるが，今回の最高裁の判断により，単なる計算誤りによる過大納税の救済可能性が広がったことは確かだろう。

　なお平成23年度の改正により，所得税額控除（法人税法68条）は，一定の場合を除き「当初申告要件」が廃止され，事後的に更正の請求が認められることとなった。また，適正額まで当初申告要件の控除額を増加されることも可能となったといえる。

【論　　点】

① 　更正の請求における納税者の責任の範囲。

② 　更正の請求に対する課税庁の責任の所在。

014 税務調査

◇◇
岡山地裁平成11年10月6日判決

平成9年（行ウ）第10号・所得税更正処分等取消請求事件

【掲　載】ＴＫＣ：28080847・ＴＡＩＮＳ：Ｚ244−8503

【判　示】務調査における納税者団体の職員ある第三者の立会いを否定した事例。

〔控訴審：広島高判平成12年12月26日・平成11年（行コ）第12号〕

〔上告審：最決平成13年6月18日・平成13年（行ヒ）第74号〕

〔上告審：最判平成13年6月28日・平成13年（行ツ）第81号〕
◇◇

【解　説】

　国税職員は，質問検査権に基づき，必要があるときに租税に関する調査を行うことができることになっている。ここでいう調査の必要性に関しては，客観的に調査の必要と判断される場合に行われ，国税職員の自由な裁量により行われているのではない。

　しかし，実際のところ，客観的な税務調査の必要性に関しては，高度に専門的な判断に基づいて行われているとされており，仮に国税職員による恣意的な調査が行われたとしても，恣意的な調査による違法性を立証することは非常に困難であるといえる。

　税務調査の事前通知（調査を行う日時，場所を事前に委嘱を受けた税理士や納税者に通知する）は，必ずしも行われる必要がなく，調査相手の事業内容や，事前通知があると調査相手の実体がわからない場合など，事前通知を行うと調査に支障が出ると国税職員が判断したときには，その通知は行われないことがある。また，調査を行う理由等に関しても，開示しないことは，必ずしも違法であるとはいえない。

　この調査の事前通知や調査理由の開示に関しては，裁判等で度々争われるが，調査の事前通知や理由開示に関しては，それ自体が無い場合であっても違法であると認められるケースは，ほとんど無いのが実情である。

　また，税務調査そのものは，間接強制を伴うものであり，基本的に納税者はこれを特別な事情の無い限り拒否することはできないとされている。しかし，調査手続きにおいて，調査の事前予告が行われない場合もしばしばあり，令状等を伴う強制調査で無い限り，納税者の業務が調査により継続困難な場合や，経営者の健康上の理由等から，税務調査の延期を申し出ることは違法ではない。つまり，後日税務調査を受けるのであり，調査そのものを拒否した訳では無いからである。

　税務調査において，納税者自身が加入する納税者団体の会員や事務局職員の立ち会いを求めたことが争点となった事例は，団体の名を付けた著名な事件が多いことで知られている。その結果，税務調査が頓挫し，課税庁が推計課税を実施するというプロセスに繋がることがある。確かに，第三者の立会いは，調査妨害の意味合いがあることを否定しない。一方では，納税者団体会員への強引な調査方法が争点となった事例（本書015《質問検査権》参照）も少なくないからである。そのような中で，税務調査において租税のもつ権力性や租税法規の難解さゆえに一般の納税者が課税庁に対応することには特別な精神的な負荷がかかることは想像に難くない。

【事案の概要と経緯】

　納税者は，内装・照明器具取付工事業を営み，税務申告に関するいわゆる白色申告者であるが，各係争年分について課税庁が推計の方法（類似同業者の材料比率から算定した納税者の各係争年分の収入金額に類似同業者の平均所得率を乗じて得られた算出所得の金額から，事業専従者控除額を差し引

《税法の基礎理論》

いて納税者の事業所得の金額を算出する方法）を用いてした各所得税処分及び各消費税処分は，理由が付されていないし，推計課税の必要性及び合理性を欠く違法なものであるとして，各処分の取消しを求めた。

課税庁は，納税者は協力要請にもかかわらず，税務調査に協力せず，必要な帳簿書類の提示をしなかったので，所得金額を実額計算によって把握することができなかったことから，やむなく推計の方法によってこれを算定したと主張した。

これに対して，納税者は，税務調査が円滑に進まなかったのは，課税庁の係官に帳簿書類等を提示したにもかかわらず，納税者団体の事務局員ら第三者の立会いがあると守秘義務を守れないとして調査を拒んだからである，と反論した。すなわち，守秘義務により保護されるのは，被調査者の個人的情報にほかならず，その被調査者自身が第三者の立会いを許している以上，守秘義務は，第三者の立会いを拒否すべき理由とはならないし，また，課税庁が，課税庁の調査行為そのものを第三者に見られたくないというのは，守秘義務には含まれない，という見解である。

第1審は，第三者の立会を否定し，推計課税の合理性を容認し棄却した。控訴審においては推計課税の合理性が争われたが，納税者の主張は排斥され棄却となり，最高裁は上告不受理を示し，納税者は敗訴が確定した。

【判決要旨】

① 所得税法234条1項の規定は，所得税について調査の権限を有する税務署等の係官において，当該調査の目的，調査すべき事項，申請，申告の体裁内容，帳簿等の記入保存状況，被調査者の事業の形態等諸般の具体的事実にかんがみ，客観的な必要性があると判断される場合には，調査の一方法として，同条1項各号に定める者に対し質問し，又はその事業に関する帳簿，書類その他当該調査事項に関連性を有する物件の検査を行う権限を認めた趣旨であって，この場合の質問検査の範囲，程度，時期，場所等実定法上特段の定めのない実施の細目については，右にいう質問検査の必要があり，かつ，右必要と相手方の私的利益との衡量において社会通念上相当な限度にとどまる限り，これを権限ある税務署等の係官の合理的な選択にゆだねたものと解するのが相当である。

② 納税者の具体的な所得金額を把握しようとする本件調査では，当然に，納税者の取引先に関係する事項にも調査が及ぶことが予想され，課税庁の係官が納税者にその取引先のプライバシーに関する事項等をみだりに他に漏らすことが許されない事項について質問し回答を求めることもあり，納税者が要求する団体関係者の立会いを認めることは，課税庁の係官が納税者の取引先との関係で公務員の守秘義務違反となるおそれがあると考えられること，税務調査は，収入金額や必要経費について，その内容を一番把握している納税義務者本人等からの説明を求め，あるいは帳簿書類等の検査をするものであるから，納税者等の権利保護のために専門知識を有する者の立会いが必ず必要であるとも考えられないことからすると，課税庁の係官が守秘義務を理由に第三者の立会いを拒否したことは，社会通念上相当な限度にとどまっており，課税庁の係官の裁量の範囲内であるというべきである。

【検　　討】

税務調査において，納税者自身が加入する納税者団体の会員や職員の立ち会いを求めた結果，税務調査が頓挫し，課税庁が推計課税を実施するというプロセスに繋がるが，最近の事例である本事案も同様である。

刑事手続きでさえも可視化が議論される現在，課税庁のいうプライバシー保護の見地も変化すべきであろう。プライバシーの保護とは，多義的な言葉ではあるが，自己情報の管理・開示をコントロー

41

ルする権利と考えれば，納税者が許諾要請すれば，第三者の立会いも許容範囲の範疇となる可能性も
ある。その場合には，「調査妨害」と「プライバシー保護」の両者の観点を踏まえなければならない
中で，一律の取扱いが求められることから，裁量ではなく，立法により解決することが必要であると
考えられる。

　ただ留意すべきは，通常，実施されている税務調査のほとんどは，事務的に粛々と行われている。
税務調査に係る事案は，いわば課税庁との紛争事例であることから，論争の対象となるが，講学上の
議論であると感じることは少なくない。税法の解釈と適用に関する課税庁とは異なる問題である。

【論　　点】

①　任意調査における間接強制と受忍義務の範囲。
②　事前通知の有無と調査の効率と効果。

《税法の基礎理論》

015　質問検査権

京都地裁平成12年２月25日判決
平成７年（行ウ）第４号・青色申告承認取消処分取消請求事件
【掲　　載】裁判所ＨＰ・ＴＫＣ：28060390・ＴＡＩＮＳ：Ｚ246－8595
【判　　示】質問検査権の意義と範囲が明示され，違法性が指摘された事例（北村事件）。

【解　　説】

　国税において，例えば所得税法では，国税庁，国税局又は税務署の当該職員は，所得税に関する調査について必要があるときは，納税義務者等に質問し，又はその者の事業に関する帳簿書類その他の物件を検査することができると規定し（旧所得税法234条１項），またこの質問又は検査の権限は，犯罪捜査のために認められたものと解してはならないとしている（旧所得税法234条２項）。

　税務調査については，事前通知，調査の受認義務，調査の対象物，立入りとプライバシー，調査官の行為，第三者の立会い，違法調査に基づく課税処分の効力など調査の進行・進度に応じて，多くの論争が提起されてきた。

　税務調査における調査官の言動が威圧的で，裁量を逸脱するような行為については，違法性が指摘される場合がある。平成23年度の国税通則法改正（23年改正）において，税務調査手続の法定化が図られ，平成25年１月１日より施行された。23年改正は，事前通知の項目等が明確になり，事前通知がない調査についても「正確な課税標準等又は税額等の把握を困難にするおそれ」がある等の要件が付されている。

　しかし，事前通知に関しては，文書でなく口頭であることから，発言に関して言った・言わない的な論争に発展し，調査内容における言動と同様，水掛け論になることが考えられる。とくに事前通知がない調査においては，調査官が強制調査と誤信させるような言動を取ることがあることも過去においてはあった。

　23年改正においては，調査の開始と終了の際の手続きについて改正がされたが，調査の手法については立法化がなされていないため，23年改正をもってしても，調査の違法性を争点とした事案がなくなることは考えにくい。臨場の際に調査官らが納税者らに対して，調査活動が任意調査（講学的にいう間接強制をも含む）である旨を説明することなど納税者に対して質問検査権の法理を明確に説示することは稀であり，その延長として常軌を逸する威圧的な発言に進展することは残念なことである。

【事案の概要と経緯】

　本事案は，課税庁が，納税者による帳簿書類の提示拒否を理由としてした青色申告承認取消処分の取消しを求めた事例である。第１審は，国税調査官らによる当初の臨場調査の過程において，任意調査として許容される限度を著しく逸脱した重大な違法行為を行ったと認定し，その後も納税者の協力を期待し得る状態に回復する努力を怠り，誠実な対応をなさないまま臨場を重ね，帳簿書類の提示を求めたとしても，帳簿書類の備付け状況等の確認を行うために社会通念上当然要求される程度の努力を尽くしたといえないとして，取消処分を違法とし，納税者勝訴が確定した。

【判決要旨】

①　所得税法234条は，当該調査の目的，調査すべき事項，帳簿書類の記入，保存状況，相手方の事業の形態等諸般の具体的事情に鑑み，所得税に関する調査の客観的な必要があると判断される場合に，国税調査官が同条１項各号規定の者に対して質問し，またはその業務に関する帳簿書類その他

当該調査事項に関連性を有する物件の検査を行う権限を認めたものである。

② 右質問検査権は，その行使に対し，相手方は，刑罰による制裁の下で応答を間接的に強制されるが，国税調査官らはそれを超えて直接的物理的にこれを強制し得ないという意味において，任意調査の一種であるから，その行使に際しては相手方の承諾を要し，その意思に反して行われる調査は，任意調査として許される限度を超え，違法となると解するのが相当である。

③ 右質問検査権行使の相手方は，質問検査権の実効性確保の見地や所得税法244条1項の規定に照らすと，納税義務者本人のみならず，その業務に従事する家族，従業員等を含むものと解するのが相当である。ただし，その行使が，納税義務者本人ではなく，その家族等に対しなされる場合で，納税者本人の事前の承諾がない場合には，右家族等による黙示の承諾の有無については，その具体的状況を勘案して，慎重に判断すべきである。

④ 質問検査権の具体的な行使における質問検査の範囲，程度，時期，場所，事前通知の要否，第三者の立会の許否等実定法上特段の定めのない実施の細目については，質問検査の必要があり，かつ，これと相手方の私的利益との衡量において社会通念上相当な限度に止まる限り，国税調査官らの合理的な裁量に委ねられていると解すべきである。

⑤ 本件では，違法な調査を受けた納税者が，誠実な対応のないままなされた多数回に及ぶ事前通知なしの臨場や三回にわたる尾行を課税庁による税務調査に名を借りた嫌がらせと受け取ったとしても，これを一方的に非難することは相当でないし，また，右調査に際して，第三者の立ち会いを求めたり，写真撮影等をしたことについても，同様の理由から，再度違法な調査がなされないようするため，第三者の立ち会いを要求し，調査の様子を撮影・録音することにやむを得ない面があると考えられるから，納税者が調査に非協力的な対応をしたことを納税者の責にのみ帰せしめることはできない。

⑥ 課税庁の調査の方法等及びこれに対する納税者側の対応を総合すれば，課税庁は，本件処分をなすまでの全調査過程を通じて，帳簿書類の備付け状況等を確認するために社会通念上当然要求される程度の努力を尽くしたものと認めることはできない。

⑦ 課税庁は，青色申告承認取消処分の適法性はその要件の存否で決まるものであり，税務調査における違法は取消事由の存否に影響を与えないと主張する。しかし，法規上明文では規定されていない帳簿書類の不提示をもって，所得税法150条1項1号所定の取消事由に当たるというためには，課税庁の行う調査の全過程を通じて，課税庁が帳簿書類の備付け状況等を確認するために社会通念上当然に要求される程度の努力を行ったにもかかわらず，その確認を行うことが客観的にみてできなかったことを要すること，右のような努力を行ったか否かの判断は，国税調査官らによる一連の税務調査の方法・態様・適否，これに対する納税義務者の対応等を総合して社会通念により決すべきであることは前判示のとおりであるから，右の限度で調査手続の違法及びその後の課税庁の対応が右のような取消事由の要件の存否に影響を与えるというべきである。

したがって，課税庁の右主張には理由がない。

【検　討】

税務調査における調査官の言動が威圧的で，裁量を逸脱するような行為については，違法性が指摘される場合がある。本事案においても，再三に渡る執拗な調査活動に裁判所は違法性を指摘した。

本事案の納税者は，税務調査に係る多くの訴訟に登場する納税者団体の会員である。そのため同団体の会員を対象とした税務調査としての特殊性を踏まえた議論を展開する識者もいる。しかし調査官らの言動は少なくとも通常の税務調査における調査官の言動と比較して，異質で逸脱した行為であることに驚かされる。

《税法の基礎理論》

　国税不服審判所平成23年12月24日裁決は，実体法上の問題と共に，課税庁が行った調査手続が不当か否かも争点の一つとして争われた。注目すべきは，納税者がわが国を代表する海運企業という大手企業であったことである。

　納税者は，調査手続きが不当か否かという点について，課税庁の威圧的な態度や無理強いにより，その意に反した文書を作成させられた調査手続は不当なものであると主張した。これに対し課税庁は適法なものであったと主張していた。審判所の判断は，課税処分の取消理由とまではいえないとしたものの，課税庁の威圧を認めた。課税処分の取消理由とはされなかったが，実際に威圧があり，それに基づいて作成された資料により課税処分が行われたという事実は重い。

【参考裁決例】
国税不服審判所裁決平成23年12月14日（ＴＡＩＮＳ：Ｆ0-2-476）《川崎汽船事件》

【論　　点】
①　税務調査における違法調査の意義と受忍義務。
②　国税調査官の言動と違法性。

016 理由附記

国税不服審判所平成26年11月18日裁決

【掲　載】ＴＡＩＮＳ：ＦＯ－３－398

【判　断】更正通知書の理由附記について要件を満たさない不備があるとして処分の取消しをすべきであるとされた事例。

【解　説】

申告納税制度の下では，納税者が自ら税額を計算し申告を行うことによって，税額が確定される。とりわけ青色申告では，一定の帳簿に記録，保存することが義務づけられている。課税庁が，税務調査により申告の適正性をチェックし，誤りがあることを理由に処分をする場合には，その理由を明確に記載すべきである。

この理由附記に関してリーディングケースとされる最高裁昭和60年４月23日判決は，更正処分庁の恣意抑制及び不服申立ての便宜という理由附記の趣旨目的を充足する程度に具体的に明示するものである限り，法の要求する更正理由の附記として相当と示し，課税庁の主張を容認した。この最高裁の判断は，理由附記制度を形骸化させるおそれがあるという指摘もあった。

【事案の概要と経緯】

共同相続人である納税者らは，平成23年３月25日に死亡したＡの相続に係る相続税の申告書を法定申告期限までに税務署長に共同で提出して，相続税の期限内申告をした。納税者らが提出した申告書の第13表「債務及び葬式費用の明細書」には，被相続人が合資会社の無限責任社員として負っている会社法580条１項に規定する「債務を弁済する責任」の金額として，1,401,816,220円が計上されており，相続税の課税価格の計算上，当該「債務を弁済する責任」が債務控除されていた。

課税庁が，調査担当職員の調査に基づき，平成25年７月30日付で，被相続人は当該「債務を弁済する責任」を負っていたとは認められないことから，当該「債務を弁済する責任」は債務控除できないなどとして，相続税の各更正処分等を行った。

更正等通知書の「処分の理由」欄には，「あなたは，申告において，合資会社の相続開始日における債務超過額1,401,816,220円を，同社の無限責任社員である被相続人の債務弁済責任に基づく債務であるとして相続税の相続財産の価額から控除していますが，相続開始日において，被相続人が上記に相当する債務を負っていたとは認められません。したがって，上記に相当する債務については，相続税法13条に規定する『被相続人の債務で相続開始の際現に存するもの』には該当しませんので，債務控除は認められません。」との旨，理由が記載されていた。これに対して，納税者らが各更正処分等の取消しを求めて審査請求した。

【裁決要旨】

① 更正が不利益処分に当たることから，行政手続法14条１項の規定（当該規定は，国税通則法74条の14第１項の規定により行政手続法の適用除外とされていない）により，その理由を示さなければならない。

② 行政手続法14条１項が，不利益処分をする場合に同時にその理由を名宛人に示さなければならないとしているのは，名宛人に直接に義務を課し又はその権利を制限するという不利益処分の性質に鑑み，行政庁の判断の慎重と合理性を担保してその恣意を抑制するとともに，処分の理由を名宛人に知らせて不服の申立てに便宜を与える趣旨に出たものである。

③　各更正等通知書に記載された債務控除に係る処分の理由としては，合資会社の無限責任社員である被相続人が負っていた合資会社の相続開始日における債務超過額1,401,816,220円の債務弁済責任に基づく債務は，相続税法13条に規定する「被相続人の債務で相続開始の際現に存するもの」には該当しないため，同法に規定する債務控除は認められない旨提示されているとは考えられるものの，当該債務が，「被相続人の債務で相続開始の際現に存するもの」には該当しない理由について明らかにしていない。

④　各更正等通知書の「処分の理由」欄の記載からは，相続開始日における債務弁済責任に基づく債務が現に存しないと税務署長が判断した理由が，例えば，(1)合資会社に1,401,816,220円の債務超過額が存しない，(2)被相続人が無限責任社員でない，(3)合資会社の債務超過額はおよそ無限責任社員である被相続人の債務ではない，(4)合資会社の債務超過額は無限責任社員の債務ではあるものの，会社法581条1項に該当する社員の抗弁の事実があり，無限責任社員の債務として認められるための要件を満たしていない，(5)会社法580条1項は，債務を弁済する責任を規定しているにすぎないという法律的な見解を前提として，会社債権者からの弁済請求を受けていない以上，被相続人は，債務弁済責任に基づく債務を何ら負っていないなど，様々な可能性が考えられ，税務署長による処分の実際の理由が，これらのどれに当たるのか，あるいはこれら以外の理由なのか，不明である。

⑤　各更正等通知書に記載された債務控除に係る処分の理由は，行政手続法14条1項の規定の趣旨を満たす程度に提示されていない。

⑥　各更正等通知書に記載された債務弁済責任に係る債務控除に関する処分の理由には不備があり，各更正処分のうち当該債務控除に係る部分は，行政手続法14条1項に規定する要件を満たさない違法な処分であるといわざるを得ないから，取り消すべきである。

【検　討】

本事案の争点は，(1)各更正等通知書に記載された債務控除に係る処分の理由が，行政手続法14条1項にいう「不利益処分の理由」として十分な記載といえるか否か，(2)債務弁済責任が，相続税法13条1項1号に規定する「被相続人の債務で相続開始の際現に存するもの」に該当し，かつ，同法14条1項に規定する「確実と認められるもの」に該当するか否か，(3)各賦課決定処分について，国税通則法65条4項にいう「正当な理由があると認められるものがある場合」に該当するか否か，である。とりわけ本事案では，(1)の各更正等通知書の理由附記の問題が争われているが，附記された理由が不十分な場合には，債務弁済責任に基づく債務が債務控除できるか否かを争うまでもなく，当該処分は違法として取り消されることになる。

納税者らは，理由附記では，課税要件事実に関する判断と認定，その結果としての課税要件の充足性について言葉としての文章で納税者に伝えることが必要であるから，各更正等通知書は，理由の記載が抜け落ちており，行政手続法14条1項にいう「不利益処分の理由」として不十分であると主張している。

一方で，課税庁は，法令等を適用するに当たって根拠となる事実，すなわち課税要件事実が理由として提示されていれば十分であるから，各更正等通知書は，債務控除に関しての適用法令及び課税要件事実である債務控除額が明記されており，同項にいう「不利益処分の理由」として十分であると主張している。

これに対して，審判所は，理由附記制度の趣旨は，納税者に直接に義務を課し又はその権利を制限するという不利益処分の性質に鑑み，(1)原処分庁の判断の恣意の抑制及び(2)納税者に対する不服申立ての便宜にあるとした。各更正等通知書には，債務弁済責任に基づく債務については，相続税法13条に規定する債務控除が認められないと記載されているが，同条にいう「被相続人の債務で相続開始の

際現に存するもの」に該当しない理由が記載されておらず，不明であるとして，理由附記の不備を理由に各更正処分等を取り消した。

　理由附記制度の趣旨からは，更正通知書等に附記すべき理由には，処分の具体的根拠が明確に記載されなければならない。審判所は，本事案の各更正等通知書に附記された理由では，各更正処分等に係る課税要件事実の具体的な判断過程が不明であると指摘している。

　審判所が理由附記制度の趣旨を踏まえて，各更正等通知書の理由附記が不備であると指摘したことは評価できよう。本事案は裁決事例であり，組織的には国税庁の一部である国税不服審判所が，理由附記の不備を理由に処分を取り消したことは注目すべきである。

【参考判例】

最判昭和60年４月23日・昭和56年（行ツ）第36号（裁判所ＨＰ・ＴＫＣ：22000460・ＴＡＩＮＳ：Ｚ145－5522）

【論　　点】

①　申告納税制度における理由附記の趣旨。
②　理由附記における具体的明示の範囲。

《税法の基礎理論》

017 推計課税

```
福岡高裁平成11年10月21日判決
平成11年（行コ）第5号・所得税更正処分等取消請求控訴事件
【掲　載】TKC：28081067・TAINS：Z243－8512
【判　示】会計帳簿等の保存状態が不適切な納税者に対して行われた推計課税の手法と合理性が
　　　　　容認された事例。
〔第1審：熊本地判平成10年12月17日・平成8年（行ウ）第1号〕
〔上告審：最決平成12年3月23日・平成12年（行ツ）第27号〕
```

【解　説】

　推計課税とは，課税庁が所得税，法人税について決定する際に，納税者の提出する資料が無い場合や提示を拒否された場合に，間接的な資料等に基づいて所得を更正し，税額を確定する方法である。

　推計課税自体は，青色申告の承認を受けた個人・法人には適用されない。つまり，青色申告の承認を受けていない，もしくは青色申告の承認を取り消された「白色申告」の個人・法人の場合に限って行われる（所得税法156条，法人税法131条）。これは，青色申告を行う個人や法人が，会計帳簿の作成や書類保存の過程において，厳しい義務が課せられており，かつ，高い信頼が認められているからといえる。

　推計課税は，いつもその利用が認められている訳ではなく，推計課税をする必要がある場合にのみ認められるのである。つまり，推計課税を行う大前提は，実際の課税金額に近い課税所得を明らかにすることであり，資料が無い場合や資料の不提示のため，所得が確定出来ない場合の例外的な措置であると考えられている。

　したがって，租税負担公平の原則との均衡を図るうえからも必要であるとする推計課税は，申告納税制度の下では変則的であると考えるべきである。直接的資料ではなく間接的資料を用いて所得を把握する手法を駆使する推計課税は，当然，批判の対象となることが多い。そのため，推計課税が争われた場合，課税庁は，推計課税の手続要件や，推計課税の内容が合理的であったかどうかという点に関して，立証する責任が発生する。これは，推計課税を行うもととなった資料が確実であるか，また，推計課税を行うために行った計算方法が合理的であり，恣意性が無かったかどうかという点に関して，明確にする責任を負っているからである。

　推計課税が合理的であったかどうかに関して，同地域，同業種，同規模の個人や法人，いわゆる類似業者（類似法人）の状況を基準として，推計課税を行う場合が一般的である。その場合，選定された類似法人等が，どの程度の類似性を有しているか，また，納税者の特殊事情がどの程度考慮されているかという点が問題となる。比率・比準の基礎となる同業者の選定，比率・比準の作成，対象納税者の個別・特殊事情の斟酌などにおいては，合理性が求められることは当然といえる。同様に，推計課税の方法の選択は，課税庁の恣意性によるものではなく納税者を納得させる合理性が必要である。

【事案の概要と経緯】

　ビジネスホテルを経営する納税者の税務調査において，納税者は，ホテル業に係る収入を把握するために最も的確な資料と考えられる予約表及び宿泊カード等の原始記録のほとんど全てを破棄し，記帳の基となった帳票類の保存もしておらず，更に，旅館業法の規定により備付けを義務づけられている宿泊者名簿の提示もしないことから，収入金額の算出が不可能であったとして，課税庁は，ホテル業に係る収入金額をシーツの使用枚数などによる推計により算定し，更正処分等を行った。

49

これに対して，納税者は，課税庁は，各係争年分の帳簿書類を無視して，推計によって売上除外金額を認定しているが，帳簿書類は，予約表，宿泊カード及び収入日報に基づいて作成されており，調査当時，これらが存在しなかったにすぎない等と主張して，処分取消しを求めて提訴した。裁判所は第１審，控訴審及び上告審のいずれも納税者の請求を棄却している。

【判決要旨】

①　納税者は，使用シーツ枚数の２分の１を宿泊者数として推計することには合理性がない旨主張するが，シングル客がツイン室を使用した場合，右客が他のベッドを使用することが常態であるとは容易に首肯し難いことである。仮に，ツイン室使用のシングル客が他のベッドに座ったり，物を置いたりしたとしても，そのことから直ちにそのベッドのシーツを取り替えるということは，ホテルの経営の観点からしても，通常考え難いことであるし，現に，証拠によれば，平成３年12月における宿泊者数が633人であるのに，同月の使用シーツ枚数が790枚となっており，宿泊者数の２倍よりもはるかに少ないことが認められる。

②　納税者は，本件調査が入った後に，ツイン室のシングル客利用の場合に，４枚ともシーツを取り替えなくて済むように，一方のベッドにカバーを掛けるように改善したため，その後はシングルの客には２枚のシーツで済むようになった旨主張し，本件ホテルの経営者として当然経費の節約を考慮するはずの納税者が，それまでシングル利用の宿泊者についても，ツイン室の４枚のシーツを取り替えていたところ，本件調査後に至って突如他方のベッドにカバーを掛けるようになり，その後は使用シーツの枚数が２枚になったというのも不自然である。

③　連泊の客のうち，シーツの取り替えをしないよう注文する宿泊者は，皆無とはいえないまでも，相当数いるとは通常考えられず，また，右推計方法によれば，連泊により使用シーツの枚数が減る場合は，推計による宿泊者数がそれに応じて減少することになり，これは，右推計が控訴人に不利益に働かないことを示すものであるから，右推計の合理性を否定することにはならない。以上によれば，使用シーツの枚数から本件ホテルの宿泊者数を推計する方法は，十分合理性を有するということができる。

【検　　討】

　直接的資料ではなく，間接的資料を用いて所得を把握する手法を駆使する推計課税は，確かに納税者の自主申告を基本とする申告納税制度の下では変則的であるが，租税公平負担の原則との均衡を図るうえからも必要である。

　推計課税が認められる要件は，基本的には直接的資料を根拠にした実額課税が不可能な場合に限定されるべきである。具体的にいえば，会計帳簿等の不存在・不備や納税者等が税務調査に非協力であるためなど，課税庁が直接的資料を点検・確認できないというときである。もっとも，会計帳簿等の不存在又は不備と税務調査の非協力という２つの事情が交錯する場合は少なくない。すなわち，税務調査が実施できないために会計帳簿等の存在が確認できないこと，または税務調査において納税者が提示した会計帳簿等に不備があるため，結果的に調査非協力とされることが相互に関連して推計課税に至るのである。

　推計課税の方法の選択は，課税庁の恣意性によるものではなく，納税者を納得させる合理性が必要である。

　推計課税に関する事例の多くは，すでに述べたように類似法人等との比較検討が争点となる。ところが，税務調査の過程で，提示されている資料等に基づき，課税庁が推計課税的な手法で売上除外等を指摘することがある。巷間でよく囁かれた話題として，現金取引の多い飲食店等では，「割り箸」

の購入量,「おしぼり」のレンタル枚数,「ボトルキープ」されている酒瓶の本数や酒類の仕入量などから逆算して売上高を算出する方法である。ただこれらの多くは訴訟に至らないで終結することから,具体的な推計方法が公表されることは少なかった。ホテル業においては,シーツやバスタオルのレンタル枚数やクリーニング枚数が算定根拠とされるといわれてきた。本事案では,ホテル宿泊者の実数を,リース業者が納品したシーツの枚数から算出する手法が提示された。裁判所もその意義について見解を展開している。推計課税の法理には言及はないが,実務に及ぼす影響は大きい。確かに,外部業者のデータという客観性の高い指標であることを踏まえれば,推計の基礎となった事実が正確なものであると考えられるため,合理的な推計といえよう。

【論　点】
①　推計課税が必要とされる納税者の対応と状況。
②　推計課税による算定方法と合理性。

018 時　　効

最高裁第一小法廷昭和43年６月27日判決

昭和39年（行ツ）第91号・滞納処分取消請求事件

【掲　載】ＴＫＣ：21028281

【判　示】課税庁が未納税額について納付を催告し，その後６箇月内に差押等の手段をとったときは，民法153条の準用により，消滅時効の中断を認めた事例。

〔第１審：神戸地判昭和37年10月２日・昭和35年（行）第４号〕

〔控訴審：大阪高判昭和39年７月７日・昭和37年（ネ）第1292号〕

〔差戻控訴審：大阪高判昭和45年４月17日・昭和43年（行コ）第24号〕

【解　説】

　租税に関する法令遵守は，課税から徴収にいたる一連の手続きに及ぶべきものである。その意味からも，徴収に対する認識を高めていく必要がある。

　徴収に関わる手続きで議論となるのは，徴収権の時効である。とくに一般的な納税者の感覚からの不満は，過徴収に対する返還について，地方自治体の温度差が指摘される対応である。これを滞納に限れば，庶民感覚的な批判は，滞納者の時効による結果的な税逃れとなる。滞納は，納税義務の不履行であることから，本来滞納者に帰する責任があり，その積極的な解決は租税負担の公平から必要なことである。租税債権における時効の是非についてはともかく，時効という法制度は，課税側にも納税側にも諸刃の剣であり，両者にとっても決して伝家の宝刀ではないことを理解すべきである。

　時効の中断は，民法の規定が準用される。民法上，中断事由には，⑴請求，⑵差押え・仮差押え・仮処分，⑶債務承認があり，差押えが租税債権についても時効中断理由となることは当然である。

　もっとも，問題になるのは請求であり，例えば，差押えの対象となるべき財産を所持していないという特殊な事情も存在する。このような事情の下で解決手段を見出さなければならないが，差押えの対象となるべき財産を所持していないとなると，租税債権の執行力は事実上効果を生じず，滞納処分による差押えに着手することができない。つまり，租税債権の消滅時効の進行を中断する方法としては，裁判上の請求をする以外に方法はない。

　また，債務承認については口頭でも承認と解される場合もある。確かに，地方自治体のなかには，違法徴収として報道された事例は，滞納者の口頭での債務承認を「時効の中断」とみなして，時効を過ぎても徴収を続けていたとされ，時効を迎えているにもかかわらず，納税の督促を受けていたという。やはり，租税債権の場合には，口頭による扱いは，疑義を呼ぶものといえるだろう。法律解釈に対する知識と認識の不足があり，法定手続きを定めた租税法律主義の理念に対する理解の欠如といえよう。

【事案の概要と経緯】

　納税者は，所得税の加算税等の徴収権に基づく滞納処分として課税庁が行った電話加入権に対する差押処分の取消しを求めた。第１審及び控訴審は，差押の当時，徴収権はすでに時効により消滅していたとし，加算税賦課の要因である所得税の更正決定の取消訴訟における課税庁の主張ないし課税庁勝訴の判決の存在は，徴収権の消滅時効の中断事由としての効力を有しないとして，納税者の請求を認容した。

　これに対して最高裁は，徴税機関が未納税額の納付を催告し，その後６箇月内に差押等の手段をとったときは，民法153条の準用により，時効の中断を認めざるをえないとして，国税徴収権の消滅

時効の中断に関して同条は準用されないとした控訴審判決を破棄し，大阪高裁に差し戻した。

【判決要旨】

① 金銭の給付を目的とする国の権利についての消滅時効の中断に関しては，適用すべき他の法律の規定のないときは民法の規定を準用すべきものとする会計法31条が，国税徴収権について適用あることはいうまでもない。されば，その徴収につき旧国税徴収法の適用される本件において，徴税機関が未納税額につき納付を催告し，その後六箇月内に差押等の手段をとったときは，民法153条の準用により，時効の中断を認めざるをえない。

② 旧国税徴収法が未納税額の納付催告の方法として特に督促を設け，これを民法153条の規定にかかわらず時効中断の効力を生ずるものと規定したことから，かかる特則の存する以上，催告による国税徴収権の時効の中断は，右督促の手続によるもの以外には認められず，民法153条の準用の余地はないものとする原判決の見解は是認できない。原判決は，租税法律関係の具体的成立過程における行政権の認定判断の優越性，関係当事者の不対等関係，国税徴収権の自力執行性等をあげて，催告による時効の中断については，国税は私法上の債権と同様に取り扱わるべきものではなく，またそのように取り扱う必要のないことを理由とする。

③ 旧国税徴収法が徴収手続において督促を定めたのは，未納税額につき強制徴収に移るにあたり，突如強制的手段に出でることなく，一応さらに納期限を定めて催告するのを相当とし，督促をもって滞納処分開始の要件としたからであって，徴税機関が督促以外の方法によって納付を催告慫慂することを許さないものではないし，それが徴収手続上では格別な法的意味をもたないものにしても，その催告のあった事実に納付要求の意義を認めて法が時効中断の効力を付与できないものでもない。また国税徴収権が自力執行を可能とするからといって，時効中断について一般私法上の債権よりも課税主体にとって不利益に取り扱わなければならない理由もない。

④ 時効中断を認められないとした控訴審判決は，所論のように，法律の解釈適用を誤ったものといわなければならない。もっとも，前示課税庁の催告の当時において，本件係争の加算税等の未納額のすべてにつきすでに消滅時効完成の状態にあったとすれば，右の違法は判決の結果に影響を及ぼさない理であるが，原判決の判断によるも，利子税額のごとき当時なお時効完成に至らない部分を認めることができる。従って，控訴審判決は破棄を免れないが，かかる残存税額による本件差押物件に対する差押の当否等に関しても，なお問題なきを保しえないので，さらに審理の必要あるものと認め，本件を原審に差戻すのを相当とする。

【検　討】

時効とは，ある事実状態が一定の期間にわたって継続した場合に，それを尊重し，その事実状態をそのまま権利関係として確定するという制度であり，これが中断されると，それまでの時効期間はなかったことになる。

問題となった民法153条の規定は，時効期間が満了するのを避けるために，裁判手続以外に催告を行い6か月間の猶予を経ることで時効期間を延長させる措置である。

本事案は，納付を催告した後に6か月以内に差押え等を行ったときには，時効が中断するという民法153条の準用を最高裁が容認した初めての判断である。本事案当時は国税通則法が制定されておらず，国税徴収法において督促が時効中断事由とされているのみであったため，法が本来予定している督促の手続きによるもの以外には，国税徴収権の時効の中断を認められないという原判決の意見を支持する声もある。現行では，国税通則法72条3項，地方税法18条3項が民法を準用する規定を設けている。

税法における時効の制度を議論するにあたっては，そもそも租税に関しても時効が必要なのかという点について検討の余地があるといえる。明らかに租税債権の確定したものが，納税者が不当に引き伸ばした結果，時効によってなくなるということは，租税負担の公平の見地からも疑義がある。

　もっとも，税務行政において時効が迫るときまで，滞納を許すことは，行政の怠慢という誹りを免れないかもしれない。

　なお，差戻控訴審では，本税については時効中断事由となるが，加算税等については時効中断事由とならないと判示した。

【論　　点】

① 　時効の意義と時効の中断の位置づけ。

② 　租税の滞納対策と時効の効果。

《税法の基礎理論》

019 差押えの範囲

鳥取地裁平成25年3月29日判決

平成21年（行ウ）第3号・滞納処分取消等請求控訴事件

【掲　載】ＴＫＣ：25501347・ＴＡＩＮＳ：Ｚ999－8324

【判　示】差押え禁止債権であっても，銀行口座に振り込まれた時点で，差押え可能な預金債権に変化するということになることを確認したうえで，禁止債権である児童手当の差押処分の違法性を認めた事例。

〔控訴審：広島高判平成25年11月27日・平成25年（行コ）第7号〕

【解　説】

　租税の滞納問題は，地方自治体が急務とする対策である。徴税率の向上には，地方自治体が持つ，いわば徴税力の強化が必要である。徴税力を重視することが，地方自治体に求められている大きな課題といえる。

　地方自治体は，滞納対策を模索してきたことは否定できない。積極的な施策を実施してきた地方自治体も少なくない。結局，徴税率の向上には，地方自治体が持つ徴税力の強化が必要である。その結果，租税負担の公平を根底におく租税公平主義の理念が実現できることもいうまでもない。

　滞納事案の解決は，公平の見地からも支持されるものである。そのため，かつて東京高裁昭和45年4月30日判決が，差押えにおける徴税職員の裁量を容認しているが，換価しやすい財産を第一に考えることは理解できる。しかし一方で，給与等の差押えが生活を逼迫させるおそれもあり得る。差押禁止財産は，生活維持の保障，やすらかな精神的生活の保障，社会保障制度の維持などの理由から差押えが制限されている。給与等の債権が差押禁止財産の対象にされているのも，憲法25条の生存権を保障するためである。

　大阪地裁平成15年11月25日判決が示したように，給与債権等が預金債権に転化すると，差押禁止財産との判別は困難を伴うものであり，執行上の問題となることが予想される。しかしながら，振り込みにより預金残高が増加し，またその原資が差押禁止財産であることが明らかである場合に預金債権を差押えることは，差押禁止財産への差押えと考えるべきである。課税庁が差押禁止財産を狙い撃ちすることは問題であろう。

【事案の概要と経緯】

　納税者は，平成20年6月11日当時，平成17，18年度の個人事業税及び平成18，19年度の自動車税について，本税合計21万8800円等を滞納していた。県は，滞納金額を徴収するために，同日午前9時9分，納税者が有する銀行預金口座の残高13万73円に対する預金払戻請求権の差押処分を行った上で，配当処分を行った。

　預金口座の残高は，同年3月27日から73円であったが，同年6月11日の午前9時に児童手当13万円が振り込まれ，合計13万73円となっていた。

　審査請求を経て，納税者は，差押禁止債権である児童手当に対する差押処分及び配当処分は違法である等と主張して，県に対して，両処分の取消しを求めた。

　第1審は，県に対して，13万73円全額の支払も命じた。控訴審は，県は，児童手当相当額である13万円については，これを保有する法律上の原因を有しないこととなるから，上記の額に限ってこれを納税者に返還する義務を負うというべきであるが，その余の73円については，これを返還する義務を負わない，と判示した。

【判決要旨】

① 児童手当が預金口座に振り込まれた場合，法形式上は，当該児童手当受給権は消滅し児童手当受給者の銀行に対する預金債権という別個の債権になることに加え，一般に，児童手当が預金口座に振り込まれると受給者の一般財産に混入し，児童手当としては識別できなくなる可能性がある。国税徴収法上の差押えは，債務者及び第三債務者を審尋することなく発令されるものであって，差押えさえようとする預金の原資をあらかじめ調査する仕組みを採用していないことに鑑みれば，差押えが禁止される児童手当であってもそれが銀行口座に振り込まれた場合には，原則として，その全額の差押えが許される。

② 児童手当法15条の趣旨に鑑みれば，県が，差押処分に先立って，差押えの対象として予定している預金債権に係る預金口座に，近いうちに児童手当が入金されることを予期した上で，実質的に児童手当を原資として租税を徴収することを意図した場合において，実際の差押処分（差押通知書の交付）の時点において，客観的にみても児童手当以外に預金口座への入金がない状況にあり，県がそのことを知り又は知り得べき状態にあったのに，なお差押処分を断行した場合は，当該処分は，客観的にみて，実質的に児童手当法の精神を没却するような裁量逸脱があったものとして，違法である。

③ 差押えに係る預金債権の原資のほとんど（預金債権13万73円のうち13万円）は児童手当の振込みによるものであったところ，県は，平成20年6月11日に児童手当が振り込まれる可能性が高いことを認識しつつ，あえて児童手当の振込み時期に合わせて差押えを実施した。県職員が差押え処分を執行した際には，取引履歴を確認して，差押えに係る預金債権の原資のほとんどが児童手当を原資とするものであることを現実に認識した。

④ 県は，差押対象財産を選択するに当たって，実質的には，預金口座に振り込まれる児童手当を原資として租税の徴収をすることを意図し，その意図を実現した。県職員の主観面に着目すれば，実質的には，差押禁止債権である児童手当受給権の差押えがあったのと同様の効果が生ずる。

⑤ 差押処分を取り消さなければ，児童を養育する家庭の生活の安定，児童の健全育成及び資質の向上に資することを目的とする児童手当の趣旨（児童手当法1条参照）に反する事態を解消できず，正義に反するものといわざるを得ないから，差押処分は権限を濫用した違法なものである。

⑥ 児童手当法の趣旨に反し，納税者家族の生活に重大な不利益を及ぼしうることは容易に想定できたはずであり，にもかかわらず，職務上通常尽くすべき注意義務を尽くすことなく漫然と差押処分を執行したものであるから，県が差押対象財産を調査，選択する過程に裁量の逸脱又は濫用がある。差押処分及びこれに引き続く一連の滞納処分には，国家賠償法1条1項の違法があった。

【検　　討】

　本事案では，差押処分が児童手当目当ての差押えであったか否かとその違法性等が争われた。裁判所は，児童手当が預金口座に振り込まれた場合には，児童手当受給権は消滅し，受給権相当額の預金債権という別個の債権に変容することから，預金払戻請求権全額を差押えることができるとしつつも，処分行政庁が，実質的に児童手当を原資として租税を徴収することを意図した場合には，実際の差押処分の時点で，児童手当以外に預金口座への入金がない状況であることを知り又は知り得べき状態にあったときには，当該差押処分は児童手当法の精神を没却する裁量逸脱であり，違法であるとの判断基準を示した。

　その上で本事案では，県は，預金口座に振り込まれる児童手当を原資として租税の徴収をすることを意図し，その意図を実現するために差押えを行ったことから，差押禁止債権である児童手当受給権の差押えと同様の効果を持つ差押えは違法であり，取り消されるべきであると判示した。ただ滞納処

分の違法性と賠償責任については裁判所の見解が分かれたが，本事案の根底にある納税者の非協力的な態度と説明責任の回避が斟酌されたかもしれない。

　通常，児童手当が預金口座に振り込まれた場合，法形式上は，当該児童手当受給権は消滅し児童手当受給者の銀行に対する預金債権という別個の債権になり，児童手当が預金口座に振り込まれると受給者の一般財産に混入し，児童手当としては識別できなくなり，国税徴収法上の差押えは，債務者及び第三債務者を審尋することなく発令されるものであって，差し押さえようとする預金の原資をあらかじめ調査する仕組みを採用していないから，差押えが禁止される児童手当であってもそれが銀行口座に振り込まれた場合には，その全額の差押えが許される。つまり，差押え禁止債権であっても，銀行口座に振り込まれた時点で，差押え可能な預金債権に変化するということになる。

【参考判例】
①　東京高判昭和45年4月30日・昭和42年（ネ）第133号（裁判所ＨＰ・ＴＫＣ：21032891）
②　大阪地判平成15年11月25日・平成15年（行ウ）第38号（ＴＫＣ：28101408）

【論　　点】
①　滞納と差押え。
②　差押え禁止財産の意義と限界。

020 第二次納税義務

最高裁第一小法廷平成18年1月19日判決

平成16年（行ヒ）第275号・裁決取消請求事件

【掲　載】裁判所HP・TKC：28110295・TAINS：Z256－10270

【判　示】第二次納税義務者が本来の納税義務者に対する課税処分について不服申立てをする場合の不服申立期間について判示された事例。

〔第1審：東京地判平成16年1月22日・平成15年（行ウ）第362号〕

〔控訴審：東京高判平成16年6月15日・平成16年（行コ）第58号〕

【解　説】

納税者が租税を滞納したときは滞納処分に移行するが，それでもなお租税の完納に至らない場合がある。そこで，国税徴収法及び地方税法は，第二次納税義務の規定を設け，納税者が租税を滞納した場合に，納税者の財産に滞納処分を執行しても，さらに徴収すべき額に不足すると認められるときは，滞納者と一定の関係がある者に，納税を負担させることとなっている。

第二次納税義務者となる者として，無限責任社員，清算人，清算の分配を受けた者，同族会社，実質所得者課税の適用の基因となった収益が法律上帰属している者，共同的な事業者，事業を譲り受けた特殊関係者，無償又は著しい低額の譲受人，人格のない社団等の名義人等が列挙されている。

この第二次納税義務のリーディングケースである最高裁昭和50年8月27日判決は，第二次納税義務者は，主たる納税者に対する課税処分を争えるかが争点となった事例であるが，最高裁は，第二次納税義務の納付告知は，主たる課税処分等により確定した主たる納税義務の徴収手続上の一処分としての性格を有し，納付告知を受けた第二次納税義務者は，あたかも主たる納税義務について徴収処分を受けた本来の納税義務者と同様の立場に立つに至るものというべきである，判示している。

第二次納税義務者となる者に主たる課税処分に対する不服申立ての適格を肯定し得るのは，納付告知を受けて第二次納税義務者であることが確定したか，又は少なくとも第二次納税義務者として納付告知を受けることが確実となったと客観的に認識し得る時点からであると解される。

そうであるのに，不服申立ての適格を肯定し得ない段階で，その者について不服申立期間が進行していくというのは背理というべきである。

【事案の概要と経緯】

課税庁は，A社に対し，平成14年3月29日付けで課税処分を行い，同年4月3日，課税処分の通知書が同社に到達した。課税庁は，A社の株式を譲渡された納税者に対し，同年6月7日，A社の課税処分に基づく滞納国税につき，国税徴収法39条に基づく第二次納税義務の納付通知書を発し，同月8日，上記納付通知書が到達し，告知がされた。

納税者は，同年8月6日，告知に対して異議申立てをするとともに，課税処分に対しても異議申立てをした。課税庁は，同年10月11日，異議申立てについては，同月17日，不服申立期間は課税処分がA社に送達された日の翌日から起算して2か月を経過する同年6月3日までであり，異議申立ては不服申立期間を経過した後にされたものであるとして，国税通則法83条1項に基づき，これを却下する旨の決定をした。そこで，納税者は，課税処分について審査請求をしたが，異議申立ては不服申立期間を経過した後にされた不適法なものであり，課税処分に係る審査請求は適法な異議申立てを経ないでされた不適法なものであるとして，国税通則法92条に基づき，これを却下する旨の裁決を受けた。

第1審は，第二次納税義務者は，本来の納税義務者に対する課税処分の取消しを求めるにつき法律

上の利益を有し，その適否を争う地位を認められるべきものであるところ，第二次納税義務者が主たる課税処分に対して不服申立てをする場合の不服申立期間の起算日は，主たる課税処分が本来の納税義務者に告知された日の翌日ではなく，第二次納税義務者に納付告知がされ，第二次納税義務が発生した日の翌日と解すべきであるなどとして，上記事実関係の下において，異議申立ては不服申立期間内にされた適法なものであると判断し，納税者の請求を認容して，裁決を取消した。

これに対し，控訴審は，第二次納税義務者は，本来の納税義務者の納税義務の存否又は数額を争って主たる課税処分に対する不服を申し立てる適格を有しないとして，裁決に違法はないと判断し，納税者の請求を棄却した。上告審は，以下のように判示して，控訴審判決を破棄し，第1審判決を容認した。

【判決要旨】

① 第二次納税義務制度は，本来の納税義務者との間に実質的な一体性を肯定しても公平に反しないような利害共通の関係がある第三者に補充的に納税義務を負担させるものであり，権利救済の面においても，主たる納税義務を争う第二次納税義務者の訴権は，本来の納税義務者によっていわば代理行使されるものとみて，主たる納税義務の徴収手続上の一処分としての性格を有する第二次納税義務の納付告知により，第二次納税義務者に対し，本来の納税義務者との間で確定した主たる納税義務の存否及び数額を所与のものとしてその履行責任を負担させるというものである。

② 国税徴収法39条は，滞納者である本来の納税義務者が，その国税の法定納期限の1年前の日以後にその財産について無償又は著しく低い額の対価による譲渡，債務の免除その他第三者に利益を与える処分を行ったために，本来の納税義務者に対して滞納処分を執行してもなお徴収すべき額に不足すると認められるときは，これらの処分により権利を取得し，又は義務を免れた第三者に対し，これらの処分により受けた利益が現に存する限度において，本来の納税義務者の滞納に係る国税の第二次納税義務を課している。

③ 主たる納税義務が主たる課税処分によって確定されるときには，第二次納税義務の基本的内容は主たる課税処分において定められるのであり，違法な主たる課税処分によって主たる納税義務の税額が過大に確定されれば，本来の納税義務者からの徴収不足額は当然に大きくなり，第二次納税義務の範囲も過大となって，第二次納税義務者は直接具体的な不利益を被るおそれがある。

④ 主たる課税処分の全部又は一部がその違法を理由に取り消されれば，本来の納税義務者からの徴収不足額が消滅し又は減少することになり，第二次納税義務は消滅するか又はその額が減少し得る関係にあるのであるから，第二次納税義務者は，主たる課税処分により自己の権利若しくは法律上保護された利益を侵害され又は必然的に侵害されるおそれがあり，その取消しによってこれを回復すべき法律上の利益を有するというべきである。

【検　　討】

第二次納税義務は，本来の納税義務を補完し，付随する機能がある。その上で，主たる課税処分が適法でない場合に第二次納税義務者がどのように争うことができるのかが従来から議論されてきた。とりわけ問題となるのが，本来の課税処分に疑義がある場合に，第二次納税義務者が自らの告知処分の取消しを求めることができるかどうかであるが，判例はこれを消極的に解してきた。そこで，第二次納税義務者が自分に対する告知処分の取消しの中で争うのではなく，本来の納税義務者に代わって本来の納税義務者の課税処分自体の取消しを求めて争うことができるかが，本事案の争点であった。

第二次納税義務者の権利救済の観点からは，本来の課税処分の取消しについて争う資格が認められるべきであり，また，第二次納税義務者が「常に本来の納税義務者と一体性又は親近性のある関係に

ある」わけではないことからも，その権利救済は実質的に確保されなければならない。

　他方，第二次納税義務が課せられる，「利害共通の関係がある第三者」の存在は，中小企業を想定した制度といえる。確かに，中小企業においては，役員，株主などが同一又は密接な親族関係者で構成されていることは否定できない。しかも，滞納事案が中小企業においては発生する頻度が高いことを踏まえると，第二次納税義務は，必然的な徴収制度といえる。ただ「利害共通の関係がある第三者」に資力が残されているかは，現実には判断が難しいことが多いのが実情である。

【参考判例】

最判昭和50年8月27日・昭和48年（行ツ）第112号（ＴＫＣ：21051421・ＴＡＩＮＳ：Ｚ999－7020）

【論　　点】

① 　第二次納税義務の趣旨と限界。
② 　第二次納税義務者の権利救済の必要性。

021 収入の計上時期（権利確定主義）

山形地裁平成18年12月5日判決

平成17年（行ウ）第1号・所得税更正処分取消請求事件

【掲　載】ＴＫＣ：28141416・ＴＡＩＮＳ：ＺＺ256－10594

【判　示】公的年金を遡って一括収受した場合の計上時期について，社会保険庁の裁定日基準ではなく，受給権確定基準による，いわゆる権利確定主義によると判定された事例。

〔控訴審：仙台高判平成19年3月27日・平成18年（行コ）第26号〕

〔上告審：最決平成19年9月25日・平成19年（行ツ）第189号〕

【解　説】

通常，収入の計上方法は，企業会計の領域では，発生主義と現金主義があり，これに対して，税法の領域では発生主義を厳格に捉えた権利確定主義が採用されているとされる。一方，企業会計上の実現主義との差異についても議論もある。ともかく権利確定主義は，所得計算上の収入の認識基準のひとつであり，法律上の権利が確定したときに，所得計算の基礎となる収入に計上するという考え方とされている。

所得金額計算の通則として所得税法36条1項は，その年分の各種所得の金額の計算上収入とすべき金額は，その年において収入すべき金額とする旨を規定する。これは，現実に収入がなくても収入すべき権利の確定した金額を計上すべきことを命じているものと理解されている。

公的年金においては，一般に一定期間（支給事由が生じた日）の到来によって収入すべき権利が確定することとされるから，いわゆる支給日（受給権確定）基準が採用されている。収入金額をこの支給日基準にすれば，納税者が恣意的に所得の帰属年度を操作する余地を排することになり，課税の公平を図ることができる。

何らかの事情により，年金給付の裁定を求める手続きが行われ，裁定に基づき年給の給付が確定した場合に，この裁定の期日を計上時期とする，いわば裁定日基準が有効とするならば，例えば，裁定の請求を遅らせることによって所得の年度帰属を人為的に操作することも可能になり，納税者の恣意を許すことで，課税の公平を害することとなる。

ただ実際は，所得の分散効果から，支給日基準による計上の方が，税負担の軽減が見込まれることが多いことはいうまでもない。

【事案の概要と経緯】

本事案の争点のひとつは，一括で収受した老齢厚生年金の収入の帰属時期であり，納税者の主張は，次のとおりである。

平成14年10月10日，社会保険事務所長から，老齢厚生年金について社会保険庁長官により裁定が行われた旨の「厚生年金保険裁定通知書」の送付を受け，同通知書には平成9年10月に受給権を取得した旨記載されていた。平成14年11月15日付け年金支払通知書を受け，同日郵便貯金口座に社会保険庁から年金26万766円が振り込まれたことにより，老齢厚生年金の金額を知ることができた。自己の郵便貯金口座に年金が振り込まれた時点で，これを自らの認識と判断により管理ないし処分することが可能となったのであり，それ以前にはその金銭を所得として管理又は使用することができなかった。よって平成14年10月10日以前には，老齢厚生年金の受給権の存在を知らず，同年11月15日になって老齢厚生年金を受給したのであり，年金は平成14年分の所得である。

これに対する課税庁の主張は次のような内容である。

年金は，老齢厚生年金であり，平成9年10月にその受給権を取得した。年金の支給開始年月は，平成9年11月，平成10年4月，平成11年4月，平成12年4月である。年金は，実際に支払われたのは平成14年11月であるが，これは「さかのぼって支払われ」たものである。社会保険庁は，年金について，源泉徴収票に平成9年分から平成13年分に分けて，それぞれ老齢厚生年金の支払があったものとしての扱いをしている。

　厚生年金法に基づく年金の支給時期の規定，所得税法における収入すべき金額の規定，公的年金等の収入すべき時期についての通達の規定，年金の帰属年度についての取扱いからすれば，本件年金が裁定を受けて現実に支払われたのは，平成14年10月ないし11月であっても，源泉徴収票に記載された金額がそれぞれ平成9年分ないし同13年分に帰属するものとして支給されたものとみるべきである。

　本事案では，第1審，控訴審及び上告審のいずれも納税者の主張を否定し，棄却している。

【判決要旨】

① 　所得税法は，現実の収入がなくても，その収入の原因となる権利が確定した場合には，その時点で所得の実現があったものとして権利確定の時期に属する年分の課税所得を計算するという建前（いわゆる権利確定主義）を採用しているものと解される。そして，収入の原因となる権利が確定する時期はそれぞれの権利の特質を考慮して決定されるべきである。

② 　社会保険庁長官が行う裁定は，基本権たる受給権の存在を公権的に確認する行為であるにすぎず，裁定を受けることによって具体的に請求できるとされているのも，画一公平な処理により無用な紛争を防止し，給付の法的確実性を担保するためであって，厚生年金法の定める年金給付に係る受給権は，同法の定める受給要件を満たした時点で基本権が発生し，その後支給期日が到来することにより支分権が発生し，受給権者が裁定の請求さえすればいつでも年金の支給を受けることができる状態にあるから，その支給期日が到来した時点で年金の支給を受ける権利が確定したものと解される。

③ 　法令により定められた支給日をもって当該年金の収入すべき時期と解すれば，納税者が恣意的に所得の帰属年度を操作する余地を排して課税の公平を図ることができるのに対し，裁定により一時に支払われることとなった老齢厚生年金の収入すべき時期を当該裁定時と解したのでは，受給権者が裁定の請求を遅らせることによって所得の帰属年度を人為的に操作する余地が生じるなど，納税者の恣意を許し，課税の公平を害することとなる。

④ 　老齢厚生年金については，厚生年金法36条に規定された支払期月が到来した時にその支給を受ける権利が確定すると解されるのであるから，裁定により前年分以前の老齢厚生年金が一時に支払われることとなった場合には，厚年法36条が定める支払期月の属する年分の収入金額として課税所得を計算すべきである。

⑤ 　公的年金の支払者に源泉徴収義務が成立するのは年金の支払のときであり（国税通則法15条2項2号），他方，源泉徴収票は，当該年中に支払の確定した公的年金につき作成されるものであるから（所得税法施行規則94条の2第1項3号），社会保険庁が，平成14年に，平成9年分ないし平成13年分の年金を一括して遡って支払うにつき，各年分の源泉徴収票をそれぞれ作成して交付した手続に何ら誤りはなく，これをもって虚偽の源泉徴収票ということはできない。

【検　討】

　本事案においては，社会保険庁長官の裁定を受けるまでの経緯は不明である。当事者である納税者の妻は，昭和35年7月に厚生年金保険の被保険者の資格を取得したが，その後，約20年間にわたってブラジルに居住し，帰国後，厚生年金及び国家公務員共済に加入したのち，平成10年6月から国家公

務員共済から退職共済年金を受給していた。そのため，この未払年金は，世情を騒がした年金漏れ騒動とは異なるが，未払年金の受給に伴う課税の本質は変わらない。

　本事案のような場合は，所得分散という税法の常識から，納税者有利と考えることはいうまでもない。ところが，本事案における納税者の妻は，公的年金をさかのぼって受給したため，納税者が受けていた過年度分の配偶者控除及び配偶者特別控除の適用が否認されということが背景にある。配偶者控除等の減税にまで考えが及ばないのは無理もないが，課税庁より処分を受けた所得税額は各年とも１万数千円である。

　納税者は，修正申告すべきことを極めて重い負担である旨の主張に対して，課税庁は，負担が極めて重いと評価されるべきか否かはともかく，この負担を避けるべき要請が，納税者の恣意を許し，課税の公平を期し難いという弊害の生じることを避けるべき要請に優先するとは解し難い，と反論する。申告納税制度における納税者の責任は重い。ともかく，金額の多寡の問題だけではないが，様々な家庭の事情があることを本事案は示している。

【論　　点】

①　収入の認識基準についての考え方。

②　実現と権利確定主義の意義。

022 益金の計上時期（公正妥当な会計処理）

東京地裁平成20年2月15日判決

平成18年（行ウ）第496号・法人税更正処分取消等請求事件

【掲　載】ＴＫＣ：28141628・ＴＡＩＮＳ：Ｚ258-10895

【判　示】従業員の不正行為により損害を被った法人として損害賠償請求権に係る益金の計上年度が争点となった事例。

〔控訴審：東京高判平成21年2月18日・平成20年（行コ）第116号〕

〔上告審：最決平成21年7月10日・平成21年（行ツ）第138号〕

【解　説】

　法人税法22条4項は，法人税の対象となる所得は，「一般に公正妥当と認められる会計処理の基準に従って計算されるものとする」と規定する。法人税法は，この公正妥当基準に依存傾向が強い。一方，会計慣行という会計処理も存在する。企業会計の目的は，企業の利害関係者に対して企業の経営成績と財政状態を適正に開示することにある。会計処理と税務手続の矛盾は，その目的にも異なることはいうまでもないが，この法人税法が定める公正妥当処理基準の曖昧さが原因である。公正妥当基準がどのようなものなのかを規定する明確な法律が存在しないため，その解釈としてさまざまな考え方がある。

　公正妥当とする判断が課税の都合という理由で，課税庁に誘導され，恣意的に変化するならば，その課税に対する規範性は全く存在しないことになる。課税要件を明確にすることが租税法律主義の要請であるとするならば，公正妥当の範疇と意義の明確化は確立すべき課題である。

　企業会計原則や確立された会計慣行を用いることが，必ずしも担税力に応じた課税の実現につながるとは限らず，公正妥当ではないと判断される会計処理の存在に常に注意する必要がある。

　法人税法22条4項による公正妥当な会計処理の基準に従って益金の計上時期は一般にその益金が実現した年度に計上すべきものと解されている。結局，権利確定主義は，第三者との取引に際してその算入すべき金額が確定した年分に益金を計上する原則であり，対価または債権等の経済的利益に着目してその計上時期を決する原則である。

【事案の概要と経緯】

　納税者は，ビル総合清掃業務及び建物等の警備保安業務等を営む法人である。税務調査において，納税者の経理部長による横領行為が露見したため，経理部長に対する損害賠償請求権が発生した。この損害賠償請求権に係る益金参入時期が争点となった。

　納税者の主張は，犯罪者に対する損害賠償請求権は，(1)加害者がその額等について争う場合が多く，(2)加害者の無資力により回収可能性が類型的に極めて低く，(3)その犯罪行為が発覚するまでの間，法人が権利を行使し現実に損失を回復させることを到底見込めないものであるから，当該事業年度において，加害者が損害額について争わずに債務を承認し，かつ，十分な資力を有しているなどの事由がない限り，これを益金に計上すべきではない。したがって納税者の外注費の架空計上は，同社の経理部長の詐欺行為によるものであり，納税者は当該詐欺行為によって架空外注費に相当する金額の損失を受けており，また同経理部長に対する損害賠償請求権は回収が困難なこと等から益金の額に算入すべきでないというものであった。なお，経理部長は，懲役4年の実刑判決を受け，控訴することなく確定している。

　第1審は，「納税者は，平成9年から平成16年までの間，経理部長による詐取行為によって金員を

詐取され続け，税務署長が平成16年４月に開始した税務調査を契機として初めてこれが発覚したものであり，納税者が詐取行為を理由として，経理部長を懲戒解雇としたのが同年５月，詐欺罪等で告訴したのが同年７月，損害賠償請求訴訟を提訴したのが同年９月であったというのであるから，納税者は，各事業年度においては，いまだ詐取行為による損害及び加害者を知らず，納税者がこれを知ったのは，平成16年９月期であったことが認められる。したがって，詐取行為によって納税者が経理部長に対して取得することとなる損害賠償請求権の額は，各事業年度の益金の額に算入すべきものではなく，平成16年９月期の益金の額として算入すべきものである」として異時両建説を採り納税者勝訴であった。

　これに対して控訴審では，逆転し同時両建説を採り課税庁勝訴であった。その後，納税者は上告したが，これは受理されず，納税者敗訴の結果となった。

【判決要旨】

①　不法行為による損害賠償請求権の場合には，その不法行為時に客観的には権利が発生するとしても，不法行為が秘密裏に行われた場合などには被害者側が損害発生や加害者を知らないことが多く，被害者側が損害発生や加害者を知らなければ，権利が発生していてもこれを直ちに行使することは事実上不可能である。この点，民法上，一般の債権の消滅時効の起算点を，権利を行使することができる時としている（166条１項）のに対し，不法行為による損害賠償請求権については，これを，被害者又はその法定代理人が損害及び加害者を知った時としている（724条）のも，上記のような不法行為による損害賠償請求権の特殊性を考慮したものと解される。

②　権利が法律上発生していても，その行使が事実上不可能であれば，これによって現実的な処分可能性のある経済的利益を客観的かつ確実に取得したとはいえないから，不法行為による損害賠償請求権は，その行使が事実上可能となった時，すなわち，被害者である法人（具体的には当該法人の代表機関）が損害及び加害者を知った時に，権利が確定したものとして，その時期の属する事業年度の益金に計上すべきものと解するのが相当である（最高裁平成４年10月29日第一小法廷判決参照）。

③　納税者は，平成９年から平成16年までの間，納税者による詐取行為によって金員を詐取され続け，税務署長が平成16年４月に開始した税務調査を契機として初めてこれが発覚したものであり，納税者が詐取行為を理由として，経理部長を懲戒解雇としたのが同年５月，詐欺罪等で告訴したのが同年７月，損害賠償請求訴訟を提起したのが同年９月であったというのであるから，納税者は，各事業年度においては，いまだ詐取行為による損害及び加害者を知らず，納税者がこれを知ったのは，平成16年９月期であったことが認められる。したがって，詐取行為によって納税者が経理部長に対して取得することとなる損害賠償請求権の額は，各事業年度の益金の額に算入すべきものではなく，平成16年９月期の益金の額として算入すべきものである。

【検　討】

　第１審の判断を斥けた控訴審は，決算期等において，会計資料として保管されていた請求書と外注費として支払った金額とを照合すれば，容易に発覚したものである。こういった点を考えると，通常人を基準とすると，「本件各事業年度当時において，損害賠償請求権につき，その存在，内容等を把握できず，権利行使を期待できないような客観的状況にあったということは到底できないというべきである。そうすると，損害賠償請求権の額を各事業年度において益金に計上すべきことになる」として，同時両建説を展開した。

　つまりこの同時両建説が税務上は通常行われており，定法ともいうべき処理である。ただ，一般的な感覚とすれば益金に計上しても，加害者に求めた損害賠償が履行されなければ，意味のないことに

なる。実際には履行されないことも多い。結果として翌期以降に損金として処理することは，二度手間といえなくもない。第1審での納税者の主張に，損害賠償請求権が発生しても回収が確定していないのであれば，益金に計上すべきでないとする主張があることからも，一般的な感覚と，税務上通常に判断されている益金計上の基準との間には，少なからず差があるといえる。

　従来からの同時両建説を踏襲した控訴審判決であるが，結局，当時の社内決裁の内容に重きをおき，納税者の詐取行為に対する予見・予知の不備をその根拠としている。今後，「損害賠償請求権の行使」に対する状況判断が重視される税務処理が容認されるなら，実務的には複雑になり兼ねない。法人はこれまで以上に，重大な責任の下で従業員を指揮監督することを求められることになり，経理に関わる書類の確認等にも，より負担がかかるようになる可能性もある。

【論　　点】

① 　公正妥当な会計処理の意義。
② 　異時両建説と同時両建説の比較検討。

《税法の基礎理論》

023 決算確定主義

福岡地裁平成19年1月16日判決
平成17年（行ウ）第24号・法人税更正処分等取消請求事件
【掲　載】ＴＫＣ：28140273・ＴＡＩＮＳ：Z 257－10610
【判　示】株主総会等の承認を得ていない決算書類に基づく確定申告の有効性に関して，決算確
　　　　定主義の実際を明示した事例。
〔控訴審：福岡高判平成19年6月19日・平成19年（行コ）第7号〕

【解　説】

　法人税法は，決算確定主義を定めている。これは，前提として株主総会等において決算の承認を受ける必要があると理解され，その趣旨は，会社の最高の意思決定機関である株主総会その他これに準ずる機関の関与により，会社自身の意思を明確に表明することを求め，かつ法定の手続きを明確にすることで，法人の課税所得の正確性を担保することにあるといわれている。

【事案の概要と経緯】

　不動産の賃貸業を営む納税者は，課税庁の税務調査を受けたことから，税理士に相談したところ，同税理士は，(1)30期分ないし32期分の確定申告に添付された決算報告書（以下「旧決算報告書」）は，税理士資格を有しない者が作成し，かつ社員総会の承認を経ていないこと，(2)旧決算報告書において，本来損金に計上できない前期末以前に発生した有価証券の売却損を損金に計上していること，(3)保有している上場株式の価額が著しく低下しているので，評価換えをして評価損を損金に計上できるにもかかわらず，それがなされていないこと，以上の問題点を指摘した。

　そこで，納税者は，同税理士の指導に従って，旧決算報告書に，修正を加えた30期分ないし32期分の各決算報告書（以下「新決算報告書」）を作成した上，社員総会を開催し，新決算報告書を承認し，再度第30期ないし32期の各申告書をそれぞれ再度提出した。これに対して課税庁が行った加算税等賦課処分等の取消しを納税者が求めた事案である。

　納税者の主張は次のようなものである。

　法人税法74条1項の確定した決算とは，商法上の確定した決算と解すべきである。しかしながら，各当初申告書は，いずれも無資格者（いわゆる偽税理士）が作成した決算書及び申告書に代表者印を押印しただけで作成されたものであり，また，各当初申告書に添付した計算書類は，有限会社法（会社法の施行に伴う関係法律の整備等に関する法律（平成17年法律第87号による廃止前のもの）46条が準用する商法（整備法による改正前のもの。））283条1項により，社員総会における承認を要するにもかかわらず，社員総会の招集も開催も行われず，承認を受けていない不適法な計算書類であって，商法上の確定した決算に基づくものとはいえない。したがって，各当初申告は，いずれも無効な申告であるというべきである。そして，各当初申告がいずれも無効な申告である以上，社員総会の承認を受け，商法上の確定した決算に基づいて行われた各再度申告は，その申告書の表題がいずれも修正申告となってはいるものの，いずれも国税通則法18条の期限後申告に当たるというべきである。

　これに対して，課税庁の主張は，法人税法74条1項が確定した決算に基づく申告書の提出を要求したのは，法人の意思決定機関（有限会社では社員総会）の承認を受けた決算を基礎として計算させることにより，それが法人自身の意思として，かつ正確な所得が得られる蓋然性が高いが故であるという趣旨にかんがみれば，たとえ商法上の確定決算上の手続に準拠しなかったとしても，確定申告自体が実質的に法人の意思に基づきなされたと認められる限り，税法上は法74条に基づく有効な申告とし

67

て扱うべきであり，そうすると，各当初申告は，納税者の意思に基づきなされたと認められるから，旧決算報告書こそが法74条1項の確定した決算であり，各当初申告書が確定した決算に基づく有効な申告書である，と主張した。

第1審及び控訴審とも納税者の主張を斥け棄却している。

【判決要旨】

① 会社は，法人税の申告に当たり，各事業年度終了の日の翌日から2か月以内に，確定した決算に基づき所定の事項を記載した申告書を税務署に提出しなければならない（法74条1項）。この規定の趣旨は，法人税の課税所得については，会社の最高の意思決定機関である株主総会又は社員総会の承認を受けた決算を基礎として計算させることにより，それが会社自身の意思として，かつ正確な所得が得られる蓋然性が高いという点にある。そうすると，同規定の「確定した決算に基づき」とは，株主総会又は社員総会の承認を受けた決算書類を基礎として所得及び法人税額の計算を行う意味と解すべきである。

② わが国の株式会社や有限会社の大部分を占める中小企業においては，株主総会又は社員総会の承認を経ることなく，代表者や会計担当者等の一部の者のみで決算が組まれ，これに基づいて申告がなされているのが実情であり，このような実情の下では，株主総会又は社員総会の承認を確定申告の効力要件とすることは実体に即応しないというべきであるから，株主総会又は社員総会の承認を経ていない決算書類に基づいて確定申告が行われたからといって，その確定申告が無効になると解するのは相当でない。

③ 決算がなされていない状態で概算に基づき確定申告がなされた場合は無効にならざるを得ないが，当該会社が，年度末において，総勘定元帳の各勘定の閉鎖後の残高を基に決算を行って決算書類を作成し，これに基づいて確定申告した場合は，当該決算書類につき株主総会又は社員総会の承認が得られていなくても，当該確定申告は無効とはならず，有効と解すべきである。

④ 各当初申告は，各事業年度末において，総勘定元帳の各勘定の閉鎖後の残高を基になされた決算により作成された旧決算報告書に基づいて各当初申告書が作成され，その申告書を法定の申告期限内に提出することにより申告されたことが認められる。そうすると，各当初申告書の提出は，旧決算報告書につき社員総会の承認が得られていなくても，いずれも有効な確定申告であるというべきである。

【検　討】

控訴審も，各当初申告は法人税の確定申告として有効であり，したがって，再度申告は国税通則法19条の修正申告にほかならない，と示し，その理由について以下のように言及している。

納税者は，控訴人は，代表者と同人の夫であるＡが取締役をし，同人ら及びその子ら3人が全出資持分を保有する同族会社であり，従来，社員総会を開催したこともなかったこと，各当初申告は，各事業年度末において，総勘定元帳の各勘定の閉鎖後の残高を基になされた決算により作成された旧決算報告書に基づいて各当初申告書が作成され，その申告書を提出することにより申告されたこと，しかし，前提事実のとおり税理士からの指摘を受けたため，同税理士の指導により，旧決算報告書に所要の修正を加えた新決算報告書を作成して，社員総会で承認したものであることが認められる。そうであれば，納税者は，従来からのやり方に従って各当初申告書を提出したのであり，その有効性に何ら疑義を持つこともなかったものであって，課税庁の税務調査がなければ事態はそのまま推移していたとしか考えられない。納税者の主張は，新決算報告書に基づく各再度申告こそが税務申告であるというために旧決算報告書及びこれに基づく本件各当初申告の無効を主張しているに過ぎず，採用の限

《税法の基礎理論》

りではない。なお，この結論は，税理士資格を有しない者が決算報告書及び申告書を作成したことなどの納税者が主張する事情を考慮しても，左右されるものではない。

本事案では，裁判所は中小企業の実態に触れ，決算における株主総会等の承認手続は形骸化していることに理解を示している。このような実情の下で，株主総会等の承認を確定申告の効力要件とすることは実態に即応せず，確定申告を直ちに無効と判断するわけにはいかないという現実的な制約があることは事実である。その結果，株主総会等の承認を得ていないで作成された決算書類を基に作成された確定申告書について，納税者の無効とする主張を斥け，有効と断じている。決算確定主義を厳格に貫かない見解ではあるが，実情を捉えている。

【論　点】

① 株主総会等における決算承認の意義と効果。
② 修正申告の意義と納税者の意思。

024 非課税所得

福岡高裁平成22年10月12日判決

平成21年（行コ）第33号・所得税更正処分等取消請求控訴事件他

【掲　載】ＴＫＣ：25470515・ＴＡＩＮＳ：Ｚ260－11530

【判　示】商品先物取引に係る損害賠償請求訴訟上の和解金が非課税とされた事例。

〔第1審：大分地判平成21年7月6日・平成19年（行ウ）第6号〕

【解　説】

　所得税法9条1項17号は「損害賠償金（これらに類するものを含む。）で，心身に加えられた損害又は突発的な事故により資産に加えられた損害に基因して取得するもの」については所得税を課さないとしている。他者の不法行為により損害を受けた納税者がその他者から実質的に損害賠償金として受け取った和解金は非課税所得に該当するかという議論がある。和解金や損害賠償金等が非課税所得に該当するかどうかは，その名目ではなく，実質により判断しなければならない。

【事案の概要と経緯】

　納税者は，訴外Ａ社との間で商品先物取引の委託契約を締結し，平成9年4月15日から平成10年10月9日までの間，商品先物取引を繰り返し，同取引によって6144万円余りの損失を被った。納税者は，Ａ社やその従業員らの不法行為により損害を受けたとして損害賠償請求訴訟を大分地裁に提起した。大分地裁はＡ社らの勧誘行為は全体として違法性を帯びたものであると認定し，Ａ社らの不法行為責任を認める判決をくだした。その後控訴されたが，平成13年11月6日にＡ社らが納税者に対し1900万円の和解金を支払うこと等を内容とする訴訟上の和解が成立した。

　課税庁は和解金の内，弁護士費用を控除した残額1436万4700円は雑所得にあたるとして所得税の更正処分を行った。課税庁は，所得税法施行令30条2号が「不法行為その他突発的な事故により資産に加えられた損害」と規定する「不法行為」とは，「突発的な事故」と同様の不法行為すなわち被害者の合意に基づかない行為に基因する損害に対する損害賠償金に限定されると解するのが相当であり，納税者は，損失発生の危険性を認識した上で自らの意思で先物取引を開始し，自己の判断で取引を継続して，結果的に多額の損失を被っているのであるから，損害の発生の原因となった取引行為は被害者である納税者の合意に基づいている。したがって，本件のような先物取引に関する不法行為については，突発的で予想することのできない災害や事故等の不法行為，すなわち「突発的な事故」と同様の不法行為ということはできない，などと主張した。

　第1審は，税制調査会答申（昭和36年12月7日）の示した，「生活用資産に関する損害に対する補償金等については，これによって補てんされる利益は，もし，その損害がなかったならば課税されなかったはずである資産の評価益等であるから，非課税とする」という見解を前提に，和解金のうち，先物取引の売買差損等により納税者の生活用資産である金銭等の資産に加えられた損害に基因して取得した損害賠償金は，収益補償ではないと認められるから，非課税所得に該当すると判断した。控訴審も第1審判決を容認した。

【判決要旨】

① 本件和解金は，不法行為に基づく損害賠償請求及び遅延損害金請求を認容した大分地裁の判決を前提として，その控訴審で成立した訴訟上の和解により発生したものであるから，その実質は不法行為に基づく損害賠償金及び遅延損害金と認められ，納税者は，本件和解金を取得したことにより

《所得税法関係》

経済的利得を得たといえるのであるから，本件和解金は所得税法7条の「所得」に該当する。

② 不法行為に基づく損害賠償金には，本来各種所得に該当するとして課税されるべき得べかりし利益を補てんする性質を有するものと，預け金の返金の受入れや貸付金の元金の受入れ等と同様に本来課税されるべきでない実損害を補てんする性質を有するものとが含まれているところ，本来，前者については各種所得に該当するものとして課税され，後者については非課税とされるべきものである。

③ 所得税法9条1項16号は，物的損害に係る損害賠償金について「損害賠償金で，突発的な事故により資産に加えられた損害に基因して取得するものその他の政令で定めるもの」を非課税所得とする旨規定し，これを受けた所得税法施行令30条2号は「不法行為その他突発的な事故により資産に加えられた損害につき支払を受ける損害賠償金（これらのうち所得税法施行令94条（事業所得の収入金額とされる保険金等）の規定に該当するものを除く。）」を非課税所得とする旨規定しているが，証拠及び弁論の全趣旨によれば，所得税法9条1項16号及び所得税法施行令30条2号は，以下の結論を記載した昭和36年12月7日付け税制調査会答申の考え方に基づき制定されたことが認められる。

⑴ 物的損害に対する補償については，それが不法行為その他突発事故による損失であるか，それ以外の損失，すなわち契約，収用等による資産の移転ないし消滅に基づく損失であるかによって区分するとともに，さらに，その対象となる資産が生活用資産であるか，又はそれ以外の資産であるかどうかによって区別してその取扱いを定めるのが適当である。

⑵ 不法行為その他の突発事故によるもの
生活用資産に関する損害に対する補償金等については，これによって補てんされる利益は，もし，その損害がなかったならば課税されなかったはずである資産の評価益等であるから，非課税とする。

⑶ 生活用資産以外の資産に関する損害に対する補償金等については，資産損失に対する補償金は，もしその損失がなかったならば，その評価益には課税されなかったはずであるから，非課税とし，一方な卸資産に対する補償，休業補償等のような収益補償は，本来課税されるべき所得に代わるべき性質のものであるから，課税所得とする。

④ そうすると，上記で判示したところと同様な考え方に立つ税制調査会答申の考え方に照らし，また，所得税法9条1項16号並びに所得税法施行令30条2号及び所得税法施行令94条の文言に照らせば，不法行為により資産に加えられた損害に基因して取得する損害賠償金で，収益補償に当たらないものは，本来課税されるべきでない実損害を補てんする性質を有するものであるとの立法趣旨の下に，所得税法9条1項16号は，「突発的な事故」の中に「不法行為」が含まれることを前提として，突発的な事故により資産に加えられた損害に基因して取得する損害賠償金など政令で定めるものを非課税とする旨規定して，その定めを政令に委任し，これを受けた所得税法施行令30条2号が，収益補償に当たる法施行令94条の規定に該当するものを除いた，不法行為その他突発的な事故により資産に加えられた損害につき支払を受ける損害賠償金が非課税となることを定めたものと解するのが相当である。

⑤ 以上によれば，本件和解金の実質は不法行為に基づく損害賠償金及び遅延損害金であるところ，前記前提事実及び証拠によれば，上記損害賠償金は，本件先物取引の売買差損等により納税者の生活用資産である金銭等の資産に加えられた損害に基因して取得した損害賠償金であり，収益補償ではないと認められるから，所得税法9条1項16号，所得税法施行令30条2号が規定する非課税所得に該当し，所得税法施行令30条2号括弧書，所得税法施行令94条1項柱書，同項2号が規定する非課税所得の除外規定に該当しないといえる。一方，上記遅延損害金は，不法行為その他突発的な事故により資産に加えられた損害に基因して取得した損害賠償金ではなく，履行遅滞という債務不履

行による損害賠償金であるから，所得税法９条１項16号，所得税法施行令30条２号が規定する非課税所得に該当しない。

【検　　討】

　和解金や損害賠償金等が非課税所得に該当するかどうかは，その名目ではなく，実質により判断しなければならない。ただ，本事案では訴訟上の和解に基づいた和解金であったため，不法行為によるものであることや，損害賠償金に相当する部分が明確であったが，常にそうであるとは限らず注意が必要となる。

　本事案のような先物取引による損害は納税者の合意に基づいた行為に起因していたはずである。そうであったとしても，そこに不法行為が介在したことによる損害に対する賠償金であれば非課税所得に該当すると判示されたことに意義がある。

　損害賠償金は非課税であることには異論がない。本事案では，別件訴訟において不法行為であることが認定され，成立した和解により支払われたことから，損害賠償金と判定された。訴訟を経ず，交渉により投資金額の一部が返金された場合の受領金と課税関係が異なるとするならば，訴訟提起の経済的効果は多きといえる。

【論　　点】

①　損害の原因における被害者の意思と損害賠償金の性格。
②　訴訟上の和解の課税に及ぼす影響。

《所得税法関係》

025 違法所得

最高裁第三小法廷昭和46年1月9日判決
昭和43年（行ツ）第25号・審査決定及び所得税更正決定等の取消請求上告事件
【掲　載】裁判所ＨＰ・ＴＫＣ：21037410・ＴＡＩＮＳ：Ｚ063−2817
【判　示】利息制限法による制限超過の利息・損害金において，未収であるかぎり課税の対象と
　　　　　ならないとした事例。
〔第1審：福岡地判昭和42年3月17日・昭和36年（行）第9号〕
〔控訴審：福岡高判昭和42年11月30日・昭和42年（行コ）第7号〕

【解　説】

　所得という概念は曖昧である。利益を所得と考える場合もあるし，また収入を所得と認識する人もいる。講学上，所得概念について諸説の対立のあることは確かである。少なくとも，経済学上の領域では多様である。

　所得の対象となる個人の所得概念について，所得税法は所得の種類と範囲については規定しているが，明確な定義をおいておらず，違法な発生原因により獲得した経済的利益を所得に含めうるかについても，所得税法は何ら明文規定をおいていない。しかし，所得税法が，事業，労働といった反復的，継続的に発生する所得のみを対象とする制限所得概念ではなく，一時的，偶発的，恩恵的に発生した所得をも対象とする包括的所得概念を採用していることは明らかである。

　結局，所得税法は，「各人に発生帰属した経済的利得のすべて」を所得として把握し，同法及びその他の法令において明らかに非課税とする趣旨がない限り，その発生原因又は法律関係のいかんを問わず，すべてこれを課税所得としていると解されるのである。このように所得が経済的に広く構成されているのは，租税公平主義の要請による。したがって，所得税の対象となる所得は，その発生の源泉と形態を問わず，担税力があると判断されるものは金銭収受による利得はもちろん現物給付，債務免除等の経済的利益も課税対象とされるのである。

　租税公平主義の見地からは，適法な所得のみを課税の対象とし，違法な所得を課税の対象から除外することとなれば，適法に所得を得た者と違法に所得を得た者の間の均衡を著しく失する結果を招来させることになる。ゆえに発生原因が適法，違法を問わないこともいうまでもない。所得の発生には，適法，違法の区別はないから，違法所得であっても課税対象になる。

　暴力団員による恐喝による収入が，違法所得であっても課税対象として，所定の所得申告義務を課することは憲法38条1項の自己に不利益な供述強要の禁止の趣旨に反することとなり，不法所得について所轄税務署に所得の申告行為をなすことを期待することは到底不可能であると納税者が主張した事例について，名古屋地裁昭和41年9月29日判決は，申告書には所得の具体的な取得方法まで記載することを要求していないと一蹴している。

　またいわゆる工藤会事件において，福岡地裁平成30年7月18日判決では，暴力団幹部が収受した上納金の分配収入は雑所得と認定している。

【事案の概要と経緯】

　貸金業を営む納税者が青色申告による所得金額を確定申告し，のちに修正確定申告をしたが，課税庁が行った更正処分等の取消しが求められた事案である。

　第1審及び控訴審は，利息制限法所定の利率をこえる部分の約定利息，損害金であってもそれが収入金額として所得を構成する場合は課税の対象となることは明らかである等と示したうえで，課税庁

73

が行った更正処分等のうち，制限超過の利息・損害金における未収のものに対する課税を取り消したため，課税庁が上告したが，最高裁は納税者の主張を認容した。

【判決要旨】

① 課税の対象となるべき所得を構成するか否かは，必ずしも，その法律的性質いかんによって決せられるものではない。当事者間において約定の利息・損害金として授受され，貸主において当該制限超過部分が元本に充当されたものとして処理することなく，依然として従前どおりの元本が残存するものとして取り扱っている以上，制限超過部分をも含めて，現実に収受された約定の利息・損害金の全部が貸主の所得として課税の対象となるものというべきである。

貸主は，いったん制限超過の利息・損害金を収受しても，法律上これを自己に保有しえないことがありうるが，そのことの故をもって，現実に収受された超過部分が課税の対象となりえないものと解することはできない。

② 利息制限法による制限超過の利息・損害金は，その基礎となる約定自体が無効であって，約定の履行期の到来によっても，利息・損害金債権を生ずるに由なく，貸主は，ただ，借主があえて法律の保護を求めることなく，任意の支払を行なうかも知れないことを，事実上期待しうるにとどまるのであって，とうてい，収入実現の蓋然性があるものということはできず，したがって，制限超過の利息・損害金は，たとえ約定の履行期が到来しても，なお未収であるかぎり，旧所得税法10条1項にいう「収入すべき金額」に該当しないものというべきである（もっとも，これが現実に収受されたときは課税の対象となるべき所得を構成すること，前述のとおりであって，単に所得の帰属年度を異にする結果を齎すにすぎないことに留意すべきである。）。

③ 借主が当初の約定に従い制限超過分を含めて利息・損害金の支払をし，貸主がこれを収受した場合は，利息制限法による制限の範囲内であると否とを問わず，これが課税の対象となるべき所得にあたるが，約定の履行期の属する年度内にその支払がない場合は，約定の利息・損害金のうち，法定の制限内の部分のみが課税の対象となるべき所得にあたり，制限超過の部分はこれにあたらないこととなる。

【検　討】

本事案は，違法所得に対する課税として必ず言及される利息制限法による制限超過利息に対する課税所得の範囲について，リーディング・ケースとされている。

本事案では，私法上無効である制限超過利息であっても課税対象となるが，制限超過利息の未収額は課税所得に含まれない，という最高裁の初めての判断が示された。

これまで，所得の課税時期については，課税の公平及び徴税政策上の技術的見地から，収入の原因となる権利の確定した時期を捉えて課税する権利確定主義が採用されているものと解されてきた。権利確定主義は，現実の収入がなくとも何らかの権利の発生（又は確定）した事実を捉えて課税時期を決する規範である。したがって，未収利得に対しても原則として課税するのが原則であるとするならば，違法所得については，現実に納税者が管理支配する時点まで課税時期が到来しないため，違法な未収利得に対する課税が優遇されていると考えることもできる。この最高裁判決が示すように，私法上無効である制限超過利息であっても課税対象になるという見解には争いはなかったが，制限超過利息の未収額も課税所得に含まれるかどうかについては，下級審の段階では，見解が対立していた。

本事案において，課税庁が上告理由で示すように，「街の金融においては右制限超過の利息・損害金を約定し，収受するのが常態であり，その経営は制限超過の利息・損害金収入を基礎として行なわれているという実情からも肯認できる」のであり，「制限超過の利息・損害金の請求は法の保護を欠

《所得税法関係》

きながらも，通常その実現を見るにいたつているのが今日の社会の実態なのである」から，「右超過部分の未収の利息・損害金は，所得税法上の所得にあたることは明らかというべきである」という現実論の存在は大きい。

　これに対して，通常の利息・損害金債権が，現実に未収の状態であっても課税対象となるのは，収入実現の可能性が高度であるからであるが，制限超過利息の場合は借主が法律の保護を求めることなく，任意で支払うことを期待するにとどまり，収入実現の蓋然性があるとはいえないとして，未収利息は課税所得に含めない，という初めての最高裁判断が示された。この制限超過利息についての課税と未収利息が課税所得を構成しないという最高裁の判断は，今日まで踏襲されている。

【参考判例】

名古屋地判昭和41年９月29日・事件番号不明（ＴＫＣ：21024410）

福岡地判平成30年７月18日・平成27年（わ）第793号他（裁判所ＨＰ・ＴＫＣ25449712）《工藤会事件》

【論　　点】

①　違法所得に対する課税の範囲と限界。

②　権利確定主義の下における制限超過利息に対する課税の適用範囲。

026 所得区分 Ⅰ（給与所得と事業所得）

東京地裁平成19年11月16日判決

平成18年（行ウ）第213号・消費税及び地方消費税更正処分取消等請求事件

【掲　載】ＴＫＣ：25450811・ＴＡＩＮＳ：Ｚ257－10825

【判　示】外注費として支払った費用が，請負契約ではなく雇用契約による給与であるとされた事例。

〔控訴審：東京高判平成20年４月23日・平成19年（行コ）第427号〕

〔上告審：最決平成20年10月10日・平成20年（行ツ）第251号〕

【解　説】

　企業が支出する費用のなかで，課税庁が注目する費目に外注費勘定がある。もちろん架空計上とか過大支出というような，いわば仮装的なものではなく，費用の性格が給与ではないかという指摘である。つまり企業と受取側の関係が，請負なのか，雇用なのかという判断であり，いうまでもなく企業に課せられた源泉徴収義務の履行に繋がる重要な問題となる。ただ源泉徴収義務自体は，中小零細企業であっても自社の役員給与等に対する源泉徴収事務が生じることから，大きな負担を強いるものではない。

　もっとも税務調査等において，この雇用か請負が争点となる根底には，やはり課税に関わることがあることは当然といえる。確かに外注費として受け取った者が，適切に事業所得としての申告納税を行うことに課税庁が疑念も持つことは理解できるのである。

【事案の概要と経緯】

　納税者Ａ社は，電気工事の設計施工等を目的とする資本の額は1000万円の株式会社であり，Ｂ社の専属的な下請会社として，ビルディングの電気配線工事及び電気配線保守業務等を請け負っている。

　Ａ社は，６人の支払先との間で１日の労務に係る対価の額（いわゆる日当）を口頭で約束し，各支払先は，それぞれが作業に従事する各仕事先において，Ａ社代表者又は元下請業者であるＢ社の職員である現場代理人の指揮監督の下，電気配線工事等の作業に従事していた。

　各支払先は，電気配線工事等に従事するに当たり，Ａ社に対して，現場名，出勤日，残業時間及び夜間勤務日等を記載した書面又は作成がない場合にあっては，「請求書」と題すおおむね同様の事項を記載した書面を作成し，Ａ社は，各支払先から提出された書面に基づき，各支払先へ金員を支払い，この支払金を外注費として経理し，給与等の源泉徴収の対象とせず，課税仕入れに係る支払対価の額として，消費税等の申告を行った。

　これに対して課税庁は，各金員は，所得税法28条１項に規定する給与等であり，消費税法上，課税仕入れに係る支払対価の額（税込み）に該当せず，納税者において，その支出に係る源泉所得税を徴収納付しなければならないとして，更正処分等を行ったため，納税者は処分取消しを求めた。

　第１審及び控訴審のいずれも納税者の訴えを棄却し，最高裁は上告不受理としたため，納税者の敗訴が確定した。

【判決要旨】

　裁判所は，各支払先に対する支払金を，おおむね下記の理由をあげ，給与等と判示している。

① 所得税法は，各種所得の種類に応じた課税をすることは，課税の公平を維持する上で不可欠であり，課税の便宜等の観点から一義的に所与の結論を導こうとするものでないことは明らかである。

《所得税法関係》

② 　A社代表者は，各支払先が，３割程度はA社がB社から請け負った工事以外の仕事先で作業に従事していた旨供述するが，これは，B社の下請業者として登録している他の業者がB社から請け負った工事について，応援要請があったときに，A社が各支払先に連絡して仕事先で作業に従事してもらうものであり，他の業者から応援要請がされるのはA社に対してであり，その報酬は，A社を（経由して）各支払先に支払っていることなどの事情が認められ，各支払先はA社に常用され，専属的にA社の下で電気配線工事等の作業に従事していたものと認めることができる。

③ 　各支払先が各自に割り当てられた作業をさらに下請させたこと，各支払先がさらに労働者等を使用していたこと，A社における作業のほかに兼業をしていたこと，店舗，事務所又は営業所等を有していたこと，会計帳簿等を作成していたこと，ペンチ，ナイフ及びドライバー等のほかに営業用の資産を有していたこと，いわゆる屋号を有していたことなどの事情が存在したことをうかがわせる主張立証はない。

④ 　各支払先の「基本給」，「残業給」及び夜間の「基本給」の額は，労働者の時間外労働及び深夜労働について労働基準法等が定める割増賃金額におおむね準じる額となっている。さらに，A社が本各支払先に係る定期健康診断の費用を負担していたこと，A社が福利厚生費として計上した費用をもって各支払先に無償貸与する作業着を購入していたことなどを総合的に考慮すると，その労務の実態は，いわゆる日給月給で雇用される労働者と変わりがないものと認めることができるから，各支払先について，自己の計算と危険において独立して電気配線工事業等を営んでいたものと認めることはできない。

⑤ 　A社と各支払先の間でその労務が請負契約に基づくものであるとして取り扱う旨の認識があったとしても，各支払先としては，A社に対し，ある仕事を完成することを約して（民法632条参照）労務に従事していたと認めることはできず，A社は各支払先に対し作業時間に従って労務の対価を支払っており，達成すべき仕事量が完遂されない場合にも，それを減額したりはしていない。

⑥ 　A社と各支払先の契約関係では，他人の代替による労務の提供を容認しているとは認めることができないこと，各支払先はA社代表者又はB社の職員である現場代理人の指揮命令に服して労務を提供していたことが認められることなどからすると，各支払先による労務の提供及びこれに対するA社による報酬の支払は，雇用契約又はこれに類する原因に基づき，A社との関係において空間的（各仕事先の指定等）又は時間的（基本的な作業時間が午前８時から午後５時までであること等）な拘束を受けつつ，継続的に労務の提供を受けていたことの対価として支給されていたものと認めるのが相当である。

⑦ 　A社は，各支払先に対して食事代，慰労会及び忘年会等の費用の一部を負担し，これらの負担額を福利厚生費として経理していた。この点について，A社は経理担当者が経理科目の分類を誤ったものにすぎないと主張するが，たとえそうであるとしても，実態として雇用契約又はこれに類する原因が全く存在しないのであれば，経理担当者もそのような過誤を犯すことはないであろうと思われる。

【検　　討】

　従来から，収受した収入に対する所得区分が争点となった事例では，給与所得の意義を他の所得との差異を比較・検討した判例の集積を背景に，議論は定着したといえなくもない。ただ，それらは，当事者の所得が，給与所得であることを否定するために，あるいは給与所得であることを強調するための，課税庁主導の議論といえる。

　ところが，本事案の焦点は，源泉徴収という支払側にとって利害が希薄な問題ではない。請負が課税仕入れ額の増加という，支払側にとって有利な状況をもたらすことから，あらたな雇用・請負論争

が露呈したといえる。支払側の租税負担に及ぼす影響を考慮すると，便宜的な雇用か請負かの選択はリスクが大きいことを認識する必要がある。

　所得の区分・意義に関する判例の多くは，当事者である納税者の租税負担に関わる事例である。しかし，本事案は，企業が支払った費用が外注費か給与かが争点であり，所得税法上は源泉徴収義務を除けば，企業には租税負担の異同はない。

　税務調査等では，本事案のような取引形態について，課税庁の主張のような指摘が調査官からなされることは少なくない。その理由は，まさしく納税者がいうように，「源泉所得税を徴収納付させる方が租税の徴収が容易であるという価値判断をいうものにすぎない」といえる。このことは，課税実務上の常識といっても過言ではない。

　しかし，結果として，支払側の消費税負担に及ぼす影響を考慮すると，便宜的な雇用か請負かの選択はリスクが大きい。もっとも，中小企業の現場では，「相手の要望・都合」的な理屈を，「こちらの都合」で，請負から雇用に移行することが，あるいはできるのかは，さらに複雑で難解な問題が浮上するだろう。

　なお，納税者が原則課税ではなく，簡易課税を選択している場合においても，本事案のような対応を課税庁がとるか，いささか興味深い。そう考えると，A社があえて原則課税を選択していた背景に課税仕入れを考慮した判断があるとするならば，危険である。

【論　　点】

① 　支払者・受給者双方からみる請負と雇用における課税関係の差異。

② 　消費税の原則課税と簡易課税の違いと請負・雇用の課税関係。

《所得税法関係》

027　所得区分 Ⅱ（不動産所得と一時所得）

名古屋地裁平成17年3月3日判決
平成16年（行ウ）第9号・更正賦課決定取消請求事件
【掲　　載】裁判所ＨＰ・ＴＫＣ：28101218・ＴＡＩＮＳ：Ｚ255－09949)
【判　　示】土地に関する賃貸契約の解除に伴い借り主が建築した店舗用建物を解体することなく
　　　　　　地主に無償譲渡した場合に，地主に発生するのは不動産所得ではなく，一時所得であ
　　　　　　るとした事例。
〔控訴審：名古屋高判平成17年9月8日・平成17年（行コ）第22号〕
〔上告審：最決平成18年10月3日・平成17年（行ヒ）第384号〕

【解　　説】

　飲食店やコンビニ，ドラッグストアなどのチェーン化される店舗は，効率的な経営から賃貸借による展開が主流のようである。ただ，建物については，均一化した店舗設計に応じて地主が建築し賃貸する場合と借り主であるチェーン側が建築する場合がある。これらの取引形態は，土地の有効利用を目指す地主にとっては，安定した賃貸収入として歓迎される。しかし採算の取れない店舗については，賃貸借契約の期間中であっても撤退することを辞さないことは，チェーン展開の鉄則でもある。

　不動産の賃貸借契約の終了においては，当該不動産の原状回復が原則であるが，借り主が建築し，所有する建物の取扱いについては，当事者間の協議に委ねられるが，当然，課税問題も生じる。

【事案の概要と経緯】

　納税者は，不動産賃貸業等を営んでいるが，昭和52年ごろ，Ｃとの間で納税者所有のＴ町の土地を，仮設モーターショップ及びモータープールの用地として一時使用目的で賃貸する旨の契約を締結し，Ｃは，Ｔ店を開設した。その後，同契約を更新し，平成12年4月30日，賃貸期間を平成12年5月1日から平成15年4月30日までとする旨の賃貸契約を合意した。

　Ｃは，平成12年8月ころ，業務縮小のため，Ｔ店を閉鎖することを決定した。Ｃは，当初，閉店する予定の同年12月末日までの賃料を支払う意思を有していたものの，Ｔ店の建物の撤去に500万円程度の費用を要すると見込まれたことから，納税者（若しくは取得を希望する第三者）に建物の買取りを打診した。

　納税者は，Ｃの苦境に理解を示し，中途解約自体は応ずる意向を示しながらも，築後相当年月が経過している建物の買取りについては，むしろ更地の状態の方が利用価値が高いことから，これに応ずる意思のないことを表明したため，双方で新しい賃借人を探し，その賃借人に建物を買取ってもらうか，場合によっては無償で譲渡する方向で検討することになり，そのための猶予期間を設けることで了承した。

　Ｃは，同年9月5日付けで申入文書を作成し，納税者に送付したが，同文書には，(1)納税者との協議の結果，ＣがＴ店における営業を平成12年9月末日で休止し，同年10月中旬には閉店することから，賃貸契約の中途解約をお願いすること，(2)中途解約の条件としては，納税者との協議のとおり，平成13年2月分まではＣが現行の賃料を支払い，その間に新賃借人があったときは建物を新賃借人に譲渡したいと思っていること，(3)平成13年1月末日までに新賃借人がないときの本件建物の処理については，納税者の指示に従い，土地を明け渡すことなどの内容が記載されている。

　Ｃは，中古車買取販売業を営むＤが名古屋市内で営業用店舗を探しているとの話が伝えられ，平成12年10月ころ，現地確認等の結果，Ｄが建物をそのまま借用したいとの意向を示したため，取壊し費

79

用の出捐を免れることとなるＣも，その話を前提として，中途解約の交渉を進めることに同意した。

　平成12年11月14日，(1)賃貸契約を同月15日限り解約すること，(2)納税者は，支払済みの同月分の賃料62万円のうち解約日以降の賃料に相当する31万円及び保証金1000万円をＣに返還すること，(3)Ｃは，建物（付属建物（油庫），構築物（門扉・塀・舗装等）及び広告塔を含む。）を納税者に無償譲渡することなどを内容とする中途解約の合意をした。その後，中古車買取販売業者である株式会社Ｄが本件土地を建物付きで借り受けたいと申入れてきたため，納税者及びＣは同年11月14日合意が成立した。

　納税者は無償譲渡に伴う利益を一時所得として確定申告を行ったが，課税庁は不動産所得に当たるとして更正処分等を行ったため，納税者は処分取消しを求めて出訴した。課税庁の主張は，不動産所得の「貸付けによる所得」とは，「不動産等の貸付けに基づいて」得る所得，あるいは「不動産等の貸付けを原因として」得る所得であり，不動産等の貸付けの開始から終了までの間に，不動産等の貸付けを原因として借主から貸主に移転される経済的利益の全てを含むものと解するのが相当であり，建物等の無償譲受けが，解除契約の一内容として行われたもので，不動産等の貸付けに直接の因果関係のある所得に該当し，不動産所得に当たるというものである。

　第１審及び控訴審は，いずれも一時所得と判示し，最高裁は上告不受理を決定したため控訴審判決が確定した。

【判決要旨】

① 　建物の無償譲受けは，賃貸借契約に基づいて目的物を使用収益させる賃貸人の義務やこれに対する賃料等を支払う賃借人の義務とは関連せず，専ら同契約の終了に伴う原状回復義務の履行を賃借人が免れる（軽減する）ことを目的として行われたものであるから，何らかの意味で賃貸借の目的物を使用収益する対価（あるいはこれに代わるもの）たる性質を有するものでないといわざるを得ない。

② 　課税庁は，最終的には，建物の無償譲受けは申入文書が交付されたときから平成13年２月までの６か月分の賃料支払に代わるものとして約されたものであり，対象不動産を使用させることによって得られる対価に代わる性質を有している旨主張するところ，申入文書中には，Ｃが平成13年２月分まで現行の賃料を支払う旨の文言が記載されていることは認定のとおりであり，また，そもそも，本件賃貸契約中に解約権留保の約定（民法618条）が存在しない以上，賃借人たるＣは，本来，当初の契約期間満了までの賃料支払義務を免れないとも考えられる。

③ 　合意解約は，既存の契約を終了させる旨の新たな契約であるから，当事者間で本来の法的効果と異なる内容を定めることは何ら妨げられるものではないところ，納税者は，Ｃの立場を理解して申入れに係る中途解約に応ずる意思のあることを表明しており，また，建物の買取りには応じないものの，Ｃの負担を軽減すべく，双方で新賃借人を探すことに同意していることに照らすと，納税者としては，新賃借人が確保され，同人との間で新しい賃貸借契約が締結された場合には，その後の期間の賃料（ないし賃料相当損害金）の支払を求める意思がなかったと判断することができ，法的にも，その時点からは目的物である本件建物をＣが使用収益できなくなる以上，納税者がこれらの支払を求める権利を有するものでないことが明らかであるから，申入文書の上記文言は，新賃借人が見付からない場合でも，Ｃは平成13年２月分までの賃料を支払い，その時点で本件賃貸契約を解約するとの契約存続の最終期限を提示したものと解釈するのが相当である。

④ 　納税者が，平成12年11月16日，Ｄとの間で賃貸借契約を締結し，土地をＣの使用収益に供することを廃止した以上，Ｃに対する同日以降の賃料等の債権は発生し得ないから，平成13年２月分までの賃料等債権に代わるものとして建物の無償譲渡が行われたとの課税庁の主張は，金銭評価において両者が釣り合っていないことをさておいても，採用の余地がない。

《所得税法関係》

　建物の無償譲渡は，賃貸借契約の終了に伴ってなされたものであるが，賃貸人が賃借人に対して一定の期間，目的物を使用収益させる対価として受ける利益，若しくはこれに代わる性質を有するものではないから，不動産所得に当たらない。

【検　　討】

　裁判所は1審，控訴審とも課税庁の主張を斥けるという極めて珍しい判断を下しているといえよう。判旨は，「建物の取得は，土地の賃貸借から生じるものではなく，あくまで賃貸借契約とは別個の合意に基づく建物の取得にすぎず，賃貸契約の直接の因果関係のある取得ともいえない」という。

　しかしながら，合意は賃貸借契約の終了を前提とする内容であり，当事者も賃貸借契約を継続している。その結果，取得した建物は，不動産所得の継続，維持，増加に繋がる資産に貢献することはいうまでもない。裁判所の結論は，一時所得に該当するという納税者の主張を容認している。従来，一時所得を，一時的，偶発的に発生する所得と認識し，理解してきた。これを踏まえると本事案における建物の取得を，従前の賃貸借契約とは別個の取引と位置付けることは難しいと思える。

【論　　点】

①　不動産所得を構成する収入の範囲と付随収入の意義。
②　一時所得の起因となる収入の範囲。

81

028 　所得区分 Ⅲ（一時所得と雑所得）

最高裁第三小法廷平成27年３月10日判決

平成26年（あ）第948号・所得税法違反被告事件

【掲　載】裁判所HP・TKC：25447128・TAINS：Ｚ999－9136)

【判　示】PAT口座を利用し，ソフトに馬券を自動購入させ利益を得ていた場合の競馬の払戻金
　　　　　に係る所得は，一時所得ではなく雑所得であるとした事例。

〔第１審：大阪地判平成25年５月23日・平成23年（わ）第625号〕

〔控訴審：大阪高判平成26年５月９日・平成25年（う）第858号〕

【解　説】

　競馬の払戻金にかかる所得は一律一時所得であるとされてきた。一時所得とされた場合，「その収入を得るために支出した金額」として控除すべき金額は，当たり馬券の購入金額のみとなる。この取扱いについて，馬券の購入が窓口でしか行うことができず匿名性が高かった時代は実際に課税することも難しく問題とされてこなかった。

　しかし，現在ではインターネットで購入することも可能であり，本事案の納税者のようにソフトを使用し大量・反復的に自動購入するようなことも可能となった。当然，インターネットを介した馬券購入はすべて記録が残る。つまり，その記録を元に課税をすることも可能となったわけであるが，そこでこのような大量・反復的な馬券購入によって得た利益についても一時所得として課税することが適当といえるかどうかが問題となった。

【事案の概要と経緯】

　納税者は，競馬予想ソフトを用いて過去約10年分の競馬データを分析して，独自に考え出したユーザー得点及びユーザー抽出条件を設定し，Ａ－PAT専用の銀行口座（PAT口座）の残高に応じた購入金額で馬券を自動購入し，払戻金の受取等を行っていた。

　PAT口座の利用とは，下級審判決によれば，日本中央競馬会（JRA）が提供する競馬購入システムであり，(1)パソコン，携帯電話及びプッシュホン電話により馬券を購入することができ，利用時の馬券の購入金の支払い及び払戻金の受領等の決済は全て，加入時に開設したPAT口座を通じて行われるＡ－PAT方式と，(2)携帯電話により馬券を購入することができ，利用時の馬券の購入金額の支払い及び払戻金の受領は全て，加入時に登録した特定の銀行口座を通して行われ，馬券の発売時間帯にも入出金が可能である即PAT方式という２種類のサービスを利用する方法である。

　納税者は，競馬に使用する資金を100万円と決め，PAT口座の残額が増えた場合にはそれに応じて馬券の購入金額を増やし，PAT口座の残額が減ればそれに伴い購入金額も小さくなるような金額式を作成し，想定外の連敗が続いたとしてもPAT口座の残高がすぐに底をつくことがないようにした。以上のようにして納税者は，PAT口座の残額に応じて，収支の安定を図り，かつ効率よく残高を増やすことができるような金額式を作成した。

　納税者は適宜，この予想ソフトの改変をしつつ，ソフトを使用して勝馬投票券（馬券）を購入し続けた結果，長期的には収支はプラスになり，平成19年から21年までの３年間で約28億7000万円分の馬券を購入し，約30億1000万円の払い戻しを受け，差引約１億4000万円の黒字となっていた。

　納税者はこの利益を申告してなかったところ，馬券の払戻金に係る所得は一時所得であり，「その収入を得るために支出した金額」として控除すべき金額は，的中した馬券（当たり馬券）の購入金額のみであるから，平成19年から21年の３年間で払い戻しを受けた額から当たり馬券の購入費のみを控

82

《所得税法関係》

除した約28億8000万円が所得であり，約5億7000万円を脱税したとして検察から起訴された。

　納税者は，本件における馬券の払戻金に係る所得は雑所得に分類されるべきであり，当たり馬券以外の馬券（外れ馬券）を含め1年間における馬券の購入金額全額が控除の対象となると主張した。第1審，控訴審及び上告審のいずれもが馬券払戻金を雑所得と判示し，外れ馬券の経費性を認めた。

【判決要旨】

① 　所得税法上，営利を目的とする継続的行為から生じた所得は，一時所得ではなく雑所得に区分されるところ，営利を目的とする継続的行為から生じた所得であるか否かは，文理に照らし，行為の期間，回数，頻度その他の態様，利益，発生の規模，期間その他の状況等の事情を総合考慮して判断するのが相当である。

② 　検察官は，営利を目的とする継続的行為から生じた所得であるか否かは，所得や行為の本来の性質を本質的な考慮要素として判断すべきであり，当たり馬券の払戻金が本来は一時的，偶発的な所得であるという性質を有することや，馬券の購入行為が本来は社会通念上一定の所得をもたらすものとはいえない賭博の性質を有することからすると，購入の態様に関する事情にかかわらず，当たり馬券の払戻金は一時所得である，また，購入の態様に関する事情を考慮して判断しなければならないとすると課税事務に困難が生じる旨主張する。しかしながら，所得税法の沿革を見ても，およそ営利を目的とする継続的行為から生じた所得に関し，所得や行為の本来の性質を本質的な考慮要素として判断すべきであるという解釈がされていたとは認められない上，いずれの所得区分に該当するかを判断するに当たっては，所得の種類に応じた課税を定めている所得税法の趣旨，目的に照らし，所得及びそれを生じた行為の具体的な態様も考察すべきであるから，当たり馬券の払戻金の本来的な性質が一時的，偶発的な所得であるとの一事から営利を目的とする継続的行為から生じた所得には当たらないと解釈すべきではない。また，画一的な課税事務の便宜等をもって一時所得に当たるか雑所得に当たるかを決めるのは相当でない。

③ 　納税者が馬券を自動的に購入するソフトを使用して独自の条件設定と算式に基づいてインターネットを介して長期間にわたり多数回かつ頻繁に個々の馬券の的中に着目しない網羅的な購入をして当たり馬券の払戻金を得ることにより多額の利益を恒常的に上げ，一連の馬券の購入が一体の経済活動の実態を有するといえるなどの本件事実関係の下では，払戻金は営利を目的とする継続的行為から生じた所得として所得税法上の一時所得ではなく雑所得に当たる。

④ 　雑所得については，所得税法37条1項の必要経費に当たる費用は同法35条2項2号により収入金額から控除される。本件においては，外れ馬券を含む一連の馬券の購入が一体の経済活動の実態を有するのであるから，当たり馬券の購入代金の費用だけでなく，外れ馬券を含む全ての馬券の購入代金の費用が当たり馬券の払戻金という収入に対応するということができ，本件外れ馬券の購入代金は同法37条1項の必要経費に当たると解するのが相当である。

⑤ 　検察官は，当たり馬券の払戻金に対応する費用は当たり馬券の購入代金のみであると主張するが，被告人の購入の実態は，上記のとおりの大量的かつ網羅的な購入であって個々の馬券の購入に分解して観察するのは相当でない。また，検察官は，外れ馬券の購入代金は，同法45条1項1号により必要経費に算入されない家事費又は家事関連費に当たると主張するが，本件の購入態様からすれば，当たり馬券の払戻金とは関係のない娯楽費等の消費生活上の費用であるとはいえないから，家事費等には当たらない。

【検　　討】

　本事案では納税者の馬券の購入は娯楽の域にとどまるものではなく，一連の行為としてとらえるべ

83

きであり，営利を目的とする継続的行為から生じた所得として，一時所得ではなく雑所得と解するのが相当であるとされた。下級審の判断は，実際の馬券の購入形態等を考慮した妥当な判断であったといえる。

営利性の判断は，いわば当事者の内心の問題である。きっかけが趣味でも道楽であっても，損を覚悟で馬券を購入するはずもなく，一攫千金を夢見ることは，商売における金儲けと差はない。年に1度の年末に，「買わなきゃ当たらない」として，宝くじを購入することも，営利を追求することに他ならない。

ただし，留意すべきことは，裁判所は払戻金を直ちに雑所得と認定したのではなく，その継続性，恒常性に注目して本事案の払戻金は雑所得と認定したのであり，通常の払戻金は一時所得であるとしている点には注意が必要である。

従来から，匿名性の強い払戻金が，実際に課税されるというようなことはほとんどなかったはずである。しかし，本事案の納税者がそうであったように，インターネットを介した馬券の購入はその履歴が残ることから，技術上課税することは困難ではない。

仮に払戻金は原則一時所得として，外れ馬券は経費とならないとなると，多くの人間が実質赤字であったとしても納税せざるを得なくなる。競馬場の窓口でしか馬券を購入できなかった時代からは事情が大きく変わっている。競馬に関する課税を本格化するならば，課税の公平の見地からも，制度の整備が求められる。いうまでもなくこれは，競馬に限らず公営ギャンブル全般にいえることでもある。

【論　　点】
① 営利性及び継続性の見地から雑所得と事業所得の差異と範囲。
② 本事案が及ぼした通達改正とその影響。

《所得税法関係》

029 所得区分 Ⅳ（譲渡所得と雑所得）

大阪高裁平成24年4月26日判決
平成23年（行コ）第152号・所得税更正請求に対する通知処分取消請求控訴事件
【掲　載】裁判所ＨＰ・ＴＫＣ：25444955・ＴＡＩＮＳ：Ｚ262－11941
【判　示】譲渡所得に該当するには，所得が，資産の所有権その他の権利が相手方に移転する機
　　　　　会に一時に実現したものであるとした事例。
〔第1審：大阪地判平成23年10月14日・平成21年（行ウ）第155号〕
〔上告審：最決平成26年4月4日・平成24年（行ツ）第240号他〕

【解　説】

　知的財産権取引の課税問題には他の課税問題と異なる特徴がある。知的財産権取引の課税対象である知的財産権は可視的に把握できず，その帰属を判定することが難しく，その評価では，類似の知的財産権を見つけることが困難であることから，評価が非常に難しい。

　わが国には知的財産権取引課税に対する特別規定がほとんど準備されていないだけでなく，課税問題がこれまでに顕在化することが少なく，ほとんど先例がない。そこで，わが国では，知的財産取引課税は他の有形資産課税と同様に取り扱われることが多い。

【事案の概要と経緯】

　A社の従業員である納税者は，昭和58年頃に職務発明を行った。A社は同年11月25日，本件職務発明につき特許の出願をしたところ，日本において平成3年6月20日に公告され，平成4年6月26日に特許の設定登録がされた。また，外国においても本件職務発明につき特許の設定登録がされた。

　A社では，昭和44年3月21日以降に従業員がした職務発明について，発明考案等取扱規定及び発明報償金規定を定めていた。A社は，各規定に基づき，納税者に対して，昭和58年から平成17年までの間に16回にわたり，職務発明についての各種報償金を支払っていた。

　ところが，納税者は，本件職務発明に関するロイヤリティ報償金163万余円が特許法35条3項の「相当の対価」の額に満たないなどとして，平成17年7月5日，A社を被告として，ロイヤリティ収入に対する納税者が得るべき相当の対価等の支払を求める訴えを提起した。平成18年6月7日，納税者とA社の間で訴訟上の和解が成立し，納税者は，同月26日，A社から和解金3,000万円の支払を受けた。

　平成18年分所得税の確定申告について，納税者は，和解金を雑所得に区分して申告したが，その後，和解金は譲渡所得に該当するとして更正の請求をした。これに対して，課税庁は，和解金は雑所得に該当し，譲渡所得には該当しないとして，更正をすべき理由がない旨の通知処分を行った。納税者は，通知処分の取消しを求めて出訴した。

　第1審及び控訴審はいずれも納税者の訴えを斥け，棄却し，最高裁は，納税者の上告に対して不受理を決定し，控訴審判決が確定した。

【判決要旨】

① 特許法35条3項は，「特許を受ける権利……を承継させ……たときは，相当の対価の支払を受ける権利を有する」と，権利を承継させたことが相当の対価支払請求権発生の条件となることを規定したものというべきであり，特許を受ける権利の承継と「相当の対価」の支払とを同時履行の関係とするものではない。

85

② 譲渡所得に係る課税の趣旨や制度の仕組みなどからすれば，ある所得が譲渡所得に該当するためには，その所得が「当該資産の増加益が所有者の支配を離れる機会に一挙に実現したもの」であること，すなわち，資産の所有権その他の権利が相手方に移転する機会に一時に実現した所得であることを要する。

③ 相当の対価支払請求権は，理論上，特許を受ける権利等を承継させたときに発生する。

④ 特許を受ける権利等の承継時においては，そもそもその特許を受ける権利（職務発明）につき特許出願がされるのかどうか，特許出願をした場合に特許が付与されるかどうかなどは不確定であり，特許が付与されたとしても，現実に使用者が得る利益は，当該使用者の資本，設備，営業能力，経営判断，その時々の景気，需要者の嗜好の変化，代替技術の出現等によって大きく左右されるから，実際には，特許を受ける権利等の承継時に「相当の対価」の額を的確に算定することは極めて困難である。

⑤ 「相当の対価」の算定の困難性に照らすと，特許を受ける権利等が承継された時（相当の対価支払請求権が発生した時）においては，その機会に現実に金銭が支払われた（又は将来支払われる具体的な金額が確定している）部分を除き，当該特許を受ける権利等の承継に係る「相当の対価」につき所得が実現したと評価することはできない。

⑥ 本件職務発明に係る特許法35条３項の「相当の対価」については，出願報奨金として納税者に支払われた1000円を除き，本件特許を受ける権利が承継された機会において所得が実現したということはできないから，本件職務発明に係る「相当の対価」として支払われた本件和解金についても，本件特許を受ける権利が承継された機会において所得が実現したということはできない。

⑦ 本件和解金は，本件特許を受ける権利がA社に移転する機会に一時に実現した所得ではないから，本件特許を受ける権利に係る譲渡所得には該当しない。

⑧ 特許法35条の定める「相当の対価」は，文字どおり特許を受ける権利等の対価的性質を有するものではあるが，権利の承継時に実現した部分を除いては，譲渡によって実現した所得ということはできず，「譲渡による」所得に該当せず，特許法が定めた相当の対価支払請求権が具体化することによって実現した所得と解されるのであり，このような解釈が所得税法の文言に反するものではない。

【検　討】

納税者は，和解金は特許を受ける権利の対価であるから，譲渡所得に該当すると主張している。これに対して，課税庁は，和解金は特許を受ける権利の承継と同時に支払われた金員ではないから，資産の譲渡によって実現した所得（譲渡所得）には該当せず，雑所得に該当すると主張した。

裁判所は，譲渡所得とは，資産の所有権その他の権利が相手方に移転する機会に一時に実現した所得であると判示した。そのうえで，相当の対価支払請求権は，特許を受ける権利等を承継させたときに発生するが，承継の機会に現実に金銭が支払われた部分を除き，当該特許を受ける権利等の承継に係る「相当の対価」は実現しないと判断した。そうすると，職務発明に係る「相当の対価」として支払われた和解金は，特許を受ける権利が承継された機会において所得が実現していないから譲渡所得に該当せず，雑所得に該当するとの判断を下した。

所得税法33条は「譲渡所得とは，資産の譲渡による所得をいう。」と規定しているが，譲渡所得の趣旨解釈によって，資産の譲渡とその譲渡に伴う対価支払が同時期になされなければならないとの解釈を導出できるとする立場からは，本判決は譲渡所得の趣旨解釈を踏まえた妥当な判断であると評価することもできる。しかし，税法の解釈は，租税法律主義の下で厳格な文理解釈がなされるべきである。条文上，資産の譲渡と対価支払が同時期になされなければならないとの解釈を必ずしも導出でき

《所得税法関係》

ない。

和解条項においても，「職務発明，考案にかかる権利の譲渡の対価として」との文言が用いられているように，和解金は，当事者間では権利の譲渡（承継）対価として合意されている。和解金が，権利の譲渡（承継）対価として支払われたのか（1000円＋3000万円），権利の使用料として支払われたのか（168万余円＋3000万円）が問題となる。

特許法上にいう「相当の対価」請求権の法的性質を考えると，和解金は権利の譲渡（承継）対価と考えることができる。この場合には，和解金は，まさに「資産の譲渡による所得」に該当し，譲渡所得課税がなされるべきである。譲渡所得の趣旨解釈を重視して，和解金の法的性質には踏み込まずに判断を下した本判決には疑問が残る。

本事案では知的財産権特有の課税問題が争われている。特許法は，特許を受ける権利の承継後に，従業員が使用者に対して当該権利の「相当な対価」の支払を請求できると規定している。この規定は，特許を受ける権利の承継時点では当該権利の適正な評価額を明らかにすることが極めて難しいところから，当該権利の価値が明らかになったときに，従業員が適正な対価の支払を受けることができる機会を設けるために置かれている。つまり，この規定の目的は，承継時点では不明確である特許を受ける権利の対価の再評価にある。

本事案は，特許を受ける権利の譲渡をめぐる問題である。従業員が使用者に対して，職務発明に係る特許を受ける権利を譲渡したが，十分な報償金を得ることができなかった。そこで，報償金が特許法35条3項の「相当の対価」の額に満たないなどとして訴訟が提起され，裁判上の和解により金員を受け取った。本事案で問題となっているのは，裁判上の和解により従業員が受け取った金員（職務発明に係る報償金）が譲渡所得に該当するか，あるいは，雑所得に該当するかという点であるが，結局，雑所得と判示された。

【論　　点】

① 　知的財産権の意義。

② 　知的財産権取引における課税対象と課税要件。

030 住所の概念

東京地裁平成21年1月27日判決

平成20年（行ウ）第419号他・各所得税決定処分等取消請求事件

【掲　載】ＴＫＣ：25451090・ＴＡＩＮＳ：Ｚ259－11126

【判　示】遠洋まぐろ漁船を運航する外国の法人等に雇用された納税者らが，所得税法上の居住
者に該当するとされた事例。

〔控訴審：東京高判平成21年6月25日・平成21年（行コ）第70号〕

〔上告審：最決平成21年11月10日・平成21年（行ツ）第304号他〕

【解　説】

　所得税法は，納税義務者の区分を居住者と非居住者に区分している。居住者の課税範囲は，国内外
を問わず原則としてすべての所得が対象となるが，非居住者のそれは国内源泉所得のみが対象となる
ことから，居住者，非居住者の区分は重要となる。

　居住者は，わが国に住所を有する者または現在まで引き続いて1年以上居所を有している者であり，
非居住者とは居住者以外の個人を指すことになる。いわば，わが国における住所の有無が納税義務の
成立の第一条件といえる。

　住所といえば，住民基本台帳法上の住民登録の場所が発想されるが，所得税法では，民法に規定す
る「各人の生活の本拠」（民法22条）を住所と考えている。生活の本拠の確認については，本人の主
観に基づく意思主義と客観的事実に基づく客観主義の対立がある。税務の取扱いでは客観主義を採っ
ている（所得税基本通達21－1）。本人の意思は外部からは判然としない場合もあり，住所の有無に
より課税所得の範囲も異なるわけであるから，課税の公平の見地からの選択とされている。

　しかし国内外を頻繁に移動している個人の場合で，住所の存在が判定し難いときには，推定規定が
設けられている（所得税法施行令14条，同15条）。つまり，国内において，継続して1年以上居住す
ることが通常必要な職業を有する者及び日本国籍であり，国内に配偶者・親族を有し，国内における
職業・資産の有無の状況から，国内に継続して1年以上居住すると推測できる者は，国内に住所を有
する者，すなわち居住者と推定されることになる。前者を職業推定と後者を家族推定とそれぞれ名付
けることができる規定といえる。

　もっとも，この規定は，あくまでも推定である。当事者からその推定に反する事実を示し，課税庁
の判定と異なる意思を表明した場合には，当然，改めて住所の有無を判定することになる。

【事案の概要と経緯】

　本事案は，遠洋まぐろ漁船を運航する外国の法人等に雇用された納税者らが，所得税法上の居住者
か，または非居住者のどちらに該当するかが争点となっている。

　納税者らは，遠洋まぐろ漁業の乗船員は，「国外において，継続して1年以上居住することを通常
必要とする職業」であるから，納税者らについては所得税法施行令15条1項1号が適用され，外洋上
を航行している船舶の乗組員にとって，船上のみが自ら直接関与しうる「社会」であり，直接関与し
うる「人間関係」はそこにしか存在しないのであるから，1年の殆どの時間を船上で過ごす納税者ら
にとって，当該船舶は，職場であると同時に住所であることから非居住者であると主張した。

　一方，課税庁は居住者として，乗組員として稼働して得た金員について給与所得に該当するとした。
納税者の主張は，第1審及び控訴審のいずれも斥けられ，最高裁は上告不受理を決定したことから納
税者の敗訴が確定した。

《所得税法関係》

【判決要旨】

① 法令で人の住所について法律上の効果を規定している場合，反対の解釈をすべき特段の事由のない限り，その住所とは，各人の生活の本拠（民法22条）をいい，ある場所がその者の住所であるか否かは，社会通念に照らし，その場所が客観的に生活の本拠たる実体を具備しているか否かによって判断されるべきである。

② 所得税法上の「住所」の意義について民法22条の「住所」と異なる解釈をすべき特段の事由があるとは認め難いことからすれば，所得税法の「住所」の意義は，社会通念に照らし，その場所が客観的に生活の本拠たる実体を具備しているか否かによって判断されるべきである。この点につき，所得税基本通達2－1は，「法に規定する住所とは各人の生活の本拠をいい，生活の本拠であるかどうかは客観的事実によって判定する。」と規定しているのは，これと同趣旨であると解され，その取扱いには合理性があると認められる。

③ 納税者らは，所得税法上の「住所」は，課税根拠である所得の発生源泉がどこに存在するかを重視して判断すべきであると主張するが，所得税法に規定する「住所」であるからといってそのように解すべき理由に乏しく，採用することはできない。

④ 遠洋漁業船など長期間国外で運航する船舶の乗組員は，通常その船舶内で起居し，その生活の相当部分を海上や外国において過ごすことが多いと考えられるところ，その者の生活の本拠が国内にあるかどうかの判断に当たっても，国内の一定の場所がその乗組員の生活の本拠の実体を具備しているか否かを，その者に関する客観的な事実を総合考慮し，社会通念に照らして判断するべきである。具体的には，その乗組員が生計を一にする配偶者や家族の居住地がどこにあるか，その乗組員が，船舶で勤務している期間以外の時期に通常滞在して生活をする場所がどこにあるかなどの客観的な事実を総合して判断することが相当であると解される。所得税基本通達3－1が，「船舶又は航空機の乗組員の住所が国内にあるかどうかは，その者の配偶者その他生計を一にする親族の居住している地又はその者の勤務外の期間中通常滞在する地が国内にあるかどうかにより判定するものとする。」と規定しているのは，上記と同趣旨をいうものと解され，その取扱いには合理性があると認められる。

⑤ 納税者らは，台湾の法人に雇用されて給与の支払を受けていることから，台湾で給与所得に課税されている可能性もある。しかし仮に，納税者らが台湾で居住者として取り扱われていたとしても，我が国と台湾は租税条約を締結していないから，租税条約の実施に伴う所得税法，法人税法及び地方税法の特例等に関する法律6条の規定が適用されて原告が我が国で非居住者とみなされることはなく，納税者らが我が国の居住者であるか否かの判定に影響を及ぼすものではない。

⑥ 納税者らは，それぞれ住民登録をしている地に土地建物又は建物を所有し，そこに生計を同一にする家族が居住し，納税者らは，まぐろ漁船から降りて我が国に滞在するときは，相当期間，そこで家族と一緒に生活をしており，また，近隣の銀行の支店に，給与の振込みや各種支出のために利用する銀行口座を有しているなど，上記で認定した各客観的事実を総合考慮して，社会通念に照らして判断するならば，まぐろ漁船は納税者らにとって勤務場所であり，生活の本拠は生計を同一にする家族が居住するそれぞれの住宅の所在地であると解するのが相当である。

⑦ 納税者らは，納税者らには，前掲の所得税法施行令15条1項1号の規定，すなわち，国外に居住することとなった個人が，国外において継続して1年以上居住することを通常必要とする職業を有する場合には，その者は，国内に住所を有しない者と推定するとする規定が適用されると主張する。

しかしながら，上記規定は，国外に居住することになった個人について，いかなる場合に国内に住所を有しない者と推定するかについて規定したものであり，そもそも上記のとおり我が国に住所を有する居住者であると認められる納税者らについて，上記の推定規定が適用される余地はない。

【検　討】

　本事案の場合は，納税者らにはいずれも国内に生計を一にする家族があり，土地家屋を保有し，国内にいる間はそこで家族と共に過ごしていた。したがって納税者らが，居住者と判定されたのは当然といえる。

　納税者らは，外国において所得税を納めているが，わが国で確定申告をしなかったことにより外国税額控除を受ける機会を失ったことで，重大な経済的被害を被っているとも主張した。確かに納税者らは台湾法人に雇用されていることから，台湾での課税に言及した。これに対して，裁判所は，台湾との租税条約が未締結であることから，居住者の判定に影響を及ばさないとしている（現在では締結されている）。

　さらに，納税者らが国外において所得税を納税していたとしても，外国税額控除の適用を受けるには，確定申告書を提出する必要がある（所得税法95条）。納税者らは確定申告書を提出しなかったものであるから，外国税額控除の適用を受けられないとも指摘している。まさしく申告納税制度における納税者の責任の重さを明示させているといえよう。

　極論かもしれないが，本事案において，仮に各国の主権が及ばない公海上での操業に従事することから，納税義務が発生しないという主張を納税者がしたならば，従前の諸判定基準との比較検討がどうなったかは興味深い。

【論　点】

① 　生活の本拠の意義と実情。
② 　住所の判定基準と客観的判断。

《所得税法関係》

031　事業概念と事業所得

千葉地裁平成３年６月19日判決
平成１年（わ）第1455号・所得税法違反被告事件
【掲　載】ＴＫＣ：28015053
【判　示】株式売買益に係る所得が事業所得ではなく雑所得に当たるとされた事例。
〔控訴審：東京高判平成４年３月30日・平成３年（特う）第1095号〕
〔上告審：最判平成６年５月27日・平成４年（あ）第370号〕

【解　説】

　事業の概念は，日常的な用語として漠然としながらも理解されているが，所得税法の領域でも，事業の概念について，その目的に応じた範囲が示され，課税が行われている。所得税法は，事業所得については，事業から生じる所得と定義し（所得税法27条１項，所得税法施行令63条），具体的には，農業，林業及び狩猟業，漁業及び水産養殖業，鉱業（土石採取業を含む），建設業，製造業，卸売業及び小売業（飲食店業及び料理店業を含む），金融業及び保険業，不動産業，運輸通信業（倉庫業を含む），医療保健業，著述業その他のサービス業と例示的に示したうえで，最後にその他「対価を得て継続的に行う事業」と例示している。

　同時に所得税法は，「居住者の営む不動産取得，事業所得又は山林所得を生ずべき事業の用に供される」（所得税法51条１項）と規定していることから，所得税法の下における事業は，事業所得の対象を超えた広義の概念で考えている。

　一般的には，対価を得て継続的に行う事業とは，自己の計算と危険において営利を目的として継続的に行われる経済的活動であって，同時に事業としての社会性・客観性をもち，必ずしも特定の設備・施設や組織体であることを有する必要はないが，社会通念に照らして事業と認められるものであると考えられている。

　さらに事業の概念については，納税者にとって本来の職業として，生計維持の唯一もしくは最大の手段であることを要としない。つまり，副業であっても構わないという見解がある一方で，事業では，相当程度の期間に継続して安定した収益を得られる可能性が必要とするという指摘もある。

　事業所得における事業概念を考える場合に，他の所得との比較検討をすることは，当然行われる。事業の主体性から考慮するならば，事業所得は，「使用者の指揮命令に服して提供した労働の対価として使用者から受け取る給付」といわれる給与所得と異なるという見解は一般的な比較といえる。

【事案の概要と経緯】

　納税者は，特殊鋼材等の販売等を目的とする株式会社及び損害保険の代理業務等を目的とする株式会社の代表取締役としてその経営に従事するかたわら，個人で営利を目的として継続的に有価証券売買を行っていたものであるが，自己の所得税を免れようと企て，架空の株式売買損を控除して売買益の一部を除外するなど不正な方法により所得を秘匿していた。

　すなわち，納税者は，昭和32，3年ころから株式取引を行っているところ，昭和36，7年ころ，税務署から配当金の申告漏れを指摘された際，税務署の担当者から，１年間に株式売買回数が50回以上で，売買株式が20万株以上の取引を行った場合，株式売買益の申告をしなければならないと教えられた。納税者は，昭和52年ころから，自己の株式取引が税金の申告を必要とする要件を満たしていることを知りながら，申告していなかったが，昭和58年ころ，株式取引関係の脱税事件が摘発され，税務署の調査も厳しくなると思ったので，株式売買益も申告することにした。納税者は，昭和61年及び同

91

62年分につき申告額が多額で税額も多くなるので，逋脱のため，雑収入金額について，架空の株式売買損を控除した後，全く根拠がないにもかかわらず，納税者自身が適当と考えた金額を控除した等により租税逋脱容疑で起訴された。

納税者は，株式売買益が雑所得であることについて，個人で営利を目的として継続的に有価証券売買を行っていたものであり，その取引回数，収益性などからして，本件株式売買益は，雑所得ではなく，事業所得である旨主張した。

裁判所は，第1審，控訴審及び上告審のいずれもが納税者の主張を斥けている。

【判決要旨】

① 株式売買益が事業所得に該当するか否かは，一般社会通念に照らし，営利性，有償性の有無，継続性・反復性の有無のほかに事業としての社会的客観性の有無が問われなければならず，この観点からは，その取引の種類，取引におけるその者の役割，取引のための人的・物的設備の有無，資金の調達方法，取引に費やした精神的，肉体的労力の程度，その者の職業，社会的地位などの諸点が検討されなければならない。

② 各証拠によれば，(1)納税者は特殊鋼材等の販売等を目的とする，株式会社及び損害保険等の代理業務等を目的とする株式会社の代表取締役として，日々両社の職務を遂行していたこと，(2)納税者及び株式会社の取締役である納税者の妻の両名が同社から受け取る収入により，納税者及びその家族は生活していたこと，(3)納税者は，株式売買益の大部分を再び株式を購入するための資金として証券会社に留保し，一部は当時交際していた女性への手当て等に費消したこと，(4)被告人は，原則的に自己資金で株式取引を行っており，信用取引で購入した株式を現引きするときには，自己名義で銀行から借入れた金員を用いていたこと，(5)右株式会社及び株式会社も代表者たる納税者の注文により株式取引を行っていたが，その資金繰り，株券の保管及び預り証の受け渡しは，納税者以外の役員や従業員が行っており，納税者の資金と会社の資金とが混同することはなく，納税者は個人の株式取引に関し，会社の資金を用いていないことが認められ，また全証拠からしても，納税者が個人として右株式取引を反復継続して行うための人的物的設備が存在するとは認められないことなどを考慮すれば，本件株式売買益は事業所得ではなく雑所得であると解するのが相当である。

【検 討】

事業概念を検討する場合において，課税庁及び裁判所の見解は，客観性・社会性の名の下に評価することに固執する余り，事業者自身の意思を全く顧慮していないといっていい。本来，事業の成否には，事業者の意欲・意識が及ぼす影響が大きい。事業者の内面を無視して，その事業性を検討することは，不自然といえる。少なくとも経済取引や経済的行為の根底には，規模の大小や頻度はさておき，誰もが営利を目的とするはずである。換言するならば，営利を考えない経済活動はないから，事業概念の検討において，営利性を考慮に加えることは必要ない。

もっとも，事業概念の論理は，納税者の主張を否定するという前提で構築されたといえなくもない。事業所得の意義が争点となった事例の多くは，本事案の株取引や商品先物取引などが対象であった。収入の事業性が否定されることで，その所得は雑所得として認定され，雑所得の計算で発生した損失は他の所得と通算できないことから，納税者自身の租税負担に大きく関係することになる。

結局，「継続的」の判断については，世間に受け入れられるまでのある程度の期間を要することと想像でき，また社会通念という見地は，職業や商売として世間に認知された経済的活動・行為を事業と理解することにあるのかもしれない。

しかしながら，時代の変化が敏速に流れる現代社会におけるこの認知と期間の判断については，社

会通念でいう社会をどの階層・年代に設定するかで差異が生じることは明らかである。つまり，社会通念を社会常識と捉えた場合に，社会を単一の世界と認識し，思想，信条，意識，意欲，発想などを集約するには，様々な格差が混在する現状では，不可能である。

今日のように，株式売買は，自宅において，インタットを利用して，短時間に大量取引が可能である。裁判所が言及する，「株券の保管及び預り証の受け渡しは…納税者が個人として右株式取引を反復継続して行うための人的物的設備が存在するとは認められない」などの理由は，判断基準として，現在では全く用をなさない。納税者の株式売買に対する行為と意識の本質は，当時と変わらず，現在の株式売買に通用するならば，事業所得であるとした納税者の主張は強ち否定できないと考える。

【論　点】
① 事業と事業所得の範囲と限界。
② 事業概念の判断基準。

032 必要経費の範囲

東京高裁平成24年９月19日判決

平成23年（行コ）第298号・更正処分取消等請求控訴事件

【掲　載】ＴＫＣ：25482739・ＴＡＩＮＳ：Ｚ262－12040

【判　示】弁護士会役員として支出した交際費等の経費性を認め必要経費の範囲を広義に示した事例。

〔第１審：東京地判平成23年８月９日・平成21年（行ウ）第454号〕

〔上告審：最決平成26年１月17日・平成25年（行ヒ）第92号〕

【解　説】

　所得税法では，「その年分の不動産所得の金額，事業所得の金額又は雑所得の金額の計算上必要経費に算入すべき金額は，別段の定めがあるものを除き，これらの所得の総収入金額に係る売上原価その他当該総収入金額を得るため直接に要した費用の額及びその年における販売費，一般管理費その他これらの所得を生ずべき業務について生じた費用（償却費以外の費用でその年において債務の確定しないものを除く。）の額とする」と規定している（所得税法37条１項）。

　なかでも事業所得の必要経費は，法人税法の規定と本質的には差異はないものと考えられ，個々の費目も法人所得計算上の損金と，ほぼ一致するといっていい。もっとも，法人が専ら営利を追求し事業を遂行するのに比べ，個人の場合は，事業による所得の追求と同時に，消費経済の担い手として家庭生活を営んでいるので，個人が支出する費用を，事業所得の計算上，必要経費として認定する際には，収益の対応がかなり厳しく解釈される傾向にある。

　所得税法の規定する必要経費は，「業務について生じた費用」であり，業務との関連性が問われる。この業務関連性を文字どおり解釈すれば，業務に関連して支出されたもののすべてとなるが，かなり広範な概念となる。一方，業務関連の範囲を業務遂行上に不可欠な支出と厳密に定義づけるとするならば，当然，狭義なものとなる。

　したがって，事業所得を生ずべき事業について生じた費用とは，客観的にみて，その支出した費用がその事業と関連性があり，事業の遂行上必要な支出であることを要しかつ，費用収益対応の原則からすれば，収入すべき金額を生ぜしめる事業に係る費用に限られるものと解される。

【事案の概要と経緯】

　納税者は，仙台市内に事務所を構えて弁護士業を営み，仙台弁護士会の会員である納税者は，仙台弁護士会会長及び日弁連理事を務め，また日弁連副会長を務めるなどしていた。納税者は，これらの役員としての活動に伴い支出した懇親会費等を事業所得の金額の計算上必要経費に算入して，所得税の確定申告をした。これに対して，課税庁は，これらの費用については，所得税法に規定する必要経費に算入できないとして更正処分等を行ったため，納税者が，これらの支出が事業所得の金額の計算上必要経費に該当すると主張した。

　第１審では，以下のように判示して，経費性を否定した。

① 納税者が弁護士会等の役員として行う活動を社会通念に照らして客観的にみれば，その活動は，納税者が弁護士として対価である報酬を得て法律事務を行う経済活動に該当するものではなく，社会通念上，弁護士の所得税法上の「事業」に該当するものではない。

② 弁護士が弁護士の地位に基づいて行う活動のうち，所得税法上の「事業」に該当する活動とは，弁護士がその計算と危険において報酬を得ることを目的として継続的に法律事務を行う経済活動

《所得税法関係》

をいうところ，弁護士会等の役員としての活動は，弁護士会等との関係ではその任期中において継続性や反復性を有するといえるものの，それらの活動自体が当該弁護士個人にとって営利性や有償性を有するとはいえず，その活動から生じる成果は弁護士会等や弁護士全体に帰属するものであって，所得税法上の「事業」ということはできない。

これに対して控訴審は，納税者の主張を一部容認した。最高裁は，上告不受理を決定したため，控訴審の判断が確定した。

【判決要旨】

① 所得税法施行令96条１号が，家事関連費のうち必要経費に算入することができるものについて，経費の主たる部分が「事業所得を…生ずべき業務の遂行上必要」であることを要すると規定している上，ある支出が業務の遂行上必要なものであれば，その業務と関連するものでもある。これに加えて，事業の業務と直接関係を持つことを求めると解釈する根拠は見当たらず，「直接」という文言の意味も必ずしも明らかではない。

② 納税者の弁護士会等の役員等としての活動が納税者の「事業所得を生ずべき業務」に該当しないからといって，その活動に要した費用が納税者の弁護士としての事業所得の必要経費に算入することができないというものではない。なぜなら，納税者が弁護士会等の役員等として行った活動に要した費用であっても，これが，納税者が弁護士として行う事業所得を生ずべき業務の遂行上必要な支出であれば，その事業所得の一般対応の必要経費に該当するということができるからである。

③ 弁護士会等の活動は，弁護士に対する社会的信頼を維持して弁護士業務の改善に資するものであり，弁護士として行う事業所得を生ずべき業務に密接に関係するとともに，会員である弁護士がいわば義務的に多くの経済的負担を負うことにより成り立っているものであるということができるから，弁護士が人格の異なる弁護士会等の役員等としての活動に要した費用であっても，弁護士会等の役員等の業務の遂行上必要な支出であったということができるのであれば，その弁護士としての事業所得の一般対応の必要経費に該当する。

④ 弁護士会等の目的やその活動の内容からすれば，弁護士会等の役員等が，(1)所属する弁護士会等又は他の弁護士会等の公式行事後に催される懇親会等，(2)弁護士会等の業務に関係する他の団体との協議会後に催される懇親会等に出席する場合であって，その費用の額が過大であるとはいえないときは，社会通念上，その役員等の業務の遂行上必要な支出である。

⑤ 弁護士会等の役員等が，(1)自らが構成員である弁護士会等の機関である会議体の会議後に，その構成員に参加を呼び掛けて催される懇親会等，(2)弁護士会等の執行部の一員として，その職員や，会務の執行に必要な事務処理をすることを目的とする委員会を構成する委員に参加を呼び掛けて催される懇親会等に出席することは，それらの会議体や弁護士会等の執行部の円滑な運営に資するものであるから，これらの懇親会等が特定の集団の円滑な運営に資するものとして社会一般でも行われている行事に相当するものであって，その費用の額も過大であるとはいえないときは，社会通念上，その役員等の業務の遂行上必要な支出である。

【検　討】

本事案の争点は，納税者が弁護士会の役員としての活動に伴う支出が事業所得の金額の計算上必要経費に算入できるか否かである。

納税者は，所得税法37条に定める必要経費のうち，一般対応の必要経費については，その文言及び性質上，支出と収入の直接関連性は必要とされていないから，会務活動に伴う支出はいずれも必要経費に該当すると主張した。

95

これに対して，課税庁の主張は，一般対応の必要経費に該当するか否かは，当該事業の業務と直接関係を持ち，かつ，専ら業務の遂行上必要といえるかによって判断すべきであるから，本件支出はいずれも必要経費に該当しないというものである。課税庁の主張は，いわゆる業務関連性に基づく見解であり，経費性を収入に影響を及ぼす支出かどうかという見地で判断する通説的な内容である。

　第1審の判断は，課税庁の主張に沿った判旨であったが，控訴審は，業務関連性について画期的な解釈を示し，最高裁もその判断を容認した。今後，収入額と必要経費に係る業務関連性の理解について，及ぼす影響は大きい。

　控訴審は，所得税法施行令96条の解釈からは，一般対応の必要経費について，事業の業務と直接関係を持つことを求めると解釈する根拠は見当たらず，「直接」という文言の意味も必ずしも明らかではないとしたうえで，弁護士会等の活動は，弁護士として行う事業所得を生ずべき業務に密接に関係するとともに，会員である弁護士がいわば義務的に多くの経済的負担を負うことにより成り立っていることから，弁護士が弁護士会等の役員等としての活動に要した費用であっても，弁護十会等の役員等の業務の遂行上必要な支出は，その弁護士としての事業所得の一般対応の必要経費に該当すると判示した。この基準を用いて，納税者の弁護士会の役員としての活動に伴う各支出について，一般対応の必要経費の該当性を判断している。

【論　　点】

①　必要経費と業務関連性の判断基準。

②　経費性の立証責任と方法。

《所得税法関係》

033　必要経費の計上時期

東京地裁平成22年12月17日判決

平成21年（行ウ）第626号・所得税更正処分取消等請求事件

【掲　載】裁判所ＨＰ・ＴＫＣ：25443737・ＴＡＩＮＳ：Ｚ260−11576

【判　示】不当利得の返還債務の計上は実際に弁済が行われたときに必要経費に算入されるとした事例。

〔控訴審：東京高判平成23年10月６日・平成23年（行コ）第26号〕

〔上告審：最決平成24年９月27日・平成24年（行ツ）第51号他〕

【解　説】

　事業所得の所得計算では，通常は債務確定主義によりその年に債務が確定していれば，その年の必要経費に計上できることになる。そのため必要経費の算入時期については，債務の確定時期が検討されることになる。

　しかし，不当な利得の返還に係る債務は，当然返還すべきものであることから，返還請求された時点で発生，確定するものではなく，不当な収入とされた時に当然返還義務が発生しその債務も確定はしている。この不当利得の返還債務を，通常の債務と同様に全額その債務確定時，すなわち不当利得を収入に算入した年の必要経費とできるのか，それとも実際に弁済した年の必要経費としなければならないのかが議論となる。

【事案の概要と経緯】

　納税者は，北海道帯広市において，病院を経営していたが，平成17年３月，北海道社会保険事務局等の調査の結果，病院において，不正又は不当な診療報酬請求が行われていたものと判断され返還請求を受けた。不正請求分等の返還対象期間は同13年２月から同17年２月までの間であり，不正請求分には40％の加算金が賦課されるとされた。

　納税者は，平成17年10月，北海道社会保険事務局等に対し，不正請求分等について，返還の対象となる同13年２月診療分から同17年２月診療分までの診療報酬の金額を該当する保険者へ直接返還することに同意する旨の返還同意書を提出した。なお，不正請求分等に係る返還すべき金額の合計額は，同18年11月半ばの時点では約10億円であるとされた。返還債務について，平成17年10月以降，納税者は順次履行し，同20年10月23日までに約4165万円履行した。

　納税者は平成16年中における不正請求等の金額を同16年分の収入金額から減算して同16年分の所得を計算し，同17年３月15日に同16年分の所得税の確定申告書を提出した。

　その後，平成17年中における不正請求等の金額を同17年分の収入金額から減算し，同13年から同15年までの不正請求等の金額と同13年分から同17年分の不正請求金額に加算される加算金を前期損益修正損として同17年分の必要経費に算入して同17年分の所得を計算し，翌年以後に繰り越す純損失を約７億8000万円とする同17年分所得税の確定申告書を平成18年３月15日に提出した。

　これに対し課税庁が，返還債務のうち現実に履行していない部分の金額及び加算金の金額を総収入金額から控除し，又は必要経費に算入することはできないなどとして，本件各年分につきそれぞれ更正処分及び過少申告加算税賦課決定処分をした。

　裁判所はいずれも納税者の請求を棄却し，最高裁は上告不受理と判断したため納税者の敗訴が確定した。

97

【判決要旨】

① 無効な行為により生じた所得であっても，納税者が現実にその利得を支配管理し，自己のために
それを享受して，その担税力を増加させている以上は，課税の対象とされるのであるが，本来，無
効な行為は，当事者の意思表示等を必要とせず当然にその効力が当初から否定されるものであるか
ら，取消しの場合等と異なり，その行為が無効であることによる利得の返還義務等の発生時期を観
念することは困難であり，また，その行為が無効であることが当事者において認識されるに至る経
緯や態様も種々あり得るところであって，これによる損失の発生時期を「債務の確定」という基準
で律することは，適切でないものといわざるを得ない。そこで，所得税法施行令141条3号は，無
効な行為があった場合において，その行為が無効であることに基因して損失が生じると認められる
明確なメルクマールの1つである，利得の返還義務等が現実に履行されたことをもって，必要経費
に算入できる損失の発生の要件としたものと考えられるのであり，このことを，「無効な行為によ
り生じた経済的成果がその行為の無効であることに基因して失われ」たとの文言で表したものと解
するのが相当である。

② 本件において，原告は本件各返還同意書を提出するなどしており，他方各保険者からは原告に対
する返還請求が行われているのであるから，原告が本件返還債務を負っていることは，当事者間に
おいて既に確認されているものといえるのであるが，このことのみで，原告が診療報酬の不正請求
等をしたことにより生じた経済的成果が失われたということはできないのであり，原告が本件返還
債務を現実に履行した場合に初めて，その部分についてその経済的成果が失われたものとして，そ
の履行した日の属する年分の事業所得等の金額の計算上，必要経費に算入することができるものと
いうべきである。

③ 不正請求等をすることによって得た経済的成果は，所得税法施行令141条3号所定の「無効な行
為により生じた経済的成果」にほかならないものであり，納税者が，その経済的成果を当該行為の
無効であることに基因してこれを失ったときに，これによって生じた損失の金額を必要経費に算入
できるにすぎないものであることは，所得税法51条2項，同法施行令141条3号の規定から明らか
というべきである。

④ 本件加算金は，前提事実のとおりの経緯で，偽りその他不正の行為によって診療報酬の支払を受
けたとして課せられたものであり，納税者は，これを受けて，本件加算金の額を3億9422万1070円
と計算し，平成17年分の総勘定元帳の前期損益修正損勘定の借方に記載したものである。したがっ
て，本件加算金は，所得税法施行令98条の2にいう事業所得を生ずべき業務に関連して，故意又は
重大な過失によって他人の権利を侵害したことにより支払う損害賠償金又はこれに類するものに該
当するというべきであるから，その額は必要経費に算入することはできない。

⑤ 加算金は，その全体が損害の賠償たる性質を有しているというべきであって，そこに併せて行政
上の制裁としての性質が含まれているとしても，加算金の額がそれぞれの性質に分けて区分されて
いるものではないから，その一部を必要経費に算入できると解することはできない。

【検　　討】

　診療報酬の不正請求分等の返還請求を受けた納税者が，返還請求があった時点で返還請求を受けた
金額全額を必要経費に算入することができるかどうかが争点となった。

　納税者は，社会保険事務局等の監査等の結果に基づき，保険者によって不正請求等に係る診療報酬
の支払が取り消され，その結果として返還請求がされた。この取り消された返還すべき債務が確定し
た時点で損失が発生したこととなり，納税者は，未履行債務の金額も含めて必要経費に算入すること
ができると主張した。しかし，不正請求等に係る分は，納税者が受け取るべきものではなかった金員

《所得税法関係》

であるから，当然に返還義務を負っている。納税者は不正請求等によって得た利得の返還請求を受けたのであり，その返還を保険者が求める際に，保険者が何らかの行為を取り消すことは前提として予定されてはいない。

　必要経費算入時期が争われる際には債務確定時期が争点となることが多いが，本事案の場合は，納税者が得た不当な利得の返還請求である。不正請求等が発覚した時点で直ちに債務確定であるから必要経費算入可能である，とはならない。裁判所のいう通り債務を現実に履行した際に初めて損失発生の要件を満たしたとして必要経費に算入することができるといえる。本事案は，申告手続上，納税者の行為自体に不自然を感じるが，すでに納税者は廃業していることから苦肉の策であったかもしれない。

　必要経費の計上時期を考える際にどうしても債務確定時期から考えてしまうが，不当な利得の返還請求を受けた場合は安易に債務確定主義により請求を受けた時点で債務をあげてしまうのではなく，実際に弁済するまで必要経費に算入できない，ということを確認しておくべきである。

【論　　点】

① 債務確定主義の原則と対象。

② 業務関連性と債務確定。

034　必要経費と家事関連費

広島高裁平成28年4月20日判決

平成27年（行コ）第26号・所得税更正処分等取消請求控訴事件

【掲　載】ＴＫＣ：25561751・ＴＡＩＮＳ：Ｚ266－12846

【判　示】事業所得の計算上，従業員を被保険者とする保険料の一部を福利厚生費とした経理処理が否認された事例。

〔第１審：広島地判平成27年7月29日・平成23年（行ウ）第38号〕

【解　説】

　事業活動が明確に分離できる法人と異なり，事業を営む個人には，消費者として日常の生活にともなう支出もある。所得税法が定める家事上の経費，すなわち家事費と称されるこの生活費用の中には，事業所得の計算上，必要経費に算入すべき費用と家事費が混在する家事関連費がある。この家事関連費の存在は，事業所得の計算上，避けては通れないといえる。

　もちろん法人と同様に事業活動と家庭生活の支出を明確に区分した会計処理を区分できる事業形態も存在する。しかし，ひとつの財布にならざるを得ない業務規模や事業に供する資産や施設・設備が家庭生活と一体となっている事業活動においては，家事関連費対策は，懸案といえるが，それには家事関連費に関する一般的な概念から検討することが重要となる。

【事案の概要と経緯】

　眼科医院を経営する納税者Ａは，Ｈ生命保険株式会社との間で，各従業員を被保険者とする年金支払型特殊養老保険契約を締結するとともに，一部の従業員を除く各従業員を被保険者とするがん保険契約を締結した。納税者Ａは，各保険契約に基づき各保険料を支払った。

　納税者Ａと，同所において歯科医院を経営する納税者Ｂは，各保険料の一部が所得税法37条1項に規定する必要経費に該当するとして各年分の確定申告をした。納税者らは，保険料支払額を，「積立部分」の金額（養老保険契約に係る全保険料から特別保険料を除いて算出した金額の２分の１の額）と「必要経費算入部分」の金額（養老保険契約に係る全保険料から「積立部分」の金額を除いた額）とに区別し，納税者らの事業に従事している従業員に係る人件費の割合により納税者Ａ，Ｂで按分して算出した支払保険料を福利厚生費として必要経費に算入した。

　これに対して，税務署長が，各保険料は必要経費に該当しないとして，更正処分等をした。

　1審は，保険契約が従業員の福利厚生のためであるといえるだけの必要な整備がとられておらず，現実にも福利厚生のために利用がなされていないとして，各保険料は必要経費に該当しないとした。養老保険契約に係る保険料の一部が家事関連費に該当するとしても，福利厚生目的である部分を明らかに区分することができず，必要経費に算入できないと判示し，納税者らの請求を棄却した。控訴審も以下のように示し，納税者らの敗訴が確定した。

【判決要旨】

① 所得税の算定において，事業者である個人が行った支出が必要経費に該当するかを判断するに当たり，その支出の目的を考慮すべきであり，その目的を判断するに当たっては，事業者その他関係者の主観のみならず，客観的事実に基づいてしなければならない。

② 納税者らが従業員に各養老保険契約の保険証券の写しを交付するなどしておらず，従業員に契約内容を的確に把握できる手段を講じていないことからすれば，死亡保険金の受取人及び高度障害保

《所得税法関係》

険金の代理請求人が従業員の家族であるとしても，受給が保障されているとはいえない。各養老保険契約の満期保険金や各がん保険契約の給付金，保険金の受取人が納税者と指定されている以上，受給するためには被保険者の署名，実印による押印等が必要であるとしても，従業員らの協力を要することを示すに過ぎず，従業員らへの支給が法的に保障されているとはいえない。

③　従業員に退職金が支給されてきたという実績が存在しても，退職金が各保険契約の解約返戻金を原資とするものでなければ，各保険契約が福利厚生目的であることの裏付けにはならない。

④　納税者は，保険会社に対し，退職金の補償基準の整備に努める旨繰り返し申し入れながら，退職金規程に保険金や解約返戻金の取扱に関する定めを設けておらず，退職金規程による退職金の要支給額は，解約返戻金等の額を大きく下回っており，退職金の要支給額と解約返戻金の額の差異についての合理的な説明もない。

⑤　各がん保険についても，保険金受取人がいずれも納税者であり，保険証券を納税者が保管し，写しを各従業員に交付することもしていないことを考慮すれば，たとえ死亡保険金等の金額が各従業員間で統一されていても，福利厚生目的であると認めることはできない。

⑥　各保険契約が福利厚生目的とは認められないのであり，各保険契約に基づき納税者らが支払った保険料は，いずれも事業の遂行上必要な費用とは認められないから，必要経費とは認められない。

⑦　各養老保険契約が，死亡保険金受取人を被保険者である従業員の親族，高度障害保険金の受取人を被保険者である従業員自身とする内容を含む点を捉えて，各養老保険契約に係る保険料が福利厚生費としての性質を含有すると解したとしても，保険料は，所得税法45条１項１号及び所得税法施行令96条所定の必要経費に算入されない家事関連費に該当し，必要経費に算入することはできない。

⑧　各養老保険契約は，納税者らが多額の解約返戻金等のある保険契約を締結し，実質的に自己資金を留保しつつ，保険料を必要経費に算入することを企図したものと認められるのであるから，各養老保険契約が被保険者を従業員とし，死亡保険金の受取人を従業員の家族としているために福利厚生費の性質を帯びていることを考慮しても，支払保険料全体が家事関連費に該当するというほかないし，危険保険料負担部分が各養老保険料の２分の１であると認めることができないばかりか，当該支払保険料の中で業務の遂行上必要な部分として明らかに区分することができない。

【検　討】

　本事案の争点は，各保険料が所得税法37条に規定する必要経費に該当するか否かをめぐって，当該支出が従業員の福利厚生目的であるか否かが争われている。また，養老保険契約に係る保険料が家事関連費に該当する場合，必要経費に算入できる部分を明らかに区分することができるか否かも争われている。

　納税者らは，養老保険契約の被保険者は従業員全員であり，死亡保険金の受取人は従業員の指定した従業員の遺族であること等から，福利厚生目的であると主張した。これに対して，課税庁は，各保険契約は福利厚生目的ではなく，また，各養老保険契約に係る保険料が家事関連費に該当するとしても，必要経費に算入した保険料には合理性がないと主張した。

　控訴審判決は第１審判決を踏襲して，(1)従業員に各養老保険契約の保険証券の写しを交付していなかったこと，(2)解約返戻金が退職金の原資に充てられていなかったこと，(3)退職金規程に保険金や解約返戻金の取扱いが定められておらず，退職金規程による退職金の要支給額が，解約返戻金等の額を大きく下回っていたこと等から，保険料の支出は事業の遂行上必要な費用とはいえず，必要経費に該当しないとした。また，支払保険料全体が家事関連費に該当するとしても，危険保険料負担部分が各養老保険料の２分の１であるとはいえず，支払保険料のうち業務の遂行上必要な部分を明らかに区分することができないことから，必要経費に算入できないと判示した。

101

ある支出が必要経費に該当するか否かの判断では，支出の目的が考慮されるが，その判断は，当事者の主観のみならず，客観的事実に基づいてなされなければならない。各保険料の支払が，従業員に対する福利厚生目的であるか否かは客観的事実に基づいて判断されなければならない。

　納税者らは各保険料が福利厚生目的であると主張する一方で，退職金規程に保険金や解約返戻金の取扱に関する定めを設けていない。退職金規程による退職金の要支給額は解約返戻金等の額を大きく下回っており，解約返戻金が退職金の原資に充てられたといえる実態がない。裁判所が事実認定により，各保険料は必要経費に算入できないとした判断は妥当であるといえる。

　従業員を被保険者とする保険契約の保険料を事業主が負担する場合には，保険金等の収受手続は，仮に契約者である事業主を経由する契約内容であっても，従業員又はその親族が保険会社と直接，交渉するような配慮を事業主が示しことで，福利厚生目的を主張できる余地がある。少なくとも保険金等を退職金の原資に当てるならば，その全額を従業員に支給することが必要経費の論理につながる。

【論　　点】

① 　家事関連費の性格と必要経費の意義。
② 　家事費と家事事関連費の区分と限界。

《所得税法関係》

035　家事費と家事関連費

東京高裁平成11年8月30日判決
平成11年（行コ）第47号・所得税更正処分取消請求控訴事件
【掲　　載】ＴＫＣ：28080816・ＴＡＩＮＳ：Ｚ244－8471
【判　　示】面積按分により家事費と家事関連費の性格と境界が示された事例。
〔第1審：東京地判平成11年1月22日・平成9年（行ウ）第12号〕

【解　　説】

　所得税法45条1号は，家事上の経費及びこれに関連する経費のうち政令で定める費用は，必要経費として算入できない旨規定している。これを受け，所得税法施行令96条は，本来，経費性が否定される家事に関連する経費であっても，下記については必要経費への算入を容認している。
⑴　家事上の経費に関連する経費の主たる部分が事業所得等を生ずべき業務の遂行上必要であり，かつ，その必要である部分を明らかに区分することができる場合における当該部分に相当する経費
⑵　青色申告を行う個人において，家事上の経費に関連する経費のうち，取引の記録等に基づいて，事業所得等を生ずべき業務の遂行上直接必要であったことが明らかにされる部分の金額に相当する経費

　この家事費について法は定義していない。一般的には，家計費，生活費といわれるような日常生活における衣食住に関わる支出をはじめとして，我々が社会的，精神的，文化的生活を営む上で必要とされる費用と理解すればいいだろう。したがって，家事費の経費性が否定されることは当然である。
　しかし，家事費であっても，「業務の遂行上必要であり，かつ，その必要である部分を明らかに区分することができる場合」や，青色申告者で，「取引の記録等に基づいて」，「業務の遂行上直接必要であったことが明らかにされる部分」は，それぞれ必要経費に算入できるとしている。これが家事関連費と捉える個人の特徴ある支出である。
　家事関連費といっても，支出の中に，必要経費的支出と家事費的支出が交錯・混在しその区分が明確ではないため，政令が求めるような境界線を容易に引きにくい費用があることも事実である。
　家事関連費の支出について事業所得等を生ずべき業務の遂行上の必要性があるというためには，家事関連費の支出が業務の遂行との間に何らかの関連性があるというのみでは足りず，また，単に事業主が主観的に必要であると判断することだけでなく，その必要性が客観的にみて相当であることを要するとされている。
　この点について税務の取扱いでは，「主たる部分」又は「業務の遂行上直接必要であったことが明らかにされる部分」は，業務の内容，経費の内容，家族及び使用人の構成，店舗併用の家屋その他の資産の利用状況等を総合勘案して判定するとしている（所得税基本通達45－1）。また，「主たる部分が事業所得などが生ずべき業務の遂行上必要」であるかどうかは，その支出する金額のうち当該業務の遂行上必要な部分が50％を超えるかどうかにより判定するものとするが，当該必要な金額が50％以下であっても，その必要である部分を明らかに区分することができる場合には，当該必要であるに相当する金額を必要経費に算入して差し支えないとしている（所得税基本通達45－2）。
　家事費のなかで，業務の遂行上必要な部分の金額でその部分の金額を明らかに区分できれば，その部分の金額は必要経費に算入できるということになる。しかしながら，区分の方法に関する法令の説明は不十分であるため，納税者の誤解を招くことは少なくない。確かに，一律に判断できない問題であるため，全てを網羅・例示できない。

103

家事関連費は，本来，必要経費に算入できない費用であっても，経費性が合理的に算出できれば，経費性が認められる費用といえることから，家事関連費というより，家事費における業務に関連する費用，いわば業務関連家事費という理解をするほうが適切かもしれない。

　申告納税制度の下では，極めて重大で当然のことであるが，家事関連費における経費性の立証は，納税者に課せられた責任であることを常に留意しておかなければならない。

【事案の概要と経緯】

　質屋業を営む納税者が，貸付金の利息等にかかる雑所得が計上されていないことなどを理由として，課税庁が係争各年分の所得税の各更正処分等に対して取消しを求めた事案である。納税者は，賃料から家事関連費として控除すべきものは，納税者の居住スペースに対応する賃料と考えるべきであるから，その割合は，賃料全体の10％を上回ることはあり得ない（90％が必要経費である）と主張した。

　第1審は，見取図を詳細に検討したうえで，賃料のうち，納税者の事業所得を生ずべき業務の遂行上必要なものであり，かつ，その必要な部分の金額が客観的に明らかなものは，建物の事業専用割合は43.18％とすべきである判示した。控訴審も第1審判決を踏襲し，納税者の主張を斥けた。

【判決要旨】

① 　納税者は，本件建物はその全体が質屋営業の設備であって，その支払賃料は原則的に質屋営業の収入を得るために直接必要な経費であって，家事関連費ではなく，また，仮に右支払賃料が家事関連費であるとしても，家事関連費として右支払賃料から控除すべきものは，本件建物の2階及び1階の台所，浴室，トイレとその前の廊下部分に対応する支払賃料に限られるべきであり，その割合は面積割合だけでなく，金銭的評価割合をも考慮すれば，右支払賃料の10パーセントを上回ることはない旨主張する。

② 　しかしながら，賃借している建物が事業用のみならず，家事用としても供されている場合，支払賃料の全額を事業所得の金額の計算上必要経費に算入することができないことは当然であり，そして，家事関連費としての支払賃料が事業所得の金額の計算上必要経費として認められるためには，当該費用が事業と何らかの関連があるというだけでは足りず，それが事業の遂行上必要なものであり，かつ，その必要な部分の金額が客観的に明らかでなければならず，そのためには，事業専用割合を求め，自宅兼事業所全体に占めるその面積割合によって支払賃料を按分して必要経費となる金額を算出すべきである。

③ 　課税庁が，右の方法に従い，本件建物の面積比から事業専用割合（43.18パーセント）を求め，支払賃料に右割合を乗じて事業所得の金額の計算上必要経費となる支払賃料を算出したものであって，課税庁の行った右の措置は合理的なものとして是認されるべきである。

【検　　討】

　事業活動が明確に分離できる法人と異なり，事業を営む個人には，日常の生活に伴う支出の中に，必要経費と家事費が混在することは避けられない。家事費とは，事業とは関係を要しない個人の消費生活上の費用のことで，必要経費には算入されないものをいう。この家事費について法は定義していないが，その意義は，家計費，生活費と称されるような日常生活における衣食住に関わる支出をはじめとして，その社会的，精神的，文化的生活を営む上で必要とされる費用とされる。

　家事関連費といっても，支出の中に，必要経費的支出と家事費的支出が交錯・混在しその区分が明確ではないため，納税者の誤解を招くことが少なくない。確かに，区分の方法に関する法令の説明は不十分であり，一律に判断できないことから，全てを網羅・例示することができないため解釈の違い

《所得税法関係》

による問題が生じ易い。また，実務の現場においては，政令が求めるような境界線を容易に引きにくい費用があることも事実である。

　本事案は，裁判所が見取図をもとに納税者の生活内容と実態を詳細に検討し，事業専用割合を算出した極めて珍しい事例である。経費性の立証方法としては，大いに参考になるといっていい。

　申告納税制度の下では，家事関連費を必要経費に算入させることで所得税額を減少させることができるという納税者にとっての有利性を考慮すれば，必要経費への算入を希望する場合に限り，その家事関連費が必要経費であるという根拠を明示しなければならないこともいうまでもない。

【論　　点】

①　家事費と家事関連費の境界と限界。

②　家事関連費における経費性の立証責任。

036 青色事業専従者

東京地裁平成28年9月30日判決

平成26年（行ウ）第355号・所得税更正処分等取消請求事件

【掲　載】ＴＫＣ：25536344・ＴＡＩＮＳ：Ｚ266－12909

【判　示】他に職業を有していることで事業に専ら従事するとは認められないとして青色事業専従者に該当しないされた事例。

〔控訴審：東京高判平成29年4月13日・平成28年（行コ）番号不明〕

【解　説】

　所得税の青色申告は，課税上の特典といわれるものがある。実務上，課税所得の計算に大きく影響を及ぼすといわれるのが，青色事業専従者の制度といえる。

　所得税法は一定の条件のもとで，事前に届け出をした金額の範囲内という制約はあるが，「生計を一にする」配偶者や親族に対する給与を必要経費に算入することが認められている（所得税法57）。

　納税者と生計を一にする配偶者その他の親族が，納税者の営む事業に専ら従事しているかどうかの判定基準については6ヶ月基準があるが，「他に職業を有する者」の判定も忘れてはならない。もっとも，他に職業を有する者である場合であっても，その職業に従事する期間は納税者の事業に専ら従事することが通常あり得ない期間であり，例外的に，他に職業を有する者であってもその職業に従事する期間が短い者，その他納税者の事業に専ら従事することが妨げられないと認められる者は除かれると理解されている。いわば他の職業に従事する期間・時間・頻度，内容・立場，報酬額など程度問題といえよう。

【事案の概要と経緯】

　税理士である納税者は，妻を「所長代理」として，税務，会計業務に従事させ，妻に対し，平成21年は675万円，平成22年は572万円，そして平成23年は530万円の専従者給与を支払い，必要経費算入していた。

　同時に妻は，不動産の賃貸管理や仲介等を行う関連法人Ａでは代表取締役及び宅地建物取引主任者を務め，銀行回りや契約書チェック等を行っていた。経営コンサルタント業務を行う関連法人Ｂでは，取締役を務め，銀行回りや敷地回りのチェック等を行い，そして建築コンサルタント業務等を行う関連法人Ｃでは取締役を務め，銀行回りや所有物件の確認等を行っていた。妻は，これら3社の関連法人から合計で平成21年は960万円，平成22年は920万円，そして平成23年は960万円の役員報酬の支払を受けていた。

　税務調査を受けた際に，課税庁から妻の勤務時間について聴取を受け，税理士事務所業務に従事する時間は「6時間くらい」，Ａ社の仕事に従事している時間は「おおむね3時間程度かそれ以上の時間」，Ｂ社の仕事に従事している時間は「しいて言えば1～2時間程度」，Ｃ社の仕事に従事している時間は「しいて言えば1～2時間程度」であると申述した。この申述等を受け，妻は関連法人の役員としてその法人の業務に従事しており，納税者の税理士業に専ら従事しているとは認められないため，青色事業専従者には該当しないとして妻に対する給与全額の必要経費算入を否認するなどの更正処分等を受けた。

　その後納税者が，関連法人での勤務時間はより短時間であり，申述に基づいて作成された聴取書は誤りであったなどとして更正処分等の取消しを求めた。

　第1審及控訴審はともに納税者の請求を棄却した。上告等については，不明である。

《所得税法関係》

【判決要旨】

① 納税者が提出した「妻の1日」と題する書面の記載によっても，1日の業務のうち，税理士事務所の「通常時勤務時間」は，7～8時間程度であるのに対し，関連会社3社での「通常時勤務時間」は，合計で2時間30分以内とされているのであって，しかも，特に，代表取締役の地位にあったA社に関する妻の業務には相応の事務量があること自体は否定し難いものであり，これらの業務については，同社の事務所に赴いた時のほか，主として自宅又は事務所において従事していたことになる（なお，この点だけをみても，他の職業に従事する時間がおよそ短く，当該事業に専ら従事することが妨げられないことが一見して明らかであるということは困難である。）。

② 妻は，いずれも1年の売上高が1000万円を優に超える規模の関連会社において，代表取締役又は取締役として業務に従事しており，その役員報酬の合計額は，平成21年分が960万円，平成22年分が920万円，平成23年分が960万円であり，税理士事務所に係る本件各給与の額（平成21年分が675万円，平成22年分が572万円，平成23年分が530万円）をはるかに超えるものというべきであり，このうち，A社についてみても，乙は，代表取締役であるとともに宅地建物取引主任者の地位にあったのであり，その報酬として，平成21年分に120万円，平成22年分に160万円，平成23年分に240万円を得ていたことになる上，妻は，これらについて，所得税の確定申告をしているのであるから，自ら業務に見合った報酬を得ていることを自認しているものというべきである。

③ このことに加え，「妻の1日」について，妻は，納税者が平成24年12月21日付けで本件各更正処分等を受けた後，平成25年2月12日に本件審査請求をする前に，納税者と妻とで作成した旨の証言をしているところ，その作成時期に鑑みると，本件審査請求における手続において納税者に有利となる証拠として提出することを想定して作成したことは明らかであり，その正確性を裏付ける客観的な証拠等が提出されていないことも踏まえると，その信用性が高いとは認め難いものといわざるを得ない上，妻の証言と陳述書の内容にも食違いがある点についても合理的な理由は見当たらない。

④ これに対し，本件聴取書においては，妻が実際に従事している各社の業務内容について，極めて具体的かつ詳細に申述したものであるということができるところ，添付された「経理作業ノート」の一部の写しからも，このことが裏付けられるというべきであって，このように自ら行っていた業務内容自体について，虚偽の申述をする合理的な理由も見出し難い。

⑤ 妻の関連会社での業務は，特に，代表取締役を務めるA社の業務を中心として，種々の事務について相応の業務量があったものというべきである。これに対し，本件事業は，事務所における納税者の税理士業務であって，妻は，納税者の「所長代理」ないし「所長補佐」として，同事務所の税務，会計業務に従事していたというところ，妻は，関連会社の業務と税理士事務所の本件事業に係る業務とを，主として自宅又は事務所において行っていたことになるのであるから，各業務の性質，内容，従事する態様等に照らし，妻の関連会社の業務について，本件事業に専ら従事することが妨げられないものであったとまでは認め難いというべきである。

【検　討】

　青色事業専従者が他の職業にも就いている場合，その他の職業への従事の程度が，事業主が行っている事業に専ら従事することが可能な程度であったといえるかどうかが問題となる。士業の場合，関連法人を経営し，親族が役員となっている場合や，従業員として働いている場合も多い。そのような場合でも専ら従事しているといえるかどうかが問題となった事案である。

　税理士の場合は会計法人を営むなど，士業は個人事業に関連する事業については法人を設立し，事業を行っている場合も多い。本事案も税理士が不動産管理やコンサルタント業務等を，法人を設立して行っていた。その税理士の妻は，税理士事務所から専従者給与を得ながら，関連法人3社の代表取

107

締役等を務めそれらからも役員として報酬を得ていた。

専従者の場合，事業に専ら従事しているということが求められる。原則として，他に職業を有する者は，職業を有する期間は，事業に専ら従事していると認められないが，その職業に従事する時間が短い者その他当該事業に専ら従事することが妨げられないと認められる者はのぞかれる。裁判所は関連会社における勤務時間が2時間半だとしても，事業に専ら従事することが妨げられないことが一見して明らかであるといえるほど短いとはいえないとし，他の業務内容からも事業に専ら従事することが妨げられないものとは認められないとしている。また，納税者が主張するように法人では極短時間の勤務であったとするならば法人の役員給与についても不相当に高額ではないか，という問題も生じるだろう。

役員として報酬を得ているということは相応の業務を行っているはずである。非常勤であり業務内容が非常に少ない等，事業に専ら従事することが妨げられないと明確にいえるような状況でない限りは，関連法人で役員として働いている親族に対し専従者給与を支給するということは難しい。

【論　点】
① 　青色事業専従者の意義と要件。
② 　「事業に専ら従事すること」の意義と適用範囲。

《所得税法関係》

037　給与の範囲

東京地裁昭和44年12月5日判決

昭和42年（行ウ）第183号・源泉所得税徴収決定処分取消請求事件

【掲　載】裁判所ＨＰ・ＴＫＣ：21032020・ＴＡＩＮＳ：Ｚ057－2503

【判　示】従業員の学資に充てるために給付された金員が所得税法上の非課税所得に該当せず給与所得とされた事例。

【解　説】

　所得税法は，給与所得を，俸給，給料，賃金，歳費及び賞与並びにこれらの性質を有する給与に係る所得と規定している（所得税法28条1項）。

　つまり給与所得は，給料，賃金，報酬，賞与などその名称に関わらず，雇用契約に基づき，労働者が使用者の指揮命令に従い提供する労務の対価として使用者から受け取る経済的利益をさす。したがって，正社員，臨時社員，契約社員，パート，アルバイトなど社内における身分などによる区分は，所得税法上は何ら影響しない。正社員もアルバイトも受け取る給料は，月給，時給など計算方法に関係なくすべて給与所得の範囲に含まれる。

　さらに所得税法には，金銭給付以外にも物や権利で給付される経済的利益の供与に関して，給与として課税する現物給与の考え方がある。

　所得税法は，収入金額については，「その年において収入すべき金額（金銭以外の物又は権利その他経済的な利益をもって収入する場合には，その金銭以外の物又は権利その他経済的な利益の価額）とする」と規定し（所得税法36条1項），この経済的利益の評価は，「当該物若しくは権利を取得し，又は当該利益を享受する時における価額」（所得税法36条2項）と定めている。

　所得税の課税対象は，金銭以外の物的，権利的な利益であっても，およそ貨幣価額に換算できる利益，すなわち経済的利益という広範なものであるということである。最近では，この金銭給付による以外の経済的利益の供与を，フリンジ・ベネフィットと称することが多い。このフリンジ・ベネフィットは，必ずしも労働の対価である給与に関連して生じるわけではないが，通常は，従来からあった現物給与と同じ概念と理解されている。

　いうまでもなく，労働法上，労働の対価である給与は金銭給付でなければならない（労働基準法24条）。しかし，税法上は，経済的利益に対する課税するという原則から，勤務先から勤務する立場・地位に基づいて供与される物，権利など，いわば現物で支給される場合であっても，現物給与として課税の対象とされる。通常の給与を直接支給と考えれば，現物給与は，間接支給ということである。

　現物給与の例示としては，社宅，保養施設，出張旅費，交際費，見舞金，低利の金利貸付，レクリエーション費用，食事代，自社製品の割引販売などが挙げられる。

　税務の取扱いでは下記のようになっている（所得税基本通達36－15）。

(1)　物品その他の資産の譲渡を無償又は低い対価で受けた場合におけるその資産のその時における価額又はその価額とその対価の額と差額に相当する利益

(2)　土地，家屋その他の資産（金銭を除く。）の貸与を無償又は低い対価で受けた場合における通常支払うべき対価の額又はその通常支払うべき対価の額と実際に支払う対価の額との差額に相当する利益

(3)　金銭の貸付け又は提供を無利息又は通常の利率よりも低い利率で受けた場合における通常の利率により計算した利息の額又はその通常の利率により計算した利息の額と実際に支払う利息の額との差額に相当する利益

109

(4) (2)及び(3)以外の用役の提供を無償又は低い対価で受けた場合におけるその用役について通常支払うべき対価の額又はその通常支払うべき対価の額と実際に支払う対価の額との差額に相当する利益

(5) 買掛金その他の債務の免除を受けた場合におけるその免除を受けた金額又は自己の債務を他人が負担した場合における当該負担した金額に相当する利益

【事案の概要と経緯】

納税者は，磁性材料の製造，販売を業とする法人であるが，従業員研修の一環として，3名の従業員を経営学系短期大学に入学させ，同人らの授業料，指定教科書代金等（本件経費）を支出したところ，課税庁は各従業員に対する給与所得と認め，納税者に対し源泉徴収に係る所得税の徴収告知処分をしたため，処分取消しを求めた。

納税者は，特定の従業員を大学で受講させるのは，事業の生産性と事務能率の向上に寄与させるため，みずから研修施設を設ける代わりに他の大学の施設を利用するものであり，現に，3名の従業員も，当時工場の生産係として製造部門を担当しており，大学では能率科において生産能率学を専攻させ，また，受講者の選定は，原告において行なうものとし，選抜された従業員は，業務命令によって入学受講を義務づけられ，受講の結果についても会社に報告しなければならず，自己の都合により受講中に退学したり退社した場合には，その費用を弁償すべき義務を負い，なお，受講のために購入した教科書は，納税者の所有に帰し，納税者がこれを図書部に保管して一般従業員の閲覧に供しているのであることから，本件経費が従業員の教育又は研修のための経費であることは明らかである，と主張した。

課税庁の主張は，当該従業員は，具体的に社会的・経済的利益を約束されることとなっているのであるから，かかる利益を取得するための費用である本件経費は，まさに，所得税法上の給与所得であり，したがって，また，同法9条1項19号の非課税所得に該当しないものというべきであり，仮りに納税者主張のごとく受講が業務命令に基づく従業員の義務であるとしても，そのことによって右の結論が左右されるわけではない，という見解であった。

裁判所は，後掲のように納税者の請求を棄却し，判決が確定した。

【判決要旨】

① 納税者は，従業員3名を産業能率短期大学に入学させたのは，従業員研修の一環として他の機関の施設を利用したまでであって会社が自己の施設を使用して行なう研修と異なるところはない旨るる主張し，それに要した本件経費が会社の必要経費であって右従業員らの所得を構成しないことを強調する。

② 会社の必要経費であるからといって，それが給付を受ける従業員にとって給与所得となる以上，課税の対象とされることはいうまでもないところであるから，論旨は，その仮定的主張とあいまって，本件経費が所得税法9条1項19号所定の非課税所得たる「学資に充てるため給付される金品（給与その他対価の性質を有するものを除く。）」に該当するというにあるものと解すべく，また，本件の争点も，正に，この1点に尽きるということができる。

③ 所得税法は，課税対象としての給与所得につき極めて包括的な定義規定を設け，退職所得を除き，原則として，勤務関係ないし雇用関係に由来するすべての金銭的給付又は経済的価値の給付を包含するものとしているのであるから，それから除外されるべき学資に充てるための給付，つまり給与その他の対価の性質を有しない学資に充てるために給付される金品とは，勤務の対価ではなくして，会社が購入した新規機械設備を操作する技術を習得させるための授業料のごとく客観的にみて使用

《所得税法関係》

者の事業の遂行に直接必要があるものであり，かつ，その事業遂行の過程において費消されるべき給付を指すものと解するのが相当である。

④　本件経費についてこれをみるに，それが，各従業員の学資に充てるために給付された金員であって，同人らの給与所得を構成することは明らかであるが，前叙のごとき性質を有するものに該当せず，従業員の一般的資質の向上を直接の目的とするにすぎないこと，納税者の主張に徴してこれを推認しうるに十分であるから，本件経費は，窮極的には会社事業の生産性と事務能力の向上に寄与することがあるとはいえ，所得税法９条１項19号所定の非課税所得に該当しないものというべきである。

【検　　討】

本事案の納税者は，仮りに，本件経費が研修費ではなくして従業員の所得となるべき給付であるとしても，それは，所得税法９条１項19号の「学資に充てるため給付される金品」に該当し，給与所得とは雇用関係に基づいて従業員が使用者から受ける経済的利益のすべてを指すのではなく，そのうち労務提供の対価としてその支出が使用者の義務とされているものに限られると解するなら，本件経費は，非課税所得であるといわなければならない，と主張したが，裁判所は非課税性については言及していない。学資金は，所得税の源泉徴収義務のある給与所得であると判断された。なお，本事案の時期が，昭和40年代初期であり，当時の大学進学率を考慮すると，当該従業員らが享受していた利益は，大きなものだったかもしれない。

【論　　点】

①　現物給与の意義と課税。
②　フリンジ・ベネフィットの概念。

111

038　給与所得の意義

最高裁大法廷昭和60年３月27日判決

昭和55年（行ツ）第15号・所得税決定処分取消請求上告事件

【掲　載】裁判所ＨＰ・ＴＫＣ：22000380・ＴＡＩＮＳ：Ｚ144−5507

【判　示】給与所得の性格とその計算方法について示された事例（サラリーマン税金訴訟・大嶋訴訟）。

〔第１審：京都地判昭和49年５月30日・昭和41年（行ウ）第10号〕

〔控訴審：大阪高判昭和54年11月７日・昭和49年（行コ）第36号〕

【解　説】

　所得税法は，給与所得については，収入金額から収入金額に応じて計算する給与所得控除額を控除して算出する方法を採用している。給与所得控除額は，所得計算における概算経費といえる。給与所得の計算には必要経費が存在しない。このことから，収入＝所得という誤解が生じ，不公平税制とされる。確かに実額である必要経費を控除する制度ではないが，概算経費である給与所得控除額が経費としての意義は大きい。

【事案の概要と経緯】

　同志社大学教授だった故大嶋正氏が提起した憲法訴訟であり，所得税法における給与所得の課税規定に対する合憲性が争点となった。大嶋教授は，⑴給与所得の計算上，必要経費が認められていないこと，⑵給与所得と事業所得等との間で所得の捕捉率に格差があり，給与所得者が不利益な扱いを受けていること，⑶事業所得等には各種の特別措置が設けられていることから，給与所得者は不公平な税負担を負っている，という理由をあげ，憲法14条に規定する平等原則に違反すると主張した。

　裁判所は一貫してその主張を斥けたが，最高裁は，⑴概算経費控除である給与所得控除の存在，⑵税務行政の適正な執行による捕捉率の是正，⑶特別措置自体は，給与所得の計算に影響を及ばさない，ことなどをあげ，違憲性を否定した。

【判決要旨】

①　給与所得者は，事業所得者等と異なり，自己の計算と危険とにおいて業務を遂行するものではなく，使用者の定めるところに従って役務を提供し，提供した役務の対価として使用者から受ける給付をもってその収入とするものであるところ，右の給付の額はあらかじめ定めるところによりおおむね一定額に確定しており，職場における勤務上必要な施設，器具，備品等に係る費用のたぐいは使用者において負担するのが通例であり，給与所得者が勤務に関連して費用の支出をする場合であっても，各自の性格その他の主観的事情を反映して支出形態，金額を異にし，収入金額との関連性が間接的かつ不明確とならざるを得ず，必要経費と家事上の経費又はこれに関連する経費との明瞭な区分が困難であるのが一般である。その上，給与所得者はその数が膨大であるため，各自の申告に基づき必要経費の額を個別的に認定して実額控除を行うこと，あるいは概算控除と選択的に右の実額控除を行うことは，技術的及び量的に相当の困難を招来し，ひいて租税徴収費用の増加を免れず，税務執行上少なからざる混乱を生ずることが懸念される。また，各自の主観的事情や立証技術の巧拙によってかえって租税負担の不公平をもたらすおそれもなしとしない。

②　所得税法が給与所得に係る必要経費につき実額控除を排し，代わりに概算控除の制度を設けた目的は，給与所得者と事業所得者等との租税負担の均衡に配意しつつ，右のような弊害を防止するこ

《所得税法関係》

とにあることが明らかであるところ，租税負担を国民の間に公平に配分するとともに，租税の徴収を確実・的確かつ効率的に実現することは，租税法の基本原則であるから，右の目的は正当性を有するものというべきである。

③　所得税法が具体的に採用する給与所得控除の制度が合理性を有するかどうかは，結局のところ，給与所得控除の額が給与所得に係る必要経費の額との対比において相当性を有するかどうかにかかるものということができる。もっとも，税制調査会の答申及び立法の経過によると，右の給与所得控除は，給与所得に係る必要経費を概算的に控除しようとするものではあるが，なおその外に，(1)給与所得は本人の死亡等によってその発生が途絶えるため資産所得や事業所得に比べて担税力に乏しいことを調整する，(2)給与所得は源泉徴収の方法で所得税が徴収されるため他の所得に比べて相対的により正確に捕捉されやすいことを調整する，(3)給与所得においては申告納税の場合に比べ平均して約5か月早期に所得税を納付することになるからその間の金利を調整する，との趣旨を含むものであるというのである。

④　このような調整は，税制調査会の答申及び立法の経過によっても，それがどの程度のものであるか明らかでないばかりでなく，所詮，立法政策の問題であって，所得税の性格又は憲法14条１項の規定から何らかの調整を行うことが当然に要求されるものではない。したがって，憲法14条１項の規定の適用上，事業所得等に係る必要経費につき実額控除が認められていることとの対比において，給与所得に係る必要経費の控除のあり方が均衡のとれたものであるか否かを判断するについては，給与所得控除を専ら給与所得に係る必要経費の控除ととらえて事を論ずるのが相当である。しかるところ，給与所得者の職務上必要な諸設備，備品等に係る経費は使用者が負担するのが通例であり，また，職務に関し必要な旅行や通勤の費用に充てるための金銭給付，職務の性質上欠くことのできない現物給付などがおおむね非課税所得として扱われていることを考慮すれば，本件訴訟における全資料に徴しても，給与所得者において自ら負担する必要経費の額が一般に旧所得税法所定の前記給与所得控除の額を明らかに上回るものと認めることは困難であって，右給与所得控除の額は給与所得に係る必要経費の額との対比において相当性を欠くことが明らかであるということはできないものとせざるを得ない。

【検　討】

最高裁判決の補足意見は，給与所得者について給与所得控除額を超える必要経費が存する場合には，その対策・措置の在り方を提示した。それを受け，昭和62年度税制改正において，(1)通勤費，(2)転任に伴う引っ越し費用，(3)研修費，(4)一身専属として独立開業ができる資格の取得費，(5)単身赴任者の帰宅旅費，を給与所得者の特定支出とする控除特例が導入された。しかしながら，適用対象者が極めて少ないことから，費目の拡大などが叫ばれてきた。

なぜ対象者が少ないといえば，わが国では，給与以外にも福利厚生の一環として，あるいは業務命令を事由として，企業が負担する費用が多いと考えられる。

その後，平成24年度税制改正で特定支出控除の特例を使いやすくする観点から，特定支出の範囲を拡大するとともに，特定支出控除の適用判定の基準の見直しが実施されたが，実行に乏しい内容といえる。

平成24年度税制改正では，給与所得控除についても改正され，その年中の給与等の収入金額が1500万円を超える場合の給与所得控除額については，245万円の上限を設けることになった。当時の税制改正大綱では，「現在の給与所得控除については，マクロ的に見ると，給与収入総額の３割程度が控除されている一方，給与所得者の必要経費ではないかと指摘される支出は給与収入の約６％であるとの試算もあり，主要国との比較においても全体的に高い水準となっている」と指摘し，今後も給与所

113

得控除額の縮小を示唆した。これを受け，上限額1500万円は，平成28年分から1200万円（控除額230万円），平成29年分以降は1000万円（控除額220万円）と順次，引き下げが実施されることになった。

　給与所得者が必要経費と主張してきた額は，概算経費である給与所得控除額に比べ，極めて少額であることは，従来から明らかであったが，ここに来て圧縮されることで，給与所得者に対する見えない増税が実施されるといっても過言ではない。

　また最高裁判決では，給与所得に対して実額控除を認めることは，「技術的及び量的に相当の困難を招来し，ひいて租税徴収費用の増加を免れず，税務執行上少なからざる混乱を生ずることが懸念され」，「各自の主観的事情や立証技術の巧拙によってかえって租税負担の不公平をもたらす」と指摘している。しかし，電子申告が促進されている現在では，税務執行の混乱は軽減されるだろうし，また税法知識の多寡により租税負担が異なるのは申告納税制度の宿命と考えれば，給与所得の実額控除が導入され，大幅増税が導入される時代が近づいているかもしれない。

【論　　点】
①　給与所得者の必要経費の趣旨と実情。
②　給与所得における確定申告制度の導入の是非。

《所得税法関係》

039 退職所得の意義

最高裁第三小法廷昭和58年12月6日判決

昭和54年（行ツ）第35号・源泉徴収納付義務告知処分取消等請求上告事件

【掲　載】裁判所ＨＰ・ＴＫＣ：21080054・ＴＡＩＮＳ：Ｚ134−5280

【判　示】退職所得を給与所得と区別して優遇する趣旨が示された事例（10年退職金事件）。

〔第１審：大阪地判昭和52年２月25日・昭和48年（行ウ）第63号〕

〔控訴審：大阪高判昭和53年12月25日・昭和52年（行コ）第２号〕

〔差戻控訴審：大阪高判昭和59年５月31日・昭和59年（行コ）第５号〕

【解　説】

退職所得とは，退職手当，一時恩給その他の退職により一時に受ける給与及びこれらの性質を有する給与に係る所得をいう（所得税法30条１項）。

税務の取扱いでは，退職手当等とは，本来退職しなかったとしたならば支払われなかったもので，退職したことに基因して一時に支払われることとなった給与をさすが（所得税基本通達30−１），一般的には退職金といわれる支払である。

ここでいう退職の概念は，いわゆる社会通念上の退職と同意義と考えられるが，所得税法は，「これらの性質を有する給与」をも退職所得の範疇に含めていることから，実質的な退職でなくても，それに準じて同一視できる事実が発生した際の給付も，退職手当等に該当する場合が出てくる。

【事案の概要と経緯】

電気製品の製造販売を目的とする株式会社である納税者は，退職金の制度として，従来満55歳定年制を実施していたが，勤続期間10年を超えた場合は一律10年分として計算した退職金額となっていたため，従業員の不満が多く勤続年数に応じた退職金支給の声が高まっていた。

そんな状況の下，納税者の経営状況が悪化し退職金規定が要望通り改定されても会社がいつ倒産するかわからない状況で退職金が支給されなくなることよりも，勤続満10年で定年とし，その時点で退職金を支給し，引き続き勤務する場合は再雇用という形にしてほしいとの要望が従業員から上がった。納税者としても勤続満10年定年制の方が望ましいと判断し，労使双方の合意により勤続満10年定年制を退職金規定に盛り込み，「従業員の定年は満55歳とする。又は，勤続満10年に達したもの。ただし定年に達した者でも業務上の必要がある場合，会社は本人の能力，成績，および健康状態などを勘案して選考のうえ，あらたに採用することがある。」と規定した。

昭和44年から昭和46年の間に15名の従業員に対し，いずれも退職金規定により勤続満10年に達した者として退職金を支給した。そのうち２名はほどなく退職したが，その他のものは引き続き納税者に勤務し，役職，給与，有給休暇の日数の算定等に変化がなく，社会保険の切り替えもされなかった。

課税庁は，納税者の勤続満10年定年制度は雇用契約の一応の継続期間を示したものにすぎず，10年経過ごとに支給される給付は退職金という名目ではあるがその実質は社会通念上承認されているところの退職金ではなく，退職所得課税に関する立法趣旨からいっても，所得税法上の退職所得として，優遇措置を認めるべきではないと主張して，給与所得として計算する源泉徴収納税義務告知処分を行った。

これに対し納税者は，就業規則では定年を満55歳または勤続満10年に達した者と定め，例外的に一定の場合には再雇用する制度となっているが，恒常的に若年労働者の不足のため例外的に定年退職者を再雇用せざるを得ない状況であったためであって，再雇用が原則となっているわけでは決してない

115

という理由から，今回の金員は退職所得に該当すると主張した。

　つまり，本事案の争点は，勤続満10年経過時に支給される退職金名義の金員は，再雇用されていて
も，所得税法上退職所得に該当するか否かである。第１審及び控訴審は，納税者の主張を容認し退職
所得と認定したが，最高裁は控訴審破棄し，差し戻した。差戻控訴審は給与所得と認定し，確定した。

【判決要旨】

①　所得税法が，退職所得を「退職手当，一時恩給その他の退職により一時に受ける給与及びこれら
　の性質を有する給与」に係る所得をいうものとし，これにつき所得税の課税上他の給与所得と異な
　る優遇措置を講じているのは，一般に，退職手当等の名義で退職を原因として一時に支給される金
　員は，その内容において，退職者が長期間特定の事業所等において勤務してきたことに対する報償
　及び右期間中の就労に対する対価の一部分の累積たる性質をもつとともに，その機能において，受
　給者の退職後の生活を保障し，多くの場合いわゆる老後の生活の糧となるものであるため，他の一
　般の給与所得と同様に一律に累進税率による課税の対象とし，一時に高額の所得税を課すること
　としたのでは，公正を欠き，かつ，社会政策的にも妥当でない結果を生ずることになることから，か
　かる結果を避ける趣旨に出たものと解される。

②　従業員の退職に際し退職手当又は退職金その他種々の名称のもとに支給される金員が，所得税法
　にいう退職所得にあたるかどうかについては，その名称にかかわりなく，退職所得の意義について
　規定した同法30条１項の規定の文理及び右に述べた退職所得に対する優遇課税についての立法趣旨
　に照らし，これを決するのが相当である。

③　ある金員が，右規定にいう「退職手当，一時恩給その他の退職により一時に受ける給与」にあた
　るというためには，それが，(1)退職，すなわち勤務関係の終了という事実によって初めて給付され
　ること，(2)従来の継続的な勤務に対する報償ないしその間の労務の対価の一部の後払いの性質を有
　すること，(3)一時金として支払われること，との要件を備えることが必要であり，また，右規定に
　いう「これらの性質を有する給与」にあたるというためには，それが，形式的には右の各要件のす
　べてを備えていなくても，実質的にみてこれらの要件の要求するところに適合し，課税上，右「退
　職により一時に受ける給与」と同一に取り扱うことを相当とするものであることを必要とすると解
　すべきである。

【検　討】

　継続的・反復的に発生する所得に加え，臨時的・偶発的に発生する所得も課税対象とする所得概念
からすれば，いわゆる退職金に対する課税は当然のことである。退職所得は，雇用関係に基づく役務
提供から生じる所得という点で給与所得と同じであり，本事案のようにしばしばその両者の区分が問
題となる。

　最高裁は，退職所得に対する課税は退職金の性格に照らして考えた場合には租税負担の軽減を図る
べきである，という課税の趣旨を明らかにした。そして名称や支給形態だけではなく，その金員の性
質から実質的にみて退職所得に該当するか否かを判断すべきことを示した。

　一方，最高裁の反対意見は，第１審及び控訴審判決を是認し，「終身雇用制の場合の退職金に課さ
れる所得税については，控除額も高くなり税額も比較的低くなるのに，それを採用せず，退職金につ
き右控除額が少なくしたがって税額が比較的高くなるほど不利な取扱いを受けるおそれのある10年定
年制を，敢えて採用するについては，当該企業に固有の，それなりの事情があるはずであり，このよ
うな場合には，かかる事情を考慮し，10年目に支払われた退職金名義の一時金が従来の継続的な勤務
に対する報償ないし精算金的性質を有するものである限り，その経済的実質に着目し，これを税法上

《所得税法関係》

の退職所得として取扱い，右のような不利益を受けることがないように配慮することを違法とまでいう必要はないと考えられる」と付言した。

退職所得の性格としては，(1)功労，(2)生活保障，(3)賃金後払い，などの見解があるが，税務上は，長期間の勤続に対する恩恵的な給付であり，退職後の生活，いわば老後の生活を考慮して課税されると理解されている。

年俸制給与の導入により，退職金制度にも変化が起きている。さらに，時代の流れの中で，終身雇用の崩壊とともに勤続年数の短縮化がもたらす退職金の減額又は廃止などの傾向や非正規雇用の拡大・成果主義への労働環境の変化によって，退職所得に対する課税も方針が変わる時期が来てい。そうなると最高裁判決から35年を経た現在，この10年制退職金は案外，時代を先取りした制度だったかもしれない。

【論　　点】
① 退職金制度と退職所得の趣旨。
② 退職職所得と給与所得の境界と課税。

040 譲渡の概念

最高裁第三小法廷昭和50年5月27日判決

昭和47年（行ツ）第4号・所得税更正処分取消請求上告事件

【掲　載】裁判所HP・TKC：21050440・TAINS：Z081-3567

【判　示】財産分与として不動産等の資産を譲渡した場合には分与者には譲渡所得が発生するとされた事例。

〔第1審：名古屋地判昭和45年4月11日・昭和44年（行ウ）第42号〕

〔控訴審：名古屋高判昭和46年10月28日・昭和45年（行コ）第8号〕

【解　説】

　譲渡について，所得税法は定義を規定していないが，一般的には，売買，交換，競売，公売，収用，物納，代物弁済，財産分与，法人に対する現物出資などが，その範疇にはいるとされる。この譲渡の概念において，財産分与は従来から議論があるが，本事案は，最高裁の判断として，リーディング・ケースとされる。つまり，夫婦が離婚したときには，その一方は他方に財産分与を請求することができるが，この財産分与による資産の移転は，譲渡所得の対象となる。

【事案の概要と経緯】

　納税者である夫は，医師であるが昭和42年分の所得税について法定申告期限内に確定申告をした。この確定申告について課税庁は，更正処分等を行った。

　更正処分等の基因となった譲渡資産である土地，建物は納税者が昭和29年5月31日名古屋市から買受けてその所有権を取得し，同年8月16日右土地の，また同年9月8日右建物の所有権移転登記を了したもので右はいずれも納税者の所有する財産であった。そこで昭和42年5月10日納税者とその妻との間に原告の所有する右土地建物を離婚に基づく慰謝料として，妻に譲渡する旨の調停が成立し，納税者はの履行のために昭和42年5月20日慰謝料による譲渡を原因として同年12月8日右土地建物の所有名義を妻に移転する登記手続を了した。

　これについて，課税庁は，右移転行為は納税者が負担すべき慰謝料を譲渡所得の基因となる土地建物をもって弁済したものであるからこれは所得税法に規定する資産の譲渡にあたるというべきである，と指摘した。

　すなわち，一般に債務の履行として自己の有する資産を相手方に譲渡した場合にはその譲渡時における当該資産の価額に相当する額の弁済があったことになり，このことはこの資産を他に処分してこれが代価を相手方に与えるに等しいものである。これはまさしく納税者が調停により生じた債務をいわば現物で弁済したか現金で弁済したかの相違があるに過ぎず，財産の譲渡処分がなされたというべきである。したがって譲渡処分時において前述した増加益が顕在化した以上これを譲渡所得として課税しなければ資産を他に譲渡し現金で債務の弁済に充てた者との税負担の公平を欠く結果となるものである。そこで慰謝料支払のための譲渡は正に調停時の価額をもって資産の譲渡が行なわれたものとみるべきであり，納税者はその調停時において資産の増加益を現実に享受するに至ったものであり，この時点で既に納税者に帰属していた増加益に対し所得税法の規定によって譲渡所得の課税を行うことは適法であるとい主張である。

　第1審，控訴審及び上告審は，いずれも課税庁の主張を容認した。納税者は，上告理由について以下のように主張した。

　所得税法にいう「総収入金額」に算入すべき金額は，その年において収入すべき金額（金銭以外の

《所得税法関係》

物又は権利その他経済的な利益をもって収入する場合には，その金銭以外の物又は権利その他経済的な利益の価額）とすると定められている。ここに「収入する」とは資産の増加をもたらし，もしくは資産の減少を防止することを意味すると解すべきところ，資産の譲渡が，譲渡人につき，他の法律上の原因に基づいて既に生じている債務の弁済に代えてなされる場合には，その債務の本旨に従った弁済により生ずべき資産の減少を防止した点において経済的利益の享受があったものと解することができる。

「債務の履行」として資産の移転が行われるのは，売買，交換，贈与等の契約の成立によってその契約の目的たる資産につき権利移転の債務を負担した者が，その債務の履行々為として現実の権利移転の行為をすることを指すものと解すべきであり，このような契約上の債務の履行と，前述の代物弁済による資産の譲渡とを同一視することは売買，贈与等により資産につき権利移転の行為をなすべき債務を負担した譲渡人がその権利移転を実行することによって，その債務を消滅させるのは，契約の趣旨を完結するだけのことであって，その債務の履行じたいによって譲渡人が何らかの経済的利益を享受することはない。この点において原判決は誤りである。

納税者から訴外の妻に対する不動産の譲渡は，慰藉料の支払いに代える代物弁済の趣旨および財産分与の趣旨を含むものであると原判決は認定した。代物弁済の部分の譲渡は所得税法の規定する有償譲渡に該当することは明らかである。財産分与は片務・無償行為であり，分与者が協議もしくは調停によって負担した目的財産の権利を移転すべき債務の履行として現実に権利移転の行為をしたからといって，分与者がそのことにより何ら経済的利益を享受するものではない。したがって本件不動産の譲渡のうち財産分与としてなされた部分は所得税法に規定する有償譲渡に該当しない。

財産分与に関する合意の成立による無償での権利移転の債務の負担とその履行としての現実の権利移転行為の法律上の性質は，贈与契約の成立による無償での権利移転の債務の負担とその履行としての現実の権利移転行為のそれと全く同一である。したがって原判決の論旨によれば，財産の贈与がなされた場合においても当然に所得税法の規定が適用されてしかるべきである。

【判決要旨】

① 譲渡所得に対する課税は，資産の値上りによりその資産の所有者に帰属する増加益を所得として，その資産が所有者の支配を離れて他に移転するのを機会に，これを清算して課税する趣旨のものであるから，その課税所得たる譲渡所得の発生には，必ずしも当該資産の譲渡が有償であることを要しない（最高裁昭和41年（行ツ）第102号同47年12月26日第三小法廷判決）。したがって，所得税法にいう「資産の譲渡」とは，有償無償を問わず資産を移転させるいっさいの行為をいうものと解すべきである。そして，同法が規定する譲渡所得の総収入金額の計算に関する特例規定であって，所得のないところに課税譲渡所得の存在を擬制したものでないことは，その規定の位置及び文言に照らし，明らかである。

② 夫婦が離婚したときは，その一方は，他方に対し，財産分与を請求することができる。この財産分与の権利義務の内容は，当事者の協議，家庭裁判所の調停若しくは審判又は地方裁判所の判決をまって具体的に確定されるが，右権利義務そのものは，離婚の成立によって発生し，実体的権利義務として存在するに至り，右当事者の協議等は，単にその内容を具体的に確定するものであるにすぎない。そして，財産分与に関し右当事者の協議等が行われてその内容が具体的に確定され，これに従い金銭の支払い，不動産の譲渡等の分与が完了すれば，右財産分与の義務は消滅するが，この分与義務の消滅は，それ自体一つの経済的利益ということができる。したがって，財産分与として不動産等の資産を譲渡した場合，分与者は，これによって，分与義務の消滅という経済的利益を享受したものというべきである。してみると，本件不動産の譲渡のうち財産分与に係るものが納税者

119

に譲渡所得を生ずるものとして課税の対象となるとした原審の判断は，その結論において正当として是認することができる。

【検　討】

　民法では，財産分与は夫婦の財産関係の平等をはかるために行われるものとされ，夫婦財産の清算，離婚後の扶養，慰謝料の性質をもつとされている。財産の形成にあたっては，内助の功も貢献しているという観点からすれば，分与財産の全部が課税対象となることに疑問もある。例えば，上記の三つの性質に応じた課税を行うという方法も考えられるのではないかという指摘がある。

　その後の事例においても本事案と同様の判断を下しており，財産分与の分与者に対する課税は定着している。

【論　点】

①　譲渡所得税の趣旨と論理。
②　財産分与の意義と課税の実際。

《所得税法関係》

041 譲渡所得の意義

名古屋高裁平成29年12月14日判決

平成29年（行コ）第74号・所得税更正処分等取消請求控訴事件

【掲　載】ＴＫＣ：25560873・ＴＡＩＮＳ：Ｚ888−2184

【判　示】スワップ取引による金地金の交換に対する譲渡所得の課税が否定された事例。

〔第１審：名古屋地判平成29年６月29日・平成28年（行ウ）第78号〕

【解　説】

　譲渡とは，有償無償を問わず，所有資産を移転させる一切の行為をさし，売買，交換，競売，公売，代物弁済，財産分与，収用，法人に対する現物出資などの行為が含まれる。そして，金地金は資産であるが，当然，金地金に係る取引といえば，金相場の変動に基づく投資行為が連想される。投資なら営利目的であり，経済的利益は課税対象となる。と同時に節税商品と称される，利益と節税がセットになった投資と課税が争点となった多くの事例が思い出される。

【事案の概要と経緯】

　納税者は平成９年に4905万円余りで購入した金地金36kgを，平成23年に貴金属製造販売会社Ａ社に持ち込み，同社との間で金の購入保管に係る契約を結んだ。

　納税者がＡ社と結んだ購入保管契約とは，金地金36kgを持ち込みＡ社との間でスワップ取引を行い，スワップ取引により取得したＡ社が製錬した金地金36kgについて，Ａ社に保管を委託する，というものであった。その際納税者はＡ社に対し，スワップ取引手数料90万円（同日の金地金の店頭での販売価格と買取価格との差額25円に36kgを乗じた額），年会費5250円及び年間保管料４万2000円を支払った。

　Ａ社とのスワップ取引とは，顧客が金地金を持ち込み，Ａ社が純度99.99％以上の純金であると判定した場合に，顧客がスワップ取引手数料を支払った上で，同社にて製錬された金地金と交換する取引，とＡ社の契約約款に定められている。

　その後，課税庁から，Ａ社と納税者の間で結ばれた保管契約は，スワップ取引及び保管契約からなる，交換契約と寄託契約の混合契約であり，スワップ取引をした時点で金の交換であり，譲渡所得が発生すると指摘を受けた。そして，平成23年契約日当時の金地金の時価から，金地金の取得費及び譲渡所得の特別控除額を控除した金額の２分の１に相当する金額（4941万8450円）が，納税者の譲渡所得に当たるとして，更正処分等を受けた。

　第１審は課税庁の主張が認められ，納税者は敗訴したが，控訴審では納税者が逆転勝訴し，確定した。

【判決要旨】

①　契約は，契約の締結を希望する顧客が，(1)Ａ社との間で本件契約を締結すると同時に，同社から初回の売買取引により金地金を購入して初回の保管取引を行うというものと，(2)Ａ社との間で本件契約を締結すると同時に，顧客が所有する金地金を初回のスワップ取引により同社が製錬した金地金と交換し，当該交換した金地金について保管取引を行うというもの（交換・保管取引）の，二つがあるところ，納税者とＡ社との取引は，(2)の交換・保管取引であったと認められる。

②　交換・保管取引は，約款の定めによれば，交換取引と保管取引を切り離して個別に取引をすることはできず，両取引が一体となって行われる取引であると認められるから，契約のうち，交換・保

121

管取引に係る部分の法的性質は，顧客とＡ社とが互いの金地金の所有権を相手方に移転する民法上の交換と，顧客がこれにより取得した金地金の保管を同社に委託する民法上の寄託（混蔵寄託）とを組み合わせた混合契約であると認められる。

③　もっとも，金地金をすでに所有している顧客が，契約を締結して交換・保管取引を行うということの目的についてみるに，約款によれば，Ａ社が交換・保管取引に応じるのは，顧客が持ち込んだ金地金がＬＢＭＡブランドで純度99.99％以上の純金であると判定された場合であり，Ａ社が顧客からの求めに応じて引き渡す金地金は，顧客が寄託した交換後の金地金そのものではなく，同質かつ同重量の金地金であることが認められる。したがって，交換・保管取引における交換の対象となる顧客所有の金地金とＡ社所有の金地金は等価値であり，将来顧客が引き渡しを受ける金地金は，顧客が持ち込んだ金地金及び交換を受けた金地金そのものではなく，これと同質かつ同重量のものということになる。そもそも，金地金は，一定以上の純度があれば，重量のみで価値が決まり，刻印の違いやバーナンバーの違いは価値に影響しないので，同質かつ同重量の金地金を引き渡せば足りるものである。

④　そうすると，契約を締結し，交換・保管取引を行う顧客からみれば，ＬＢＭＡブランドで純度99.99％以上の純金からなる一定の重量の金地金をＡ社に預けて保管し，将来これと同質かつ同重量の金地金の返還を受けるというのと同じであるから，契約を締結し，交換・保管取引を行う顧客の目的は，特定の金地金をＡ社に預けて保管してもらうというのと等しいのであって，納税者自身もそのような目的であったと主張しているところである。また，上記によれば，Ａ社においても，交換・保管取引は，顧客から金地金を預かり，これと同質かつ同重量の金地金を返還するというのと同様であると認められるから，実質的には特定の金地金を預かりこれを保管するというのと同様であるといえる。

⑤　したがって，契約のうち，交換・保管取引は，交換と寄託（混蔵寄託）からなる混合契約の形をとっているものの，スワップ取引部分に係る交換は，寄託（混蔵寄託）をするための単なる準備行為にすぎず，交換・保管取引は，実質的には寄託（混蔵寄託）契約であると認めるのが相当である。

⑥　なお，約款によれば，交換・保管取引のうち，スワップ取引部分については，顧客がスワップ取引手数料を支払う必要があるところ，これはＡ社において顧客が持ち込んだ金地金を比重計測等の手段によりＬＢＭＡブランドで純度99.99％以上であるか否かを判定するためなどに要する費用にすぎないと考えられるから，交換・保管取引が実質的には寄託（混蔵寄託）契約であるという上記結論を左右するものとはいえない。

【検　　討】

　手数料を支払い，所有していた金地金を預けただけと考えていた納税者が，譲渡所得が発生していると指摘を受けたという事案である。課税庁の見解及び第１審判決は，本事案の取引は，金地金の交換であり，その時点で金地金購入時から交換時点までのキャピタルゲインは顕在化し，譲渡所得が発生しているとしていた。

　交換取引は譲渡所得の課税対象となることは，一般の納税者にはこの感覚はなかなか理解されないが，税務では異論はない。同価値のものとはいえ，別の資産と交換することによって，資産購入時から交換時までのキャピタルゲインが顕在化すると考えるからである。ただ本事案の交換は，ＬＢＭＡブランドで純度99.99％以上の純金からなる金地金，という同質，等価値のものの交換であり，寄託のために便宜上行われている行為であった。

　課税庁及び第１審は，税務の常識にとらわれすぎたのか，本事案の寄託契約を前提とした金地金保管業者との交換時にもキャピタルゲインは顕在化し，譲渡所得の課税対象となるとしていた。しかし，

《所得税法関係》

控訴審ではその実質に注目し，本事案における交換は，寄託契約の準備行為にすぎず，納税者が行った交換・保管取引は実質的には寄託契約であり，「資産の譲渡」に該当せず，譲渡所得は発生していないとした。

　取引当事者の認識とも合致しており，納税者が行った経済行為の実質を正確にとらえた判断といえる。金地金は，一定以上の純度があれば，重量のみで価値が決まり，刻印の違いやバーナンバーの違いは価値に影響しない。さらに本事案の場合，A社と寄託契約を結ぶための交換であり，管理上他社製金地金の保管はできないため行われた行為である。預かった地金を再加工する場合と経済的には何ら変わりはないといえる。そう考えると，そこに担税力は無く，交換時点であえてキャピタルゲインについての課税関係を清算する必要も見いだせない。やはり控訴審の判断は当然といえるだろう。

【論　　点】

①　売買と交換の法的意義と差異。
②　キャピタルゲイン課税の趣旨と意義。

042　譲渡所得における取得費の意義

東京地裁平成22年4月16日判決

平成21年（行ウ）第336号・所得税更正処分取消等請求事件

【掲　載】ＴＫＣ：25472781・ＴＡＩＮＳ：Ｚ260－11420

【判　示】遺産分割の際に要した弁護士費用は，遺産分割により取得した資産を譲渡した場合の
　　　　譲渡所得の取得費には算入できないとされた事例。

〔控訴審：東京高判平成23年4月14日・平成22年（行コ）第190号〕

〔上告審：最決平成25年6月14日・平成23年（行ヒ）第276号〕

【解　　説】

　分離課税の対象となる土地や建物を売ったときの譲渡所得は，土地や建物を売った金額から取得費と譲渡費用を差し引いて計算する。譲渡費用とは，土地や建物を売るために支出した費用をいい，取得費は所得税法38条で「別段の定めがあるものを除き，その資産の取得に要した金額並びに設備費及び改良費の額の合計額とする」とされている。

　遺産分割により取得した財産を譲渡した場合における取得費は，死亡した人や贈与した人がその土地建物を買い入れたときの購入代金や購入手数料などを基に計算し，業務に使われていない土地建物を相続や贈与により取得した際に相続人が支払った登記費用や不動産取得税の金額も取得費に含まれる。

　この取得費に，遺産分割の際に支払った弁護士報酬が含まれるかが問題となる。

【事案の概要と経緯】

　Ａは，昭和41年に死亡したＢの法定相続人のうちの1人であった。遺産分割は難航し，Ａや他の法定相続人から繰り返し遺産分割の調停の申立てがされたが，調停が成立するには至らなかった。

　そこでＡは，昭和48年，Ｃ法律事務所に所属するＤ弁護士との間で委任契約を締結し，同弁護士を各遺産分割調停事件の代理人とした。その後，遺産分割調停事件は，平成元年に審判事件に移行し，平成16年6月18日確定の審判により，Ａは土地や現金他の遺産等を取得することとなった。その後Ａは，前記遺産分割調停及び審判事件の弁護士報酬としてＣ法律事務所へ約1300万円を支払った。

　Ａは，土地を私的に利用することもないまま，平成17年3月31日，株式会社Ｅへ土地を1億5000万円で譲渡し，平成18年3月15日，土地の譲渡について，分離長期譲渡所得に係る収入金額1億500万円，分離長期譲渡所得の金額9078万6261円と記載した確定申告書を提出した。Ａは，その確定申告書における分離長期譲渡所得の金額の計算において，Ｃ法律事務所に対して支払った弁護士報酬のうち本件土地に対応する金額である989万181円を本件土地の譲渡に係る取得費として控除した。その後Ａは，平成18年8月8日に死亡し，Ａの相続人である納税者がＡの所得税の納付義務を承継した。

　課税庁は，Ａの平成17年分所得税について，上記弁護士報酬を取得費に算入することはできないという理由で更正処分及び過少申告加算税の賦課決定処分をした。

　第1審及び控訴審はいずれも遺産分割の際に要した弁護士費用は，遺産分割により取得した資産を譲渡した場合の譲渡所得の取得費には算入できないとして納税者の訴えを斥け，最高裁は上告不受理を決定したため，納税者の敗訴が確定した。

【判決要旨】

①　所得税法は，相続による資産の所有権移転の場合には，限定承認のときを除き，その段階におい

《所得税法関係》

て譲渡所得課税を行わず，相続人がその資産を譲渡したときに，その譲渡所得の金額の計算について
てその者が当該資産を相続前から引き続き所有していたものとみなすと規定しており，被相続人が
当該資産を取得するのに要した費用は相続人の譲渡所得金額の計算の際に取得費としてその譲渡収
入金額から控除されることとなる。これは，相続（限定承認を除く。）の時点では，資産の増加益
が顕在化しないことから，その時点における増加益に対する課税を留保し，その後相続人が資産を
譲渡することによってその増加益が具体的に顕在化した時点において，これを清算して課税するこ
ととしたものであり，この規定の本旨は，増加益に対する課税の繰延べにあると解される。

②　そうすると，相続人が相続した不動産を譲渡した場合の譲渡所得の金額の計算において譲渡収入
金額から控除される取得費のうちの「資産の取得に要した金額」は，被相続人と相続人の両者につ
いて，その不動産を取得したときにおける，(1)その不動産の客観的価格を構成すべき取得代金の額
と，(2)その不動産を取得するための付随費用の額を合算すべきことになる。このうち，相続人につ
いては，相続は被相続人の死亡という事実に基づいて何らの対価なくして財産の承継が生ずるもの
であるから，(1)は考えられず，相続により取得した不動産の所有権移転登記手続等をするために要
する費用（登録免許税等）が，(2)の付随費用に当たるものである。本件においては，遺産分割に要
する費用が，相続人の上記(2)の付随費用に当たるかどうかが，問題となる。

③　遺産分割は，共同相続人が，相続によって取得した共有に係る相続財産の分配をする行為であり，
これによって個々の相続財産の帰属が定まり，相続の開始の時にさかのぼって，各相続人が遺産分
割により定められた財産を相続により取得したものとなるのである。

④　このような法的性質に照らして考えると，遺産分割は，まず，これにより個々の資産の価値を変
動させるものではなく，遺産分割に要した費用が当該資産の客観的価格を構成すべきものではない
ことが明らかである。そして，遺産分割は，資産の取得をするための行為ではないから，これに要
した費用（例えば，遺産分割調停ないし同審判の申立手数料）は，資産を取得するための付随費用
ということもできないといわざるを得ない（これに対し，例えば，既に共同相続人の共有名義の相
続登記がされているときに，遺産分割の結果に基づいて単独名義に持分移転登記手続をするために
要する費用は，単独で相続したことを公示するために必要な費用であるから，単独名義の相続登記
をする費用と同様に，資産を取得するための付随費用に当たるというべきである。）。したがって，
遺産分割の手続について弁護士に委任をした場合における弁護士報酬は，相続人が相続財産を取得
するための付随費用には当たらないものというべきである。

【検　討】

遺産分割の際の弁護士報酬がその遺産分割により取得した資産の取得費となりうるかが争われた事
案である。裁判所は，遺産分割は資産の取得をするための行為ではないから，これに要した費用は資
産を取得するための付随費用には含まれないとした。審判所の裁決に対し裁判所は，遺産分割の際に
支出した弁護士費用が資産を取得するために通常必要と認められる費用であるか否かが問題なのでは
なく，遺産分割に要した費用はそもそも取得費を構成しない，とした。

本事案においては，相続開始後遺産分割が完了するまで40年弱もかかっており，まさに争続といえ
る事情がある。確かに遺産分割は資産を取得するための行為ではないが，弁護士の代理がなければ相
続はまとまらず，Aは土地を取得することはできなかった。そういった観点からは必要な費用であっ
たといえるのではないだろうか。現状では，本事案におけるような弁護士費用は，税法上考慮される
機会がない費用ということになる。

資産の多少に関わらず相続が争続となってしまい，代理人をたてざるをえなくなる，という状況は
それほど珍しいものではない。当事者としてはやむを得ず支出した費用である，と認識しているケー

スが多い。相続財産を取得するために要した費用と考えるのが人情であるともいえ，取得費とできないのか相談をうける税理士も多くなるのではないだろうか。本事案は，そういった際の弁護士費用の経費性について検討すべきことを提起している。

　だがしかし，「資産の取得に要した金額」には，当該資産の客観的価格を構成すべき取得代金の額のほか，登録免許税，仲介手数料等の当該資産を取得するための付随費用の額も含まれるが，他方，当該資産の維持管理に要する費用等居住者の日常的な生活費ないし家事費に属するものはこれに含まれない。この，取得費の要件を再確認しつつ，現状では遺産分割に係る弁護士費用は相続財産を取得するための付随費用とはいえず，取得費に含めることはできないという点について留意しなければならない。

【論　　点】
①　譲渡所得の収入と取得費の関連性。
②　取得費の範囲と限界。

《所得税法関係》

043 居住用財産の特別控除

東京高裁平成22年7月15日判決
平成21年（行コ）第372号・通知処分取消請求控訴事件
【掲　載】ＴＫＣ：25463663・ＴＡＩＮＳ：Ｚ260－11479)
【判　示】居住用家屋の敷地である土地を更地として譲渡する目的で取り壊して，当該土地のみ
　　　　の譲渡をした場合でも特別控除の適用が容認された事例。
〔第1審：東京地判平成21年11月4日・平成20年（行ウ）第578号〕

【解　説】

　租税特別措置法35条1項は，個人用居住財産に係る譲渡所得についての特別控除を規定している。この規定は，一般に，人が自ら居住の用に供している家屋や敷地等を譲渡する場合は，代替となる居住用財産を取得するのが通常であることから，一般の資産の譲渡と比べると担税力も高くないという点に考慮した特例である。特別控除額が3000万円と大きいことから，納税者にとっては措置法が適用できるかどうかは重大な関心事である。措置法の適用を受けるには，措置法の要件が満たされなければならない。

【事案の概要と経緯】

　本事案では，土地と建物について共有持分を有する納税者が，居住の用に供している家屋部分の敷地に相当する部分を分割取得していたが，この分割取得した土地と建物に代わる居住資産を取得するために，居住の用に供している家屋部分を取り壊して，分割取得した土地を更地で譲渡したという事情が存在する。本事案で問題となっているのは，共有家屋の一部を取り壊して敷地を譲渡した場合も，措置法の要件を満たすかどうかという点である。

　平成15年12月に亡親の相続財産について，遺産分割協議に基づき，納税者は，本件建物の居住状態に応じて分筆された土地の所有権と，本件建物の持分4分の1を取得した。残りの4分の3の建物の持分は，納税者とともに建物に居住している義理の姉Aが取得した。

　その後，納税者は，平成16年6月，本件建物から退去して，建物のうち自身の居住部分を取り壊した上で，同年12月，第三者との間で本件土地を1925万円で売却する旨の売買契約を締結し，平成17年1月，第三者に土地を引渡した。また建物の一部取り壊し後の平成16年7月，納税者は，建物の持分を，建物の残存部分に居住するAに贈与した。

　納税者は，宅地の譲渡に係る譲渡所得に対する所得税の確定申告をしたが，本件譲渡は租税特別措置法35条1項（平成18年法律第10号による改正前のもの）に定める居住用財産の譲渡所得の特別控除の要件を満たすとして，更正の請求をした。課税庁は，更正すべき理由がない旨の通知処分を受けた納税者が通知処分の取消しを求めて出訴した。

　第1審は，租税特別措置法35条1項の趣旨を踏まえて，一部の取壊しが当該部分の敷地の用に供されていた土地の部分を更地として譲渡するために必要な限度のものであり，かつ，取壊しによって当該家屋の残存部分がその物理的形状等に照らし居住の用に供し得なくなったときには，当該家屋の全体が取り壊された場合に準ずるとの基準の下で，建物の一部取り壊し後も，Aが建物の残存部分に居住し続けているから，建物の残存部分が居住の用に供し得なくなったといえないと判断して，譲渡について租税特別措置法の適用を否定した。

　これに対して，控訴審は納税者の主張を容認し，納税者勝訴が確定した。

127

【判決要旨】

① 措置法35条1項に定める本件特別控除は，個人が自ら居住の用に供している家屋又はその敷地等を譲渡するような場合は，これに代わる居住用財産を取得するのが通常であるなど，一般の資産の譲渡に比して特殊な事情があり，担税力も高くない例が多いことなどを考慮して設けられた特例であると解される。

② 家屋の存する土地の取引において，当該家屋を必要としない買主が，当該家屋を売主の負担において取り壊すことを求めることがしばしば見られるのは公知の事情であり，上記に述べた措置法35条1項の趣旨からすれば，個人が，その居住の用に供している家屋をその敷地の用に供されている土地を更地として譲渡する目的で取り壊した上，当該土地のみの譲渡をした場合は，上記の家屋をその敷地の用に供されている土地とともに譲渡をした場合に準ずるものとして，措置法35条1項の要件に該当すると解することができる。

③ 土地建物について共有持分を有する個人が，その居住の用に供している家屋部分の敷地に相当する部分を分割取得し，これに代わる居住資産を取得するために，当該居住の用に供している家屋部分を取り壊し，そのうえで分割取得した土地を更地で譲渡した場合についても，個人が自ら居住の用に供している家屋又はその敷地等を，これに代わる居住用財産を取得するために譲渡するという点では同じであり，一般の資産の譲渡に比して特殊な事情があり，担税力も高くないということができる。

④ 土地上に一棟の建物が存する場合において，土地建物それぞれについて共有持分を有し，同建物に居住する者同士が，お互いの共有持分に相当する土地部分の分割に加え，建物についてもお互いの取得する土地上の建物部分についてこれを建物として区分することに合意し，そのうえで一方が自らが分割取得した共有土地部分上に存する建物部分を取り壊したうえで，その敷地に相当する共有土地部分を譲渡し，他の共有者が同じく分割取得した土地上の残存家屋について単独で所有権を取得し，その結果，分割取得した共有土地部分を譲渡した共有者が建物の共有持分を喪失したと認められる場合においては，これを全体としてみる限りは，共有者の一人が自らの土地上に存する自らが所有し居住する建物を取り壊したうえで，その敷地部分を譲渡した場合と同視することができる。

⑤ 本件合意の趣旨としては，本件建物の一部取り毀しに際しては，その部分に対する己の共有持分の放棄がなされることの見合いで，残存家屋部分に対する納税者の共有持分の放棄がなされることが合意されていたものとみるべきであるから，納税者は，上記一連の手続の結果，本件建物の共有持分を喪失したことが明らかである。

⑥ 納税者による本件土地の第三者への譲渡は，自らの所有する土地上に存する自らが所有し居住する建物を取り壊したうえで，その敷地部分を第三者に譲渡した場合と同視することができるというべきであり，措置法35条1項の要件に該当する。

【検 討】

　実務や裁判例においては，個人が自ら居住の用に供している家屋等を譲渡する場合の優遇措置である租税特別措置法35条1項の趣旨を踏まえて，個人が，居住の用に供している家屋をその敷地の用に供されている土地を更地として譲渡する目的で取り壊した上，当該土地のみを譲渡した場合には措置法の要件を満たし，当該資産に関する長期譲渡所得の金額から3000万円の控除が認められる。

　本事案では，建物と土地を他の親族と共有し，同建物に居住していた納税者が，同土地を第三者に譲渡するにあたり，納税者の居住部分となっていた建物部分を取り壊した上で土地を譲渡した場合にも，租税特別措置法35条1項の要件を満たすか否かが争われている。

《所得税法関係》

　控訴審判決は，土地建物に共有持分を有する納税者が，居住の用に供している家屋部分の敷地に相当する部分を分割取得し，これに代わる居住資産を取得するために，当該居住の用に供している家屋部分を取り壊した上で分割取得した土地を更地で譲渡した場合であるとした。その上で実質的には納税者が自ら居住の用に供している家屋等に代わる居住用財産を取得するための譲渡であり，措置法の要件を満たすと判断した。

　確かに，本事案の建物は物理的形状に照らすと，一部取り壊し後にも居住の用に供する建物として存在していた。しかし，納税者は一部取り壊し後の建物の共有持分を喪失しており，残存建物は納税者の居住の用に供しえないものであった。譲渡が土地上に存する自らの所有する居住建物を取り壊した上での譲渡であるとした判断は，租税特別措置法35条1項の立法趣旨を踏まえた判断であるという点から評価できる。

　納税者の事情は，裁判所も指摘するように，「しばしば見られる」日常的な話であるにもかかわらず，納税者の負担が控訴審まで継続した事実は重い。今後の実務に影響を及ぼす注目すべき判決といえる。

　なお，納税者は，当初は，特例の適用をせずに宅地の譲渡に係る譲渡所得に対する所得税の確定申告をしたが，特例の適用を求めて更正の請求をしている。更正の請求に至る経緯は不明であるが，結果として納税者にとって有利に運んだことを考慮すると，税の繁忙期を過ぎた時点において，再検討する余裕が必要かもしれない。

【論　　点】

① 　譲渡所得の計算における特別控除の種類と趣旨。
② 　居住用財産の譲渡における特別控除の意義と趣旨。

044　保証債務の履行

福岡地裁平成23年11月11日判決

平成22年（行ウ）第23号・所得税更正処分等取消請求事件

【掲　載】ＴＫＣ：25480116・ＴＡＩＮＳ：Ｚ261−11807

【判　示】所得税法64条２項の趣旨は，求償権を行使することができなくなった限度で資産の譲渡による所得に対する課税を免れさせることによって，課税上の救済を図る点にあるとした事例。

〔控訴審：福岡高判平成24年９月20日・平成23年（行コ）第48号〕

〔上告審：最決平成25年７月11日・平成24年（行ツ）番号不明〕

【解　説】

　租税公平主義の下では，担税力のない部分に対する課税すべきではない。所得税法64条２項は，納税者の実質的担税力に着目し，保証債務を履行したが求償権を行使できない場合には，保証債務の履行のために行った「資産の譲渡」による所得に課税しないとしている。

　もっとも，保証債務を履行した納税者が連帯保証人に対して求償権を行使し，譲渡代金を回収できる場合には，納税者は資産の値上り益を享受でき，実質的担税力は増加することから，同規定は適用できない。

【事案の概要と経緯】

　株式会社Ａ酒店の代表取締役であり，平成18年11月30日に解散した株式会社Ｂ社の清算人である納税者と，Ａ酒店及びＢ社の取締役である納税者の妻乙は，Ｃ銀行等に対するＡ酒店及びＢ社の借入金債務を連帯保証していた。納税者は，平成18年11月30日，所有する本件土地を４億4825万余円でＤ社に売却し，その売却代金の一部をＡ酒店及びＢ社の債務の代位弁済に充てた。

　その後，納税者は，平成18年12月30日付け内容証明郵便により，債務の支払能力がないことを理由に，Ａ酒店及びＢ社に対する債務を代位弁済したことによる求償権について債務免除し，求償権を放棄すると通知した。また，納税者は，同日付け内容証明郵便により，乙には支払能力がないことを理由に，納税者の代位弁済のため連帯保証人乙に対して有する求償権について，求償権を放棄すると通知した。

　納税者は，平成19年３月14日，平成18年分の所得税の確定申告において，所得税法64条２項を適用して，代位弁済等に伴って生じた求償権の一部のうち行使できなった部分の金額について，分離長期譲渡所得の金額の計算上なかったものとみなす等として，長期譲渡所得の金額を計算し，確定申告を行った。

　これに対して，課税庁は調査を経由して平成20年10月31日，本件には同法64条２項の適用がないとして更正処分及び過少申告加算税の賦課決定処分を行った。そのため，納税者は，処分の取消しを求めて出訴したのが，第１審及び控訴審はいずれも訴えを棄却し，最高裁は上告不受理を決定したため，納税者の敗訴が確定した。

【判決要旨】

① 所得税法64条２項の趣旨は，保証人が，将来保証債務を履行したとしても，主たる債務者に対する求償権の行使によって実質的な経済的負担を免れ得るとの予期の下に，保証契約を締結して他人の債務の履行について契約上の義務を負担したところ，その義務を履行するために資産の譲渡を余

儀なくされ，しかも保証契約の締結時の予期に反して求償権を行使することができなくなった場合においては，これらの経緯を全体としてみると，当該資産の値上がり益を現実に享受する機会を失ったものとして，資産の譲渡代金が回収不能になった場合と類似した利益状況にあるということができるから，求償権を行使することができなくなった限度で当該資産の譲渡による所得に対する課税を免れさせることによって，特に課税上の救済を図ろうとする点にある。

② 連帯保証債務を履行した場合において，他に連帯保証人が存する場合には，共同保証人に対しても求償権を有するものであるところ，法64条2項は，求償権の相手方について何ら限定を設けておらず，文理上，これを主債務者に対する求償権に限定すべき根拠は何ら見当たらないし，法64条2項の趣旨に照らして実質的に考慮しても，共同保証人に対して求償権を行使することができるときは，その限度で，資産の値上がり益を現実に享受することができるのであるから，上記求償権の相手方には，共同保証人も含まれる。

③ 本件債務については，納税者のほか乙も連帯保証人となっており，連帯保証人の一人である納税者が本件債務を弁済したのであるから，納税者は，乙に対して負担割合に応じて求償権を有する。

④ 共同保証人は，特約のない限り平等の負担部分を有する。

⑤ 納税者は，黙示的な特約があったとし，その根拠として，納税者が本件各社の代表者であり，乙が取締役にすぎなかったこと，乙が納税者の妻であり，金融機関の要請により形式的，名目的に保証人となったことを挙げているところ，そもそもこれらの事情は一般的外形的な事情にすぎず，これらが存在したとしても，直ちに求償権についての黙示の特約を認めるに足りるものではない。

⑦ 納税者と乙との間において，負担部分に関する特約が成立していたとは認めるに足りないというべきであり，他に負担部分を左右する事情も見当たらないから，納税者は，乙に対して，求償権を有していた。

⑧ 乙は，合計2933万余円の資産を有していたと認められるから，納税者は，同額について求償権を行使することができたものであり，同額については，法64条2項の適用はない。

⑨ 納税者の主張は，せいぜい共同保証人間の人的関係に基づく心情的な困難性をいうものにすぎず，これをもって，求償権の全部又は一部の行使ができなくなったといえるものではない。

【検　討】

本事案は，会社の借入金債務を代表取締役である納税者が代位弁済したところ，会社に対して求償権を行使できず，また連帯保証人である妻乙に対しても求償権を行使できないとする場合に，所得税法64条2項に規定する，保証債務の履行により資産の譲渡代金が回収不能となった場合の所得計算の特例規定が適用できるか否かが争点となった。

裁判所は，所得税法64条2項にいう「求償権」行使の相手方には主債務者だけでなく，連帯保証人も含まれるとした上で，本件では乙に対して代位弁済に係る求償権を行使できるから，同規定を適用できないとの判断を下した。

所得税法は「資産の譲渡」による所得に対して譲渡所得課税を課すことを定めている。しかし，保証債務を履行するために「資産の譲渡」を行い，求償権の全部又は一部を行使できない場合には，納税者は資産の値上がり益を享受できず，納税者の実質的担税力は増加しないことを根拠に，同法64条2項が，納税者の実質的担税力に着目し，保証債務を履行したが求償権を行使できない場合に，保証債務の履行のために行った「資産の譲渡」による所得に課税しないと規定している。

一方で，保証債務を履行した納税者が連帯保証人に対して求償権を行使し，譲渡代金を回収できる場合には，納税者は資産の値上り益を享受でき，実質的担税力は増加するといえるから，同規定は適用できない。所得税法64条2項にいう「求償権」行使の相手方には連帯保証人も含まれると判断した

裁判所の判断は，納税者の実質的担税力に着目して同規定の適用の可否を判断したものと評価できる。

　判決が示するように，配偶者に対する求償権行使の心情的困難性のみを理由に同規定は適用できないが，とりわけ夫婦・家族間の資産では資産の形式的名義人と実質的所有者が異なる場合があることを前提とすると，求償権の相手方が配偶者である場合には，配偶者が所有する資産について，資産の帰属者が誰であるかを実質的に認定すべきであり，その認定に基づいて求償権の行使の可否を判断すべきである。具体的には，妻が資産の形式的名義人であり，当該財産が夫に実質的に帰属する場合には，資産を保有しない妻に対する求償権の行使は不可能であるから，同規定は当然に適用できるものといえよう。判決が乙名義の資産があることのみを理由に，求償権を行使できると判断した点にはいささか疑問が残る。

　連帯保証人に就任することは極力避けるべきことは，社会の常識である。それでも連帯保証人になるのは，当事者が法人と経営者間，親族間など特殊な関係にあることは多い。当然，相手のふところ具合を熟知している。複雑な取引が登場するのも特殊関係にあるからこそ可能なのである。極論をいえば，所得税法64条2項の適用を想定した行為と疑念を持たれることも否定できない。

【論　　点】

①　所得税法64条2項の趣旨と限界。

②　求償権行使の不能の判断基準。

《所得税法関係》

045 医療費控除　Ⅰ

鳥取地裁平成20年9月26日判決

平成18年（行ウ）第5号・所得税更正処分取消請求事件

【掲　載】ＴＫＣ：25463157・ＴＡＩＮＳ：Ｚ259－11038）

【判　示】医師からすすめられ受け始めた通所介護等に係る費用であっても「療養上の世話」に
はあたらず医療費控除の対象外とされた事例。

〔控訴審：広島高判平成21年7月10日・平成20年（行コ）第7号〕

〔上告審：最決平成21年11月13日・平成21年（行ツ）第283号〕

【解　説】

医療費控除は通常年末調整で課税関係が完結し確定申告を要しない給与所得者を含め，多くの納税者にとって身近な制度である。病院にかかった費用がその対象となることについては多くの納税者が認識しているところであるといえるだろう。しかし，最近では介護費用の中でも医療費控除の対象となるものは領収証の中で区分して表示されているが，医療の周辺サービスに関係する費用について，医療費控除の対象となるかどうかまで詳細に把握している納税者は多くない。

【事案の概要と経緯】

納税者の妻Ａは，平成14年5月，脳梗塞になり，その後遺症に加え糖尿病も発症し，入院するなどして治療を受けていた。Ａは，その後，平成15年に身体障害者等級表第1級の身体障害者の認定を受け，さらに，平成16年2月3日には，要介護状態区分3に認定された。

納税者はＡの退院に先立ち，主治医から介護保険制度下のサービスの受給を勧められ，外来での通院加療と福祉サービスの受給に関する平成14年10月24日付け退院療養計画書を受け取った。同書面には，「退院後の治療計画」として「当科外来での通院加療を継続して下さい」と，「退院後必要となる保険医療サービスまたは福祉サービス」として「適宜，福祉サービスを利用して下さい」とそれぞれ記載されていた。また主治医は，その後の計画書のうち平成16年2月4日作成の居宅サービス計画書に先立ち提出した意見書において，Ａの介護に関して，医学的管理の必要性につき，医療系居宅サービスに該当する「訪問リハビリテーション」「通所リハビリテーション」「短期入所療養介護」を相当とする意見を付していた。

納税者は，平成14年10月3日ころ，指定居宅介護支援事業者である社会福祉法人Ａ町社会福祉協議会と利用契約を締結し，居宅サービス計画書を作成してもらい，以降社会福祉協議会が運営するデイサービスセンターＤでサービスの提供を受けることになった。居宅サービス計画書は，主治医から徴求した意見書を参考にして要介護者の家族と相談をした上で，ケアマネージャーによって作成されることになっており，Ａに係る上記居宅サービス計画書も，納税者とＡの介護士の資格を有する長女とケアマネージャーが相談し，主治医から提出された意見書を参考にして内容が決められた。

Ａは，居宅サービス計画書に基づき，Ｄセンターから，介護保険制度下で通所介護，介護福祉用具の貸与及びレンタルとされる各種の居宅サービスの提供を受けた。その内容は，大要，送迎，入浴，絵画，昼食，特殊寝台，介助バーの貸与，昼食の提供，血圧測定，定期的な受診，服薬管理，他者との交流（コミュニケーションの確保），午睡，衣類着脱介助，動作訓練（建物内のトイレや浴室まで歩行する訓練），機能訓練（ベッド上での関節可動域の維持，拡大訓練やベッドサイドでの足の屈伸運動）であった。

納税者は以上の通所介護等の費用を，所得税法73条の医療費控除の対象に含めて，平成16年分の所

133

得税の確定申告をしたところ課税庁は上記費用を医療費控除の対象と認めないとする更正処分を行った。

　納税者は処分取消を求めて提訴したが，第１審及び控訴審はいずれも訴えを棄却し，最高裁は上告不受理を決定したため，納税者の敗訴が確定した。

【判決要旨】

① 　「療養上の世話」に関する法的な区別については，介護保険法施行規則において，介護保険法７条11項の「通所介護」に関する同法施行規則10条の「法第７条第11項の厚生労働省令で定める日常生活上の世話は，入浴及び食事の提供（これらに伴う介護を含む。），生活等に関する相談及び助言，健康状態の確認その他の居宅要介護者等に必要な日常生活上の世話とする」という規定と，同法７条８項の「訪問看護」に関する同法施行規則６条の「病状が安定期にあり，居宅において看護師又は次条に規定する者が行う療養上の世話又は必要な診療の補助を要することとする」という規定や，同法７条12項の「通所リハビリテーション」に関する同法施行規則11条の「法第７条第12項の厚生労働省令で定める基準は，病状が安定期にあり，次条に規定する施設において，心身の機能の維持回復及び日常生活上の自立を図るために，診療に基づき実施される計画的な医学的管理の下における理学療法，作業療法その他必要なリハビリテーションを要することとする」という規定との違い（「療養上の世話」と「日常生活上の世話」が対置されていることなど）においてもあらわれている。

② 　介護保険法上の「療養上の世話」には，病傷者の病気や傷の治癒や症状の改善に向けられた医療的な世話が含まれることは明らかであるものの，介護保険法７条12項及び同法施行規則11条が，リハビリの対象者について病状が安定期にある者を，その目的において機能の維持を含めていることからすると，治癒や症状の改善の見込みがない場合に直ちに「療養上の世話」に当たらないと判断できるものではないといわざるを得ない。

③ 　所得税法施行令207条５号の「療養上の世話」を看護師等によるもの以外に拡張するとしても，基本的には，医学的管理の状況や看護師等による専門的な世話の状況（病傷者の病気や傷の治癒や症状の改善に向けられた医療的な世話かどうかといった個別の事情もこの問題に含まれる。）といった前記介護保険法等から窺われる区分も踏まえて個別に検討するのが相当である。

④ 　平成12年６月８日付け課所４－11「介護保険制度下での居宅サービスの対価に係る医療費控除の取扱いについて」は，通所介護等のサービスの費用についても，本件個別通達が定義する医療系居宅サービスと併せて利用する場合には，療養上の世話として医療費控除の対象となることを認めているが，一般的に通所介護等のサービスが療養上の世話に当たることを認めたものではなく，一般には通所介護等のサービスが療養上の世話に当たらないことを前提にして，一定の条件を満たす場合のみその対象費用を医療費控除の対象と認めたものであると解するのが相当であり，Ｄセンターにおける通所介護等の実情により「療養上の世話」に当たるか否かを判断すべきである。

⑤ 　以上を前提とすると，平成16年にＡに対しＤセンターにおいて行われていた通所介護（食事の提供を含む。）及び福祉用具の貸与の各サービスについては，いずれも所得税法施行令207条５号の「療養上の世話」に当たると認めることはできず，通所介護費用（食費を含まない。）及び福祉用具の貸与費用については医療費と認められない。また食費については，同費用に対応するサービスが認められない以上，医療費に当たらないことは明らかである（所得税法施行令207条各号のうち５号以外の規定にも当たらない）。

《所得税法関係》

【検　　討】

　　納税者の感覚からすれば，主治医からすすめられ受け始めた療養の一環として受けていた通所介護が，療養上の世話にはあたらない，とされたのは驚きだっただろう。脳梗塞による重い後遺障害のあったAの医学的管理のために通所介護という方法がとられていたのであるが認められなかった。療養上の世話にあたるかどうかは個別に実情により判断する，といいながら医療費控除の範囲をかなり限定的にとらえた残念な判断となった。

　　本事案では医師からすすめられ受け始めた介護サービスについて納税者は当然医療費控除の対象となると考え申告した。結果として納税者の主張は認められなかった。納税者としては医師の療養計画に従って受けたものが医療費として認められなかったのは驚きであっただろう。「療養上の世話」とはどういったものを含むのかが問題となったが，介護と医療についての境界について考慮が必要である。

【論　　点】

①　医療費控除の趣旨と対象。
②　医療費と介護費用の区別と境界。

135

046　医療費控除　Ⅱ

那覇地裁平成18年7月18日判決

平成17年（行ウ）第10号・所得税更正処分等取消請求事件

【掲　載】裁判所HP・TKC：28130811・ＴＡＩＮＳ：Ｚ256-10455

【判　示】児童福祉施設に納付した負担金が医療費控除の対象とならないとされた事例。

〔控訴審：福岡高判平成19年2月1日・平成18年（行コ）第4号〕

〔上告審：最決平成19年6月5日・平成19年（行ヒ）第136号〕

【解　説】

　控除対象医療費とは，医師等による診療・治療を原則として，治療・療養に関連して支出される費用が含まれるが，医療費控除の適用範囲の拡大も着実に行われてきた。それは高齢化社会を踏まえた介護費用を控除対象とする医療費控除の制度的な見直しである。

　確かに，高齢者が医療機関で直接負担する医療費は少額であるから，いわば治癒・完治するまでという期間限定から，ある程度の期間を要する費用も容認されてきたことは，高齢化社会の施策として当然といえよう。

　もっとも医療とは，傷病・疾病の治療を目的とする行為と考えた場合に，完治・治癒という見地では考えることが難しい，いわゆる老化現象に対処する介護に係る費用を，医療費に包含することはいささか疑問も出てくる。そのため医療費控除は改廃するなどして，所得控除として，介護費用控除を創設したほうが時代に即した税制であるとする見解もある。

　これに対して，慢性的な疾患や難病などに苦しむ人々も少なくなく，医療費控除の重要性も指摘されてきた。とくに子ども医療は，その費用を金銭的支援する制度を導入している地方自治体も増加傾向にあるとはいえ，長期的なものであり，精神面ではもちろんであるが，経済面でも親の負担が大きい。

【事案の概要と経緯】

　納税者は，Aの父であり，扶養義務者である。Aは，精神障害者であり，社会福祉法人が設置，運営する知的障害児施設に入所していた。入所していた期間，県知事に対し，児童福祉法56条2項（費用の徴収・負担）の規定に基づき，児童福祉施設負担金を納付した。この負担金が医療費控除の対象に含まれるか否かが争点となった。

　納税者の主張は，おおむね次のとおりである。

　　所得税基本通達73-3(3)は，「児童福祉法56条（費用の徴収，負担）の規定により都道府県知事又は市町村長に納付する費用のうち，医師等による診療等の費用に相当するもの」を控除対象医療費とし，保護義務者が児童福祉法56条の規定に基づき納付する負担金のうち，医師等による診療等の費用に相当するものが控除対象医療費に当たることを認めているところ，本件施設は知的障害の治療のための施設であり，Aはその治療を受けるため，本件施設に入所した者である。したがって，納税者が児童福祉法56条2項の規定に基づき納付した本件負担金は，医療行為の対価であり，控除対象医療費に当たる。

　　所得税基本通達73-3(1)には，控除の対象となる医療費の範囲として，「医師等による診療等を受けるための通院費若しくは医師等の送迎費，入院若しくは入所の対価として支払う部屋代，食事代等の費用又は医療用器具等の購入，賃借若しくは使用のための費用で，通常必要なもの」と規定しているが，本件負担金は，「部屋代，食事代」に該当する。

《所得税法関係》

第1審及び控訴審はいずれも納税者の主張を斥け棄却し，最高裁も上告不受理を決したことから，納税者敗訴が確定した。

【判決要旨】

① 児童福祉法42条は「知的障害児施設は，知的障害のある児童を入所させて，これを保護するとともに，独立自活に必要な知識技能を与えることを目的とする施設」と定義しているから，知的障害児施設は入所者に医療行為（知的障害の治療）を行うこと自体を目的とするものではない。また，最低基準48条1号の準用する41条5号は，自閉症児施設を除く知的障害児施設には，「児童30人以上を入所させる施設には，医務室を設ける。」と規定しているが，入所児童数が30人に満たない施設には医務室を設けることを要しないとし，また，同基準49条2項は，「精神科の診療に相当の経験を有する嘱託医を置かなければならない。」と規定しているが，常勤の医師を置くことまでは求めていない。したがって，一般的に知的障害児施設が知的障害の治療のための施設であるということはできない。

② 知的障害児施設において，医師による診療又は治療が行われることは考えられることであり，そのための費用が「入所後の養育につき児童福祉法45条の定める最低基準を維持するための費用」（児童福祉法50条7号）に当たるとして都道府県がこれを支弁し，保護義務者が同法56条2項の規定に基づき，その費用の全部又は一部を都道府県知事に負担金として納付した場合には，上記費用に対応する負担金は控除対象医療費に当たると解する余地がある。

③ 納税者が引用する所得税基本通達73－3が，「児童福祉法56条（費用の徴収・負担）の規定により都道府県知事又は市町村長に納付する費用のうち，医師等による診療等の費用に相当するもの」を控除対象医療費に当たるとしているのは，このような場合を想定したものと解される。

④ 証拠及び弁論の全趣旨によれば，本件施設は，本件の課税対象期間において，2人の医師との間で嘱託医師業務契約を締結していたが，そのうちの1人の医師の嘱託業務は，(1)入所者の健康保持増進の指導，助言，(2)入所者の緊急事態に対し対応を行う，(3)月1回以上，来園し入所者の検診及び医療相談を行う（第3水曜日の午後2時から4時までの2時間）というものにすぎず，また，同医師は，精神科の医師ではなかったため，Aの精神障害の治療は行なっていなかったことが認められる。

⑤ 証拠及び弁論の全趣旨によれば，本件施設のもう1人の嘱託医であるF医師（精神科医）は，本件施設の児童に対して随時，保護者と本人の要請によって健康相談を行ない，他の医療機関の医師に対してAの診療情報を提供するなどしていたことが認められるが，これをもって，本件施設においてAの精神障害の治療がされていたと認めることはできない。

⑥ 一般的に知的障害児施設が知的障害の治療のための施設であるということはできず，実際にも，本件施設では医師によるAの精神障害の治療は行われていなかったのであるから，本件負担金が，本件施設で行われる医療行為に対する対価に当たるということはできず，控除対象医療費に当たるということはできない。

⑦ 納税者は，D病院の医師が処方した薬剤を本件施設の看護師がAに与えていることや，Aが自閉症に罹患しており，その治療が必要であることなどを挙げて，本件負担金が控除対象医療費に当たる旨主張する。しかしながら，D病院医師の処方した薬剤の投与が本件施設内で看護師によって行われたとしても，それをもって本件施設で医療行為が行われた評価することはできないことは明らかであり，またAが自閉症の治療を必要としているからといって，これをもって，本件負担金が自閉症の治療の対価であるということはできない。

⑧ 本件負担金は，所得税基本通達73－3(1)の「部屋代，食事代」に該当すると主張するが，部屋代，

137

食事代」は，医師等による診療等を受けるため」のものであることを必要とするものであって，記のように本件施設においてAに対する医療行為が行われていたとは認められない以上，本件負担金は，「部屋代，食事代」には該当しない。

【検　討】

　障害者については，別途障害者に係る税法上の措置もあるが，社会福祉に係り，長期に渡る費用負担については，考慮すべきである。ただ本事案で納税者が主張するように，医師との接触だけで治療が伴う医療費と判断することは難しいといえる。

　裁判所は，一般的に知的障害児施設が知的障害の治療のための施設であるということはできないとしたうえで，知的障害児施設であっても，医師による診療又は治療が行われることは考えられると判示し，その場合には，医療費用に対応する負担金は控除対象医療費に当たると解する余地があると指摘している。そして裁判所は，一定規模の施設には医務室が設置されることを例示している。つまり，知的障害児施設内で本事案と同様程度の処遇であっても，医務室の存在や医師の勤務状況により，都道府県知事への負担金が医療費控除の対象となる可能性があるなら，問題である。

【論　点】

① 　医療費控除の趣旨と対象。
② 　医療費と福祉に関する費用の区別と境界。

《所得税法関係》

047 雑損控除

大阪地裁平成23年5月27日判決
平成21年（行ウ）第134号・所得税更正処分取消等請求事件
【掲　載】ＴＫＣ：25472599・ＴＡＩＮＳ：Ｚ261－11692
【判　示】自宅建物の取壊しに伴い支払ったアスベスト除去工事費用は，雑損控除の対象とはならないとされた事例。
〔控訴審：大阪高判平成23年11月17日・平成23年（行コ）第90号〕
〔上告審：最決平成25年1月22日・平成24年（行ヒ）第56号〕

【解　説】

　所得控除の中に，居住者等の有する資産について災害又は盗難若しくは横領による損失が生じた場合に，その一定額を所得から控除する雑損控除がある（所得税法72条）。この雑損控除の趣旨は，災害，盗難，横領という納税義務者の意思に基づかない災難による損失が発生した場合に，租税負担の公平の見地から，その損失により減少した担税力に即応することで課税するものである。そのため，一定の範囲で，納税者の負うべき責任の範囲も考慮され，いわば自己責任が求められるような行為や結果は，雑損の対象とならないとされている。

　災害については，震災，風水害，火災のほか（所得税法2条1項27号），自然現象の異変による災害，人為による異常な災害，生物により異常な災害などが挙げられている（所得税法施行令9条）。いわば人間の力では対抗できない現象を指しているが，当然，納税者の責任も問われない。

【事案の概要と経緯】

　納税者が，自宅建物の取壊しに伴い支払ったアスベスト除去工事費用及びアスベスト分析検査試験費を，所得税法72条の雑損控除の対象として，確定申告をしたのに対し，課税庁が，除去費用等は雑損控除の対象とはならないとした。

　納税者は，建物に吹き付けアスベストが使用されていたことを納税者が認識したのは，建物が解体されたときであり，通常の生活をしている限り，およそ一般人であれば発見・認識できない状態にて吹き付けアスベストが使用されており，なお，実際に，納税者も建物の解体時までアスベストを含有しているとは知らなかったという。つまり，納税者は，アスベストに対する世間一般の危険性の認識の変化，吹き付けアスベストの使用が建物の建築当時何ら禁止されていなかったにも関わらず，数十年もの年月が経過した後に撤去義務まで課されるようになったこと等の経緯を捉えて通常あり得ないと主張した。

　第1審は納税者の主張を斥け棄却し，控訴審も第1審判決を引用，棄却した。最高裁は上告不受理としとしたことから，納税者の敗訴が確定した。

【判決要旨】

① 建物は，昭和50年5月頃に建築が開始され，昭和51年に竣工したものであること，建物には，建築部材の一部にクリソタイル（白石綿）が0.6パーセント含まれていたことの事実が認められる。これらの事実及びアスベスト（石綿等）に関する規制に照らせば，本件において納税者の損失（除去費用等の支出又はこれに相当する建物価値の下落）の原因としては，(1)建物の建築施工業者が建築部材を使用して建物を建築したこと及び(2)建物の建築後アスベスト（石綿等）に関する規制が行われたことを考えることができる。

139

② 建築施工業者が本件建築部材を使用して建物を建築したことに関しては，建築部材は，昭和50年又は昭和51年当時，労働安全衛生法等の各法令において規制の対象とはされておらず，これを建築部材として使用することは何ら違法ではなかったことが認められる。この点に加え，納税者が，建築施工業者に対し，建築部材又はアスベストを含有する建材の使用を拒否したといったような特段の事情もうかがわれないことからすると，建物の建築工事において本件建築部材を使用することは，建築請負契約の内容に含まれていたか，少なくとも，包括的に建築施工業者の選択に委ねられていたと解するのが相当である。そうすると，建築施工業者が建築部材を使用して建物を建築したこと（その結果建物にアスベストが含まれていたこと）は，建築請負契約又は納税者の包括的委託（承諾）に基づくものであって，納税者の意思に基づかないことが客観的に明らかな，納税者の関与しない外部的要因を原因とするものということはできない。

③ 建物が建築された当時，アスベストを含む建築部材の使用は法的に何ら問題はなかったのであるから，予測及び回避の可能性，被害の規模及び程度，突発性偶発性（劇的な経過）の有無などを詳細に検討するまでもなく，建築施工業者が本件建築部材を使用して本件建物を建築したことが社会通念上通常ないということはできず，上記原因に異常性を認めることもできない。

建物の建築後アスベスト（石綿等）に関する規制が行われたことに関しては，建築部材など一般に用いられていたアスベスト（石綿等）について，人体に与える有害性が判明したことに伴い，解体建物周辺への飛散や解体労働者の曝露を防止するべく，公共の福祉の観点から法的な規制が行われたものであり，そのような公共のために必要な規制がされたことについては，建物の建築後に規制が行われた経緯等を考慮しても，社会通念上通常ないことには該当せず，これを異常な災害であると認めることはできない。

④ 納税者は，「建物にアスベストが含まれていたこと」が災害である旨主張するが，「建物にアスベストが含まれていたこと」は納税者の損失を構成する結果の一部であって原因ではなく，これを前提に原因としての人為による異常な災害の該当性を判断することはできない。仮に「建物にアスベストが含まれていたこと」が納税者の損失の原因であると考えれば，上記原因は単なる現象であって人の行為ではなく人為性を有するものではないし，また，アスベストを含む建築部材は一般に広く用いられていたのであり，社会通念上通常ない異常な災害といえるようなものでもない。

⑤ 建物にアスベストが含まれていたこと（建物の建築施工業者が建築部材を使用して建物を建築したこと及び建物の建築後アスベスト（石綿等）に関する規制が行われたこと）が，所得税法施行令9条にいう「人為による異常な災害」に該当するということはできず，本件における納税者の損失が「人為による異常な災害」により生じたものということができない以上，雑損控除の適用に関する納税者の主張は採用することができない。

【検　討】

裁判所は，雑損控除の趣旨について，従来からの定説ともいうべき見解を前提として結論を導いている。すなわち，所得税法72条が定める雑損控除の対象となる損失の発生原因である「災害又は盗難若しくは横領」について，納税者の意思に基づかないことが客観的に明らかな事由であり，所得税法施行令9条が規定する災害についても，所得税法72条の「災害」と同様，納税者の意思に基づかないことが客観的に明らかな事由であるとしている。

さらに，所得税法施行令9条が定める災害として例示する内容を考慮すれば，「（人為による異常な）災害」というためには，納税者の意思に基づかないことが客観的に明らかな，納税者が関与しない外部的要因を原因とするものであることが必要というべきという。

結局，雑損控除とは，納税者の意思に基づかない，いわば災難による損失が発生した場合に，租税

《所得税法関係》

負担公平の見地から損失により減少した担税力に応じた範囲での課税を行うとする制度である。そのため，一定の範囲で，納税者の負うべき責任の範囲も考慮されることになり，いわば自己責任が求められるような行為や結果は，雑損の対象とならない。

　災害については，人間の力では対抗できない現象を指している。納税者の責任も問われない。裁判所は，納税者が主張する「災害」に該当するかどうかは，所得計算上考慮しないことが不合理であるかどうかという妥当性の判断に大きく左右されることとなり，課税行政の明確性，公平性の観点を著しく損なうと指摘している。

　ただ，アスベストの弊害が表面化し，危険視されることになったのは最近のことである。本事案でも，納税者は，建物に吹き付けアスベストが使用されていたことを納税者が認識したのは，建物が解体されたときであり，通常の生活をしている限り，発見・認識できない状態にて吹き付けアスベストが使用されていた。アスベストの使用が建物の建築当時何ら禁止されていなかったにも関わらず，数十年もの年月が経過した後に撤去義務まで課され，それを履行するための経済的負担が救済されないとなると，解体工事に係る経済的負担を回避する思惑が納税者に涌くことも否定できない。

【論　　点】

① 　雑損控除の適用対象となる損失の範囲。

② 　損失と納税者の意思。

141

048　住宅ローン控除

東京地裁平成10年2月26日判決

平成9年（行ウ）第72号・所得税更正処分取消請求事件

【掲　載】ＴＫＣ：28041186・ＴＡＩＮＳ：Ｚ238－8263

【判　示】住宅ローン控除の対象となる家屋の床面積基準の面積算定方法が争点となり，控除の適用が否定された事例。

〔控訴審：東京高判平成10年10月22日・平成10年（行コ）第60号〕

【解　説】

　現行の住宅借入金等特別控除とは，個人が住宅ローン等を利用して，マイホームの新築，取得又は増改築等をし，2021年12月31日までに自己の居住の用に供した場合で一定の要件を満たすときにおいて，その取得等に係る住宅ローン等の年末残高の合計額等を基として計算した金額を，居住の用に供した年分以後の各年分の所得税額から控除する内容である。

　適用要件を整理すると，⑴居住開始要件，⑵居住用住宅要件，⑶借入金要件に大別できる。この場合に，住宅ローン控除という税額控除を受ける目的で住宅を購入するわけではなく，結果として租税負担が軽減されると考えるのが自然である。通常は，物件探し，自己資金，ローンの枠と返済期間の3点を比較検討して行うことから，住宅ローン控除の適用要件を満たさない事例は少ないといえる。

　上述の居住用住宅要件のうち面積基準では，取得した住宅の床面積が50平方メートル以上であり，床面積の2分の1以上の部分が専ら自己の居住の用に供するものであるが，床面積は，登記簿に表示されている床面積により判断し，マンションの場合は，階段や通路など共同で使用している部分（共有部分）については床面積に含めず，登記簿上の専有部分の床面積で判断することになっている。床面積の下限が定められているが，居住用として最低限50平方メートルというスペースが必要かは個人の価値観の問題ともいえそうであるが，持ち家政策の要請もあるだろう。

　もっとも新築分譲マンションにおいては，購入時に建物が完成していない場合も多く，想定図面等による判断で，売買契約を締結することも少なくない。完成後，設備や内装の善・改装が可能であっても，床面積についての差異は，変更する余地はない。

【事案の概要と経緯】

　納税者らは，分譲マンションを購入し，いわゆる住宅ローン控除の適用があるものと考え，その適用を前提に納付すべき税額を計算してそれぞれ確定申告を行ったところ，課税庁が，納税者らの区分所有する部分の床面積が住宅ローン控除の適用対象となる家屋の最低床面積に達していないことを理由として，控除の適用を否定し，納税者らに対してそれぞれ更正処分を行ったため，納税者らがこれを不服として右各更正処分の取消を求めた。

　課税庁は，住宅ローン控除の適用対象となる区分所有建物の床面積について，240平方メートル以下で，かつ，50平方メートル以上のものと規定しているところ，この場合の床面積は，建物の区分所有等に関する法律に規定する専有部分の床面積をいうものであり，これは，登記簿上表示される壁その他の区画の内側線で囲まれた部分の水平投影面積によって計算されるべきものであり，それは，建物区分所有法の専有部分の床面積を，壁その他の区画の内側線で囲まれた部分と解するのは，仮に壁の厚さの中心線をもって専有部分間の境界とした場合には，壁内を走る配管類についてもその帰属が争われることとなり，それらの管理につき，区分所有者の善意と公共心だけを頼りとせざるを得なくなって，建物全体の維持管理の上で種々の不都合が生じるとの理由によるものである，と主張した。

《所得税法関係》

　これに対して納税者らは，(1)建築基準法上は，区分所有建物の床面積は壁心計算法により計算され，マンションの販売に際して手交される重要事項説明書，パンフレットに記載されたその面積も壁心計算法により計算されており，(2)登記簿上の内法計算法による床面積は，建物が完成し実際に土地家屋調査士が計測をして初めて計算できるものであるが，新築マンションの分譲が建物完成前に行われることから，床面積の計算を内法計算法により行うものとすると，購入時に当該区分所有建物が住宅取得控除の適用対象となるか否かが確定的に判断できない，(3)税法上の制度の適用対象となるか否かを判断する場合の基準となる床面積を計算するに当たって，一般国民の認識，慣行，区分所有建物でない通常の建物と基準を同一にすることによる分かりやすさなどを重視すべきと主張した。重ねて，売買契約締結後，税制が不利に改正され，受けられるはずの住宅取得控除が受けられなくなったものであり，平成5年3月31日以前に床面積が40平方メートル以上50平方メートル未満の居住用家屋について契約を締結しながら，平成5年12月31日までにたまたま引渡日が来て入居できた者と，特に入居を遅らせたとの事情もないのに，引渡日が平成6年1月以降になった者との間で住宅取得控除の適用の有無が生じるという不平等な事態が生じるのであって，このような不平等な取扱いは，憲法14条（租税公平主義）に違反するものである，と反論した。

　第1審及び控訴院はいずれも納税者の主張を斥け棄却した。

【判決要旨】

① 　納税者らは，建築基準法上，区分所有建物の床面積は壁心計算法により計算されており，床面積を表す場合には一棟の建物，区分所有建物を問わず壁心計算法によるのが一般の慣行である旨主張する。しかしながら，建築基準法及びその関係法規は，建築物の敷地，構造，設備及び用途に関して守られるべき最低の基準を定めるための法規であり，境界壁その他の境界部分の所有関係など区分所有権の範囲を規律することを念頭においたものではないから，建築基準法施行令2条1項3号が床面積の算定方法として壁心計算法をとっているからといって，区分所有建物の専有部分の床面積の算定を壁心計算法により行うべきであるということはできない。また，前示のとおり，不動産登記上は，内法計算法により区分所有建物の床面積の算定が行われているのであって，この事実をみただけでも，建物の取引全般を通じて，床面積を表す場合に一棟の建物，区分所有建物を問わず壁心計算法によるのが一般の慣行になっているとは認め難い。

② 　納税者らは，内法計算法による床面積は，建物が完成後に初めて計算できるものであり，新築マンションの分譲が建物完成前に行われることから，床面積の計算を内法計算法により行うものとすると，購入時に当該区分所有建物が住宅取得控除の適用対象となるか否かが確定的に判断できないという不都合が生じる旨主張するが，マンションの完成前であっても，その設計図面等から内法計算法によるおおよその床面積を知ることは可能と認められるのであって，納税者らの指摘する不都合は，法施行令26条1項2号の解釈，運用を考える上で特段の配慮を要すべきものとは認められない。

③ 　内法計算法は，区分所有建物の専有部分の床面積の算定方法として合理的なものであり，不動産登記においても区分所有建物の床面積の算定方法として内法計算法が採用されていることにかんがみれば，課税実務において，法施行令26条1項2号の区分所有建物の床面積を内法計算法によって算定することとしているのは，右規定の解釈，運用として妥当なものというべきである。

【検　討】

　住宅ローン控除は，庶民感覚からすれば最も身近な節税対策であり，住まいを購入する際の誘因として重要な位置を占める。住宅ローンによる減税策は，年度により適用要件や適用期間にも変遷があ

143

るが，持ち家政策の推進であることはいうまでもない。

　本事案は，マンションのような区分所有建物について住宅ローン控除を適用するにあたり，床面積の算定を，不動産登記法上の内法計算法によって行うべきか，建築基準法上の壁心計算方法によって行うべきかが争点となった。租税特別措置法通達41–11には，判定面積は専有部分のみとの解釈が示されており，その算定方法につき内法計算法を採用している。マイホーム購入という人生最大の買い物をする際に，住宅ローン控除の適用を前提として資金計画を立てているのならば，慎重かつ細心な検討が必要であることを本事案は教訓的に示している。

【論　　点】

①　住宅ローン控除の趣旨と住宅政策。

②　税額控除の意義と趣旨。

《所得税法関係》

049 「居住の用」の意義

札幌地裁平成14年6月28日判決

平成12年（行ウ）第21号・所得税更正処分等取消請求事件

【掲　載】ＴＫＣ：28110618・ＴＡＩＮＳ：Ｚ252－9149

【判　示】「居住の用」に供する家屋と住民票との関係が争点となった事例。

【解　説】

　いわゆる住宅ローン控除の適用要件の大原則は，新築又は取得の日から6か月以内に居住の用に供し，適用を受ける各年の12月31日まで引き続いて住んでいることである。居住用の住宅，つまりマイホームを購入するためにローンを組むわけであるから，当然の要件である。もっともせっかくマイホームを得ても，転職・転勤や病気療養など様々な事情により居住を継続できない場合も出てくる。

【事案の概要と経緯】

　納税者の生活状況と経緯は，以下のとおりである。

　昭和60月，国家公務員の税務職として札幌国税局に採用。

　平成3年12月，婚姻。

　平成6年4月，住宅金融公庫から長期借入を行い札幌市北区内所在の新築分譲マンションを購入し，同年5月に妻と共に入居。

　平成8年3月，妻と離婚。それ以降，マンションには，原告と同居する親族等はいなかった。

　平成8年7月，札幌中税務署から名寄税務署へと転勤。名寄税務署への転勤に伴い，北海道名寄市内所在の公務員宿舎の貸与を受け，同月20日，宿舎の使用を開始した。

　平成9年5月，名寄税務署を依願退職し，同年6月13日，宿舎の使用を終了した。以後，平成11年10月までマンションに居住。

　納税者は，平成9年分及び平成10年分所得税確定申告において，住宅ローン控除の適用した申告納税を行ったが，課税庁は，その適用を否認した。

　これに対する課税庁の主張は，次の通りである。

　納税者は，(1)平成8年7月札幌中税務署から名寄税務署への転勤命令を受け入れ，公務員宿舎を賃借した上，名寄市へ赴任したこと，(2)宿舎に転居したとして転入の届出を行っていること，(3)同月宿舎に入居後，平成9年6月に退去するまで引き続き宿舎において起居生活し，同年6月に退職するまでの間，宿舎から勤務先である名寄税務署に通勤していたこと，(4)勤務先である名寄税務署に対して提出した各種申告書に，自己の住所地として宿舎の所在地を記載していること，(5)宿舎は，日常生活の用に供することができる構造，規模，設備等を有していること，(6)マンションには，平成8年7月に宿舎に転居して以降，納税者と生計を一にする親族が引き続き居住していた事実がないこと等に照らすと，名寄税務署への転勤以降において，納税者が生活の本拠としていたのは，マンションではなく，宿舎であることは明らかであって，マンションは，納税者が土日祝日等の休日に余暇を楽しむ等の理由から一時的に利用に供していた家屋にすぎない。したがって，納税者は，マンションを居住の用に供した日以後，平成8年12月31日まで引き続きその居住の用に供していたとは認められないから，平成9年分所得税及び平成10年分所得税について，住宅ローン控除を適用することはできない。

　裁判所は，事実認定に基づき，札幌市内のマンションを居住用資産と判定し，住宅ローン控除の適用を認めている。

145

【判決要旨】

① 納税者は，平成6年5月から，名寄税務署への転勤を命じられた平成8年7月まで，生活の本拠地として，それにふさわしい設備，構造を備えた新築マンションで当初は妻と2人で，途中からは単身で居住の用に供してきた。

② 納税者は，マンションから転勤先の名寄税務署に通勤することが困難であったため，公務員宿舎の貸与を受けてその使用を開始したものの，大型の家財道具の大部分をマンションに置いたままにし，毎日の生活に必要な最小限の身の回りの品だけを宿舎に運び入れており，名寄税務署に転勤後も，マンションの構造，規模及び設備の状況は，生活の拠点という観点に立っても，宿舎とは比べものにならないほど充実していた。

③ 納税者は，毎週，金曜日の勤務が終了すると，宿舎に戻ることなく，そのままマンションに戻り，以後月曜日の朝宿舎に立ち寄ることなく出勤するまで，マンションにおいて寝食し，長期の休暇中も，マンションにおいて生活していた。

④ 名寄税務署に在勤中も，マンションにおける電気及び水道の使用量及び料金は，宿舎におけるそれを大幅に上回っており，マンションにおけるガスの料金及び灯油の消費量は，宿舎とほぼ同程度であった。

⑤ 納税者は，名寄税務署に転勤後も，取引銀行ないし郵便局等に対する住所変更手続や電話の移設を行わず，また，名寄税務署に提出した書類を別として，各種書類の住所欄にマンションの所在地を記入しており，職場での執務関係事項及び住民票に係る事項を除けば，その生活に関わる情報は，従前どおり，すべてマンションに集約されるよう手配していた。

⑥ 納税者は，名寄税務署に転勤後も，宿舎には電話機を設置せず，かえって，マンションに係る電話料金，テレビの受信料及び町内会費を支払い続けた。

⑦ 納税者は，名寄税務署を退職した後，平成11年10月までマンションを居住の用に供していた。

　これらの事情を総合的に考慮すれば，原告は，名寄税務署に転勤を命じられ，宿舎の貸与を受けてその使用を開始した後も，従前に引き続いて，なおマンションを居住の用に供していたと認めるべき特別の事情があると判断するのが相当である。

【検　討】

　裁判所は，住宅ローン控除の適用申請に際して居住の事実の証明資料として住民票の添付を求めたものと解されるとし，各種申請や届出の際の添付資料として住民票が広く用いられ，その記載の正確性は相当程度に高いものと認識されていることから，住所及びこれを移転した場合の証明として住民票の記載をもって行うことが一般的であり，かつ，容易にこれを行うことができるとしているが，一方で，住民票の住所は，形式的な事実にすぎず，実質的な住所と必ずしも一致するとは限らないから，これを重要視することはできないとも言及している。

　結局，裁判所は，事実認定を総合的に考慮したうえで，生活の拠点の判定について，いわば量より質の観点から検討している。居住の状況を総合的に判断する材料としては，住民票の移動，電気，ガス，水道の開栓及び使用，電気・ガス等の名義の変更などを根拠に，実質的な生活の本拠として使用していたか否かを認定することになる。

　住宅ローン控除は，住宅取得控除，住宅取得特別控除（住宅取得促進税制），住宅借入金等を有する場合の特別税額控除（住宅ローン税額控除制度）と制度自体は変遷し，その適用が拡大されてきた。名称，金額や年数などの数値には変化があるが，この制度の本質的な問題はほとんど変更されていない。原則として，居住用資産は住所地に存在し，一般的には住民票によって判断されることになるといえる。もちろん，住民票記載地と住所が異なる場合もあるが，住宅ローン控除を申告する納税者は

《所得税法関係》

一致することが当然といえるだろう。

なお，本事案では，課税庁も指摘するように，国家公務員である納税者の年齢，職歴，社会的地位等に照らすと，その生活の中心は，税務署職員としての社会的地位を中心に考えるべきとする見解にも留意すべきである。

これについて裁判所は，(1)納税者は，名寄税務署への転勤命令により，税務署を退職しようと考え始め，その後1年も経過しないうちに税務署を退職していること，(2)納税者には，税務署に在勤中も不動産賃貸による相当額の所得があったことに照らせば，納税者の生活の拠点の所在を判断するにあたって職業である税務署職員としての社会的地位を中心に考えるべきであるとまでは断じ難いというべきであるし，宿舎を居住の用に供したことと，マンションもまた居住の用に供したこととは必ずしも矛盾抵触するものではないと解されると判示している。

しかしながら，結果として退職したとはいえ，転勤後も1年近くは国家公務員としての職にあり，また給与以外にも他の収入があったとしても国家公務員としての地位に何ら影響を及ぼすことがないのである。したがって裁判所の認定に基づけば，低額で貸与された公務員宿舎をほとんど利用しない生活は，税の無駄使いとして一般の納税者に対する背信行為と思えなくもない。しかも本事案の納税者は，納税申告に対して質問検査権を有する税務署職員であることから，庶民感覚からすればさらに不信感は増幅し，納得できないとする考えも出てくる。

なお，大阪地裁平成19年11月1日判決は，居住用資産の譲渡特例を適用することを容認した事例であるが，納税者は，遅くとも本件家屋を譲渡する約2年前以降本件譲渡まで，(1)ほぼ毎週金曜日午後に本件家屋を訪れ，土曜日又は日曜日に本件借家に戻るという生活を送っていたこと，(2)本件家屋には，水道設備の他，日常生活に必要な家庭用電気器具やガス器具及び電話が備えられており，(3)納税者は，本件家屋において，これらを利用して，掃除，洗濯，料理などの家事を行い，庭では野菜の栽培や庭の手入れをし，ビールを飲みながら食事をしたり，家族や知人と電話で話をするなどして過ごしていたことが推認できるとした上で，本件家屋は，納税者にとって生活関係の拠点として使用されている実態にあったというべきである，判示している。

【参考判例】

大阪地判平成19年11月1日・平成18年（行ウ）第58号（ＴＫＣ：25463518・ＴＡＩＮＳ：Ｚ257-10815）

【論　点】

① 居住用資産の概念。
② 生活の本拠の判断基準。

050 青色申告特別控除

広島地裁平成13年3月1日判決

平成12年（行ウ）第22号・所得税更正処分等取消請求事件

【掲　載】ＴＫＣ：28101096・ＴＡＩＮＳ：Ｚ250－8850

【判　示】期限後申告には青色申告特別控除が適用されないとされた事例。

〔控訴審：広島高判平成14年4月16日・平成13年（行コ）第5号〕

〔上告審：最決平成15年2月27日・平成14年（行ツ）第157号〕

【解　説】

　青色申告を選択した納税者には，申告に際して，いわば特典とされるものが付与される。特典であるかはともかく，税務上は，この青色申告を当然と理解しているが，一般的には，開業当初はいわゆる白色申告で構わないという考えも多い。

　現行制度において，特典のひとつである青色申告特別控除の額は最大65万円と高く，租税負担の減少に貢献することは間違いない。

　この65万円の控除を受けるための要件は，次のようになっている。

⑴　不動産所得又は事業所得を生ずべき事業を営んでいること。

⑵　これらの所得に係る取引を正規の簿記の原則（一般的には複式簿記）により記帳していること。

⑶　⑵の記帳に基づいて作成した貸借対照表及び損益計算書を確定申告書に添付し，この控除の適用を受ける金額を記載して，法定申告期限内に提出すること。

　本来，この制度は，青色申告の普及を図り，法定申告期限内の申告を奨励するものと解される。そこから，提出期限とは確定申告期限のことと考えるのが，その制度趣旨に合致するという指摘は当然だろう。

【事案の概要と経緯】

　納税者は，平成11年3月24日平成10年分所得税について，確定申告書を提出した。課税庁は，平成11年7月14日，納税者の平成10年分所得税につき，更正処分及び無申告加算税の賦課決定処分をした。

　すなわち，納税者が，所得税の確定申告期限が過ぎた後に，事業所得の金額の計算上，租税特別措置法25条の2第3項の青色申告特別控除として同項1号に相当する青色申告特別控除の金額を控除し，所得控除として所得税法80条1項に規定する老年者控除に相当する金額を計上した確定申告書を提出した。

　課税庁は，納税者が確定申告書を提出した時点では提出期限を過ぎており，租税特別措置法25条の2第5項にいう「その提出期限までに提出」されたものという要件を満たしておらず，青色申告特別控除を受けることはできないという理由である。

　争点は，納税者は，平成11年3月24日に提出した確定申告書が租税特別措置法25条の2第5項にいう「その提出期限までに提出」されたものという要件を満たすか否かである。

　納税者の主張は，提出した確定申告書は国税通則法18条2項にいう期限後申告書であったのだが，租税特別措置法25条の2第5項にいう「その提出期限までに」には限定字句がなく，同項規定中の「確定申告書」には，租税特別措置法2条1項10号，所得税法2条1項37号の規定により，国税通則法18条2項の期限後申告書（以下「期限後申告書」という。）も含まれる。したがって，租税特別措置法25条の2第5項にいう「その提出期限」とは，期限後申告書の場合，税務署長より決定処分を受ける直前の時点を指すものであって，納税者は，税務署長の決定処分前に申告書を提出しているのだ

《所得税法関係》

から，租税特別措置法25条の2に規定されている特別控除の要件を満たすものである。

一方，課税庁は，租税特別措置法に規定する「確定申告書」は期限後申告書を含まない。なぜなら，青色申告特別控除の制度は，青色申告制度の普及・推進にあるところ，期限後申告書を含むとすれば，前記青色申告特別控除制度の趣旨に反するし，また，そもそも，条文上「提出期限までに」との文言を規定する意味が無くなってしまうからであると主張した。

第1審及び控訴審はいずれも納税者の主張を斥け，最高裁は上告不受理となり，納税者の敗訴が確定した。

【判決要旨】

① 所得税法に規定する青色申告の制度は，そもそも適正課税を実現するために不可欠な，正確な帳簿の記載を推進する目的で設けられたものであり，承認を受けた納税者に対して所得ないし税額計算上の種々の特典を与え，もって法定申告期限内の申告を奨励しようとする趣旨に基づいている。青色申告特別控除制度創設の趣旨も，前記のとおり，青色申告の普及を図りつつ，もって法定申告期限内の申告を奨励するものと解されることからすれば，そこにいう提出期限とは，確定申告期限のことをいうと考えるのが，その制度趣旨に合致する。

② 納税者は，青色申告特別控除に関する租税特別措置法（2条の2第5項）の規定に，ことさら「確定申告期限」という限定が付されていないことから，期限後申告における「提出期限」は，国税通則法18条1項の規定による，税務署長が同法25条の決定をするまでであると主張する（筆者注：期限後であっても，税務署長の決定があるまでは確定申告書を提出できる）。しかし国税通則法18条の期限後申告は，同法17条の申告（筆者注：期限内に提出された申告書）とは異なり，義務的でないことからすると，そもそも期限後申告において，申告書の提出期限なるものは観念できないのであって，納税者が主張するように，同法18条1項が，税務署長が同法25条の決定（筆者注：税務署長が調査に基づき課税標準及び税額等を決定する）をするまで期限後申告をできる旨を定めていることをもって，これを期限後申告における申告書の提出期限と解することはできないというべきである。

③ ことさら「確定申告期限」という限定が付されていないのは，期限後申告に提出期限が観念できず，同条項の「確定申告書」に期限後申告書が含まれないことは自明の理であるからであり，したがって，同条項の「確定申告書」には期限後申告書は含まれず，「提出期限」とは所得税法に規定する「確定申告期限」（所得税法2条1項41号）をいうものと解するのが相当である。

④ 納税者の平成10年分の所得税の確定申告書の提出期限は，平成11年3月15日となるところ，納税者が本件確定申告書を提出したのは，提出期限を過ぎた平成11年3月24日であるから，措置法にいう「その提出期限までに提出」されたものという要件を満たしていないことになり，青色申告特別控除を受けることはできない。

【検　　討】

本事案で納税者は，「期限後申告」の場合の提出期限は「税務署長より決定処分を受ける直前の時点である」との主張をしている。しかし，青色申告が承認された際には，推計課税を行うことはできず，申告がなされないまま決定を行うことは，税務調査を経た後，提示された帳簿等を以て決定を行うか，あるいは帳簿等の提示がなされない場合には，青色申告の承認の取消をした上で推計課税により決定を行う必要がある。このように一度，青色申告の承認を受けた場合に税務署長からの決定により課税を行うことは複数の段階を経る必要があり，提出期限を税務署長の決定の直前とすることには課税実務上大きな障害がある。

149

控訴審判決では，納税者は，税法上「確定申告書」という用語が期限後申告書を含めて定義・使用されているところ，租税法の解釈は文理解釈によるべきであるとして，租税特別措置法25条の2第5項の「確定申告書」には当然「期限後申告書」が含まれると解すべきであると主張することについて，確かに，租税特別措置法2条1項10号及び所得税法2条1項37号の定義規定によると，措置法において，確定申告書という文言は，一般には，所得税法所定の確定申告書に係る期限後申告書を含むものとして用いられているが，期限後申告については提出期限というものを観念することができないことからして，租税特別措置法25条の2第5項の「確定申告書」には期限後申告書を含んでいないことが明らかであること，国税通則法18条において「提出期限」という文言が「法定申告期限」の意味で使用されており，租税特別措置法25条の2第5項の「提出期限」もこれと同様の意味で使用されていると解することが可能であることなどに照らすと，同項の「確定申告書」には期限後申告書は含まれていないと解すべきであると言及している。

　なお，青色申告制度の適用条件として事業性と複式簿記による帳簿書類の作成があり，その結果適用される青色申告特別控除がもたらす所得計算上の効果は大きい。そのため，実務においては，事業性の判断基準と帳簿の精緻さなど曖昧に処理されている場合もあり，明確にすべき問題点は残っている。

【論　点】
① 　申告納税制度における確定申告の意義。
② 　青色申告制度における複式簿記による計算要件の範囲。

《所得税法関係》

051　源泉徴収義務

最高裁第一小法廷平成20年11月27日判決
平成19年（行ヒ）第215号・損害賠償代位請求，損害賠償請求を求める請求事件
【掲　　載】裁判所ＨＰ・ＴＫＣ：25440057・ＴＡＩＮＳ：Ｚ999－8219
【判　　示】県教育委員会事務局財務課長に対する退職教員の退職手当に係る源泉所得税の納付遅
　　　　　　延に対する加算税の相当額の賠償責任を否定した事例。
〔第１審：詳細不明〕
〔控訴審：東京高判平成19年４月19日・平成17年（行コ）第154号〕

【解　　説】

　所得税法は，利子所得，配当所得，給与所得及び退職所得について，それぞれ源泉徴収義務を規定
している。源泉徴収の対象となる所得の支払をした者は，法令の定めに従って所得税を徴収してこれ
を国に納付すべき義務を負うことになるが，前提としてその納税義務は，申告納税方式による国税の
場合における納税者の申告，それを補正するための税務署長等による更正・決定，賦課課税方式によ
る国税の場合の税務署長等の賦課決定のような行為を経ることなく，法令に従いその所得の支払の時
に成立するものとされている。同時に特別の手続を要しないで，納付すべき税額が確定することにな
る。

　源泉徴収は，支払金額を対象とすることから課税標準の把握が的確に行われ，徴税が確実であり，
徴税コストが軽減されるなど，源泉徴収義務者の負担と比較考量した場合に，課税庁にとって都合の
よい制度といえるかもしれない。

　所得税が申告納税制度を採用するという原則から考慮するならば，給与所得においては，いわば租
税の前払い的徴収である源泉徴収が，他の所得と比べて不公平感をあおるという批判がある一方，い
わゆる痛税感が薄れるという見解もある。

　この痛税感がないため，とくに給与所得者の場合は，納税者の意識が希薄となり，例えば租税の使
途に対しても無関心となる弊害を生むという指摘もあることを忘れてはならない。

　源泉徴収制度の下では，課税権者（国），源泉徴収義務者（支払者）及び源泉納税義務者（納税
者・受給者・受取人）の三者が関係者として構成される。この三者の関係については，国と直接の関
係に立つものは支払者であって，本来の所得税納税義務者である受給者は，制度上も法律上も国と直
接の関係に立つものではないと理解されている。したがって，納税義務者は，国に対して直接納税義
務を負わず，いわば第三者である源泉徴収義務者が徴収及び納付の義務を有することになる。そのた
め，納税義務者ではない第三者を徴収義務者として負担を課すという源泉徴収制度に対して，様々な
憲法論議もなされてきた。

　最高裁昭和37年２月28日判決は，その嚆矢とされる判例であるが，源泉徴収制度の合憲性を容認し
ている。憲法14条法の下の平等，同法18条奴隷的拘束及び苦役からの自由，同法29条財産権等，様々
な角度から源泉徴収制度の合憲性を否定する主張を続けた源泉徴収義務者に対し，最高裁は源泉徴収
制度が能率的である点，所得の種類や態様の差異に応じた差別の合理性などを理由に，源泉徴収制度
は合憲であると判示した。

　徴税方法として源泉徴収制度は効率的であるが，中小零細企業にとっては，負担が大きいことも事
実である。最高裁同様，課税庁勝利となった控訴審判決においても，事務分量の増加や金銭上の損失
といった徴税義務者の負担は，堪えられない程のものとはいえないと判示しているが，この判断がす
べての徴税義務者の実情に即しているかについては疑問が残る。

151

裁判所のいうように，「徴収義務者にしても，給与の支払をなす際所得税を天引きしその翌月10日までにこれを国に納付すればよいのであるから，利するところは全くなしとはいえない」ことは，大企業における源泉徴収税額の巨大さを考慮すればうなずける。しかも，給与の支払を受ける者が常時10人未満の源泉徴収義務者には，年2回まとめて納付できる源泉所得税の納期の特例制度が設けられている。この裁判所の論理からすれば，この制度の適用を受けている中小零細企業においては，半年間の資金運用という利点が生かされることも事実といえる。

　しかし，国税滞納において，預り金である源泉所得税に滞納が目立つことも最近の傾向である。徴税の効率化が最大の目的である源泉徴収も経済事情の悪化には勝てないということであるが，このことは納税意識や意欲の変化でもあることも留意しなければない。

【事案の概要と経緯】

　静岡県では，県の出納長が受け入れた退職教員の退職手当に係る源泉徴収税を，法定納期限日までに納付できるように払出通知する業務を専決処理していた財務課長が，その払出票の起案を補助職員に任せていた。ところが，当該補助職員が法定納期限日を過ぎても払出票を起案しなかったため，納付が遅れ，県が延滞税及び不納付加算税を納付したところ，この損害を賠償する責任が財務課長にあるとして，県の住民が財務課長を被告として訴訟を提起した。

　訴えの根拠となる地方自治法243条の2第1項は，支出や支払の権限を有する職員又はその権限に属する事務を直接補助する職員が，故意又は重大な過失により法令の規定に違反して当該行為をしたこと又は怠ったことにより地方公共団体に損害を与えた時には，その損害を賠償する責任があると規定している。

　第1審の詳細は不明であるが，控訴審判決によれば住民の訴えを棄却している。控訴審は，財務課長の過失を認定し，約2900万円を命じた。最高裁は，源泉所得税の納付に係る払出通知が遅滞したことについて，財務課長に重大な過失があったとまでは認められないとして，賠償責任を否定し，控訴審判決を破棄している。

【判決要旨】

① 　地方自治法243条の2第1項後段の規定する予算執行職員等の損害賠償責任は，故意又は重大な過失により違法に「当該行為をしたこと又は怠ったこと」に基づく責任であるから，その責任が生ずるためには，予算執行職員等自身が故意又は重大な過失により違法な行為をし又は違法に職務を怠ったと認められることが必要であり，予算執行職員等は，これに該当しない職員の補助を受けてその職務の執行をする場合においても，その補助職員が違法な行為をしたこと又は違法に職務を怠ったことにつき，当然に自らの行為と同視されてその責任を問われるものではない。

② 　財務課の所掌事務は，約2万7000人の教職員の人件費全般に関する事務を始め，県教育委員会事務局及び教育機関の予算の執行に関する事務に広く及ぶもので，財務課長が指揮監督すべき職員は26名であったというのであるから，その事務内容，事務量や課の規模からして，財務課長が通常の業務について個々の文書の起案の時期等をその都度部下に指示することまではせず，その処理を各担当の部下に任せていたことは，特に非難されるべきことではない。

③ 　源泉所得税の納付に係る払出通知に関する事務は財務課の通常の業務に属するところ，それまで，財務課においては，払出通知が遅滞したために源泉所得税の納付が法定納期限後となる事態に至ったことはなかった上，この通知の事務にかかわる部下は3名がいたというのであるから，そのいずれもが同年4月1日に着任したばかりであったことを考慮しても，上記3名全員がこれを怠り法定納期限を徒過する事態が発生することは，財務課長において容易には想定し難いことであったとい

《所得税法関係》

うべきである。そうすると，財務課長がわずかの注意さえすれば上記事態を予測し，これを未然に防止するための措置を講ずることができたものということは困難である。

【検　討】

　源泉徴収制度では，源泉徴収義務者に居住者・非居住者という課税についての根本的な判断に関する責任を課している。通常は，給与支払者である源泉徴収義務者は，受給者から提出された，「扶養控除等申告書」に基づき扶養親族等の人数を確認して，源泉徴収税額を算出する。この手続きを履行していれば源泉徴収義務者として責任は全うされることになる。

　この源泉徴収義務に対する責任の所在について，例えば組織なのか個人なのかという議論がある。地方自治体の担当者の源泉徴収義務が問われた本事案は，組織における管理者の管理責任が，税務の領域で検討された珍しい内容といえる。

　確かに退職手当に係る源泉徴収は，給与等と異なり月例的な業務ではないため，過失が生じやすいことは否定できない。自治体管理職の責任については，その責任の度合いが不明瞭であることが多いことから，曖昧にされるが，巨額な加算税の賦課がその重さを如実に表しているといえる。

【参考判例】

最判昭和37年2月28日・昭和31年（あ）第1071号（裁判所ＨＰ・ＴＫＣ：21015890）

【論　点】

①　源泉徴収制度の意義と徴税の効率性。
②　源泉徴収義務者の責任と範囲。

052 源泉徴収税額の計算方法

最高裁第三小法廷平成22年3月2日判決

平成19年（行ヒ）第105号・所得税納税告知処分取消等請求事件

【掲　載】裁判所HP・TKC：25441824・TAINS：Z260-11390

【判　示】所得税法施行令322条にいう「当該支払金額の計算期間の日数」は，ホステスの実際
　　　　　の稼働日数ではなく，当該期間に含まれるすべての日数を指すとした事例。

〔第1審：東京地判平成18年3月23日・平成17年（行ウ）第8号〕

〔控訴審：東京高判平成18年12月13日・平成18年（行コ）第103号〕

【解　説】

　一般に源泉徴収というと，給与所得における源泉徴収が思い浮かぶ。多くのサラリーマンの場合には，勤務先が源泉徴収した所得税を納め，年末調整で納税額の精算が行われるので，結果的に申告・納付を行う必要がない。ここにいわゆる痛税感がないといわれる。

　源泉徴収は，サラリーマンの給与支払に限られず，弁護士や税理士の報酬支払や，原稿料の支払においても，所得税法は，報酬や原稿料の支払者に源泉徴収義務を課している。

　源泉徴収を行うことによって，租税行政庁は徴税コストを大幅に縮減できるが，一方で源泉徴収義務者は事務的負担を負うが，源泉徴収に対する対価が支払われることはない。

【事案の概要と経緯】

　パブクラブを経営する納税者は，毎月1日から15日まで及び毎月16日から月末までをそれぞれ1集計期間と定め，各集計期間ごとに各ホステスの報酬の額を計算し，毎月1日から15日までの報酬を原則としてその月の25日に，16日から月末までの報酬を原則として翌月の10日に，各ホステスに対してそれぞれ支払っていた。

　納税者は，ホステスに対して半月ごとに支払う報酬に係る源泉所得税を納付するに際し，当該報酬の額から，所得税法205条2号，所得税法施行令322条所定の控除額として，5000円に上記半月間の全日数を乗じて計算した金額を控除するなどして源泉所得税額を計算し，その金額に近似する額を各法定納期限までに納付していた。

　課税庁は，各ホステスの本件各集計期間中の実際の出勤日数が所得税法施行令322条の「当該支払金額の計算期間の日数」に該当するとして，納税者に対し，源泉所得税について，納付額との差額の納税の告知及び不納付加算税の賦課決定を行った。

　第1審及び控訴審は，課税庁の課税処分を容認し，納税者の訴えを棄却したが，最高裁は納税者の主張を容認した。

【判決要旨】

① 　一般に，「期間」とは，ある時点から他の時点までの時間的隔たりといった，時的連続性を持った概念であると解されているから，施行令322条にいう「当該支払金額の計算期間」も，当該支払金額の計算の基礎となった期間の初日から末日までという時的連続性を持った概念であると解するのが自然であり，これと異なる解釈を採るべき根拠となる規定は見当たらない。

② 　租税法規はみだりに規定の文言を離れて解釈すべきものではなく，控訴審のような解釈（筆者注：後述・経費性控除）を採ることは，文言上困難であるのみならず，ホステス報酬に係る源泉徴収制度において基礎控除方式が採られた趣旨は，できる限り源泉所得税額に係る還付の手数を省く

154

《所得税法関係》

ことにあったことが，立法担当者の説明等からうかがわれるところであり，この点からみても，控訴審のような解釈は採用し難い。

③　ホステス報酬の額が一定の期間ごとに計算されて支払われている場合においては，施行令322条にいう「当該支払金額の計算期間の日数」は，ホステスの実際の稼働日数ではなく，当該期間に含まれるすべての日数を指すものと解するのが相当である。

④　納税者は，本件各集計期間ごとに，各ホステスに対して1回に支払う報酬の額を計算してこれを支払っているというのであるから，本件においては，上記の「当該支払金額の計算期間の日数」は，本件各集計期間の全日数となるものというべきである。

【検　討】

本事案の争点は，所得税法施行令322条にいう「当該支払金額の計算期間の日数」とは，各集計期間のうち各ホステスの出勤日数か，それとも各集計期間の全日数かということである。

通常，ホステス報酬に対する源泉徴収額は，（支払額－控除額）×10％で算出するが，1日から15日までの15日間のうち10日勤務したホステスに報酬を支払う場合の控除額は，出勤日数なら5000円×10日，全日数なら5000円×15日となる。

控訴審は，「当該支払金額の計算期間の日数」を「同一人に対し1回に支払われる金額」の計算要素となった期間の日数を指すと解し，実際の出勤日数であると判断した。いわば出勤日数説であるが，その理由として，「ホステス等の個人事業者の場合，その所得の金額は，その年中の事業所得に係る総収入金額から必要経費を控除した金額（所得税法27条2項）であるから，源泉徴収においても，『同一人に対し1回に支払われる金額』から可能な限り実際の必要経費に近似する額を控除することが，ホステス報酬に係る源泉徴収制度における基礎控除方式の趣旨に合致する」として基礎控除における経費性の存在を求めた。その結果，本事案のように報酬の算定要素が実際の出勤日における勤務時間である場合には，「当該出勤日についてのみ稼働に伴う必要経費が発生すると捉えるのが自然であり，非出勤日をも含めた本件各集計期間の全日数について必要経費が発生すると仮定した場合よりも，実際の必要経費の額に近似する」としている。

最高裁は，改めて租税法規はみだりに規定の文言を離れて解釈すべきではないとする租税法解釈のあり方を確認した。その上で，ホステス報酬に係る源泉徴収制度において基礎控除方式が採られた趣旨は，源泉所得税額に係る還付の手数を省くことにあると明示する。

そこで「期間」とは，ある時点から他の時点までの時間的隔たりといった時的連続性を持った概念と認識することで，「当該支払金額の計算期間」も，当該支払金額の計算の基礎となった期間の初日から末日までという時的連続性を持つと考え，各集計期間の全日数が，「当該支払金額の計算期間の日数」に該当すると判示した。

最高裁が示したように，憲法30条と同法84条を法的根拠とする租税法律主義の下では，租税法の解釈は原則として文理解釈によるべきである。つまり文理解釈によって規定の意味や内容を明らかにすることが困難な場合にのみ趣旨解釈がなされなければならない。

「期間」の文言は時的連続性を持った概念であるが，「当該支払金額の計算期間」も異なる解釈を採るべき理由がない限り，税法の領域では同意義に解すべきである。そのため「期間」解釈に当たっては，趣旨解釈にまで言及する必要もないという見方ができる。最高裁が説示するように，所得税法施行令332条の立法趣旨が立法担当者の説明により納税手続上の措置であるとするならば，控訴審が示した「期間」解釈は，同規定の趣旨を逸脱した論理展開として，批判されるべきである。

税法の解釈のあり方は租税法律主義の下では拡張されるべきではない。そうすると，最高裁が，「期間」という文言における時的連続性の意義を根底におき，同時に納税手続の簡素化という所得税

法施行令332条の趣旨を確認した上で，別異に「期間」解釈をする根拠がないとして，全日数説を採用したことは妥当といえる。租税法律主義の原則を遵守する視点からは，租税法規はみだりに規定の文言を離れて解釈すべきものではないとする最高裁の判決は，当然の帰結である。しかもこのことは租税法解釈の基本原理であることはいうまでもない。

実務に及ぼす影響が大きいことから，所得税法施行令322条の解釈について，最高裁の結論が，出勤日数説を採るか，あるいは全日数説を採るか，注目されてきた。

ホステス報酬の計算根拠は，いわゆる体験入店のように日払い計算をする場合はともかく，通常は時給・日給を基礎に一定期間における勤務日数を掛けて報酬額を算出する。本事案ではこの一定期間は，1日から15日，16日から末日に区分しているが，月単位で計算する方が一般的とも考えられる。しかし常勤というより，アルバイト感覚の勤務者も多いことから，税務の慣習的な発想では，控除の基礎となる集計期間を出勤日数とすることはありがちであった。その意味で本事案は画期的な判断といえる。ただ，気になることは，最高裁判決後もしばらくの間，国税庁ホームページにあるタックス・アンサーの記載内容が変更されていなかったことである。

【論　点】
① 　所得税法施行令322条の立法趣旨と解釈。
② 　税法の趣旨解釈と文理解釈の差異。

《所得税法関係》

053 破産管財人の源泉徴収義務

最高裁第二小法廷平成23年1月14日判決
平成20年（行ツ）第236・源泉徴収納付義務不存在確認請求事件
【掲　載】裁判所ＨＰ・ＴＫＣ：25443042・ＴＡＩＮＳ：Ｚ261−11593
【判　示】破産者と雇用関係のあった者に対する給与等の雇用関係に基づく債務に対する配当で
　　　　　あっても，これらの者と破産管財人とは雇用関係にないため源泉徴収義務はないとし
　　　　　た事例。
〔第1審：大阪地判平成18年10月25日・平成16年（行ウ）第146号〕
〔控訴審：大阪高判平成20年4月25日・平成18年（行コ）第118号〕

【解　説】

　破産管財人はどこまで源泉徴収義務を負うのか。裁判所は破産手続開始の決定と同時に，破産管財人を選任する。選任された破産管財人は担当する会社の代理として，その事業の経営並びに財産の管理及び処分をする権利を有することとなる。破産手続開始後，破産管財人は破産者の財産を管理し，処分・換価し，債権者への公正・公平な配当をすすめていくこととなる。法人の代表者とは求められている役割が異なるのである。

　源泉徴収は徴税コストをおさえるため設けられた制度であり，源泉徴収を行う事務コストは源泉徴収義務者が負担することとなる。破産管財人が上記の職務をすすめていくにあたり，どこまでの源泉徴収義務を負うこととなるのか。ひいてはその源泉徴収に係るコストをどこまで負担させるべきか，という問題ともいえる。

　破産前であれば被雇用者に対する給与や退職金に係る所得税の源泉徴収義務は当然雇用主である法人にある。しかし，その法人が破産した後，破産管財人が管理する破産財団から配当として破産前の雇用関係に基づき請求された退職金等の債権について破産管財人は源泉徴収義務を負うのであろうか。仮に破産前の雇用関係に基づく給与等の債権に対する配当に源泉徴収義務があるとした場合，場合によっては年末調整までをも含め膨大な事務負担が破産管財人に求められることとなる。

【事案の概要と経緯】

　A社（「破産会社」）は，平成11年，大阪地裁において破産宣告を受け，破産管財人である弁護士が，破産法（平成16年法律第75号による廃止前のもの。「旧破産法」）の下において，破産管財人の報酬の支払をし，破産債権である元従業員らの退職金の債権に対する配当をしたところ，課税庁から，上記支払には所得税法204条1項2号の規定が，上記配当には同法199条の規定がそれぞれ適用されることを前提として，源泉所得税の納税の告知及び不納付加算税の賦課決定を受けた。

　そのため，源泉徴収に係る煩雑な事務を大量に行うことは，破産管財人にとって過大な負担になり，管財事務が停滞することになるから，旧破産法がそのような事態を予定しているとは解されないなどとして，上記源泉所得税及び不納付加算税の納税義務が存在しないことの確認を求めた。

　第1審及び控訴審はいずれも破産管財人の報酬にも，元従業員らの退職金債権に対する配当にも破産管財人の源泉徴収義務を認めた。それを受けて国税庁の質疑応答集にも同様の解説が掲載されていた。従来の実務では源泉徴収はされてこなかったが，第1審及び控訴審が源泉徴収義務を認めたため国税庁もそのように指導を行ったのである。

　しかし，最高裁は破産管財人報酬の源泉徴収義務は認めたが，元従業員らの退職金債権に対する配当には源泉徴収義務は認めなかった。

157

【判決要旨】

① 弁護士である破産管財人が支払を受ける報酬は，所得税法204条１項２号にいう弁護士の業務に関する報酬に該当するものというべきところ，同項の規定が同号所定の報酬の支払をする者に所得税の源泉徴収義務を課しているのは，当該報酬の支払をする者がこれを受ける者と特に密接な関係にあって，徴税上特別の便宜を有し，能率を挙げ得る点を考慮したことによるものである（最高裁昭和31年（あ）第1071号同37年２月28日大法廷判決・刑集16巻２号212頁参照）。破産管財人の報酬は，旧破産法47条３号にいう「破産財団ノ管理，換価及配当ニ関スル費用」に含まれ（最高裁昭和40年（オ）第1467号同45年10月30日第二小法廷判決・民集24巻11号1667頁参照），破産財団を責任財産として，破産管財人が，自ら行った管財業務の対価として，自らその支払をしてこれを受けるのであるから，弁護士である破産管財人は，その報酬につき，所得税法204条１項にいう「支払をする者」に当たり，同項２号の規定に基づき，自らの報酬の支払の際にその報酬について所得税を徴収し，これを国に納付する義務を負うと解するのが相当である。

② そして，破産管財人の報酬は，破産手続の遂行のために必要な費用であり，それ自体が破産財団の管理の上で当然支出を要する経費に属するものであるから，その支払の際に破産管財人が控除した源泉所得税の納付義務は，破産債権者において共益的な支出として共同負担するのが相当である。したがって，弁護士である破産管財人の報酬に係る源泉所得税の債権は，旧破産法47条２号ただし書にいう「破産財団ニ関シテ生シタルモノ」として，財団債権に当たるというべきである（最高裁昭和39年（行ツ）第６号同43年10月８日第三小法廷判決・民集22巻10号2093頁，最高裁昭和59年（行ツ）第333号同62年４月21日第三小法廷判決・民集41巻３号329頁参照）。また，不納付加算税の債権も，本税である源泉所得税の債権に附帯して生ずるものであるから，旧破産法の下において，財団債権に当たると解される（前掲最高裁昭和62年４月21日第三小法廷判決参照）。

③ 所得税法199条の規定が，退職手当等（退職手当，一時恩給その他の退職により一時に受ける給与及びこれらの性質を有する給与をいう。以下同じ。）の支払をする者に所得税の源泉徴収義務を課しているのも，退職手当等の支払をする者がこれを受ける者と特に密接な関係にあって，徴税上特別の便宜を有し，能率を挙げ得る点を考慮したことによるものである（前掲最高裁昭和37年２月28日大法廷判決参照）。

④ 破産管財人は，破産手続を適正かつ公平に遂行するために，破産者から独立した地位を与えられて，法令上定められた職務の遂行に当たる者であり，破産者が雇用していた労働者との間において，破産宣告前の雇用関係に関し直接の債権債務関係に立つものではなく，破産債権である上記雇用関係に基づく退職手当等の債権に対して配当をする場合も，これを破産手続上の職務の遂行として行うのであるから，このような破産管財人と上記労働者との間に，使用者と労働者との関係に準ずるような特に密接な関係があるということはできない。また，破産管財人は，破産財団の管理処分権を破産者から承継するが（旧破産法７条），破産宣告前の雇用関係に基づく退職手当等の支払に関し，その支払の際に所得税の源泉徴収をすべき者としての地位を破産者から当然に承継すると解すべき法令上の根拠は存しない。そうすると，破産管財人は，上記退職手当等につき，所得税法199条にいう「支払をする者」に含まれず，破産債権である上記退職手当等の債権に対する配当の際にその退職手当等について所得税を徴収し，これを国に納付する義務を負うものではないと解するのが相当である。

【検　討】

最高裁は破産管財人報酬の源泉徴収義務は認めたが，元従業員らの退職金債権に対する配当には源泉徴収義務は認めなかった。元従業員らからみれば破産管財人から受け取ろうが，それは労務の提供

《所得税法関係》

の対価であり，もともと破産会社から受け取るはずであった退職金とその性質はかわらない。しかし，破産管財人からみれば，元従業員との間に雇用関係等はないのであり，退職金債権の配当であろうと他の債権に対する分配との差はない。

　本事案については，源泉徴収義務を認めると破産管財人の事務負担が増え，破産管財人報酬が上がり，結果として配当可能財産が減ることとなる，という議論があった。源泉徴収制度の議論ではその事務負担は常についてまわるものであるが，破産管財人が源泉徴収をすべき者としての地位を破産者から当然に承継すると解すべき法令上の根拠は存しない，とした本判決には大きな意義があるといえる。

【論　　点】

① 源泉徴収義務と雇用関係。

② 破産管財人の職務と源泉徴収事務の境界。

054 準確定申告

╔══╗
東京地裁平成25年10月18日判決

平成24年（行ウ）第104号・所得税の決定処分及び無申告加算税の賦課決定処分取消請求事件

【掲　　載】裁判所ＨＰ・ＴＫＣ：25515326・ＴＡＩＮＳ：Ｚ263－12313

【判　　示】遺言書により相続分が零とされたことから遺留分減殺請求を行っている法定相続人が
　　　　　　負担すべき被相続人の所得税準確定申告における納税額の負担割合について明示した
　　　　　　事例。
╚══╝

【解　　説】

　相続対策として遺言を薦める意見は多い。遺言の薦める最大に理由は，遺産分割の争い，いわゆる争族を未然に防止することにあると説明される。ということは遺産をめぐって相続人間での争いを想定しているのだろうか。

　確かに遺言により相続人たちは，法的に拘束されるから，遺言者の意思が実行される。その結果，遺言者の思惑通りに遺産は分割されるが，相続人間の絆も分割される可能性が高いことも覚悟する場合もでてくる。遺言の内容によって，法定相続割合と異なる割合で相続を指示する場合にはなおさらである。遺留分を侵害する内容の遺言のため，家庭裁判所で長期に渡って調停が行われる事例が跡を絶たないことも事実である。

【事案の概要と経緯】

　納税者は平成19年に死亡した被相続人Ａの法定相続人である。被相続人Ａの法定相続人は納税者の他に配偶者と子が４人いるため，Ａの孫であり既に亡くなっている親の代襲相続人である納税者の法定相続分は10分の１であった。

　Ａは遺言書を残していた。遺言は割合を指示したものではなく，財産それぞれをどの相続人に相続させるかを指示したものであったが，結果として，納税者の相続分は零とされており，その遺言書は平成20年３月４日に東京家庭裁判所によって検認された。そのため納税者は平成20年３月26日に内容証明郵便をもって他の相続人らに対し，遺留分減殺請求権を行使する旨の意思表示を行った。

　納税者は相続分が零であったため，Ａの平成19年分所得税について確定申告書を提出しなかった。しかし，課税庁は，遺言書には割合の指示がされていないため，納税者の相続分は零ではないとして，平成22年にＡの平成19年分所得税約２億8000万円のうち納税者の法定相続分である10分の１は，納税者が納める義務を承継したとして決定処分を行った。

　納税者がこれを不服として審査請求にいたった結果，国税不服審判所の裁決は，遺留分減殺請求の結果，民法902条による納税者の指定された相続分は20分の１であるとして，20分の１の所得税を納める義務を承継するとしたため提訴した。

　第１審は，納税者の納税義務は生じないと判示して，確定した。

【判決要旨】

①　遺言書において遺産のうちの特定の財産を共同相続人のうちの特定の者に相続させる趣旨の遺言者の意思が表明されている場合，その趣旨が遺贈であることが明らかであるか又は遺贈と解すべき特段の事情のない限り，遺産の分割の方法を定めたものと解するのが相当であり，本件遺言においてはこうした特段の事情はいずれも認められないから，Ａの全ての遺産はＡの死亡の時に直ちにそれぞれ本件遺言で定められた他の相続人らのいずれかに承継されるというべきである。

《所得税法関係》

② Aの全ての遺産を他の相続人らに承継させるものとすれば，本件遺言については，Aの共同相続人のうち納税者の相続分をないもの，すなわち零と定めたものと認めるのが相当である。

③ 本件遺言は納税者の相続分を零と定めるものと認められるところ，これは民法902条の遺言による相続分の指定に当たるから，納税者が納める義務を承継するAの平成19年分の所得税の額は，通則法5条2項の規定に従い，Aの平成19年分の所得税の額に零を乗じて計算した額である0円となるというべきである。

④ 課税庁は，遺留分減殺請求により，納税者の指定相続分は遺留分の割合に相当する割合に修正されるから，納税者が納める義務を承継するAに課されるべき国税の額は，その遺留分割合に相当する割合である20分の1の割合によりあん分して計算されることになるなどと主張する。

⑤ しかし，納税者の遺留分の侵害額の算定に際しては，本件遺言で納税者の相続分が零と定められたことを前提に，納税者の法定相続分に応じた相続債務の額は遺留分の額に加算することなく計算されることとなると解される（最判平成21年3月24日）。その上で，特定遺贈又は遺贈の対象となる財産を個々的に掲記する代わりにこれを包括的に表示する実質を有する包括遺贈に対して遺留分権利者が減殺を請求した場合，これらの遺贈は遺留分を侵害する限度において失効し，受遺者が取得した権利は遺留分を侵害する限度で当然に遺留分権利者に帰属するところ，このようにして帰属した権利は，遺産分割の対象となる相続財産としての性質を有しないものであって，このような性質のものとして権利が帰属したことに伴い，当該遺留分権利者の遺留分の侵害額の算定に当たりその基礎とされた指定による相続分について，その内容が修正されることとなるものと解すべき根拠は格別見いだし難い。そして，遺産のうちの特定の財産を共同相続人のうちの特定の者に相続させる旨の遺言により生じた，当該財産を当該相続人に帰属させる遺産の一部の分割がされたのと同様の遺産の承継関係に基づき，被相続人の死亡の時に直ちに当該財産が当該相続人に相続により承継された場合についても，当該遺言による被相続人の行為が特定の財産を処分するものであることにおいて，特定遺贈又は包括遺贈と同様のものであることに照らすと，当該遺言による当該財産の承継に対して遺留分権利者が減殺を請求したときに遺留分権利者に帰属する権利に関し，上記に述べたところと異なって解すべき理由は見当たらないところである。

⑥ 本件においては，納税者がした本件遺留分減殺請求について，本件遺言による他の相続人における上記のような財産の取得以外の事由に対してされたものと認めるべき格別の証拠等は見当たらず，上記に述べたところからすると，納税者が本件遺留分減殺請求をしその効果として一定の権利を取得したことをもって，本件遺言でされた納税者についての相続分の定めが課税庁の主張するように修正されるものとは解し難いというべきである。

【検　討】

相続人である納税者が負担すべき被相続人Aの所得税は，遺言で定められた相続分の割合により計算されるが，相続分が遺留分減殺請求によって修正されるかどうかが争点となった事案である。

国税通則法5条2項は，相続人が承継する国税の額は民法第900条から第902条までの規定によるその相続分によりあん分計算した額とする，としており，遺留分減殺請求により納税者が取得する権利が相続分といえるかどうかの民法解釈が問題となった。

裁判所は遺留分減殺請求により納税者に帰属した権利は遺産分割の対象となる相続財産として性質を有しないものであるとして，納税者の主張を認め相続人Aの所得税を納める義務はないとした。

相続債務は指定がない限り法定相続により相続人が承継する。しかし，本事案の場合，債務については指定がなかったが，全ての相続財産に指定があり相続債務についても同様に納税者以外の他の相続人が承継することとなるとされた。そうなると納税者の相続分は零であり，被相続人の所得税は相

161

続分によりあん分計算されるため零となる。ただ，遺留分の計算の際には，被相続人の平成19年分所得税は相続債務であるが，納税者は負担しないため，納税者の遺留分侵害額には加算せずに計算されることとなるだろう。

　いわゆる争族状態においても遺産分割協議の重要性はいうまでもない。あくまでも遺産分割は相続人らが自ら決議する行為であるから，後日，紛争を招くような助言を慎むことは税理士業務の基本であり，相続人らの結論に基づき速やかに遺産分割協議書を作成することになる。それも10か月後の相続税申告期限を最終目標にしたタイムスケジュールで進行する。

　これに対して所得税の準確定申告は機械的である。多く還付申告の場合もあり，仮に納税であっても相続財産にある現預金で処理できることから，税理士任せのことが多い。

　しかし，本事案のように遺留分減殺請求がなされており，しかも納税額が極めて高額の場合には混乱する。おそらく請求人は，他の法定相続人との交渉はなく，準確定申告書を提出しなかったのではなく，連絡すらもなかったとかもしれない。

【論　点】

①　所得税準確定申告の意義と手続き。
②　遺留分減殺請求の趣旨と税制。

《所得税法関係》

055 「生計を一にする」概念

徳島地裁平成9年2月28日判決

平成6年（行ウ）第7号・所得税更正処分等取消請求事件

【掲　載】ＴＫＣ：28040445・ＴＡＩＮＳ：Ｚ222－7871

【判　示】同一家屋に居住する義父母との間で生活費が区分されていなかったと判断され、「生計を一にする」親族への事業経費の範囲が示された事例。

〔控訴審〕高松高判平成10年2月26日・平成9年（行コ）第6号〕

〔上告審〕最判平成10年11月27日・平成10年（行ツ）第146号〕

【解　説】

「生計を一にする」については、法律には明確な定義がない。通常は、「生計を一にする」こととは、納税者の担税力を把握するための経済生活の単位であり、同一の生活共同体に属し、日常生活の資を共通にしていることをいうものと解される。この場合に、一方が他方を扶養する関係は必要ない。

住民基本台帳法には、実際に同一の家屋で生活を同じくするものの集団をとらえた世帯という単位がある。この世帯を「生計を一にする」親族の判定に利用されることはある。確かに、親族が同一の家屋で起居している場合には、日常生活の資を共通していると考えてもおかしくはない。世帯＝「生計を一にする」と理解することは、自然である。

「生計を一にする」ことに関する税務の取扱いでは、次のような例示がある（所得税基本通達2－47）。

(1) 勤務、就学、療養等の都合上他の親族とに日常の起居を共にしていない親族がいる場合であっても、次に掲げる場合に該当するときは、これらの親族は生計を一にするものとする。

　イ　当該他の親族と日常の起居を共にしていない親族が、勤務、就学等の余暇には当該他の親族のもとで起居を共にすることを常例としている場合

　ロ　これらの親族間において、常に生活費、学資金、療養費等の送金が行われている場合

(2) 親族が同一の家屋に起居している場合には、明らかに互いの独立した生活を営んでいる場合を除き、これらの親族は生計を一にするものとする。

この税務の取扱いであっても事実関係に基づく実質的な判断が必要となることも少なくないが、まさしくケース・バイ・ケースによる判断に委ねることが多くなることは否定できない。

【事案の概要と経緯】

病院を経営する医師である納税者が、本件係争年分の所得税について確定申告したところ、課税庁が、病院で稼働していた納税者の妻の両親夫婦に対し納税者が支払った給与並びに義母に対し納税者が支払った病院の敷地等の地代を事業所得の金額の計算上必要経費として認めずに更正及び過少申告加算税賦課決定を行ったので、納税者が課税庁の処分等の取消しを求めた。

課税庁の主張は以下の通りである。現行所得税法は、担税力の測定単位を個人単位ごとにとらえて課税することを原則としているが（個人単位主義）、担税力の測定単位を家族のような経済生活単位ごとにとらえて課税すれば（経済生活単位主義）、家族構成員の間に所得を分散して税負担の軽減を図ることを防止することが可能となる。所得税法56条は、このような経済生活単位主義の機能に着目し、個人単位主義の例外として、居住者と生計を一にする配偶者その他の親族が居住者の経営する事業から対価の支払を受けている場合であっても、これを居住者の事業所得等の金額の計算上必要経費とは認めず、その居住者の所得に含めて課税することとしたものである。そうすると、同条にいう

163

「生計を一にする」とは，一つの経済生活単位を形成していること，すなわち，同一の生活共同体に属し，日常生活の糧を共通にしていることをいうものと解され，親族が居住者と同一の家屋に起居を共にしている場合には，通常は日常生活の糧を共通にしていると考えられることから，明らかに互いに独立した生活を営んでいると認められる特段の事情があるときを除き，その場合の親族は生計を一にするものと解すべきである（所得税基本通達2−47参照）。

　納税者は，旧所得税基本通達50及び現行所得税基本通達2−47は，「生計を一にする」の意味につき，居住者と同一家屋に起居する親族であっても，有無相扶けてこれを扶養する関係になければ生計を一にするとはいえないとしているところ，本件係争年当時，(1)納税者らと妻の両親夫婦との間では，課税庁の指導に従って食費等の家事費の負担割合を3対1と定め，毎月その清算をしていた，(2)本件建物の敷地は義父所有であり，その固定資産税は義父が納付していたが，そのうち納税者ら居住部分の敷地に相当する金額は，納税者において義父に支払い清算していた，(3)義父母は，病院に勤務し，納税者から給与の支払を受けていたが，それ以外にも所得があり，これらを合算して確定申告をしてきたものであり，所得税法2条1項34号が定める納税者の扶養親族ではない，(4)納税者らと義父母夫婦は住民票を異にするなどの事実が存在するにもかかわらず，課税庁が，義父及び義母が同法56条所定の納税者と生計を一にする親族に該当すると判断したことは，事実を誤認し，また，同条及び前記通達の解釈適用を誤ったものである，と主張した。

【判決要旨】

① 　所得税法56条は，納税者と生計を一にする配偶者その他の親族がその納税者の営む事業所得等を生ずべき事業に従事したことなどの理由によりその事業から給与等の対価の支払を受けている場合であっても，この対価に相当する金額は，当該納税者の事業所得等の金額の計算上必要経費とは認めず，反面，当該親族その対価に係る所得金額の計算上必要経費に算入されるべき金額は，当該納税者の事業所得等の金額の計算上必要経費に算入することとしている。

② 　同条にいう「生計を一にする」とは，日常生活の糧を共通にしていること，すなわち，消費段階において同一の財布のもとで生活していることと解され，これを社会通念に照らして判断すべきものであるが，所得税基本通達2−47が，「生計を一にする」の意義につき，親族が納税者と同一の家屋に起居している場合には，明らかに互いに独立した生活を営んでいると認められる場合を除き，これらの親族は納税者と生計を一にするものとすると規定しているのは，親族が納税者と同一の家屋に起居している場合，通常は日常生活の糧を共通にしているものと考えられることから，両者間で日常の生活費における金銭面の区別が不明確である場合は，事実上の推定が働くことを注意的に明らかにしたものと解することができる。

【検　　討】

　本事案での裁判所の判断は，所得税基本通達2−47で「親族が同一の家屋に起居している場合には，明らかに互いに独立した生活を営んでいると認められる場合を除き，これらの親族は生計を一にするものとする。」との取扱いにより，「親族が納税者と同一の家屋に起居している場合，通常は日常生活の糧を共通にしているものと考えられることから，両者間で日常の生活における金銭面の区別が不明確である場合は，事実上の推定が働くことを注意的に明らかにしたものと解することができる。」と判示して，同一の家屋に起居している場合には通常は生計を一にする親族としている。

　また，控訴審判決では，納税者と義父母夫婦の家事費の分担について，家事費を3対1の割合で分担していたとしても，それは，およその分担であり実費の清算ではないから，二つの家計の独立性を意味するものではなく，有無相扶けて日常生活の資を共通にしていたと，判示している。

《所得税法関係》

　すなわち，本事案の建物は，病院と居宅が同一の，いわゆる店舗併用住宅であり，義父母夫婦の居住部分は増築したものであり，それぞれの居住部分を廊下で区分することは可能であるが，互いに行き来自由であるうえ，玄関，台所及び風呂等は共用し，電気，ガス，水道は別々のメーターを設置しておらず，電話も一つの電話を共用しており，いずれもそれぞれの使用量に応じた代金の実費清算をしていない，という状態であった。

　判断において，「同じ屋根の下」が，同時に「同じ財布」と一致するとは限らない。したがって，世帯は外形的な事実として利用できるが，やはり実質的な判断も必要となる。また「同じ財布」といっても，家族がそれぞれの財布（小さな）から支出し集めた「大きな財布」が，日常生活の資を共通にしていると考えれば，それぞれ異なる職業を有する家族の集合体であっても，「生計を一にする」者同士ということになる。

【論　　点】

① 「生計を一にする」判断の実態分析と要素。

② 「日常生活の資」における家事費の収受と限界。

056 宗教法人の収益事業

◇◇
最高裁第三小法廷平成20年9月12日判決
平成18年（行ヒ）第177号・法人税額決定処分等取消請求事件
【掲　載】裁判所ＨＰ・ＴＫＣ：28141940・ＴＡＩＮＳ：Ｚ258−11023
【判　示】宗教法人が死亡したペットの飼い主から依頼を受けて葬儀，供養を行う事業が収益事
　　　　　業とされた事例（ペット供養事件）。
〔第１審：名古屋地判平成17年３月24日・平成16年（行ウ）第４号〕
〔控訴審：名古屋高判平成18年３月７日・平成17年（行コ）第31号〕
◇◇

【解　説】

　公益法人は，いわば公益事業を目的として設立された法人であるが，この公益法人が営む公益目的の事業は非課税とされる。しかし，同時に34種の収益事業を営むことができ，軽減税率が適用される。なかでも宗教法人の場合は，宗教活動に伴う収入は非課税であるが，公益事業と収益事業との区別と範囲が争点となった事例は，頻繁に報道されてきた。とくに宗教法人の社会性と課税の優遇措置を利用した事例も少なくない。

【事案の概要と経緯】

　宗教法人である納税者は，死亡したペット（愛玩動物）の飼い主から依頼を受けて葬儀や供養等を行っている。この「ペット葬祭業」について，課税庁は課税対象である収益事業に当たると主張した。収益事業に対する課税に当たっては，主として一般事業者との競争関係の有無や課税上の公平の維持などが考慮されるべきであって，宗教的意義といった公共性の有無やその強弱だけで，その課税の是非についての判断が行われるものではないから，宗教的意義の有無等はその解釈に影響しないというのがその主張の趣旨である。

　これに対する納税者の主張の骨子は，以下のとおりである。

　課税庁は，納税者の「料金表」を問題とするところ，確かに，納税者は，お布施額について，当該動物の種類・大きさによって一定の金額を定めている。しかし，これは，ペット葬祭が国民の間に一般化されるようになってまだそれほど年月が経っていないため，人の葬祭と異なり，一般的な目安がなく，ペット葬祭を依頼する人がどの程度の布施をすればよいか困惑することがあることから，一般事業者の基準表を基に一応の目安を設定することによって，金額が多くないときちんと供養してもらえないのではないかという不安を取り除くことができると考えたためであり（実際，人の葬儀においても，お布施の目安を明示するお寺も存在している。），また，火葬において要する燃料費などは大きさによって違いがあり，ペットの大きさに応じて金額を異にする必要があることから，一般事業者の料金表を参考に基準表を作成したにすぎない。現に，この金額にこだわらずにお布施を支払われる方もあり，逆にわずかしかお金がないと言われる場合には目安を大幅に下回る金額（場合によっては全く無償）でもペット葬祭を実施している。

　納税者のペット葬祭業と一般事業者のそれとは，外形的に類似したところがあるが，これは，国民の一般的な社会的・文化的な意識から宗教的儀式によってペットの霊を送り，それによって自らをいやしたいという欲求に対応するため，一般事業者が宗教家による宗教行為をまねている結果にすぎない。納税者のペット葬祭業においては，火葬前，火葬時，拾骨，納骨という一連の葬儀過程において読経による供養を行っているが，かかる一連の行為が宗教的意義を有しているからこそ，ペットの霊の鎮魂と飼い主の喪失感のいやしになっているものであり，これらの宗教的意義を有しない一般事業

166

《法人税法関係》

者のペット葬祭業とは決定的に異なる。

　裁判所は，第1審，控訴審及び最高裁は，いずれも一貫して納税者の主張を否定したため，納税者は敗訴した。

【判決要旨】

① 本件ペット葬祭業は，外形的に見ると，請負業，倉庫業及び物品販売業並びにその性質上これらの事業に付随して行われる行為の形態を有するものと認められる。法人税法が，公益法人等の所得のうち収益事業から生じた所得について，同種の事業を行うその他の内国法人との競争条件の平等を図り，課税の公平を確保するなどの観点からこれを課税の対象としていることにかんがみれば，宗教法人の行う上記のような形態を有する事業が法人税法施行令5条1項10号の請負業等に該当するか否かについては，事業に伴う財貨の移転が役務等の対価の支払として行われる性質のものか，それとも役務等の対価でなく喜捨等の性格を有するものか，また，当該事業が宗教法人以外の法人の一般的に行う事業と競合するものか否か等の観点を踏まえた上で，当該事業の目的，内容，態様等の諸事情を社会通念に照らして総合的に検討して判断するのが相当である。

② 本件ペット葬祭業においては，納税者の提供する役務等に対して料金表等により一定の金額が定められ，依頼者がその金額を支払っているものとみられる。したがって，これらに伴う金員の移転は，納税者の提供する役務等の対価の支払として行われる性質のものとみるのが相当であり，依頼者において宗教法人が行う葬儀等について宗教行為としての意味を感じて金員の支払をしていたとしても，いわゆる喜捨等の性格を有するものということはできない。また，本件ペット葬祭業は，その目的，内容，料金の定め方，周知方法等の諸点において，宗教法人以外の法人が一般的に行う同種の事業と基本的に異なるものではなく，これらの事業と競合するものといわざるを得ない。本件ペット葬祭業が請負業等の形態を有するものと認められることに加えて，上記のような事情を踏まえれば，宗教法人である納税者が，依頼者の要望に応じてペットの供養をするために，宗教上の儀式の形式により葬祭を執り行っていることを考慮しても，本件ペット葬祭業は，法人税法施行令（5条1項1号，同項9号，同項10号）に規定する事業に該当し，法人税法2条13号の収益事業に当たると解するのが相当である。

【検　　討】

　本事案の場合は，類似事業者と対価性が争点とされたが，ペット供養に関する料金表の存在が収益事業としての決め手となった。やはり，宗教法人への支払は，「お心のままに」よるものが相応しいということだろうが，依頼者の誰もが困惑する話題である。

　しかしながら，現在では，ネット上には葬儀，法事などに宗派別に僧侶は派遣するサーブス業が登場し，料金表も掲示されている。まさしく消費者のニーズに応えたものであるが，今後，お布施の対価性に対する議論が進展する可能性が高い。

　ペット愛好家には，その供養は切実な問題である。動物虐待の例もあるが，少なくともペット愛好家にとっては，ペットは家族同様の存在である。家族の一員であるなら，それがペットであっても永訣の悲しみは，人と代わりはない。人と同じように心の整理が必要となり，そこから安らぎがもたらされる。その中でも，ペット供養を宗教人に依頼することは，経済的負担も含めて依頼者のペットに対する格別の思いが込められている。ペット供養に限るなら人の供養に比べて様々な方法があり，経済的負担も多様である。その中で高額な負担をしてまでも宗教人に依頼することで，癒しの効果を高め，安らぎが求められるとすれば，ペット供養の宗教性も強ち否定できない。

　ペット供養の宗教性は国税では否定されているが，地方税では容認された事例として，回向院事件

167

（東京高裁平成20年1月23日判決）がある。宗教法人に対する固定資産税は，宗教法人が専らその本来の用に供する宗教法人法に規定する境内建物及び境内地は，非課税とされている。そのため，宗教法人の目的である宗教の教義をひろめ，儀式行事を行い，信者を教化育成するために必要な固有の建物や土地であるならば，固定資産税は課されないことになる。

　裁判所は，江戸時代からペット供養の寺院として伝統がある宗教法人の行為について，動物供養に対する社会的な認知の度合い，民間業者の事業との類似性等の事実認定から民間業者と同等の営利性を否定し，宗教施設に対する固定資産税の非課税を容認した。歴史と伝統の重視であるが，新しいものには厳しいといえる。

【参考判例】

東京高判平成20年1月23日・平成18年（行コ）第112号（裁判所ＨＰ・ＴＫＣ：25400332・ＴＡＩＮＳ：Ｚ999－8193）《回向院事件》

【論　点】

① 　公益法人税制の趣旨。
② 　非課税となる宗教活動の範囲と境界。

《法人税法関係》

057　同族会社の行為計算否認規定

広島高裁平成17年5月27日判決（差戻控訴審）
平成16年（行コ）第13号・所得税更正処分取消等請求控訴事件
【掲　載】裁判所ＨＰ・ＴＫＣ：25420185・ＴＡＩＮＳ：Ｚ255－10040
【判　示】司法書士の同族会社に対する業務委託契約は，人材派遣契約とはいえず，請負契約に
　　　　　類似する契約であるとされた事例。
〔第1審：広島地判平成13年10月11日・平成9年（行ウ）第25号〕
〔控訴審：広島高判平成16年1月22日・平成13年（行コ）第16号〕
〔上告審：最判平成16年11月6日・平成16年（行ツ）第121号〕

【解　説】

　中小企業の大半を占める同族会社は，経営がお手盛りで行われる傾向にあり，恣意的な経理操作が行われやすいため，通常なしえない行為や計算によって租税の負担を不当に減少させていると認められる場合には，その行為や計算を否認して税額を計算することができる。これが，各税法に規定される同族会社の行為計算否認規定（所得税法157条，法人税法132条など）である。

　この同族会社の行為計算否認規定は，租税回避防止規定として課税庁にとって伝家の宝刀ともいわれており，曖昧で不明確な規定内容は納税者への公平性や予測可能性を欠き，課税庁に広範な裁量権を与えるものではないかとの批判もある。

【事案の概要と経緯】

　納税者は，司法書士であり，青色申告事業主である。納税者及びその妻が全額出資した同族会社は，納税者が受任した司法書士業務の一部を更に委託する目的で設立し，その定款によれば，(1)ワードプロセッサーによる文書の委託作成業務，(2)ワードプロセッサーによる情報の収集処理並びに販売に関する業務，(3)配送業務の請負，(4)その他各号に附帯する一切の業務とされていた。納税者は，自己の受任した司法書士業務の一部を，受任報酬額の6割の委託料で同族会社に委託し，それ以来，委託手数料を支払ってきた（業務委託に関する契約書は作成されていない）。

　これに対して，課税庁は，委託手数料が著しく高額であり，所得税法が定める同族会社の行為計算否認規定により，必要経費に算入することはできないとしてした所得税の更正処分を行った。同族会社への委託手数料が著しく高額か否かを判断基準として，オフィス業務に係る労働者を派遣する労働派遣会社を比準会社として選定して人件費倍率比準法を用いた。

　第1審は，同族会社と比準会社は，経済的，取引的観点からみて，一般通念上，両者の業務に類似性がないとはいえず，計算方法は合理性があり，更正処分を適法であるとした。

　控訴審は，課税庁が支払手数料の高額性の判断に用いた人件費倍率比準法の算定となった比準会社が，同族会社といずれも事業内容及び事業規模等において相当な類似性を備えているとは認められないから，比準会社としての基礎的要件に欠けるものから算定した人件費倍率には合理性がないとして，更正処分を違法であるとして，第1審判決を変更し，納税者の請求を一部容認した。

　最高裁は，所得税法所定の同族会社の行為計算否認規定の適用の主張と争点の対象となった他の経費が，事業との関連性，事業遂行上の必要性，家事費・家事関連費の判定など，との主張とは別個の経費を内容とするものであり，それぞれ独立して必要経費に当たるかどうかが判断されるべきものであって，同族会社の行為計算否認規定の適用の主張が失当であっても，それだけでは，納付すべき税額を超える部分の一部が違法であるにとどまり，各部分が直ちに違法となるものではないとして，控

169

訴審判決の一部に理由不備の違法があるとして，控訴審に差し戻した。

　差戻控訴審は，課税庁が，同族会社の行為計算否認規定の適用に当たり採用した比準会社に類似性が認められないとして更正処分取り消した。

【判決要旨】

① 　同族会社の従業員は，複雑困難な事案を除くものについて，司法書士の資格を持っていなければできない業務以外の業務を行っていたものであるが，同族会社は，業務処理のために自動車，パソコン，プリンターなどを所有し，リース物件についてのリースレンタル料を負担していたほか，図書教育費，ガソリン代，消耗品費，保険料，水道光熱費，地代家賃などの従業員人件費以外の必要経費を自ら負担していた。

② 　人材派遣業における経費としては，派遣労働者の人件費及び管理費等であって，派遣労働者が派遣先で使用する器具類等の経費は派遣先が経費として負担することとなり，人材派遣業者は経費として負担しない。そうとすると，本件業務委託契約において，同族会社は，その従業員の人件費以外に，その使用するパソコン等や自動車の経費の負担をしており，人材派遣業とは明らかに，経費として負担するものが異なっており，本件業務委託契約は，人材派遣契約とはいえず，むしろ，請負契約に類似する契約であると考えるのが相当である。

③ 　本件比準会社は，いずれも主にオフィス業務に係る労働者を契約先企業等に派遣して収入を得ている人材派遣会社であり，労働者の給与以外の費用は限定されているが，Ａの業務内容は，司法書士である納税者の業務の委託であって，従業員の給与，管理費以外の必要経費を負担しており，本件比準会社と同族会社には個別条件の相違を超えた違いがある。また，弁論の全趣旨によれば，本件比準会社は，相当程度の規模の人材派遣会社であり，同族会社とは，事業規模においてもかなりの差異が認められ，その経費率においても異なっているものと認められる。以上によれば本件比準会社は，いずれも事業内容及び事業規模等において相当な類似を備えているとは認められない。したがって，比準会社としての基礎的要件に欠けるものから算定した本件人件費倍率は合理性が認められない。

④ 　同族会社の行為計算否認規定の適用に当たっては，株主等の所得税の負担を不当に減少させる結果となることが要件とされているが，本件の場合，不当に減少させる結果となるかどうかの基準とした同業者比準には，合理性が認められないから，これによって本件受託手数料が控訴人の所得税の負担を不当に減少させるとした本件各更正処分は，法令の適用を誤ったものであって，違法であると認められる。

【検　　討】

　法人税法の分野では，損金の高額性の判断において，同業同規模同地域に存在する比準会社において支出されている金額の平均値を基礎に選定した基準値と比較して適正額を判定する手法を課税庁が提示することが多い。なかでも役員給与や役員退職金の支給額など所得計算に大きな影響を及ぼす支出については事例が目立つ。これもお手盛り経営と揶揄される同族会社ならではの傾向と言える。

　本事案の納税者は，個人事業を営み，所得税の課税対象となるが，業務委託先は，納税者が出資する同族会社であり，委託手数料の額が，納税者が支出する必要経費に占める割合が大きいことから，同族会社の行為計算否認規定が適用された。

　本事案においては，課税庁は，納税者の業務委託契約が人材派遣契約と類似するとして，人材派遣会社を比準会社に選定して計算を行っていた。裁判所は，本件業務委託契約は，人材派遣契約とはいえず，むしろ，請負契約に類似する契約であると考えるのが相当である，と判示した。課税庁が抽出

170

《法人税法関係》

した比準会社の業種業態を否定したことは興味深い。

　本件比準会社は，いずれも主にオフィス業務に係る労働者を契約先企業等に派遣して収入を得ている人材派遣会納税者の負担していたパソコンや自動車といった経費が，人材派遣会社における経費の範囲を超えていたという点においても，大きな差異が認められる。不当に減少させる結果の判断基準とした同業者比準の対象が納税者の事業形態と規模が異なるとして，その合理性が否認された。納税者が勝訴するという，極めて珍しい結果をもたらしている。

【論　点】
① 　同族会社の行為計算否認規定の趣旨と適用範囲。
② 　業務委託契約と請負契約の差異と課税関係。

171

058 役員給与の適正額

東京地裁平成28年4月22日判決

平成25年（行ウ）第5号・法人税更正処分取消等請求事件

【掲　載】ＴＫＣ：25543030・ＴＡＩＮＳ：Ｚ266－12849

【判　示】役員給与の高額性の判定について，類似法人の支給実績との比較方法は合理的であり，役員個人の経営能力を別個の判断要素とすることは，主権的・恣意的であるとして否定された事例（残波事件）。

〔控訴審：東京高判平成29年2月23日・平成28年（行コ）第205号〕

〔上告審：最決平成30年1月25日・平成29年（行ツ）第208号〕

【解　説】

　平成18年度税制改正で，役員が法人から享受する対価報酬に関する制度が改められた。旧制度において，役員報酬（定期的な給与），役員賞与（臨時的な給与）及び役員退職金として判定区別されていたものが，役員給与，退職金とされる役員給与，役員給与に該当しない役員への給与と区分されるに至った。

　もっとも，法人税法の適用として役員に対する対価報酬が明確に制度化，体系化され，それに伴う形式的な手続きも整備された一方，本質的ともいえる対価報酬の損金算入に対する規制的な措置は継続している。つまり，不相当に高額な支給額については否定され，その高額性の判断基準に対する論争も続いている。

【事案の概要と経緯】

　酒類の製造及び販売等を行う有限会社である納税者の設立時に取締役に就任したＡは，平成6年10月25日，代表取締役に就任し，平成21年6月30日，辞任した。Ａの長男，Ａの妻，Ａの二男は，平成15年1月20日，取締役に就任した。納税者は，役員4名に役員報酬ないし役員給与と，代表取締役を退任したＡの退職金を支給し，当該金額は各事業年度の所得の金額の計算上，損金の額に算入した。

　これに対して，課税庁は，役員らの給与及び退職金には，いずれも不相当に高額な部分の金額があることから，当該金額は損金の額に算入できないとして法人税の更正処分等を行った。これに対して，納税者が，支給額はいずれも適正であるとして処分等の取消しを求めた。

　第1審は，役員らの給与には，不相当に高額な部分の金額があり，損金の額に算入することができないというべきであるが，退職金は，不相当に高額な部分の金額があるとはいえないと判示した。納税者は，敗訴部分（役員給与）の取消しを求めて控訴したが，控訴審は納税者の訴えを棄却し，最高裁は上告不受理を決定したため，納税者の敗訴が確定した。

【判決要旨】

① 旧法人税法34条1項の趣旨は，役員報酬は役務の対価として企業会計上は損金の額に算入されるべきものであるところ，法人によっては実際は賞与に当たるものを報酬の名目で役員に給付する傾向があるため，そのような隠れた利益処分に対処する必要があるとの観点から，役務の対価として一般に相当と認められる範囲の役員報酬に限り，必要経費として損金算入を認め，それを超える部分の金額については損金算入を認めないことによって，役員報酬を恣意的に決定することを排除し，実体に即した適正な課税を行うことにある。

② 改正後の法人税法34条も旧法34条1項と同様に，課税の公平性を確保する観点から，職務執行の

《法人税法関係》

対価としての相当性を確保し，役員給与の金額決定の背後にある恣意性の排除を図るという考え方によるものと解される。

③　旧法34条１項及び法34条２項の趣旨を踏まえ，旧法人税法施行令69条及び法施行令70条１号の規定に照らし，役員ら給与の額が，「不相当に高額な部分の金額」を含むものであるか否か及びその額について，検討する。

④　役員らの職務の内容は，酒類の製造及び販売等を目的とする法人の役員として，一般的に想定される範囲内のものであり，特別に高額な役員報酬ないし役員給与を支給すべきほどの職務の内容であるとまでは評価し難い。各事業年度における納税者の売上げや収益について，それに見合う顕著な職務内容の増加も認められない。役員ら給与の額は，類似法人の中で役員報酬ないし役員給与の最高額をも上回るのであり，しかも上記法人は，納税者との比較においても，相当に経営状況がよいと評価することができる。役員ら給与には，不相当に高額な部分の金額があるというべきであり，少なくとも，類似法人の代表取締役及び取締役らの役員報酬ないし役員，給与の最高額を上回る部分は，不相当に高額な部分の金額に該当する。

⑤　退職金の額については，最終月額給与に不相当に高額な部分の金額があるか否か及びその額について検討する。各比較法人がそれぞれ支払う代表取締役の給与のうちの最高額の分布及びその平均額等に鑑みると，その平均額については，比較法人間に通常存在する諸要素の差異やその個々の特殊性が捨象され，平準化された数値であると評価することは困難であるといわざるを得ないから，Ａに対する役員給与については，その職務の内容等が，納税者の経営や成長等に対する相応の貢献があったとはいえない程度のものであるなど，代表取締役として相応のものであるとはいえない特段の事情のない限り，比較法人の代表取締役に対する給与の最高額の平均額を超える部分をもって不相当に高額な部分の金額であるとすることはできない。各比較法人のうち代表取締役に対する給与額の最高額の高い上位２法人についてみると，これら法人について，不相当に高額な部分の金額の含まれる役員給与を支給しているということをうかがわせる事情は見当たらないことを考慮すると，上記最高額を超えない限りは不相当に高額な部分の金額があるとはいえない。

⑥　Ａの納税者における従前の職務の内容等に照らすと，納税者の経営や成長等に対する相応の貢献があったというべきであって，その職務の内容等が代表取締役として相応のものであるとはいえない特段の事情があるとは認められないから，Ａの代表取締役としての役員給与のうち，平均額を超える部分が，不相当に高額な部分の金額であるとすることはできない。比較法人の代表取締役に対する給与について，不相当に高額な部分の金額があるとはいえない本事案においては，Ａの役員給与が最高額を超えない限りは，不相当に高額な部分の金額があるとはいえない。

【検　　討】

課税庁は，納税者と類似する法人を抽出したうえで，役員らの給与のうち，選定額を超える部分は，不相当に高額な部分の金額であるとした。また，退職金のうち，月額にＡの勤続年数15年及び功績倍率３倍を乗じた金額を超える部分は，不相当に高額な部分の金額であるとした。

これに対して，納税者は，役員らの具体的な職務内容及び経営成績に着目すると，役員らの給与及び退職給与は適正な金額であり，比較法人の抽出が不合理である等と主張している。

裁判所は，法人税法34条の趣旨を踏まえて，役員らの給与及び退職金の額には「不相当に高額な部分の金額」があるか否かを検討している。役員らの給与については，役員らの職務は，特別に高額な支給すべきほどの内容であるとはいえず，不相当に高額部分の金額があると判断した。退職金については，Ａは，納税者の経営や成長等に対する相応の貢献があったと認定し，比較法人の最高額を超えない限りは，不相当に高額な部分の金額はないとの判断を下した。

173

役員給与の額が適正かどうかを判断する場合，比較対象となる類似法人の抽出及び金額の選定方法の妥当性が問題となるが，本事案では，裁判所は類似法人の抽出は合理的であるが，退職金における最終月額給与の相当額は，最高額の平均額ではなく類似法人の最高額を基準にすべきであるとした。つまり判決は，法人の恣意性を排除するために，役員の個別能力を評価し，役員給与等の支給額の適正性を判断する手法を用いていない。そのため，納税者が業績対価の基準などにより，支給額の適正性の主張立証に成功した場合，「不相当に高額」とはいえず，損金算入が認められるべきであるとも考えられる。

　しかし，この点について，控訴審判決は，「役員の経営能力を別個の判断要素として考慮することは，何をもって役員の能力と評価すべきかあいまいであり，主観的・恣意的要素を判断要素に加えることになるから相当ではない」と一蹴している。

　そこで，類似法人における役員給与等基準を採用する裁判所の立場を踏まえると，実務においては，支給額決定過程の合理性の検証だけでなく，類似法人との比較検討が必要となる。控訴審判決では，高額性を指摘される予測可能性について，「入手可能な資料等から予測しうる類似法人の役員給与額を大幅に上回るものであるから」「本件役員ら給与の額が予測し得る類似法人の役員給与額に比して大幅に高額であることを認識することができたと認められる」と言及している。しかし，国税当局が蓄積している類似法人の情報が非公開である以上，裁判所の論理は画餅に過ぎない。

【論　点】

①　役員給与の高額性に関する判断基準の意義と趣旨。

②　類似法人との比較検討の合理性。

《法人税法関係》

059 役員の事前確定届出給与に対する行政指導

東京地裁平成26年７月18日判決
平成24年（行ウ）第536号・法人税更正処分取消等請求事件
【掲　載】ＴＫＣ：25520387・ＴＡＩＮＳ：Ｚ264－12568
【判　示】税務調査による修正申告書提出後，事前確定届出給与に係る手続きの不備について，
　　　　　当初は「指導にとどめおく」とされたが，後日，撤回され課税対象とされた事例。
〔控訴審：東京高判平成26年11月19日・平成26年（行コ）第309号〕
〔上告審：最決平成28年３月８日・平成27年（行ツ）第75号他〕

【解　説】

　税務調査の過程において，納税者の申告内容や経理処理，また法令解釈について調査官が疑義を示したにも関わらず，最終的には，「指導にとどめおく」という結論が出されることがある。修正申告をする必要はないが，今後は改善・変更すべきという示唆といえる。数年後に行われる税務調査においても再度，顛末等を確認されることもあるので留意すべき場合も少なくない。

　この「指導にとどめおく」背景には，一概にはいえないし，また語弊もある（かもしれない）が，(1)他に高額な申告漏れが発見されたため，当該事項が些細な内容と判断される場合，(2)過年度や他の税目に及ぼす事項のため煩雑な処理になる割には増差納税額が少ない場合，(3)疑義が法令解釈上，いわばグレーゾーンの領域にあり，まさしく見解の相違として論争の対象となる場合，などが想定できる。

　もっとも，後日，「署内で検討した結果」とか「上役が認めないので」というような理由で白紙に戻されることもあるが，この調査官の言動は，広い意味での行政指導の一環といっていい。

【事案の概要と経緯】

　建物の管理及び保守請負業務等を行う株式会社である納税者は，取締役会の決議を受けて，法人税法34条１項２号に基づいて，課税庁に対して，「事前確定届出給与に関す（る）届出書」を届け出ていた。納税者の法人税の申告について税務調査が行われたが，納税者の事業年度の所得の金額の計算上，損金の額に算入されない交際費等の額に誤りがあったとの指摘があった。調査官が法人税の修正申告の慫慂を行ったところ，納税者は，それに応じて修正申告を行った。

　修正申告後，調査官らは，平成20年12月10日に役員らに支給された給与に係る届出額と支給額とが相違していることに気付いた。その事実関係を確認するために納税者に電話したところ，これを認める旨の回答を得たことから，調査担当職員らは，納税者の役員らに対し，平成20年12月10日支給日の役員給与の支給額が届出額と異なる以上，所得の金額の計算上，役員給与の全額が損金の額に算入できないが，今回は，この点に係る更正処分をせずに行政指導にとどめるとの発言があった。そこで，調査官の求めにしたがって，納税者は，支給額を届出額と同額に修正し，書類を提出した。

　その後，調査官らは，税務署として改めて検討した結果，支給額が届出額と異なる以上，所得の金額の計算上，役員給与の全額が損金の額に算入できないことは法人税法上明らかであるから，行政指導にとどめることはできないと説明した上で，法人税の修正申告の慫慂を行った。しかしながら，納税者の役員らは，調査官らに対して，既に調査官らから行政指導にとどめる旨の発言がなされており，調査官らの求めに応じて修正した書類を提出しており，修正申告する意思はないと回答した。

　課税庁は，納税者が修正申告を行わなかったことから，平成20年12月10日支給日の役員給与の支給額が届出額と異なる以上，所得の金額の計算上，役員給与の全額が損金の額に算入できないとして，

175

更正処分等を行った。これに対して，納税者が，調査官らが行政指導にとどめると発言したにもかかわらず，それに反して行われた更正処分等は，信義則に反して違法であるなどと主張して，処分の取消し等を求めた。

　第1審及び控訴審のいずれも納税者の主張を斥け棄却した。最高裁は上告不受理を決定したため納税者の敗訴が確定した。

【判決要旨】

① 　法人と役員との関係に鑑みると，役員給与の額を無制限に損金の額に算入することとすれば，その支給額をほしいままに決定し，法人の所得の金額を殊更に少なくすることにより，法人税の課税を回避するなどの弊害が生ずるおそれがあり，課税の公平を害することとなる。

② 　事前確定届出給与が，支給時期及び支給額が株主総会等により事前に確定的に定められ，その事前の定めに基づいて支給する給与であり，政令で定めるところにより納税地の所轄税務署長に事前の定めの内容に関する届出がされたものであることからすれば，その支給については役員給与の支給の恣意性が排除されており，その額を損金の額に算入することにしても，課税の公平を害することはない。

③ 　実際に支給された役員給与が事前確定届出給与の要件を満たすためには，当該役員給与の支給が所轄税務署長に対する届出に係る事前の定めのとおりにされたものであることを要する。役員給与のうち12月10日に支給されたものの額はいずれも各届出額のうち支給時期を同日とするものとは異なっていたのであるから，役員給与の支給は全体として定めに基づくものではなかった。役員給与に関しては，その全額について，法人税法34条1項2号の規定の適用があるとはいえず，納税者の事業年度の所得の金額の計算上，損金の額に算入されない。

④ 　役員給与については，法人税法の規定に従えば，その支給額の全額が，納税者の事業年度の所得の金額の計算上，損金の額に算入されないものというべきなのであるから，税務署長が，納税者との間で，この点を不問に付すような和解ないし合意をしたとしても，そのことによって左右されるものではない。

⑤ 　調査官らがした発言及びそれに引き続く差し替えの要請は，調査官らが，調査の過程において，相違について，税務官庁の一担当者としての見解ないし処理方針を示したものにすぎないというべきであって，税務署長その他の責任ある立場にある者の正式の見解の表示であると認めるに足りる証拠ないし事情は見当たらない。

【検　　討】

　納税者の交際費等の額について既に修正申告を行った後に，調査官が役員給与の届出額と支給額とが相違していることに気づいた。本来は，法人税法34条1項2号（事前確定届出給与）の要件を充足しないことから損金算入できない。しかし調査官は，いったんは，今回は行政指導にとどめると発言していたにも関わらず，その後に，事前確定届出給与の要件を充足しない以上は，役員給与の全額が損金の額に算入できないとして修正申告の慫慂を行った。

　裁判所は，役員給与が企業会計上は費用として処理されるものであるが，法人税法34条1項が損金の額に算入される場合を限定していることを確認した上で，同規定による取扱いの合理性を確認した。つまり，支給額と届出額が異なっていたのであるから，役員給与の全額について，事前確定届出給与の規定を適用することができず，損金の額に算入できないとの判断を下した。同時に，判決では，税務署長が，納税者との間で，申告の不備を不問に付すような和解ないし合意をしたとしても，法律の適用には影響を与えず，法律にしたがって課税がなされるとした。

《法人税法関係》

　税法は，講学的にいう強行法である。そのため税法の規定にしたがった税額が徴収されることは当然であり，事前確定届出給与の規定を充足しない役員給与は損金の額に算入できないとした裁判所の判断は妥当であるといえる。

　税務手続上の不備に起因するが，結果として本来納付すべき税額が確定したことであるから，納税者が被る損害は附帯税となる。しかし，庶民感覚からすれば，当初の発言を撤回した調査官の言動に納税者が不信感をもつことも否定できない。

　納税者は，過去の言動に反した言動をしてはならない，または信頼を損ねてはならないという信義則の適用を主張しているが，裁判所は，調査官の発言が，正式な見解ではない，いわゆる公的見解論という定説により排斥している。判決でも言及しているように正式な見解とは，税務署長等による表示としているから，極めて非現実的な論理であるが，仮に税務署長の表示であっても税法の規定には及ばないと明言していることは，評価できる。

　そうなると，訴訟に至る経緯を確認すると，調査官の発言には問題がある。上述のように，「指導にとどめおく」理由が，曖昧な基準による裁量の範囲に置かれるものではなく，本事案は，納税者の税務手続上の不備であり，いわば法令違反である。少なくとも調査官が裁量を逸脱した，税法順守に対する意識の低さは指摘せざるを得ない。税務職員も，租税法律関係が法律に基づいて構築されていることを改めて認識すべきである。

　しかしながら，申告納税制度の下では，税務手続きを怠った納税者の責任が重いことを痛感した事例であることはいうまでもない。

【論　　点】

① 　役員給与の意義と制限。

② 　事前確定届出給与の手続きと支給方法。

060 役員退職金と功績倍率

東京地裁平成29年10月13日判決

平成27年（行ウ）第730号・法人税更正処分等取消請求事件

【掲　載】裁判所ＨＰ・ＴＫＣ：25539014・ＴＡＩＮＳ：Ｚ888−2145

【判　示】役員退職金の過大判定において，平均功績倍率の1.5倍まで損金算入が認められた事例。

〔控訴審：東京高判平成30年4月25日・平成29年（行コ）第334号〕

【解　説】

　役員退職金の高額性の判断で，争点となるのは功績倍率の数値である。通常，課税庁が行う役員退職金としての相当額の判断基準には，類似法人の支給事例における功績倍率の平均値（平均功績倍率法）を用いることが多い。

　類似法人とは，(1)対象法の所在地と経済事情が類似する地域（同一都道府県内，同一国税局管内など）に所在し，(2)対象法人と同種の事業（日本標準産業分類判定）で，(3)売上金額が対象法人の当該事業年度の売上金額の2分の1から2倍の範囲内（倍半基準）である事業年度において，(4)対象法人と同じ条件・境遇で退職した役員に支給した退職金の支給があり，(5)不服審判等の係争中でない法人を抽出し，その支給事例における功績倍率の平均値を算出することが通例とされる。

　したがって業種や地域によっては，サンプル数が極めて少ない場合もあり，統計数値だけでは判然としない企業の独自性や当該役員の功績功労は除外される傾向にある。

【事案の概要と経緯】

　納税者は，昭和27年9月に設立され，資本金の額を4950万円とし，目的をミシン部品の製造及び販売，家庭金物，建材金物の製造及び販売等とする株式会社である。

　納税者は，平成21年7月，臨時株主総会を開催し，以下の計算式に基づきＡの役員退職金として4億2000万円を支給する旨の決議をし，損金の額に算入した。

（計算式）

　240万円(最終月額給料)×27年(勤続年数)×5倍(役員倍数)×1.3(功労加算) ＝ 4億2120万円

　これに対して課税庁は，同業類似法人として，抽出基準の全てを満たす法人を機械的に抽出した5法人の平均功績倍率は3.26であり，この平均功績倍率にＡの最終月額報酬額240万円及び勤続年数27年を乗じると，2億1124万8008円となるから，同額がＡの役員退職金として相当であるとして，これを超える2億8750万2000円は，「不相当に高額な部分の金額」に該当し，損金の額に算入されないとする更正処分等をした。

　第1審は納税者の主張を一部認容したが，控訴審は納税者の主張を斥けた。

【判決要旨】

①　平均功績倍率法で用いる算定要素のうち，最終月額報酬額は，通常，当該退職役員の在任期間中における報酬の最高額を示すものであるとともに，当該退職役員の在任期間中における法人に対する功績の程度を最もよく反映しているものということができる。勤続年数は，法人税法施行令70条2号が規定する「当該役員のその内国法人の業務に従事した期間」に相当する。功績倍率は，これらの要素以外の役員退職給与の額に影響を及ぼす一切の事情を総合評価した係数であり，同業類似法人における功績倍率の平均値（平均功績倍率）を算定することにより，同業類似法人間に通常存

《法人税法関係》

在する諸要素の差異やその個々の特殊性が捨象され，より平準化された数値が得られるものということができる。このような各算定要素を用いて役員退職金の相当額を算定しようとする平均功績倍率法は，その同業類似法人の抽出が合理的に行われ，かつ，その平均功績倍率を当該法人に適用することが相当と認められる限り，法人税法34条2項及び法人税法施行令70条2号の趣旨に合致する合理的な方法というべきである。

② 同業類似法人間における平均功績倍率は，同業類似法人の抽出が合理的に行われる限り，役員退職給与として相当であると認められる金額を算定するための合理的な指標となるものであるが，あくまでも同業類似法人間に通常存在する諸要素の差異やその個々の特殊性を捨象して平準化した平均的な値であるにすぎず，本来役員退職給与が当該退職役員の具体的な功績等に応じて支給されるべきものであることに鑑みると，平均功績倍率を少しでも超える功績倍率により算定された役員退職金の額が直ちに不相当に高額な金額になると解することはあまりにも硬直的な考え方であって，実態に即した適正な課税を行うとする法人税法34条2項の趣旨に反することにもなりかねず，相当であるとはいえない。

③ 少なくとも課税庁側の調査による平均功績倍率の数にその半数を加えた数を超えない数の功績倍率により算定された役員退職給与の額は，当該法人における当該役員の具体的な功績等に照らしその額が明らかに過大であると解すべき特段の事情がある場合でない限り，同号にいう「その退職した役員に対する退職給与として相当であると認められる金額」を超えるものではない。

④ 役員退職金に係る功績倍率は6.49であり，平均功績倍率3.26にその半数を加えた4.89を超えるものであるところ，Aが納税者の取締役及び代表取締役として，借金の完済や売上金額の増加，経営者の世代交代の橋渡し等に相応の功績を有していたことがうかがわれることからすると，Aの功績倍率を4.89として算定される役員退職金の額について特段の事情があるとは認められないから，役員退職金の額4億2000万円のうち，功績倍率4.89にAの最終月額報酬額240万円及び勤続年数27年を乗じて計算される金額に相当する3億1687万2,000円までの部分は，Aに対する退職給与として相当であると認められる金額を超えるものではない。

⑤ Aに3億1687万2000円（功績倍率4.89）を超える退職金を支給されるに値するほどの特別な功績があったとまでは認められないから，役員退職金の額のうち上記の金額を超える1億312万8000円は「不相当に高額な部分の金額」に当たる。

【検　討】

裁判所は，平均功績倍率法は同業類似法人の抽出が合理的であり，かつ，平均功績倍率を法人に適用することが相当と認められる限り，合理的な算定方法であるとしつつも，平均功績倍率を少しでも超える功績倍率により算定された役員退職金の額が直ちに不相当に高額な金額になるとすることはあまりにも硬直的な考え方である。

具体的に，少なくとも課税庁が示した平均功績倍率の数にその半数を加えた数を超えない数（1.5倍以内）の功績倍率により算定された役員退職金の額は，役員の具体的な功績等に照らしその額が明らかに過大であるとすべき特段の事情がある場合でない限り，退職金として相当であるという見解を明らかにした。画期的な判断といえる。

結局，本事案で納税者と課税庁両者の主張した額のいずれもが採用されておらず，役員退職規定にしたがって支給した額であっても，必ずしも損金の額に算入することができるわけではないことを明かにしている。

納税者は，あらかじめ就業規則等に定められた規定により算定された役員退職金は，法人税法34条2項所定の「不相当に高額な部分の金額」を含まない旨を主張した。しかし，裁判所は，法人税法34

条2項の趣旨からすると，就業規則等の規定により役員退職金が算定されたとしても，当該規定の内容自体やその適用の過程で考慮された事情が一般に相当と認められるとは限らず，一般に相当と認められる金額を超える部分の金額については法人所得の金額の計算上損金算入を認めないこととし，実態に即した適正な課税を行うことが相当である，と判示している。

ここでいう「一般に相当と認められる金額」とは，まさしく類似法人における支給額ということになるだろう。いうまでもなく，国税庁が収集する膨大なデータが非公開であり，判決でも，「支給実績を調査したデータが掲載されている文献が複数公刊されている」と言及しているが，その実態は不明確であることは否定できない。公開されている諸情報を参考にして支給額を決定することは，極めて難しいといえる。

本事案は，控訴され，控訴審判決では納税者が敗訴した。それでも，平均功績倍率に対する硬直的な考え方に一石を投じた第1審判決の判旨は，ひとつの見識として評価すべきである。

【論　　点】

① 役員退職金の意義と適用範囲。

② 類似法人の平均功績倍率法による判定基準の合理性。

《法人税法関係》

061 分掌変更と役員退職金

東京地裁平成29年1月12日判決
平成27年（行ウ）第204号・通知処分取消請求事件
【掲　載】ＴＫＣ：25538511・ＴＡＩＮＳ：Ｚ888-2115
【判　示】代表取締役を退任し，給与を大幅の減額したことで，分掌変更による退職として退職
　　　　金を支給したが，勤務実態等の事実認定により，退職とは容認されず，役員退職金の
　　　　支給が否認された事例。
〔控訴審：東京高判平成29年7月12日・平成29年（行コ）第39号〕

【解　説】

　税務の取扱い（法人税基本通達9-2-32）では，分掌変更等によりその役員としての地位又は職務の内容が激変し，実質的に退職したと同様の事情にあると認められる者に対して支給した給与を退職金として容認するが，地位又は職務内容の激変について，以下のように具体的に例示している。
　(1)　常勤役員が非常勤役員（常時勤務していない者であっても代表権を有する者及び代表権は有しないが実質的にその法人の経営上主要な地位を占めていると認められる者を除く。）になったこと。
　(2)　取締役が監査役（監査役でありながら実質的にその法人の経営上主要な地位を占めていると認められる者及びその法人の株主等で令第71条第1項第5号《使用人兼務役員とされない役員》に掲げる要件の全てを満たしている者を除く。）になったこと。
　この場合に，代表取締役の退任，取締役から監査役への異動のように登記上の変更や給与の減額などは客観的に判定しやすい事項である。
　しかし，常勤・非常勤の判断は，いわば主観的な社内基準であることから，社内事情に応じる必要もある。通常は，出勤日数や勤務内容，権限の位置づけなどが判定要素となるはずであり，従前よりいずれの要素も短縮又は軽減され，その結果，給与も削減されるという構図がみえてくることになる。

【事案の概要と経緯】

　納税者はプラスチック製部品の製造販売等を業とする株式会社である。Aは平成2年の納税者の設立当初から取締役であり，平成16年5月28日からは，代表取締役を務めていた。平成23年5月30日の任期満了時の株主総会決議により，Aは取締役に再任したが，Bが同日代表取締役に就任し，Aは代表取締役を退任した。
　納税者の取締役会は平成23年5月30日にAの退職金を5609万6610円とする旨の決議をし，同年6月15日に支給した。Aの月額報酬は，代表取締役退任前の205万円から約3分の1に相当する70万円に引き下げられた。
　代表取締役退任後のAは，平成25年5月に非常勤取締役となるまで常勤の相談役として毎日納税者の工場に出社をし，退任前と同じ代表取締役の執務室の席において執務をしていた。
　納税者は上記退職金を損金の額に算入し法人税の確定申告を行ったが，課税庁から指摘を受け退職金を損金の額に算入しない修正申告を行った。しかし，新たに代表取締役Bは，やはり上記退職金は損金の額に算入されるべきであったとして，更正の請求を行ったが認められなかった。判決文には，AとBが親族関係にあるとの記載はない。
　第1審及び控訴審は，いずれも納税者の主張を斥け，棄却している。

181

【判決要旨】

① Bは，平成23年2月頃，Aから代表取締役に就任することについての打診を受けたが，直ちに代表取締役の任務を果たせるかどうか自信を持てなかったことから，当分の間は退任前と同程度の業務内容により取締役として留任することをAに求め，Aが引き続き2年間は常勤することを条件として代表取締役への就任を承諾したものである。「そして，Aは，納税者の親会社の代表取締役に対し，役員報酬が半分になっても2年間は退任前の仕事をそのまま続ける旨を述べ，Bも，親会社代表取締役から，2年間はAから代表取締役の仕事について教わるよう助言を受け，これを了承していた。」

② Aは，代表取締役を退任した後も，毎日出社をし，退任前と同じ代表取締役の執務室の席において執務をしていたのであり，Bの席はAの席の隣に設けられ，AとBが共同して納税者の経営に当たる執務環境が整えられていた。そして，Bは，納税者の営業以外の業務や組織管理等の経営全般に関する知識や経験が少なかったことから，納税者の売上げや粗利，従業員の成績の管理，棚卸し等に関する事項についてAから指導を受けたほか，様々な案件についてAに相談し，案件ごとにAに確認を求め，その助言に従って業務を実施するなどしていたのであり，そのような状況は少なくとも同年12月頃まで継続していたものである。

③ これらの事情に照らすと，Bは，代表取締役に就任した後，納税者の経営に関する法令上の代表権を有してはいたものの，Bが納税者の営業以外の業務や組織管理等の経営全般に関する経営責任者としての知識や経験等を十分に習得して自ら単独で経営判断を行うことができるようになるまでは，Aが，納税者の経営についてBに対する指導と助言を行い，引き続き相談役として納税者の経営判断に関与していたものと認められる。この点については，Aも，税務調査において，代表取締役を退任した後も退任前と同様の業務を継続しており，Bに対し引継ぎとして仕事を教えている旨述べているところである。

④ Aは，納税者の幹部が集まる代表者会議に引き続き出席し，営業会議及び合同会議についても議事録の回付により経営の内容の報告を受けて確認し，助言や指導を行うなど，経営上の重要な情報に接するとともに個別案件の経営判断にも影響を及ぼし得る地位にあった。

⑤ Aは，納税者の資金調達等のため，多数回にわたり，単独で銀行担当者との面談や交渉をしており，担当者も，納税者の交渉窓口で納税者の実権を有するのはAであると認識し，交渉等のために納税者を訪問するに当たり，Aに対し面談の約束を取り付けていた。

⑥ Aは，納税者の代表取締役を退任した後も，引き続き相談役として納税者の経営判断に関与し，対内的にも対外的にも納税者の経営上主要な地位を占めていたものと認められるから，Bが代表取締役に就任したことによりAの業務の負担が軽減されたといえるとしても，役員退職金の支給及び退職金勘定への計上の当時，役員としての地位又は職務の内容が激変して実質的には退職したと同様の事情にあったとは認められないというべきである。

⑦ 通達は，「分掌変更等の後におけるその役員（その分掌変更等の後においてもその法人の経営上主要な地位を占めていると認められる者を除く。）の給与が激減（おおむね50％以上の減少）したこと」を例示として掲げているが，Aは，上記「役員」から除かれる者を定める括弧内の「その分掌変更等の後においてもその法人の経営上主要な地位を占めていると認められる者」に該当するというべきであるから，Aについて通達における役員の給与の激減に係る基準を充足するものであるとは認められない。

【検　討】

本事案では，Aは代表権を返上し，大幅に給与を減額しているが，この措置は通達の示した判定要

《法人税法関係》

素を意識した行為であるかは判然としない。確かに登記手続及び給与減額の要件は充足しているが，常勤・非常勤の要件が欠落している。非常勤役員であっても，「実質的にその法人の経営上主要な地位を占めていると認められる者」は除かれるため，すでに述べたように常勤・非常勤の判別には社内事情が絡み複雑化することが明らかであるにも関わらず，Ａは，非常勤と取締役会で決議されるまで，自身が退任後の２年間は常勤であることを認識していたことになる。

結局，Ａは，代表権を外れ平取締役になったことで給与を減額したが，退職をしていないのであるから，退職金を計上する理由がない。

分掌変更に伴う退職金の損金算入が認められるには，前提として役員としての地位又は職務の内容が従前と異なり，実質的に退職したと同様の事情にあると認められる必要がある。本事案では，Ａが毎日出社していたのも，Ｂの隣にＡの席を設けたのも，引継を適切に行うためであり，役員としての地位や職務内容とは無関係，経営上の最終的な判断を行っていたのはＢであり，Ａは助言を行っていたにすぎない等と主張したが認められなかった。

中小企業においては代表取締役を退任後，何らかのかたちで残り，後継者に対し助言を行うということはよくある。通達課税の是非はさておき，上述の通達は，この中小企業の実情を考慮した，ある意味，優遇措置ともいえなくはない。本事案の場合はＡも退任前と同様の業務を継続していたと証言している等，職務内容が激変したとまでは言い難い。これらの事情を踏まえると，納税者は，通達の趣旨を理解していなかったのかもしれない。分掌変更による役員退職金の支払に関しては，形式判断ではなくあくまで実質判定が求められる。細心の注意を払わなければならない。

【論　点】
① 退職の意義。
② 法人税基本通達９－２－32（役員の分掌変更等の場合の退職給与）の解釈。

062　交　際　費　Ⅰ

東京高裁平成15年9月9日判決

平成14年（行コ）第242号・法人税更正処分取消請求控訴事件

【掲　載】裁判所ＨＰ・ＴＫＣ：28082672・ＴＡＩＮＳ：Ｚ253－9426

【判　示】製薬会社が大学病院の医師らの論文の英文添削差額負担は，その支出の目的及びその
　　　　　行為の形態からみて，「交際費等」に該当するとした第1審判決を取消し，納税者の
　　　　　請求を認容した事例（萬有製薬事件）。

〔第1審：東京地判平成14年9月13日・平成11年（行ウ）第20号〕

【解　説】

　交際費は，冗費，濫費の防止，「社用族」という言葉を生んだ背景と実情への批判や企業の資本蓄積を促進することなどが課税目的として示されてきた。しかし，中小企業に対する課税が緩和されてきた事情を考慮すると，きわめて政策税制の色彩が強い制度といえる。担税力の減殺要因である損金該当性の是非は，利益を極大化させる法人にとっては極めて大きな問題である。

【事案の概要と経緯】

　製薬会社である納税者は，大学病院の医師等の研究論文について，英文添削する費用の負担をしている。

　これについて，納税者は次のように主張した。

　医師等から実際に受領している添削代金よりも多い差額費用部分に関して，医師等に対する交際費にはあたらない。

　英文添削の対象者は，医学部又は医科系大学に所属する研究者であるが，その中には，製薬会社が製造・販売する医薬品の処方に携わらない基礎医学の研究者や，処方権限のない留学生，研修医，大学院生，大学又は付属病院の職員でない医員，さらに付属病院が新たに医薬品を購入する際に全く関与しないものが多く含まれており，すべてが事業関係者であるとはいえない。

　本来，大学の付属病院に勤務する医師は，高い倫理観に基づき，患者のために最もよいと考えられる医薬品の処方を行う。そのため，製薬会社が英文添削を行ったからといって，処方を左右できるものではない。

　また，英文添削により作成された論文が，すべて雑誌に掲載される訳ではなく，添削料金は支払ったものの，雑誌に掲載されずに終わっているものが大半である。そのため，英文添削によって，好印象を抱かせたり，歓心を買ったりということは期待できない。

　そのうえ，添削料の支出の相手方である研究者は，製薬会社が英文添削料の差額を負担していることを知らず，利益を受けたことの認識がなかったのであるから，支出は「接待，供応，慰安，贈答」あるいは「これらに類する行為」にも該当しない。

　これに対する課税庁の主張は，以下のとおりである。

　英文添削及びその経済的負担は，客観的状況からみて，支出の相手方である医師等にとって，一般的な飲食等に代表される接待交際と実質的に何ら代わりが無い精神的な欲望を満たすものである。すなわち，医師等にとって，英語による研究論文を作成することは，その名声及び地位の向上という欲望を満たす重要な要素であり，製薬会社は，医師等のそうした欲望を満たすことが，取引先である医師との緊密な人間関係を構築するための有効な手段であることを十分に認識しており，医師等もそのことを認識した上で，利用できる立場にあった。

《法人税法関係》

　交際費の要件は，第一に「事業に関係ある者」，第二に「支出の目的がかかる相手方に対する接待，供応，慰安，贈答その他これらに類する行為のためであること」とある。製薬会社と医師等は，医療情報の伝達を介して必然的な関係があるため，事業の関係者にあたり，また，英文添削自体が医師等との親睦の度を密にして，取引関係の円滑な進行を図るために支出するものである。

　第1審は，英文添削を依頼した研究者が，病院等において医薬品の購入や処方を自ら決定する権限を有していなかったとしても，各医局の代表者に働きかけるなどの方法により，納税者の製造，販売に係る医薬品の購入及び処方に影響を与えることが可能であり，英文添削を依頼した研究者が，直接医薬品を使用する立場になかったとしても，納税者がこれらの研究者から英文添削の依頼を受けることにより，その研究者が所属する大学等の各医局の長等に良好な印象を与えることにより，納税者の製造，販売に係る医薬品の取引関係の円滑な進行を図ることができ，また英文添削が，その依頼者において，納税者による本件負担額の支出によって利益を受けていると認識できるような客観的状況の下に行われたものでないとしても，納税者は，医薬品の販売に係る取引関係を円滑に進行することを目的として英文添削を行うに当たり，公正競争規約に違反しないよう，国内の業者と同水準の添削料金を請求する必要があり，かつ，本件負担額について，取引関係の円滑という英文添削の目的に資するよう，依頼者に請求せずに自らこれを負担することとしたものであるから，本件負担額の支出は，接待等を目的とするものというべきであると判示して，納税者の請求を斥けた。

　一方，控訴審は，以下のように判示して，納税者の請求を認容した。

【判決要旨】

①　交際費等に該当するためには，行為の形態として「接待，供応，慰安，贈答その他これらに類する行為」であることが必要であるとされていることからすれば，接待等に該当する行為すなわち交際行為とは，一般的に見て，相手方の快楽追求欲，金銭や物品の所有欲などを満足させる行為をいうと解される。

②　本件英文添削の差額負担によるサービスは，研究者らが海外の医学雑誌等に発表する原稿の英文表現等を添削し，指導するというものであって，学問上の成果，貢献に対する寄与である。このような行為は，通常の接待，供応，慰安，贈答などとは異なり，それ自体が直接相手方の歓心を買えるというような性質の行為ではなく，上記のような欲望の充足と明らかに異質な面を持つことが否定できず，むしろ学術奨励という意味合いが強いと考えられる。

③　課税の要件は法律で定めるとする租税法律主義（憲法84条）の観点からすると「その他これらに類する行為」を課税庁主張のように幅を広げて解釈できるか否か疑問である。そして，ある程度幅を広げて解釈することが許されるとしても，本件英文添削のように，それ自体が直接相手方の歓心を買うような行為ではなく，むしろ，学術研究に対する支援，学術奨励といった性格のものまでがその中に含まれると解することは，その字義からして無理があることは否定できない。

④　本件英文添削の差額負担は，通常の接待，供応，慰安，贈答などとは異なり，それ自体が直接相手方の歓心を買えるというような性質の行為ではなく，むしろ学術奨励という意味合いが強いこと，その具体的態様等からしても，金銭の贈答と同視できるような性質のものではなく，また，研究者らの名誉欲等の充足に結びつく面も希薄なものであることなどからすれば，交際費等に該当する要件である「接待，供応，慰安，贈答その他これらに類する行為」をある程度幅を広げて解釈したとしても，本件英文添削の差額負担がそれに当たるとすることは困難である。

【検　　討】

　本事案では，裁判所が，医薬品メーカーが負担した大学の研究者が発表する論文の添削費用が，

185

「交際費等」には該当しないと判断した画期的な判決とされている。しかしながら，「交際費等」の本質が取引関係の円滑化を図るために支出するものであるとすると，最終的に研究者の所属する大学等との取引関係に及ぼす影響の可能性を否定できない。支出の目的や形態は，確かに学術奨励の要素は強いが，研究業績の表明は，研究者としての名誉の昇進という側面もあり得る。

平成26年度税制改正大綱では，資本金１億円超えの大企業についても，支出した交際費は上限なしで50％が損金に算入できることが認められることとなった。消費税増税に伴って景気が後退することに備え，大企業の接待需要を促すための施策である。従来の交際費課税制度の考え方が大きく緩和されることから，交際費課税の趣旨，すなわち，政策目的にも影響を与える可能性があることに注意が必要である。

【論　　点】

① 交際費課税の趣旨と沿革。

② 接待，供応，慰安等の概念と効果の限界。

《法人税法関係》

063　交　際　費　Ⅱ

東京地裁平成21年7月31日判決
平成19年（行ウ）第655号・法人税更正処分取消等請求事件
【掲　載】ＴＫＣ：25460171・ＴＡＩＮＳ：Ｚ259－11256
【判　示】遊園施設を運営する会社が支払った清掃業務料差額と事業関係者等に対して交付した
　　　　　優待入場券に係る費用が交際費と認定された事例（オリエンタルランド事件）。
〔控訴審：東京高判平成22年3月24日・平成22年（行コ）第276号〕
〔上告審：最決平成22年10月8日・平成22年（行ツ）第262号〕

【解　　説】

　自社の製品を贈答した場合において，交際費として損金不算入となる金額はその製造原価である。
遊園施設を運営する納税者がその施設の優待入場券を無償で交付したことが交際費に該当するのか，
また，該当するとした場合に交際費として損金不算入となる金額はいくらになるのかが争われた。
　交際費に該当するか否かはその交付目的や交付先等を勘案して判断することになるが，問題は交際
費に該当するとされた優待入場券の無償交付に係る損金不算入額をどう算定するかである。納税者は
入場券の印刷費用のみと主張したが裁判所の判断はその優待入場券に係る役務提供の原価と判断した。

【事案の概要と経緯】

　いわゆる総会屋や右翼団体の幹部とされている人物であり，納税者の地元対策等に多大な影響力を
与えている者であるＡが実質的経営者をつとめるＢ社に対し，遊園施設の運営を事業とする納税者は
清掃業務の委託をしていた。しかし，Ｂ社が実際に清掃業務を行うことはなく，Ｃ社に再委託をして
おり，その際，Ｂ社は約40パーセントもの利益率を得ていた。
　また納税者は事業関係者等に対して納税者が運営する遊園施設への入場及びその施設の利用等を無
償とする優待入場券を各種企業やマスコミ関係者及びその家族に対して交付していた。
　課税庁は，⑴本社ビル等の清掃業務につきＢ社に対して業務委託料として支払った金額とＢ社が上
記の業務を実際に行った法人に対して支払った金額との差額及び⑵事業関係者等に対して交付した納
税者が運営する遊園施設への入場及びその施設の利用等を無償とする優待入場券の使用に係る費用は，
いずれも租税特別措置法61条の4に規定する交際費等に該当する等として法人税，消費税及び地方消
費税の各更正処分及び加算税の各賦課決定処分を行った。
　第1審及び控訴審はいずれも課税庁の主張を容認し納税者の主張を斥け棄却した。最高裁は上告不
受理を決定し，納税者の敗訴が確定した。

【判決要旨】

①　措置法61条の4第1項は，交際費等の額は，当該事業年度の所得の金額の計算上，損金の額に算
　入しない旨を規定し，同条3項は，交際費等とは，交際費，接待費，機密費その他の費用で，法人
　が，その得意先，仕入先その他事業に関係のある者等に対する接待等のために支出するものをいう
　旨を規定している。そして，措置法通達61の4⑴－22は，措置法61条の4第3項に規定する「得意
　先，仕入先その他事業に関係のある者等」には，直接当該法人の営む事業に取引関係のある者だけ
　でなく間接に当該法人の利害に関係ある者及び当該法人の役員，従業員，株主等も含むことに留意
　するものとしている。

②　上記のような同条3項の文言に照らすと，特定の費用が同項の交際費等に当たるか否かを判断す

187

るに当たっては，個別の事案の事実関係に即し，その支出の相手方，支出の目的及び支出に係る法人の行為の形態を考慮することが必要とされるものと解される。

③　Aの社会的な立場，納税者とB社との間で本件清掃業務に係る業務委託契約が締結される前からの納税者とA又はその関係する法人との間の関係，Aが実質的な経営者であるB社との間で本件清掃業務に係る業務委託契約が締結された当日の事情及びその後の経緯等に照らすと，納税者がB社との間で清掃業務に係る業務委託契約の更新を繰り返して金銭の支払を行ってきたことについては，形式的には，B社との間の本件清掃業務に係る業務委託契約に基づくものではあるが，実質的には，上記のようなAの社会的な立場を前提に，その影響力を納税者の事業の遂行，管理等に利用すべく，B社を介しAに経済的利益を提供してAとの関係を良好に保つものとしてされたもので，本件清掃業務の内容に応じ業務委託料として相当とされる金額を超える金銭の支払については，Aに対する謝礼又は贈答の趣旨でされたと認めるのが相当である。そして，上記のようなAの立場に照らすと，Aが措置法61条の4第3項の「その他事業に関係のある者等」に当たることは明らかというべきである。

④　そうすると，本件業務委託料差額に相当する金銭については，支出の相手方，支出の目的及び支出に係る行為の形態に照らし，同項の交際費等に当たると認めるのが相当である。

⑤　納税者が優待入場券を発行してこれを使用させていたことについては，納税者の遂行する事業に関係のある企業及びマスコミ関係者等の特定の者に対し，その歓心を買って関係を良好なものとし納税者の事業を円滑に遂行すべく，接待又は供応の趣旨でされたと認めるのが相当であり，これを使用して入場等をした者に対して役務を提供するに当たり納税者が支出した費用については，支出の相手方，支出の目的及び支出に係る行為の形態に照らし，交際費等に当たると認めるのが相当である。

⑥　本件優待入場券のうち，本件役員扱い入場券の配布先には控訴人の広告宣伝又は販売促進との結びつきが考えにくい企業や個人が多く含まれており，パーク内での商品販売収入や飲食販売収入の促進を図ることを目的としたものとは言い難い。また，本件プレス関係入場券の配布先も控訴人の広告宣伝又は販売促進との結びつきが考えにくいマスコミの部署や役員，管理職が多く含まれており，広告宣伝を目的としたものとは言い難く，プレスファミリーデーも，マスコミ関係者の家族を招待するものである以上，本件プレス関係入場券により来場したマスコミ関係者やその家族の歓心を買うための企画といわざるを得ない。

⑦　納税者は，優待入場券の発行等に伴って生ずる費用はその製作，印刷費用のみである等と主張し，これに沿う証拠を提出するが，例えば1日といった単位となる期間においてその対象となる者が相当の多数にわたりあらかじめその数を確定することが困難であることを踏まえ，一定の見込みに立って，それらの者に対して包括して特定の役務を提供することを事業とする法人が，当該役務を現に提供し，かつ，当該役務の提供を無償で受ける者がこれを有償で受ける者と別異の取扱いをされていない場合，当該役務の提供に要した費用は，当該役務の提供を受けた者との関係においては，これを無償で受けた者を含め，対象となった者全員に対する当該役務の提供のために支出されたとみるのが相当である。

【検　討】

　平成18年3月に新聞紙上を賑わした夢の国ディズニーランドを舞台にした事件である。裁判所は，清掃業務の内容に応じ業務委託料として相当とされる金額を超える金銭の支払については右翼関係者への金銭提供であり，交際費等に該当すると判示した。また，自社が運営する遊園施設の優待入場券の無償交付も交際費等に該当し，それに伴い支出した交際費の金額は，事業原価のうち優待入場者相

《法人税法関係》

当部分とするとしている。

　通常，遊園施設の入場券を事業関係者に贈答した場合には交際費等とされる。ただ，本事案では，購入した遊園施設の入場券を交付したのではなく，自社の運営する遊園施設の優待入場券として交付しており，自社商品の贈答といえる。そうだとしても交付先が事業関係者であり，接待目的での交付だったとすれば，交際費とされるのは当然といえる。事件の報道では，優待入場券は施設の視察目的であり販売促進費に計上していたとされている（『日経新聞』平成18年３月30日）。納税者は，パーク内での商品販売収入や飲食販売収入の促進を図ることを目的としたものであり交際費等ではないなどと主張したが，苦しい言い訳と感じる。

【論　　点】
①　交際費課税の対象と限界。
②　交際費相当額の算定方法。

064　寄附金の意義

東京地裁平成26年1月24日判決

平成20年（行ウ）第738号・法人税更正処分取消等請求事件

【掲　載】裁判所HP・TKC：25517562・TAINS：Z264-12394

【判　示】法人税法37条7項にいう「贈与又は無償の供与」とは，資産又は経済的利益を対価なく他に移転する行為のうち，通常の経済取引としての合理的理由がないものであるとした事例。

【解　説】

　法人税法37条は，寄附金について損金算入限度額を設けており，寄附金の金額のうち，損金算入限度額を超える金額は損金に算入することができない。

　企業が行う経済取引では，様々な要因によって価格変更がなされることがある。例えば，親子会社間の継続的な製造物供給契約において，期首以降に親会社が一定額を支払っていたが，期中または期末に親会社の依頼に基づき子会社が売上計上額を減じていた。ここで問題となっているのは，当初価格との差額（売上げの減額）は，売上値引きや単価変更として処理すべきか，あるいは，法人税法上の寄附金に該当し，損金算入限度額を超えた部分は損金算入できないかという点である。

【事案の概要と経緯】

　住宅用外壁部材等の製 部門を分社化して設立したB社の100％出資の子会社である納税者は，2工場で外壁を製造している。B社は，納税者のほか，Q住宅のQを生産する8社とともに，Qの生産事業を営んでいる。B社グループでは，納税者は，製造した外壁をB社に販売し，B社がそれをQ生産8社に販売した上で，Q生産8社は，この外壁等を使用して生産したQをB社に販売している。

　B社グループ各社では，各半期の決算月である9月と3月に生産会社方針検討会を開催し，B社の関係役員と各子会社の代表者に対して，各半期の期初の前日までに，納税者から購入する外壁について，期初における取引価格を設定して書面により通知していた。その後，各半期におけるコスト検討会において，納税者を含む各子会社における追加のコスト低減の要否が検討され，B社は，各子会社に対して，各子会社が各半期において低減すべき原価の金額等を書面により通知していた。

　B社は，納税者に対して，平成15年3月期上期から平成16年3月期上期までの間，期末取引価格を書面により通知し，平成16年3月期下期から平成17年3月期下期までの間，半期の中間において，単価の変更依頼を行い，その調整額を書面により通知した。

　納税者は，平成15年3月期上期ないし平成16年3月期上期各半期を通じて，覚書の支払条件（毎月末日締切，翌月末日払い）に従い，当初取引価格を基に算定した代金の請求・決済を行い，売上として処理した後，各半期の期末において，売上値引きとして処理した。平成16年3月期下期ないし平成17年3月期下期各半期を通じて，当初取引価格を基に算定した代金の請求・決済を行い，売上として処理した後，各半期の期末前2か月から3か月の間において，売上値引き及び単価変更として処理した。

　これに対して，課税庁は，納税者が各事業年度にB社に対して行った売上値引き及び単価変更による外壁の売上げの減額が法人税法37条にいう「寄附金」に該当するとして，各事業年度の法人税の更正処分等を行った。

　課税庁は，販売契約における外壁の契約価格は当初取引価格であり，第三者間の通常の経済取引として合理的理由がない売上値引き及び単価変更は，販売契約に基づいて発生した債権の放棄または販

売契約で決定した取引価格の変更であることから，経済的に見て贈与と同視し得る利益の供与である当該金額は，法人税法37条7項にいう「寄附金」に該当すると主張している。

　これに対して，納税者は，売上値引き及び単価変更は，契約書等に基づき，期末に実績原価に従って仮価格と確定価格の差額を清算した結果であり，合理的な原価計算による公正価格への変更であることから，実質的贈与性を欠いている当該金額は，「寄附金」に該当しないと主張した。

　第1審は納税者の主張を認容し，確定した。

【判決要旨】

① 法人税法37条7項にいう「贈与又は無償の供与」とは，民法上の贈与に限られず，経済的にみて贈与と同視し得る資産の譲渡又は利益の供与も含まれると解される。そして，ここでいう「経済的にみて贈与と同視し得る資産の譲渡又は利益の供与」とは，資産又は経済的利益を対価なく他に移転する場合であって，その行為について通常の経済取引として是認できる合理的理由が存在しないものを指す。

② 当初取引価格は，予算計画を策定するための基準となるものとして利用されることが予定されている数値にすぎず，B社と納税者との間で，販売契約上の契約価格として合意されていたとするには相当疑義がある。

③ 納税者とB社との間において，納税者がB社に対して販売する外壁につき，各半期の期末又は期中においてそれまでの実績に基づいて行われる原価計算によって算定される実際原価（実績見込原価）を基礎として，それに一定の損益算定方法（「差異分析」等）により導かれる損益を加算するという手法により，取引価格を決定するという内容の契約を締結することは，企業の事業活動の在り方として一概に不合理であるとまでは断ずることはできず，その原価計算及び損益算定方法の内容において不合理な点がなく，税負担を逃れるための恣意的な利益調整ではないと評価されるものであれば，覚書1条1項の「合理的な原価計算の基礎に立ち，B社・納税者協議の上決定する」との定めに合致する。

④ 納税者が差異分析の手法を転用し，その上で取引価格を決定したことは，不合理なものではなく，税負担を逃れるための恣意的な利益調整であるとは認められない。

⑤ 販売契約における契約価格，すなわち「合理的な原価計算の基礎に立ち，納税者とB社間で協議の上決定した価格」は，各半期における期末決定価格又は期中決定価格であると認められる。以上と異なり，販売契約において合意された契約価格を当初取引価格と認めた上，その後に債権放棄又は取引価格変更合意があったとする税務署長の主張は，真実の法律関係から離れて法律関係を構成するものであり，採用することができない。

⑥ 課税庁は，法人税法37条8項に基づく主張はしておらず，また，納税者とB社間の外壁の取引価格と，外壁の市場価格との差額の存在及び額を認めるべき証拠はないから，売上値引き及び単価変更に係る金額は37条8項の寄附金に当たらない。

【検　討】

　本事案では，売上値引き及び単価変更に係る金額が，法人税法37条にいう「寄附金」に該当するか否かが争われている。具体的には，(1)納税者とB社間の外壁販売契約において合意された外壁の契約価格は，当初取引価格あるいは期末・期中決定価格のいずれか，(2)売上値引き及び単価変更は，単に納税者の利益をB社に付け替えるだけのものであり，経済的な合理性を有しないかという点である。

　裁判所は，本事案の当初取引価格は，予算計画の策定基準として利用される数値にすぎないとして，納税者が差異分析の手法を転用し決定した期末・期中決定価格は合理的なものであり，恣意的な

利益調整には該当しないとした。したがって，売上値引き及び価格変更に係る金額は，法人税法37条にいう「寄附金」に該当しないとの判断を下した。

納税者の期末・期中決定価格は，企業内部の予算統制のために実施される「予算と実績の差異分析」を転用し，決定したものである。もっとも，本事案では，取引価格変更の妥当性が問題となっている。当初取引価格が過大であったことから，期末・期中において売上値引き及び価格変更が行われたのであれば，価格変更は納税者の通常の行為として認められるべきである。

差異分析を用いた価格変更の合理性の有無が問われているのである。そうすると，納税者とB社間の契約書や覚書を基づいて，外壁の購入価格決定の設定方法や，購入価格の設定・決済状況等を詳細に確認し，差異分析を用いた価格決定方法には合理性があると判断した本判決の判断は評価されるべきである。

本事案を踏まえて，日々の租務では，取引価格の妥当性だけでなく，取引価格設定過程には合理的理由があるかという点にも意を払うべきでる。つまり，売上値引き及び単価変更は，契約書等に基づき，期末に実績原価に従って仮価格と確定価格の差額を清算しており，合理的な原価計算による公正価格への変更した経緯がある。このような契約内容は，通常の企業間取引であるなら当然であるが，本事案のように関係会社間取引の場合は留意が必要である。寄附金課税は，課税庁にとって，都合の良い便法であることは否定できない。

【論　　点】
① 　寄附金課税の趣旨と意義。
② 　法人税法37条 7 項にいう「贈与又は無償の供与」の解釈。

《法人税法関係》

065　棚卸資産と粉飾決算

> 東京地裁平成22年９月10日判決
> 平成21年（行ウ）第380号・法人税更正処分取消等請求事件
> 【掲　載】ＴＫＣ：25470385・ＴＡＩＮＳ：Ｚ260-11505
> 【判　示】粉飾決算として過去に過大計上された棚卸資産は売上原価に算入できるものではなく，
> 　　　　　また損金算入はできないとされた事例。
> 〔控訴審：東京高判平成23年３月24日・平成22年（行コ）第325号〕
> 〔上告審：最決平成23年10月11日・平成23年（行ヒ）第263号〕

【解　説】

　納税者の意識において，適正所得の計算という原則はさておき，利益を膨らませ，結果として不要な納税をする粉飾決算については，いわば罪悪感は乏しいといっていい。上場企業のように株主の利益を尊重することと異なり，多くの中小企業は同族会社であることから，俗にいうお手盛り経営が可能となる。

　粉飾決算の背景には，直面する資金需要に応じるための金融機関対策が不可欠であり，必要悪と考える中小企業の経営者は少なくない。粉飾決算を黙認する金融機関の存在も否定できない。

　この粉飾決算は，それ自体も問題であるが，その後の事業年度において過去の粉飾内容を是正する場合には，その処理方法に疑義が生じることがある。粉飾決算の安易な手法のひとつに，在庫や仕掛品などの棚卸資産の過大計上がある。期末棚卸資産の水増しして，利益を調整することになる。

　棚卸資産を過大計上して行った粉飾決算を修正する際には通常，過大計上した棚卸資産の損金算入を否認すると同時に，粉飾時に過大に納税した分の減額更正を受けることにより納税者の税負担は結果として是正されることになる。

【事案の概要と経緯】

　本事案は，二度の税務調査が行われ，一度目の税務調査時点でも粉飾決算は課税庁に説明していたが，更正処分を受けることも修正申告の慫慂をされることもなかった。しかし後日行われた二度目の税務調査時に過大計上された棚卸資産を損金算入することはできないとして更正処分を受けた。当初の粉飾決算時に過大に納税した分の減額更正期限を過ぎてしまったことにより納税者の税負担は非常に大きなものとなった。

　農薬の販売等を業とする納税者は，過去５期にわたって，棚卸商品を，合計約19億円を過大に計上する，いわゆる粉飾決算をつづけて行っていた。そこで納税者は，平成14年12月期の損益計算書の特別損失の項目に棚卸商品の過大計上損の科目で当該粉飾決算に係る金額を一度に計上し（以下，「本件損失」ともいう。），損金の額に算入して確定申告を行った。

　平成17年７月の調査時において，納税者の顧問税理士は，上記粉飾について課税庁に説明したが，課税庁から修正申告をうながされることはなかった。しかし，平成19年10月の調査においては上記粉飾について課税庁から修正申告の慫慂があったが納税者がこれに応じなかったところ，課税庁は当該金額を損金の額に算入することはできないとして平成14年12月期の更正処分をし，また，これに連動して平成16年12月期更正処分等を行った。

　なお，平成13年12月期以前については，納付すべき税額を減少させる更正の期間制限である５年を経過していたことから，減額更正は行われていない。

　納税者は，各更正処分の取消しを求めて提訴したが，第１審及び控訴審はいずれも請求を棄却し，

193

最高裁は上告不受理と決定したため，納税者の敗訴が確定した。

【判決要旨】

① 法人税の課税標準等及び税額等は，確定した決算に基づく法人の各事業年度の所得の金額等を申告することにより確定するが（法人税法74条１項参照），税務署長は，申告された課税標準等又は税額等の計算が国税に関する法律の規定に従っていなかったときなどは，納税者による修正申告（国税通則法19条）又は税務署長による更正（同法24条）により，適正な課税標準等及び税額等に是正することとされている。これは，法人税について過少申告がされた場合に限らず，過大申告がされた場合であっても同様であり，過大申告がされた場合には，税務署長は，正しい税額を納付させるため，更正処分を行い，過大に納付されている税額は還付加算金を付して還付することとされている。

② しかし，利益がないにもかかわらず利益があるように仮装する経理処理（仮装経理）を行ういわゆる粉飾決算をした法人が，仮装経理に基づく過大申告をした場合については，法人税法129条２項は，税務署長は，当該法人がその後の事業年度の確定した決算において修正の経理をし，これに基づく確定申告書が提出されるまで更正しないことができることとし，また，減額更正処分がされた後の還付方法についても，法人税法70条及び134条の２において，全額を一時に還付することなく，更正の日の属する事業年度前１年間の各事業年度の法人税相当額だけを還付し，残額はその減額更正を行った事業年度の開始の日以後５年以内に開始する事業年度の法人税額から順次控除することとされている。これは，自ら粉飾決算をして意識的に多く納めた税金を，還付加算金を付して一時に還付するということは，数年間の税金を一時に還付するという点において財政を不安定にするおそれがあるのみならず，申告納税制度の本旨からみても好ましくないこと，また，粉飾決算をなくして真実の経理公開を確保しようという要請とも相容れないものであることから，粉飾決算をした法人が自ら仮装経理状態を是正するまでは減額更正を留保し，また，還付についても通常の場合より不利に扱うことにするとともに，その是正方法も一定の厳格な方法によって過去の事業年度の経理を修正した事実を明確に表示することを義務付け，その負担により，財政の安定を図ると同時に粉飾決算を未然に防止することをも目的とするものと解される。

③ 平成14年12月期更正処分は，納税者が過去５期にかけて粉飾決算により損金の額に算入していなかった売上原価である本件損失を平成14年12月期の損金に算入したことを認めないことを理由とするものである。

④ そして，内国法人の各事業年度の所得の金額の計算上当該事業年度の損金に算入すべき金額については，法人税法22条３項が規定しており，同項１号は，「当該事業年度の収益に係る売上原価」を損金に算入すべきものとしているところ，本件損失は，平成10年９月期から平成14年９月期までの各事業年度の売上原価で当該各事業年度において損金に算入しなかったものであるから，「平成14年12月期の収益に係る売上原価」に該当しないことは明らかである。また，納税者が平成14年12月期において，本件損失すべてを棚卸商品過大計上損として計上する財務会計上の修正の経理をしたとしても，当該事業年度においてこれに相当する損失が生じているわけではないから，本件損失は，同項３号にいう「当該事業年度の損失」には該当しない。さらに，本件損失が平成14年12月期の費用の販売費，一般管理費その他の費用（同項２号）に該当しないことは明らかである。

⑤ したがって，本件損失は平成14年12月期の損失に該当せず，これを当該事業年度の損金に算入されるべきものでないとした課税庁の判断は正当なものであると認めることができる。

《法人税法関係》

【検　　討】

　過去に粉飾のため過大計上した棚卸商品を一度に特別損失として損金算入することの可否が争われた事案である。確かに，裁判所が指摘するように，粉飾のために過大計上した棚卸商品の額を，その後，一括して損失計上したことは，明らかに不適当な経理処理である。

　しかし課税庁は，粉飾決算の実態を認識した平成17年調査では修正申告をうながしていない。調査時に関与税理士が粉飾の実態を説明したとされることを考慮すると，課税庁が粉飾決算による申告内容を容認したと受け止められても当然といえなくもない。

　本来，この当初の調査において，課税庁は本件損失に係る修正申告を慫慂し，併せて粉飾決算に基づく申告の減額更正を同時に行わなければならなかったはずである。そうなると，平成19年調査は課税庁が減額更正の期限がきれた時期を狙ったと穿った見方もできるのである。

　粉飾決算が，金融機関対策のためであることは想像できる。中小企業では，その是非はともかくありがちな話であることは否定しない。しかし，納税者は粉飾決算を5年もの間継続した上で，それを一挙に後始末をした経緯は，その金額の規模をも踏まえれば，企業の会計処理としては疑問の残る対応であることは明らかである。

　このような会計処理が可能になるのは中小企業の特徴であることはいうまでもない。しかしながら，粉飾決算の本来の目的が金融機関対策であるとするならば，本事案における一連のその後処理は，まさしく企業の信用を失墜させることになり，粉飾決算の効果が崩壊したことに他ならない。これでは税務以前の問題といえないだろうか。

　結局，粉飾決算により過大に納税した税額は更正期限を過ぎてしまえば返還されることはない。金融機関対策のためとはいえ，安易な粉飾決算は結果として自らの首をしめることを示唆した事例として，教訓とすべきであろう。

【論　　点】
①　粉飾決算の法的責任と適正申告の履行。
②　粉飾による申告内容の是正と方法。

066　福利厚生費と慰安旅行

東京地裁平成24年12月25日判決

平成23年（行ウ）第385号・所得税納税告知処分等取消請求事件

【掲　載】裁判所HP・TKC：25498715・TAINS：Z262-12122

【判　示】旅行代金1人あたり約25万円のマカオ2泊3日の社員旅行は，「役員又は使用人のレクリエーションのために社会通念上一般的に行われていると認められる」行事に該当するということはできず給与等にあたるとされた事例。

〔控訴審：東京高判平成25年5月30日・平成25年（行コ）第31号〕

〔上告審：最決平成25年11月8日・平成25年（行ツ）第397号他〕

【解　説】

　税務の取扱いでは（所得税基本通達36-30），使用者がレクリエーションのために社会通念上一般的に行われていると認められる旅行の費用を負担した場合に，参加者等が享受した経済的利益は課税されないとしている。慰安旅行とは1泊2日の温泉宴会旅行と理解されていた時代には，海外旅行自体が社会通念に反すると指摘を受けた。しかし，東アジアの国々への修学旅行を実施する高校も珍しくなく，また東京や大阪よりも台北や釜山のほうが安価で行ける地域の企業を考慮すれば，判断基準の対象から目的地は外されることは当然といえる。結局，金額基準が残されたが，本質は少額認定基準である。

【事案の概要と経緯】

　土木建築工事の請負を業とする株式会社である納税者は，平成21年1月10日から同月12日まで，代表者，従業員10人並びに外注先従業員及び一人親方21人の合計32人を参加者として，マカオへの2泊3日の慰安旅行を実施した。

　納税者は，旅行会社の担当者との打ち合わせにおいて，宿泊先は一流ホテルに1人1部屋で宿泊することとするという指示をするとともに，食事は全6食を最高の食事とするという指示をし，担当者は，この指示に従い，マカオで最高級のホテルを宿泊先として選定するなどした。納税者は旅程について，専用バスを利用して移動し，2日目の午前に中国本土の珠海を観光することにしてほしい，という指示をし，担当者は，この指示に従うとともに，他の観光先として一般的な観光場所を選定するなどした。納税者は，予算については，特に指示をしなかったため，本件旅行の費用は，マカオを渡航先とする一般的な旅行と比べて，割高な合計800万円となりその全額を納税者が負担した。

　納税者は旅行費用の内，代表者分は役員賞与として，外注先従業員等の分は交際費として処理し，従業員分241万3000円は福利厚生費として経理処理した。

　課税庁は，各従業員に対する旅行に係る経済的利益の供与は所得税法28条1項の「給与等」の支払に該当し，納税者は所得税法183条1項の規定により上記経済的利益について源泉徴収義務を負ったものであるところ，その納付をしなかったとし，同年11月25日付けで，納税者に対し，上記経済的利益についての源泉所得税に係る納税告知及び賦課決定をした。納税者がこれら各処分の取消を求めた。

　第1審及び控訴審は，いずれも納税者の請求を棄却し，最高裁は上告不受理を決したため，納税者の敗訴が確定した。

【判決要旨】

①　所得税法は，人の担税力を増加させる利得はその源泉のいかんにかかわらず全て所得を構成する

《法人税法関係》

ものとするいわゆる包括的所得概念を採用しており譲渡所得，一時所得等の所得の種類を設けて，反復的，継続的な利得のみならず偶発的，一時的又は恩恵的な利得についても一般的に課税の対象とした上で，さらに，雑所得をも設けて，各種所得のいずれにも該当しない利得についても全て課税の対象としている。利得の形式についても，36条1項において，各種所得の金額の計算上収入金額とすべき金額の中には金銭以外の物又は権利その他経済的な利益も含まれるものとしていることによれば，「給与等」の給付の形式は金銭の支払には限られず，金銭以外の物又は権利その他経済的な利益の移転又は供与であっても，それが労務の対価としてされたものであれば，「給与等」の支払に当たるものというべきである。

② 旅行は，納税者が主催して実施されたものであり，マカオを目的地及び滞在地とし，代表者，本件各従業員及び外注先従業員等を参加者として行われたものであること，及び，その費用は全額を納税者が負担したことによれば，本件各従業員は，本件旅行に参加することにより，その使用者である納税者から，本件旅行に係る経済的な利益の供与を受けたものであると認めるのが相当である。そして，本件旅行は，納税者代表者が，各従業員や外注先の従業員等を慰労し，併せて，相互の親睦を深め，今後の業務の遂行をより円滑なものとする目的をもって，企画立案したものであり，実際にも，2泊3日の旅程中は，マカオ及びその周辺地域の観光に終始し，指揮命令系統を強化するための研修などは一切行われなかったと認めることができるのであって，旅行は，専ら各従業員ほかのレクリエーションのための観光を目的とする慰安旅行であったものであると認めるのが相当である。そうすると，各従業員は，その使用者である納税者から，雇用契約に基づき納税者の指揮命令に服して提供した非独立的な労務の対価として，旅行に係る経済的な利益の供与を受けたものであり，納税者は，各従業員に対し，旅行に係る経済的な利益を供与し，所得税法28条1項の「給与等」の支払をしたものであるということができる。

③ 所得税基本通達36-30が，使用者が「役員又は使用人のレクリエーションのために社会通念上一般的に行われていると認められる」行事の費用を負担することにより，これらの行事に参加した役員又は使用人が受ける経済的な利益については，課税しなくて差し支えないものとするのは，上記のような行事は簡易なものであることが多く，それに参加することにより享受する経済的な利益の額は少額であることに鑑み，少額不追求の観点から強いて課税しないこととするのが相当であるためであると解される。本件旅行の費用は，マカオを渡航先とする一般的な旅行と比べて，割高なものとなったことは，既に認定したとおりであり，各従業員が供与を受けた経済的な利益の額は各従業員分旅行費用の額すなわち24万1300円となるとするのが相当である。これらによれば，本件旅行は，それに参加することにより享受する経済的な利益の額が少額であるものであるとは認めることができないのであって，通達にいう「役員又は使用人のレクリエーションのために社会通念上一般的に行われていると認められる」行事に該当するということはできず，本件各従業員に対する本件旅行に係る経済的な利益の供与が「給与等」の支払に該当するとすることが課税の公平に反するということはできないものというべきである。

【検　討】

会社が全額を負担した社員旅行代は福利厚生費となるのか，それとも社員に対する給与となるのか，が問題となった事案である。納税者は1人当たり約25万円，2泊3日のマカオへの慰安旅行を全額納税者負担で行い，従業員分の費用全額を福利厚生費として経理していた。所得税は包括所得概念を採用しており，原則的には経済的な利益の移転があれば課税の対象となる。この点からすれば，会社負担の社員旅行も課税対象となるのであるが，会社負担の社員旅行であったとしても「少額」といえるようなものであればそれは少額不追及の観点から給与ではなく，福利厚生費として経理することがで

197

きる。

　「少額」といえるかどうかは通達で一定の基準が示されており，本事案の場合は通達の形式基準は
クリアしていた。しかし，裁判所はマカオへの１人あたり約25万円の２泊３日の海外旅行は社会通念
上少額とはいえず，親睦旅行でなかったともいえないとして給与として課税することが相当であると
した。

　海外旅行が決して珍しいこととはいえない現在で社会通念上「少額」ということができるのはいっ
たいいくらまでであるのか，は議論の余地がある。ただ，本事案は，通達の形式基準だけにとらわれ
るのではなく，総合的に判断することが求められていることを示している。

　裁判所の少額認識とは，１人当たり25万円という金額に焦点を当てた判断かどうかである。確かに
２泊３日のマカオ旅行が25万円というのは贅沢であるが，４泊５日のハワイ旅行が25万円なら，まさ
しく社会通念上，決して高額な旅行費用とはいえない。かつてレクリエーションとしての海外旅行が
否定された時期があったことを思うと，税務における社会通念の概念とは，いまさらながら興味深い。
ちなみに本事案の慰安旅行の実施は，平成21年１月10日（土）出発であったが，本事案と同じ航空会
社，ホテル利用する２泊３日のマカオへの基本的な旅行料金は，旅行代理店のパンフレットでみると，
平成31年１月12日（土）発ではひとり当たり約10万円前後，元旦出発では25万円前後である。事案費
用と当時との物価，為替相場そして旅行時期は異なるが，25万円の旅行費用に関する評価は議論の対
象となる金額といえる。

【論　　点】
①　税務上の社会通念の概念と適用範囲。
②　レクリエーション費用と給与課税。

《法人税法関係》

067 少額減価償却資産

最高裁第三小法廷平成20年9月16日判決
平成18年（行ヒ）第234号・法人税更正処分等取消請求上告事件
【掲　　載】裁判所ＨＰ・ＴＫＣ：28141988・ＴＡＩＮＳ：Ｚ258−11032
【判　　示】減価償却資産に該当するか否かは，当該資産が法人の事業に供され，その用途に応じた本来の機能を発揮することによって収益の獲得に寄与するものであるかどうかで判断するが，エントランス回線が1回線のみでも，基地局のエリア内のＰＨＳ端末の通話等は可能であるから，エントランス回線1回線に係る権利が，ＰＨＳ事業における機能を発揮し，収益の獲得に寄与するとした事例（ＮＴＴドコモ中央事件）。
〔第1審：東京地判平成17年5月13日・平成15年（行ウ）第312号〕
〔控訴審：東京高判平成18年4月20日・平成17年（行コ）第160号〕
〔上告審：最決平成20年9月5日・平成18年（行ヒ）第234号〕

【解　　説】

　通常，単価が低廉なものは年数経過による陳腐化が早いと考えられることから，少額減価償却資産として，一括して損金算入することが認められている。この損金処理をめぐって，同一資産が大量取得された場合には，少額減価償却資産に該当するか否かが問題となる。当該資産一つを1単位として少額減価償却資産に該当すると判断すべきか，あるいは，同一資産の大量取得を1単位として少額減価償却資産には該当しないと判断すべきである。

【事案の概要と経緯】

　納税者は，平成10年12月1日，Ａ株式会社から簡易型携帯電話（ＰＨＳ）事業の営業譲渡を受け，同事業を開始した。納税者のＰＨＳ事業は，Ｂ株式会社の設置するＰＨＳ接続装置，電話網等の機能及びデータベースを活用する方式（Ｃ網依存型方式）によるものである。

　この方式の通信経路では，例えばＰＨＳ事業者との契約により同事業による電気通信役務の提供を受ける利用者（ＰＨＳ利用者）がＢの固定電話利用者，携帯電話利用者等と通話等をする場合，ＰＨＳ端末から発信された音声等の情報は，無線電信により当該ＰＨＳ事業者の設置する基地局において受信され，Ｂの設置するエントランス回線（基地局とＢの設置するＰＨＳ接続装置との間を接続する設備），ＰＨＳ接続装置及び電話網等を介して，固定電話や携帯電話等に送信される。Ｂの固定電話や携帯電話等からＰＨＳ端末に向けて発信される情報は，逆の経路をたどる。

　つまり，エントランス回線が1回線あれば，回線が接続する基地局のエリア内のＰＨＳ端末とＢの固定電話又は携帯電話等との間で，双方向の通話等が可能になる。一方で，ＰＨＳ端末と他の基地局のエリア内のＰＨＳ端末との間で通話等が行われる場合は，ＰＨＳ端末から発信された情報は，基地局，Ｂのエントランス回線，ＰＨＳ接続装置を介して電話網に達した後，Ｂの設置する他のＰＨＳ接続装置及び他のエントランス回線を経て，当該ＰＨＳ事業者の設置する他の基地局に到達から無線電信により他のＰＨＳ端末に送信される。

　エントランス回線利用権は，Ｂ網依存型方式を採用するＰＨＳ事業者が，Ｂの事業用電気通信設備である特定のエントランス回線の設置に要する費用を負担することによって，当該回線を利用して当該ＰＨＳ事業者の特定の基地局とＢの特定のＰＨＳ接続装置との間を相互接続することによって，ＰＨＳ利用者に対してＢのネットワークによる電気通信役務を提供させる権利である。

　Ｂの接続約款に基づいてＢとの間でその指定電気通信設備との接続に関する協定を締結したＢ網依

199

存型ＰＨＳ事業者は，Ｂに対して設置工事及び手続に関する費用として１回線当たり合計７万2800円を支払うことになる。

　納税者は，営業譲渡に伴い，Ａからエントランス回線利用権を１回線に係る権利一つにつき７万2800円の価格で合計15万3178回線分を譲受け（総額111億5137万余円），その後，接続約款に基づくＢ設備と納税者設備との接続に関する協定に従って，エントランス回線の設置工事をするごとに，その費用として１回線当たり合計７万2800円を支払い，新設された回線に係るエントランス回線利用権を取得していた。

　納税者は，ＰＨＳ事業全部の譲受けに伴い取得した，Ａ社がＢ社に対して有していたエントランス回線利用権及び新設回線に係るエントランス回線利用権は取得価格が10万円未満であり，法人税法施行令133条にいう「少額減価償却資産」に該当することから，一度に全額を損金処理することができるとして更正の請求を行った。

　これに対して，課税庁が，更正すべき理由がないとの通知処分等を行ったため，納税者が，各処分の取消しを求めて出訴した。裁判所はいずれも納税者の主張を認容した。

【判決要旨】

① 　エントランス回線利用権は，エントランス回線１回線に係る権利一つを１単位として取引されている。

② 　課税庁は，却資産は法人の事業において収益を生み出す源泉として機能することをその本質的要素とし，権利一つでは納税者のＰＨＳ事業において収益を生み出す源泉としての機能を発揮することができないと主張する。

③ 　減価償却資産は法人の事業に供され，その用途に応じた本来の機能を発揮することによって収益の獲得に寄与するものであるから，一般に，納税者のようなＢ網依存型ＰＨＳ事業者がエントランス回線利用権をそのＰＨＳ事業の用に供する場合，当該事業におけるエントランス回線利用権の用途に応じた本来の機能は，特定のエントランス回線を用いて当該事業者の設置する特定の基地局とＢの特定のＰＨＳ接続装置との間を相互接続することによって，当該基地局のエリア内でＰＨＳ端末を用いて行われる通話等に関し，Ｂをして当該事業者の顧客であるＰＨＳ利用者に対しＢのネットワークによる電気通信役務を提供させることにある。

④ 　エントランス回線が１回線あれば，当該基地局のエリア内のＰＨＳ端末からＢの固定電話又は携帯電話への通話等，固定電話又は携帯電話から当該エリア内のＰＨＳ端末への通話等が可能であるというのであるから，エントランス回線１回線に係る権利一つでもって，納税者のＰＨＳ事業において，機能を発揮することができ，収益の獲得に寄与する。

⑤ 　エントランス回線１回線に係る権利一つをもって，一つの減価償却資産とみるのが相当であるから，法人税法施行令133条の適用に当たっては，権利一つごとに取得価額が10万円未満のものであるかどうかを判断する。

⑥ 　納税者は，エントランス回線１回線に係る権利一つにつき７万2800円の価格で取得したというのであるから，その一つ一つが同条所定の少額減価償却資産に当たる。

【検　討】

　本事案における争点であるエントランス回線利用権の法人税法施行令133条にいう「少額減価償却資産」該当性の判断の前提として，取消訴訟の適法性が争われているが，ここでは検討しない。本事案では，納税者がＡから取得した資産は，電気通信役務の提供を受ける権利（地位）であるか，あるいは，エントランス回線を利用する権利であるか，という資産の性質が争われている。また，新設さ

《法人税法関係》

れたエントランス回線に係る設置負担金は，法人税法施行令133条にいう少額減価償却資産に該当するか，あるいは，法人税法施行令132条12号にいう資本的支出に該当するかが争われている。

　具体的には，A社から取得したエントランス回線利用権は，エントランス回線1回線を1単位として取り扱うべきかあるいは接続協定を1単位として取り扱うべきかという点と，新設されたエントランス回線に係る設置負担金が，少額減価償却資産の取得価格あるいは資本的支出かという点である。納税者の主張によると，エントランス回線利用権に係る費用は，一度に全額を損金算入できることになる。

　裁判所はエントランス回線利用権の取引状況を指摘したうえで，減価償却資産とは法人の事業に供され，その用途に応じた本来の機能を発揮することによって収益の獲得に寄与するものであることを前提とすると，エントランス回線が1回線あれば，当該基地局のエリア内のPHS端末からBの固定電話又は携帯電話への通話等，固定電話又は携帯電話から当該エリア内のPHS端末への通話等が可能であるから，エントランス回線1回線に係る権利一つで機能を発揮し，収益の獲得に寄与するとした。したがって，エントランス回線1回線に係る権利一つにつき7万2800円の価格で取得したことから，エントランス回線利用権は，同条にいう「少額減価償却資産」に該当し，費用全額を事業年度の損金の額に算入できるとの判断を下した。

　当該資産の性質に着目した場合には，基地局のエリア内では，エントランス回線1回線によって，PHS端末と固定電話等の通話を行うことができる。基地局外での通話においては，エントランス回線1回線では通話できないが，エントランス回線1回線によっても，納税者のPHS事業に係る収益獲得する機会があるといえよう。この点を指摘した裁判所の判断は妥当である評価できる。

同一多数で構成される資産が少額減価償却資産に該当するか否かは，当該資産一つずつが，用途に応じた本来の機能を発揮し，収益の獲得に寄与するかどうかで判断されることになるとの基準で判断される。

【論　　点】
①　減価償却資産の意義。
②　少額減価償却資産の趣旨と適用範囲。

068 有姿除却

東京地裁平成19年1月31日判決

平成17年（行ウ）第597号・法人税更正処分等取消請求事件

【掲　載】裁判所HP・TKC：28141134・TAINS：Z257-10623

【判　示】火力発電設備が廃止され，将来再稼働の可能性がないと認められる以上，火力発電設備を構成する個々の電気事業固定資産も，火力発電設備の廃止の時点で固有の用途が廃止されたとした事例。

【解　説】

　本来，固定資産が消滅した場合などには，当該資産についての除却損として損金の額に算入することできる。資産価値，使用価値が消滅したことが明確である固定資産については，当該固定資産の使用を廃止し，今後通常の方法により事業の用に供する可能性がないと認められる場合は，当該資産が現状では有姿のままであっても，除却損として損金の額に算入することができる。このような損金処理方法を有姿除却という。

　有姿除却は，今後通常の方法により使用される可能性がないことを除却損としての損金計上の要件としているが，各固定資産の現状について，客観的に判断することが難しい。

【事案の概要と経緯】

　中部5県を営業区域としている一般電気事業者の電力会社である納税者は，平成3年度以降，高効率の新規発電設備の運転が順次開始していたが，他方で，不況の影響による最大電力の伸び率の鈍化に伴い，急速に最大電力需要に比べて供給力が過大となりつつあった。その後も，長引く不況による需要低迷に加えて，同8年度以降，発電効率が極めて高い火力発電所系列などの最新鋭の大規模発電設備が順次運転を開始したことから，最大電力需要に比べて供給力が過大となった。設備余剰の状態が一層顕著となったという状況を受け，納税者は，(1)適切な需給バランスを確保すること，(2)保守保安費用を低減させること，(3)発電所運転要員を有効活用することを目的に，同10年度以降，火力発電設備を始めとする低効率の既存発電設備について，年間を通じて運用を停止する長期計画停止を行った。

　納税者は，保有する5基の火力発電設備について，電気事業法等に基づく廃止のための手続を執った上で，発電設備ごとに一括してその設備全部を，有姿除却（対象となる固定資産が物理的に廃棄されていない状態で税務上除却処理をすること）に係る除却損に計上し，損金の額に算入して確定申告をした。納税者，各事業年度において，火力発電設備の有姿除却により43億5712万余円，20億4773万余円が損金算入できるとして，法人税の確定申告をした。

　これに対し，税務署長は，発電設備を構成する個々の資産のすべてが固定資産としての使用価値を失ったことが客観的に明らかではなく，今後通常の方法により事業の用に供する可能性がないといえない等を理由に，火力発電設備の有姿除却による損金算入は，実際に解体済みと認められる部分を除いて認められないから，各事業年度において，35億7578万余円，18億6465万余円は損金算入できないとして更正処分等を行った。

　納税者は，有姿除却等に関する法令の解釈を誤った違法な処分等であるとして，各処分の取消し求めて訴えを提起した。第1審は納税者の主張を認容し，確定した。

《法人税法関係》

【判決要旨】

① 公正処理基準とは，一般社会通念に照らして公正で妥当であると評価され得る会計処理の基準を意味し，中心となるのは，企業会計原則や商法及び証券取引法の計算規定並びにこれらの実施省令である旧計算書類規則，商法施行規則及び財務諸表等規則の規定であるが，確立した会計慣行をも含んでいる。

② 株式会社の貸借対照表，損益計算書，営業報告書及び附属明細書に関する規則の特例に関する省令5条，商法施行規則98条，財務諸表等規則2条などの規定によれば，電気事業会計規則は，公正処理基準の中心となる旧計算書類規則，商法施行規則及び財務諸表等規則の特則として位置付けられている。

③ 電気事業者が従うべき公正処理基準とは，電気事業会計規則の諸規定のほか，一般に公正妥当と認められる会計処理の基準を含む。

④ 電気事業会計規則の諸規定は，旧計算書類規則，商法施行規則及び財務諸表等規則の特則として位置付けられるものであるから，電気事業者における会計の整理（会計処理）においては，電気事業会計規則の規定が，これらの一般に公正妥当と認められる会計処理の基準に優先して適用される。

⑤ 一般に公正妥当と認められる会計処理の基準のほか，電気事業の所管官庁等による解説の趣旨を十分に考慮に入れるべきであり，同規則にいう「電気事業固定資産の除却」とは，「既存の施設場所におけるその電気事業固定資産としての固有の用途を廃止する」ことを意味する。

⑥ 電気事業固定資産の除却，すなわち，既存の施設場所におけるその電気事業固定資産としての固有の用途の廃止をした場合には，除却時点における除却物品の帳簿価額を電気事業固定資産勘定から減額するとともに，当該除去物品の適正な見積価額をもって貯蔵品勘定その他の勘定へ振り替えることとし，当該帳簿価額と適正な見積価額との差額（物品差損）及び旧工費差損の金額の合計額を除却損として計上する。

⑦ 火力発電設備を構成する個々の資産は，電気事業者である納税者が電気事業の用に引き続き供するために建設その他の事由によって取得した資産であると認められるから，電気事業会計規則にいう電気事業固定資産に該当する。

⑧ 火力発電設備の除却損を損金に算入することの可否を判断するに当たっては，火力発電設備を構成する個々の電気事業固定資産について，同規則14条にいう除却の要件が充足されているか否かを検討する。

⑨ 電気事業会計規則上，電気事業固定資産の除却とは，既存の施設場所におけるその電気事業固定資産としての固有の用途を廃止したことをいうところ，火力発電設備を構成する電気事業固定資産の「施設場所」とは，各火力発電所であり，その「固有の用途」とは，発電の用に供されることであるから，火力発電設備がその廃止により発電という機能を二度と果たすことがなくなった以上，火力発電設備を構成する電気事業固定資産の「既存の施設場所」における「固有の用途」も完全に失われたことになる。火力発電設備を構成する電気事業固定資産については，「既存の施設場所におけるその電気事業固定資産としての固有の用途を廃止」することという除却の要件が充足されているので，その有姿除却が認められる。

⑩ 電気事業会計規則上，電気事業固定資産の除却とは，既存の施設場所におけるその電気事業固定資産としての固有の用途を廃止したことをいうものと解すべきであり，火力発電設備が廃止され，将来再稼働の可能性がないと認められる以上，火力発電設備を構成する個々の電気事業固定資産についても，火力発電設備の廃止の時点でその固有の用途が廃止されたものと認められる。

⑪ 火力発電設備の廃止の時点で，各発電設備を構成する個々の資産は，そのほとんどが，社会通念上，その本来の用法に従って事業の用に供される可能性がなかったもの，すなわち，再使用が不可

能であったものと認めるのが相当である。

【検　討】

本事案では，火力発電設備に係る除却損を損金に算入できるか否か，各更正処分は信義則に反する違法なものか否か，各賦課決定処分についての国税通則法65条４項にいう「正当な理由」の有無が争われている。とりわけ，両者が争っているのは，電気事業固定資産の除却に関する公正処理基準に基づき，火力発電設備は廃止されたものとして，当該設備に係る除却損を損金算入できるか否かである。

裁判所は，電気事業会計規則の諸規定は特則と位置付けられることから，電気事業者における会計の整理（会計処理）は，電気事業会計規則の規定が，一般に公正妥当と認められる会計処理の基準に優先して適用されるとしたうえで，同規則にいう「電気事業固定資産の除却」とは，「既存の施設場所におけるその電気事業固定資産としての固有の用途を廃止する」ことを意味するとした。

本事案では，火力発電設備がその廃止により発電という機能を二度と果たすことがなくなった以上，火力発電設備を構成する電気事業固定資産の「既存の施設場所」における「固有の用途」も完全に失われたといえるから，除却の要件が充足した，火力発電設備を構成する電気事業固定資産については，有姿除却が認められるとの判断を下した。

本事案の火力発電設備が廃止され，将来再稼働の可能性がないこと，そして，火力発電設備の廃止の時点で，各発電設備を構成する個々の資産は，社会通念上，本来の用法によって事業の用に供される可能性がないことを指摘して，除却の要件が充足されたとの裁判所の判断は妥当なものであると評価できる。

【論　点】

①　固定資産除却の意義と適用範囲。
②　固定資産の用途の判断基準。

《法人税法関係》

069 貸倒損失

最高裁第二小法廷平成16年12月24日判決

平成14年（行ヒ）第147号・法人税更正処分等取消請求事件

【掲　載】裁判所ＨＰ・ＴＫＣ：28100148・ＴＡＩＮＳ：Ｚ254－9877

【判　示】住宅金融専門会社の経営が破綻したため放棄した同社に対する貸付債権について，その全額回収不能であるとして貸倒損失が認められた事例（興銀事件）。

〔第１審：東京地判平成13年３月２日・平成９年（行ウ）第260号〕

〔控訴審：東京高判平成14年３月14日・平成13年（行コ）第94号〕

【解　説】

　法人の有する金銭債権に一定の事実が発生した場合には，その債権額の全部又は一部を貸倒損失として，その事実が発生した日の属する事業年度において損金の額に算入できる。すなわち，法人税法22条３項３号にいう「当該事業年度の損失の額」として損金の額に算入されることになる。

　この貸倒損失について法令には明確な規定がないことから，貸倒れ計上の時期については，納税者と課税庁の間で争いが生じることは多い。実務上は，法人税基本通達（９－６－１～２）により判断されることが通常であり，法人の金銭債権について，法律上の貸倒れ，事実上の貸倒れ及び形式上の貸倒れとして，次のような事実が生じた場合には，貸倒損失として損金の額に算入されることになる。

(1)　金銭債権が切り捨てられた場合（法律上の貸倒れ）

　　以下に掲げるような事実に基づいて切り捨てられる金額は，その事実が生じた事業年度の損金の額に算入できる。

　イ　会社更生法，金融機関等の更生手続の特例等に関する法律，会社法，民事再生法の規定により切り捨てられた金額

　ロ　法令の規定による整理手続によらない債権者集会の協議決定及び行政機関や金融機関などのあっせんによる協議で，合理的な基準によって切り捨てられた金額

　ハ　債務者の債務超過の状態が相当期間継続し，その金銭債権の弁済を受けることができない場合にその債務者に書面で明らかにした債務免除額

(2)　金銭債権の全額が回収不能となった場合（事実上の貸倒れ）

　　債務者の資産状況，支払能力等からその全額が回収できないことが明らかになった場合には，その明らかになった事業年度において貸倒れとして損金経理することができる（担保物があるときは，処分後）。

(3)　一定期間取引がない場合等（形式上の貸倒れ）

　　以下掲げる事実が発生した場合には，その債務者に対する売掛債権（貸付金を除く）は，その売掛債権の額から備忘価額を控除した残額を貸倒れとして損金経理をすることができる。

　イ　継続的な取引を行っていた債務者の支払能力等が悪化したため，取引を停止した場合において，１年以上，弁済がないとき

　ロ　同一地域の債務者に対する売掛債権の総額が取立費用より少なく，支払を督促しても弁済がない場合

　貸倒損失は，いうまでもなく回収不能の債権額を損失とみなして費用化することであり，所得を減算できることから，上述のように貸倒損失の計上には制約がある。とくに事実上の貸倒れにおける「その全額が回収できないことが明らかになった場合」の判定については，課税庁と見解の相違が発生しやすい。

205

しかしながら，貸倒損失の計上による損失は，課税庁が危惧する利益調整より，企業側は経営成績に及ぼす影響を考慮することも多い。多額の貸倒処理により利益が減少することは，金融機関対策として避ける必要もあり，損失の計上を先送りする手法も検討されやすい。しかも，税務対策としては，一定期間取引がない場合等が基準となる形式上の貸倒れの判断においては，年数が経過することでその効果が増すことも否定できない。つまり，換言するならば，この先送り手法は，事実上の貸倒れや形式上の貸倒れにおける判断基準のもつ曖昧性を利用しているといえる。

もっとも貸倒処理を安易に先送りすることは，債務が長期に渡って滞留し，かえって財務状況の回復・改善に時間がかかることも明らかである。さらに税務の取扱いでは，事実上の貸倒れや形式上の貸倒れの判定ではともかく，前述の通り，破産手続など法的手続により法律上の貸倒れが認定できる場合に，あえて先送りすることは，貸倒損失の計上時期について課税庁と対立する事例もあることに留意すべきである。最近の判例の傾向では，長びく景気の低迷の中，あえて貸倒処理に躊躇する企業の姿が見え隠れするような気がする。

【事案の概要と経緯】

納税者は，経営の破綻した住宅金融専門会社の設立母体である銀行であるが，債権放棄約定書を締結して債権を放棄した債権相当額を貸倒損失として損金の額に算入されるべきであると主張した。

課税庁の主張は，納税者が，債権放棄を理由として債権相当額を損金に算入したが，これは，(1)債権はその全額が回収不能とは認められないこと，(2)債権放棄は，債務者が債権放棄が確定しているとは認められないから債権放棄に係る放棄額は損金の額に算入することができないこと，(3)債権について法人税基本通達9－4－1に照らしても債権相当額を損金に算入することはできないというものである。

第1審は納税者勝訴，控訴審は納税者敗訴をへて最高裁で納税者勝訴という経緯を経て確定した。控訴審判決の要旨は以下のとおりである。

金銭債権については，当該債権のうち経済的に無価値となった部分の金額を確定的に捕捉することが困難であるところから，法人税法上は，金銭債権については，評価減を認めないことが原則とされている（同法33条2項）。したがって，不良債権を貸倒れであるとして資産勘定から直接に損失勘定に振り替える直接償却をするためには，全額が回収不能である場合でなければならず，また，同貸倒れによる損金算入の時期を人為的に操作し，課税負担を免れるといった利益操作の具に用いられる余地を防ぐためにも，全額回収不能の事実が債務者の資産状況や支払能力等から客観的に認知し得た時点の事業年度において損金の額に算入すべきものとすることが，一般に公正妥当と認められる会計処理の基準に適合するものというべきであり，基本通達9－6－2も，このことを定めたものということができる。

回収不能とはいえない金銭債権が放棄され，あるいは協議により切り捨てられた場合は，経済的利益の無償供与があったものとして，法人税法上，寄附金に該当するものとして扱われ，算入される損金の額が制限されるが（同法37条2項），例えば，債権の回収不能部分を特定しその部分の債務を免除し又は債権を放棄した場合，損失を負担しなければより大きな損失を被ることが明らかであるためやむを得ず債権放棄を行う場合，債権者の協議等によって回収不能部分を特定しこれを原則として債権者らの債権額に案分して切り捨てた場合などには，経済取引として十分に肯首し得る合理的理由があるということができるから，そのような場合には，経済的利益の無償供与は，寄附金には当たらないものと解され，基本通達9－6－1（四），9－4－1，9－6－1（三）もこのことを定めたものということができる。その場合の損金算入時期についても，これを恣意的に早め，あるいはこれを遅らせるなどして，課税を回避するための道具として利用することは，法人税法の企図する公平な所

得計算の要請に反し，一般に公正妥当と認められる会計処理の基準に適合するとはいえないのであって，その許されないことは当然である。

【判決要旨】

　法人の各事業年度の所得の金額の計算において，金銭債権の貸倒損失を法人税法22条３項３号にいう「当該事業年度の損失の額」として当該事業年度の損金の額に算入するためには，当該金銭債権の全額が回収不能であることを要すると解される。そして，その全額が回収不能であることは客観的に明らかでなければならないが，そのことは，債務者の資産状況，支払能力等の債務者側の事情のみならず，債権回収に必要な労力，債権額と取立費用との比較衡量，債権回収を強行することによって生ずる他の債権者とのあつれきなどによる経営的損失等といった債権者側の事情，経済的環境等も踏まえ，社会通念に従って総合的に判断されるべきものである。

【検　　討】

　本事案の争点は，金銭債権の貸倒損失を法人税法22条３項３号にいう「当該事業年度の損失の額」として損金の額に算入するための要件について，裁判所は，債務者の資産状況，支払能力等の債務者側の事情のみならず，債権回収に必要な労力，債権額と取立費用との比較衡量，債権回収を強行することによって生ずる他の債権者とのあつれきなどによる経営的損失等といった債権者側の事情，経済的環境等も踏まえ，社会通念に従って総合的に判断されるべきものであると示している。

　貸倒損失は，税務上の手続きであることから制限的であるから，債務者の実態・実情とは異なることは課税庁の判断も避けられない。その債権額でもある収益に対応する原価や経費はすでに損金に計上されており，そのうえさらに利益を含むいわば総額が損金に算入されることは，税額の基礎となる所得計算に大きく影響を及ぼすことは確かである。したがって税務調査等において，事実上の貸倒れや形式上の貸倒れの判定に基づく貸倒損失の計上に関する課税庁の姿勢は厳しいものがある。

　本事案は，経営破綻した住宅金融専門会社の設立母体である銀行が，同社に対する貸付債権相当額を法人税法22条３項３号による「当該事業年度の損失の額」として損金の額に算入できるか否かが争点となった。いわゆる住専問題の一部である。

　バブル経済崩壊とともに不良債権の処理が，銀行に課せられた急務であったが，本事案でもこの住専問題が国会で審議され紛糾した経緯が背景にある。したがって，わが国の政治・経済に影響を及ぼした本事案は，通常の税務処理には無関係な特殊な事情を考慮する必要はあるが，本質的な貸倒損失の意義に言及した最高裁の判断は，この分野におけるリーディング・ケースとしての評価が高いことも事実である。

【論　　点】

① 　貸倒れの概念と判断基準。
② 　貸倒損失の意義。

070 脱税目的の経費

最高裁第三小法廷平成6年9月6日判決

平成1年（あ）第28号・法人税法違反被告事件

【掲　載】裁判所HP・TKC：22007281・TAINS：Z999-9023

【判　示】架空の土地造成工事に関する見積書等を提出するなどして脱税に協力した協力者に支払った手数料は，損金の額に算入することを否定した事例。

〔第1審：東京地判昭和62年12月15日・昭和61年（特わ）第2421号〕

〔控訴審：東京高判昭和63年11月28日・昭和63年（う）第156号〕

【解　説】

　法人税法22条1項は，「内国法人の各事業年度の所得の金額は，当該事業年度の益金の額から当該事業年度の損金の額を控除した金額とする」と定め，同条4項は，益金及び損金について，「一般に公正妥当と認められる会計処理の基準に従って計算されるものとする」と規定している。

　つまり法人税の課税対象となる所得は，収入である益金から支出である損金を控除して算出される。この益金と損金の範囲は，会計処理上の概念である収益と費用に，税務上の処理・修正として加算減算することで定まる。そのため，おおむね益金の範囲は収益のそれより広く，一方，損金の範囲は費用のそれより狭いといってよい。いわゆる課税ベースの拡大が，課税側の要請であることが根底にあるといえる。

　ところで，いわゆる脱税事件の報道は日常茶飯事というほど目にする。申告漏れ，所得隠し，脱税と内容に応じて，新聞の見出しも様々であるが，税法の解釈に関する納税者と課税庁との見解が異なる事例でも申告漏れ等の報道もあるから留意すべき場合もある。

　多くの意図的な非違行為の手法は，収入の除外と支出の水増しに大別されるが，当然，取引相手があるから，一方的な行為は，いわゆる反面調査で発覚しやすいことはいうまでもない。ただ取引相手と共謀し，いわば口裏を合わせる工作をする場合もある。両者の利害や力関係にもよるが，見返りの対価として金銭の授受も起こりうる。このような金銭の授受に対しても，受領した方はともかく，取引の一環として支払った方が，俗にいう裏金ではなく，会計処理をして表面化するということもある。

【事案の概要と経緯】

　本事案は，租税逋脱を追求された刑事事件であり，納税者である経営者は，商号変更，本店移転，法人合併などを繰り返し，給与，外注費，販売促進費などを多額に架空計上することで法人税等を免れたとして起訴された。

　争点のひとつは，被告会社が，架空造成費の計上に伴い，訴外Aに対し，昭和58年9月期に200万円，同59年9月期に1700万円を手数料として支払っているが，これらは被告会社の各事業年度における損金であるからいずれも所得から控除されるべきであると主張したのに対して，検察官は，これらはいずれも法人税法22条3項所定の損金にあたらないと主張したことである。

　第1審は，法人税法は，わが国法人税に関する基本法であって，法人税に関するすべての納税義務者が，同法の定めるところに従って誠実に納税義務を履行するよう期待し，不正行為によって法人税を免れる行為を刑罰をもって禁止しているのであるから，法人税法は，不正行為を行うこと及びこれにからむ費用を支出すること自体を禁止しているものと解すべく，したがって，法人が右のような費用を支出しても，法人の費用としては容認しない態度を明らかにしているものと解すべきである，などと判示して，納税者の主張を排斥した。

《法人税法関係》

　控訴審も，法人税法は，納税義務者が同法の定めに従い，正規に算出された税額を確実に納入することを期待し，これを実現すべく，偽りその他不正な行為により，これを免れようとする者に対し，刑罰をもって臨み，納税者相互間における税の均衡を図っているのであるから，本件手数料のような違法支出を法人の所得計算上，損金の額に算入することを許すと，脱税を助長させるとともに，その納税者に対し，それだけ税の負担を軽減させることになる反面，その軽減させた部分の負担を国に帰せしめることになるのであって，国においてこれを甘受しなければならない合理的な理由は全く認められない上，刑罰を設けて脱税行為を禁止している法人税法の立法趣旨にも悖るので，実質的には同法違反の共犯者間における利益分配に相当する本件違法支出につき，その損金計上を禁止した明文の規定がないという一事から，その算入を肯認することは法人税法の自己否定であって，同法がこれを容認しているものとは到底解されない，と示し，もし，違法支出に係る本件手数料を損金に算入するという会計慣行が存するとすれば，それは公正妥当な会計慣行とはいえないというべきである。

　以上のとおり，被告会社Ａが丁に支払った手数料は，その所得の計算上，これを損金の額に算入することはできないのであって，これと同旨の前提に立ち，被告会社における本件事業年度の所得額を認定した控訴審判決には，法人税法22条3，4項及び38条2項の解釈の誤りはないと判示した。

　最高裁も第1審及び控訴審の判断を踏襲した。

【判決要旨】

①　法人税法は，内国法人の各事業年度の所得の金額の計算上当該事業年度の損金の額に算入すべき金額は，別段の定めがあるものを除き，売上原価等の原価の額，販売費，一般管理費その他の費用の額，損失の額で資本等取引以外の取引に係るものとし（22条3項），これらの額は，一般に公正妥当と認められる会計処理の基準（以下「公正処理基準」という。）に従って計算されるものとしている（同条4項）。

②　原判決の認定するところによると，不動産売買等を目的とする納税者は，所得を秘匿する手段として，社外の協力者に架空の土地造成工事に関する見積書及び請求書を提出させ，これらの書面を使用して二事業年度で総額2億8464万2200円の架空の造成費を計上して原価を計算し，損金の額に算入して法人税の確定申告をし，右協力者に手数料として合計1900万円を支払ったというのである。

③　架空の経費を計上して所得を秘匿することは，事実に反する会計処理であり，公正処理基準に照らして否定されるべきものであるところ，右手数料は，架空の経費を計上するという会計処理に協力したことに対する対価として支出されたものであって，公正処理基準に反する処理により法人税を免れるための費用というべきであるから，このような支出を費用又は損失として損金の額に算入する会計処理もまた，公正処理基準に従ったものであるということはできないと解するのが相当である。したがって，前記支出について損金の額に算入することを否定した原判決は，正当である。

【検　　討】

　本事案の場合は，損金として架空経費とその協力費を二重に計上した会計処理の公正性が糾弾されている。もっとも，協力費は実際に支払われているのなら，費用に計上することは当然とする見方もある。

　最高裁において，被告は，実質的にも法人税違反の共犯者間における利益分配に相当する本件違法支出につき，その損金計上を禁止した明文の規定がないという一事から，その算入を肯認することは法人税法の自己否定であって同法がこれを容認しているものとは到底解されないし，違法支出に係る本件手数料を損金に算入するという会計慣行が存するとすれば，それは公正妥当な会計慣行とはいえないというべきである，と主張している（本件手数料の具体的な支払方法や受領者の納税関係につい

209

ては，各判決では明らかになっていない）。

　公正な会計処理とは，取引記録の公正性であり，合法違法の判断とは異なる。また，違法な所得について一般的に課税が認められていることからすれば，違法な支出も所得金額の算定の際に控除できると考えることもできる。他方，取引上，協力者が架空経費と協力費の両方を益金に計上していたのか否か実務的には興味深いが，支払者の側からは窺うことができないことも事実である。いずれにせよ，脱税目的の経費を損金の額に算入することを認めれば，脱税を助長し，法人税法の存在自体を否定することにもなりかねない。

　なお，平成18年度の税制改正により，法人税法55条に「不正行為等に係る費用等の損金不算入」規定が設けられ，脱税目的の経費の問題については立法により解決されたといえる。しかし，その他の違法支出については解釈上の問題が依然として残されているため，最高裁判断の趣旨が，損金の範囲の議論にどこまで及ぶのかを理解するためにも，本事案は重要な意義がある。

【論　　点】
① 　公正妥当な会計処理又は会計慣行の趣旨。
② 　違法支出とする違法性の範囲と限界。

《法人税法関係》

071 使用人賞与の損金算入時期（政令への委任の範囲）

大阪地裁平成21年1月30日判決

平成18年（行ウ）第42号・法人税更正処分取消請求事件

【掲　載】裁判所HP・TKC：25441011・ＴＡＩＮＳ：Ｚ259－11135

【判　示】法人税法65条の委任の範囲について，使用人賞与の損金算入時期について所得の金額
　　　　　の計算の明確及び課税の公平を確保するためには一定の基準が必要であり，法人税法
　　　　　施行令72条の3は適当であると示された事例。

〔控訴審：大阪高判平成21年10月16日・平成21年（行コ）第24号〕

〔上告審：最決平成23年4月28日・平成22年（行ツ）第29号他〕

【解　説】

　本来，従業員に対する賞与は，企業における就業活動への貢献として，企業利益の分配として臨時的なものであった。したがって業績が悪ければ賞与は支給されないことになる。しかしながら，わが国では夏季，冬季，年度末などにおいて，通常，月単位で支給される定期的なものとは別に賞与として支給される慣行がある。公務員に対してもこの制度が存在するから，利益の分配というより季節手当という色彩が強い。

　もっとも中小企業における賞与は，利益の分配という理解は残っている。とくに申告納税を控えた決算時期において，税務対策としての利益調整のひとつとして決算賞与の支給を検討する中小企業の経営者は多い。しかし利益調整といっても資金繰りに苦慮する場合も少なくない。

　従業員に対する賞与が事業年度末日において未払であった場合に，未払賞与を損金算入できるかどうかは，使用人賞与の損金算入時期について定めた法人税法施行令72条の3によって判断される。本事案の場合，賞与を支給する前に各人別の支給金額を各人別に同時期に通知をすることをしなかったため，未払賞与を損金算入することはできず，実際に支給した日の属する事業年度の損金の額に算入されるものとして課税された。

　確かに法人税法施行令72条の3が定める未払賞与の損金算入要件を納税者は満たしていなかった。しかし，法人税法施行令72条の3は損金算入時期について定めている。

　法人税22条3項は損金算入時期について，債務確定基準等を定めているが，法人税法施行令72条の3の基準は債務確定基準等と矛盾しないか。また，損金算入時期とは損金の算入不算入に係る課税要件の一部であり，各事業年度の所得の金額の計算の細目について政令に委任した法人税法65条の委任の範囲といえるのか，が問題となった。

【事案の概要と経緯】

　法人である納税者は，従業員に対する賞与支給額を使用人に係る給与規程に基づき事業年度末日（平成16年5月期）までに決定し，売上原価又は一般管理費の未払金として損金の額に算入して確定申告を行った。この際，本件賞与の支給前に各人別の支給金額について，各人別に，かつ同時期に支給を受けるすべての使用人に対して通知はしていなかった。

　課税庁は，平成19年改正前の法人税法65条と，未払賞与の損金算入について，(1)その支給額を，各人別に，かつ，同時期に支給を受けるすべての使用人に対して通知をしていること，(2)通知をした金額を，当該通知をしたすべての使用人に対し当該通知をした日の属する事業年度終了の日の翌日から1月以内に支払っていること，(3)その支給額につき(1)の通知をした日の属する事業年度において損金経理をしていることの三つの要件を満たす場合のみに限定する法人税法施行令134条の2（現行の72

211

条の3）に基づき，本件賞与は，その支給した日である平成16年7月16日の属する事業年度の損金の額に算入され，未払計上事業年度の損金の額には算入することはできないとして賞与の損金算入を否認するなどの更正処分等をした。

これに対し納税者が，法人税法65条は，損金の算入不算入という課税要件について政令に一般的・白紙的に委任するものではなく，あくまで法が定める損金算入の原則の下で所得金額の計算方法を具体的に定めることに限定して委任するものであり，法人税法施行令134条の2は，債務確定基準等を定めた法人税法22条3項とは明らかに異なる基準によって賞与の損金算入時期を定めているから，同条は，法人税法65条の委任の範囲を超え違法である。また，課税要件法定主義にも反し，違憲無効である，としてその取り消しを求めた。

第1審及び控訴審はいずれも納税者の主張を棄却し，最高裁は上告不受理を決定したため納税者の敗訴が確定した。

【判決要旨】

① 法人税法施行令134条の2の定める内容は，同条1，2号の場合は使用人賞与の実際の支給日の前であっても，上記各号所定の要件を満たす場合に損金の額に算入することを認めたものであるが，上記各号所定の要件を満たす場合は法22条3項1号の定める収益対応基準及び同項2号の定める債務確定基準を満たしているといえる。もっとも，使用人賞与の支給実態は支給する法人によって様々であるから，上記各号所定の要件を満たすより前の時点（たとえば，納税者におけるように使用人のすべてについて使用人ごとの賞与の支給額を決定し，損金としての経理処理をした時点など）をもって，損金の額に算入することを認めることもできないではないが，法人が支給額の決定をしただけでは，これは法人内部でのことに過ぎないから，実際に使用人賞与を支給するか否か又は支給金額の確実性が客観的に明確であるといえないし，また，使用人賞与の支給実態は様々であるから，上記各号には当たらないものの，実際の支給日より前の時点で法22条3項1，2号の定める基準を満たすような場合があったとしても，損金の額への算入が全くできないわけではなく，遅くとも実際の支給日の属する事業年度の損金の額に算入することができることを考慮すれば，所得の金額の計算の明確及び課税の公平を確保するためには，実際の支給日より前の時点をもって損金の額に算入することができる場合を限定したからといって，法22条3項1，2号の定める基準に反するものというのは相当でない。また，令134条の2第3号については，同条1，2号に当たらない場合において，実際の支給日の属する事業年度の損金の額に算入するというものであり，遅くともこの時点では法22条3項1，2号の定める基準を満たしているといえる。

② 法24条ないし法64条においては，法人の特定の収入及び支出に関し，益金の額への算入及び損金の額への算入の可否・限度額・時期について，法22条2，3項の通則の定めに対する別段の定めをするとともに，技術的細目的事項を定めることを政令に委任することも定められている（たとえば，法23条9項，24条3項，29条2項，31条6項，32条9項等々）のに対し，使用人賞与の損金算入時期についての技術的細目的事項を定めることを政令に委任する旨の定めは法にはない。しかし，法24条ないし64条は，益金の額への算入及び損金の額への算入について，その可否・限度額・時期について法22条2，3項の通則に対する別段の定めをするものであるから，法24条ないし64条における政令に委任する旨の定めは，法がこのような別段の定めをした上での技術的細目的事項を定めることを政令に委任したものであり，他方，使用人賞与については，前記のとおり，それが損金となることについては法もこれを前提にしており，通則である法22条3項に対する別段の定めを要するものではなく，令134条の2は，このような損金となることについて問題のない使用人賞与について，その支給実態に鑑み，その損金算入時期のみについて，通則である法22条3項1，2号の定め

を施行するについて必要な技術的細目的事項を定めたものといえる。
③ 以上によれば，令134条の２は，使用人賞与の支給実態に鑑み，所得の金額の計算の明確及び課税の公平を確保するために，使用人賞与の損金算入に関し，法22条３項１，２号について，その施行のために必要な技術的細目的事項を定めたものであり，法65条の委任の趣旨に沿う定めであって適法であり，租税法律主義に反するものでもない。

【検　　討】

　法人税法施行令72条の３は賞与の損金算入時期について定めており，損金の算入不算入という課税要件について定めたものといえる。本事案では，法人税法施行令134条の２の合憲性が争点となった。法人税法65条の委任の範囲はどこまでか，という問題になるが，裁判所は法人税法施行令134条の２は，法人税法22条３項１，２号の施行のために必要な技術的細目的事項を定めたものであり法人税法65条の委任の範囲内であると判示している。そうであるとすると，法65条は損金算入時期をも政令に一般的・白紙的に委任しているのかという疑義も感じられる。租税法律主義の見地から，委任範囲は限定的に解釈すべきであるとする観点にたてば，論議を呼ぶ判断といえよう。

　使用人賞与の損金算入時期については使用人賞与の支給実態が様々なことなどから公平を確保するために一定の基準が必要かもしれない。しかし，損金算入時期を政令で定めるのであれば，法人税法22条３項の債務確定基準をより明確にするために直接の委任を受けた政令でなされるべきという論理もある。

【論　　点】

① 政令委任の趣旨と限界。
② 使用人賞与の意義と支給方法。

072　消費税法の違憲性

岡山地裁平成2年12月4日判決

平成1年（行ウ）第13号・損害賠償請求事件

【掲　載】ＴＫＣ：22004980・ＴＡＩＮＳ：Ｚ181−6614

【判　示】消費税法の立法行為と制度の違憲性が争点となった事例。

〔控訴審：広島高判平成3年12月5日・平成2年（行コ）第4号〕

〔上告審：最判平成5年9月10日・平成4年（行ツ）第46号〕

【解　説】

消費税は，抜本的な税制改革の一環として導入された。その基本理念と方針をうたった税制改革法ではその趣旨について，国民の租税に対する不公平感を払しょくするとともに，所得，消費，資産等に対する課税を適切に組み合わせることにより均衡がとれた税体系を構築することが，国民生活及び国民経済の安定及び向上を図る上で緊要な課題であることにかんがみ，これに即応した税制を確立するためと明記している（税制改革法2条）。

その結果，税制改革法は，現行の個別間接税制度が直面している諸問題を根本的に解決し，税体系全体を通ずる税負担の公平を図るとともに，国民福祉の充実等に必要な歳入構造の安定化に資するため，消費に広く薄く負担を求める消費税を創設した（税制改革法10条1項）。

税制改革法は，事業者は，消費に広く薄く負担を求めるという消費税の性格にかんがみ，消費税を円滑かつ適正に転嫁するものとすると具体的に規定し，その際，事業者は，必要と認めるときは，取引の相手方である他の事業者又は消費者にその取引に課せられる消費税の額が明らかとなる措置を講ずるものとすると定めた（税制改革法11条1項）。

憲法の要請する税法の基本原則は，租税負担の効率・公正と公平を同時に成就させることにある。勿論その両方を完璧なものとする制度は不可能であり，ある程度制約を受けることは避けられない。しかしながら，消費税においては，政策的要請を優先する余り，明らかな不公平が存在している。この場合に裁判所は，その是正のための努力を怠っている国会に対して喚起する意味からも，積極的に憲法上の見地から制度的な欠陥を指摘すべきであろう。

【事案の概要と経緯】

市民団体の代表者で事業者である原告が，国に対して，消費税法が違憲であり，同法の廃止を求めて提訴した事案である。裁判所は，第1審，控訴審及び最高裁のいずれもが原告の主張を棄却している。

【判決要旨】

① 原告は，零細な小売業者は仕入れに係る消費税額を消費者に転嫁することが困難であり，このことは憲法22条1項，14条に違反すると主張する。

消費税は，物品やサービスの消費に担税力を認めて課される租税であるが，最終消費の段階では租税の徴収を行うことが困難であるという徴税技術上の理由から，最終的な消費行為そのものを課税対象とするものではなく，その前段階の物品やサービスに対して課税が行われ，税負担が物品やサービスの価格に含められて最終的には消費者に転嫁されることが予定されている，いわゆる間接消費税である。したがって，消費税は，消費税分が消費者に円滑かつ適正に転嫁されることが必要であるが，税制改革法11条は，消費税の転嫁について事業者及び国の責務を明らかにする趣旨で，

《消費税法関係》

第1項において、「事業者は、消費に広く薄く負担を求めるという消費税の性格にかんがみ、消費税を円滑かつ適正に転嫁するものとする。その際事業者は必要と認めるときは取引の相手方である他の、事業者又は消費者にその取引に課せられる消費税の額が明らかとなる措置を講ずるものとする。」と規定し、また、第2項において、「国は、消費税の円滑かつ適正な転嫁に寄与するため、前項の規定を踏まえ、消費税の仕組み等の周知徹底を図る等必要な試策を講ずるものとする。」と規定している。

② 原告は、零細な小売業者は消費税を消費者に転嫁することが困難であると主張するが、このようなことは、消費税の運用にあたってその仕組等が周知徹底されることによりいずれは解消されるべき事実上の問題であるし、また、消費税法それ自体が零細な小売業者について特に区別しているために消費税の転嫁を困難ならしめているものではないことはもちろんのことである。したがって、原告の消費税法が憲法22条1項、14条に違反するとの主張は理由がないことが明らかである。

③ 原告は、消費税法においては、納税義務者、徴収義務者の概念が不明確であり、憲法84条、30条に違反すると主張する。

消費税法5条によれば、消費税の納税義務者は、国内取引については、課税資産の譲渡等を行った事業者であり、輸入取引については、課税貨物を保税地域から引き取る者である。税制改革法11条1項は、消費税の実質的な負担者は消費者であって、消費税の消費者への円滑な転嫁の必要性を明らかにする趣旨で規定されているものにすぎず、これをもって、消費者が納税義務者であって、事業者は徴税義務者であるものと解することはできない。したがって、消費税の納税義務者が不明確であるとの原告の主張は理由がないものである。

④ 原告は、消費税法は事業者が消費者に消費税額を過剰に転嫁する危険性があり、憲法84条、30条、29条及び14条に違反すると主張する。

事業者が納付すべき消費税額は、売上税額から仕入税額控除その他の控除を行うことによって算出される。すなわち、消費税法30条1項は、事業者が納付すべき消費税の税額を算出するにあたって、売上に係る消費税額から仕入に係る消費税額を控除することを認めている（仕入税額控除）。そして、30条7項において、仕入税額控除については、いわゆるインボイス（仕送り状）や請求書に税額が記載されていることを条件としてその控除を認める方式（インボイス方式、税額票方式）ではなく、課税仕入れ等の税額の控除に係る帳簿又は請求書等によるものとしている（帳簿方式）。

⑤ ところで、消費税法の定める仕入税額控除制度によれば、事業者が免税事業者あるいは消費者から仕入れた場合に、その仕入れの価格に消費税分が上乗せされていないにもかかわらず、その仕入金額は消費税込みの金額として計算するために一部に過剰な控除が生じることになる。そして、事業者がこのような過剰控除分の存在を考慮に入れないで一律に商品等の本来の価格に消費税相当分として3パーセントを上乗せした場合、事業者が国に消費税として納付する以上の額を消費者に過剰転嫁することになり、事業者が消費者から消費税分として上乗せした額と国に実際に消費税として納付した額との差額を税差益として取得することとなる。

⑥ このように、消費税法の帳簿方式による仕入税額控除制度は、事業者の対価の決定の運用によっては消費者への過剰転嫁が生じるおそれがあることは否定できないが、他方、事業者は仕入にあたり逐一相手方が免税事業者であるか否かを確認する必要がないなど、インボイス方式に比べ事業者にとり事務手続きが簡略であり、また、事業者において適切に消費税の転嫁がなされることにより、ある程度は過剰転嫁が回避されることも期待できるから、消費税の導入にともなう事業者の事務負担の軽減という政策的目的を考慮に入れると不合理なものとはいえない。そうだとすれば、消費者への過剰転嫁を理由として、消費税法が憲法84条、30条、29条ないし14条に違反するものとはいえない。

215

⑦　原告は，消費税法の事業者免税点制度及び簡易課税制度は，事業者が消費者に転嫁した消費税額を国庫に納めないことを認めるものであり，憲法84条，30条に違反すると主張する。

　　消費税法9条1項は，小規模事業者の納税の事務負担を軽減するため，基準期間における課税売上高が3000万円以下の事業者に，国内取引に係る納税義務を免除している。また，37条1項において，基準期間の課税売上高が5億円以下の事業者については，課税売上高だけから納付税額を計算できる簡易課税制度を選択できる旨定め，簡易課税制度を選択した場合には，仕入に係る消費税額を計算する必要はなく，仕入税額をその課税期間の売上税額の80パーセント相当額（卸売業の場合には90パーセント相当額）とみなして，納付すべき消費税額は課税売上高の0.6パーセント（卸売業の場合には0.3パーセント）としている。

⑧　免税事業者制度及び簡易課税制度は，事業者が消費者へ消費税分を転嫁するにあたり過剰に転嫁する可能性があることを否定することはできないが，中小零細事業者の納税事務の負担軽減という政策目的に照して，必ずしも不合理な制度とはいえず，憲法84条ないし30条に違反すもるのとはいえない。

⑨　原告は，消費税法は零細な小売業者及び消費者の生活を脅かすものであり，憲法25条に違反すると主張する。

　　消費税は，課税対象の範囲すなわち課税ベースが広く，食品等の生活必需品も課税の対象とされているため，低所得の消費者に高い割合で税負担が課せられ，税負担が逆進的になる可能性が高いことは否定できないところである。しかしながら，公平な税負担の配分はあるいは所得の再配分は，租税制度全体及び社会保障制度の中で政策的に判断されるべき問題であって，消費税が低所得者に逆進的に作用するという事実のみをもって，ただちに消費税法が不合理であって，憲法25条に違反するものとはいえない。

【検　討】

　消費税が導入されてから30年が過ぎた。導入当初は，新しい間接税として混乱した消費税も，年月を経て定着してきたといえる。消費税法は，導入当初から，限界控除，免税点，簡易課税など問題点が指摘され，見直しが行われてきた。

　なお，平成25年度の税制改正により，社会保障・税の一体改革として，消費税率を平成26年4月1日以後は8％に引き上げた。その後，平成27年10月1日以後は10％に引き上げる予定であったが，平成31年（令和元年）10月に延期され，新たに軽減税率が導入された。

　消費税率の引上げに際し，直接負担する消費者の立場からの議論は多いが，消費税の計算・納税する事業者の負担についての議論は少ない。事業者は，税率が上がることによる資金繰り対策，レジスターやバーコードなど表示替えの事務コスト対策，情報システムの修整等，取り組まなければならない課題が数多くある。これは，インボイス方式を導入する場合においても同様のことがいえる。インボイス方式を導入することにより，軽減税率を適用することが可能となるが，その反面，処理が煩雑になる。

　財政事情の悪化から，消費税の税率アップが常に議論されてきたが，今後，インボイス方式の実施など，消費税の根本的な見直しをすべき問題は残っている。

【論　点】

①　消費課税の本質と消費税法の趣旨と手続き。

②　消費税の納税申告における事業者の負担と実際。

《消費税法関係》

073　消費税法上の事業概念

富山地裁平成15年5月21日判決

平成14年（行ウ）第5号・消費税及び地方消費税更正請求に対する処分取消請求事件

【掲　載】ＴＫＣ：28130650・ＴＡＩＮＳ：Ｚ253－9349

【判　示】消費税法の事業の意義は，その規模を問わず，反復・継続・独立して行われるものであるという判断が示された事例。

〔控訴審〕：名古屋高判平成15年11月26日・平成15年（行コ）第5号〕

〔上告審〕：最決平成16年6月10日・平成16年（行ツ）第74号〕

【解　説】

　事業を行う個人，すなわち個人事業者における事業の範囲について検討する場合には，従来からの考え方すなわち所得税法上の事業概念がその理解の根底になる。しかしながら事業概念の捉え方は，消費税法と所得税法では微妙に異なる。

　もっとも，所得税法は，事業の概念を明確に定義していない。しかし，所得税法は，「居住者の営む不動産取得，事業所得又は山林所得を生ずべき事業の用に供される……」（所得税法51条1項）と規定している。つまり，所得税法における事業の概念は，事業所得の対象を超えたものであり，不動産等の貸付及び山林の伐採又は譲渡による収入を得る行為・活動をも含む広義の概念で捉えているといえる。

　したがって，収入の発生源について資産的要素が強いという性格で区分されている不動産所得及び山林所得もそれぞれ不動産貸付業及び造林・育林業として本質的には事業所得の一種として理解することになる。

　所得税法の定める事業所得とは，事業から生じる所得と定義し（所得税法27条1項，所得税法施行令63条），農業，林業及び狩猟業，漁業及び水産養殖業，鉱業（土石採取業を含む），建設業，製造業，卸売業及び小売業（飲食店業及び料理店業を含む），金融業及び保険業，不動産業，運輸通信業（倉庫業を含む），医療保健業，著述業その他のサービス業と例示的に示したうえで，最後にその他「対価を得て継続的に行う事業」と締めくくっている。

　消費税に関する税務の取扱いでは，事業の意義について，対価を得て行われる資産の譲渡及び貸付け並びに役務の提供が反復，継続，独立して行われることをいい，個人事業者が生活の用に供している資産の譲渡は，事業に該当しないとしている（消費税法基本通達5－1－1）。

　所得税法においては，事業の判断について反復性及び継続性以外にも，独立性，営利性，社会性，客観性などの判断が考慮される。これに比べると，消費税法における事業概念は，狭義の事業概念といえる。

【事案の概要と経緯】

　納税者が代表者を務めていた会社に対する建物の賃貸は消費税法上の「事業」に当たらないとしてした消費税及び地方消費税の更正請求について，課税庁が更正をすべき理由がない旨の通知処分をしたことに対し，その取消しを求めた事案である。本件賃貸が，消費税法上の「事業」に当たるか否かが争点となる。

　課税庁は，本件賃貸は，消費税法上の「事業」に当たるとして以下のように主張した。

　消費税法上の「事業」とは，「対価を得て行われる資産の譲渡及び貸付け並びに役務の提供が反復，継続，独立して行われることをいう」（消費税法基本通達5－1－1）ものであって，事業の規模を

217

問わない。すなわち，消費税は，特定の物品やサービスに課税する個別消費税と異なり，消費者に広く薄く負担を求めるという観点から，金融取引あるいは資本取引などのほか，医療，福祉及び教育の一部を除き，ほとんどすべての国内取引や外国貨物を課税の対象として，事業者の負担ではなく，事業者の販売する物品やサービスの価格に上乗せ・転嫁されて，最終的には消費者に負担を求める税である。このことからすれば，納税義務者である事業者か否かを判断するに際して，その行う事業の規模の大小を問わないことは当然である。

消費税法は，事業者の中でも，中小零細企業の事務負担軽減のため，基準期間の課税売上高が3000万円以下の事業者の納税義務を免除する旨の免税点の設定（消費税法9条1項）や，簡易課税制度（消費税法37条）を導入しているところ，これらの制度は，事業者の行う事業の規模の大小を問わないことを前提としている。

納税者が指摘する限界控除制度（平成6年法律第109号による改正前の消費税法40条）は，消費税導入当初に零細事業者の事務負担等の軽減のため設けられたもので，小規模事業者の消費税の納税義務を実質的に免除する機能も兼ね備えていたが，その後，消費者が負担したにもかかわらず事業者の利得となる「益税」を解消するため，廃止された。

国会における消費税法案の審議でも，零細な事業者であっても納税義務者となることを前提に審議が進められた。

納税者は，消費税上の「事業」についても，所得税法上のそれと同様に解すべきであると主張するが，各法規上の概念は，当該法規の趣旨や計算の仕組みを考察することによって決すべきものである。所得税は，個人が一定期間内に稼得した所得に担税力を見いだしてこれを課税の対象とするもので，消費者に広く薄く負担を求める消費税法とは立法趣旨を異にする。

これに対して納税者は，本件課税期間中，対価を得て行った資産の譲渡等は，本件賃貸のみであり，この程度の賃貸は，「事業」とはいえないとして，次のように反論した。

課税庁の主張によれば，消費活動以外の反復，継続，独立した収入を得る活動は事業活動ということになり，国民のほとんどが消費税法上の事業者に該当し，事業を行う個人として納税義務があることになるが，このような結果を導く主張は，消費税法全体の構成，趣旨目的に反する。消費税法は，被告が主張するような少額な収入まで全てを事業として取り込む趣旨で小規模事業者の納税義務の免除制度を設けたのではない。消費税法基本通達5―1―1は，限界控除制度廃止前に出されたものであるから，その廃止後も，これと同様に解すべきではない。国会における消費税法案の審議にあたり，同法上の「事業」の意義については特に議論されなかったものであるから，「事業」という用語は，社会通念に従い解釈されるとして，審議がされたものである。

一般に法律用語の解釈においては，同一の用語は同一に解釈されるべきである。消費税法と同じ税法である所得税基本通達26－9は，社会通念上事業と称する程度の規模での建物の賃貸を行っているかどうかにより判定すべきとしているところ，消費税法においても，国民の一般的な認識により近い所得税基本通達の解釈と同様に解すべきである。

課税庁が主張するように，消費税法上の「事業」の該当性判断に当たり，その規模を問わないとすると，社会通念上事業とは考えられないものについては，一般国民において，消費税法上の「事業」に該当するとの認識を持たないため，課税事業者の選択（消費税法9条4項），課税期間短縮の選択（消費税法19条1項3号），簡易課税制度の選択（消費税法37条1項）等について，その手続を取る機会を不当に奪うことになる。

裁判所は，第1審，控訴審及び最高裁のいずれもが納税者の訴えを棄却している。

《消費税法関係》

【判決要旨】

① 消費税法は，徴税技術上，納税義務者を物品の製造者や販売者，役務の提供者等としているものの，その性質は，その相手方である消費者の消費支出に着目したもので，これを提供する事業者の規模そのものは，消費税法が課税を意図する担税力と直ちに結びつくということはできない。しかも，消費税法は，個人事業者を含む小規模事業者につき，課税売上高を基準に免税点制度（消費税法9条1項）を設け，これと共に課税事業者選択制度（消費税法9条4項）を設けているが，これらの諸制度は，同法が個人事業者を含む事業者をその規模を問うことなく納税義務者として定めていることを前提とするものであるということができる。

② 所得税法上の「事業」については，当該所得が事業所得に当たるか他の所得区分に当たるかを判断するにあたって，各所得区分間の担税力の相違を加味するとの所得税法の趣旨に照らし，解釈することになる。

③ 消費税法と所得税法とは，着目する担税力や課税対象を異とするものであるから，このような性質の異なる両法の規定中に同一文言があるからといって，直ちに，それを同一に解釈すべきであるということにはならない。また，消費税法が，消費に広く負担を求めるという観点から制定されたこと（税制改革法10条1項）に照らすと，その課税対象を，所得税法上の一課税区分を生じさせるに過ぎない「事業」の範囲における過程の消費について，限定的に定めたものということはできない。

④ 消費税の趣旨・目的に照らすと，消費税法の「事業」の意義内容は，所得税法上の「事業」概念と異なり，その規模を問わず，「反復・継続・独立して行われる」ものであるというべきである。

⑤ 本件賃貸が，「事業」に当たるか否かについてみるに，本件賃貸は，納税者が，反復・継続・独立して，対価を得て行った資産の貸付けであるから，納税者が，消費税法2条3号の「個人事業者」に，本件賃貸が消費税法2条8号の「資産の譲渡等」にそれぞれ該当する。

【検　討】

本事案は，納税者が代表者を務める法人に対して家屋を賃貸し，それについて消費税の確定申告をした後に，賃貸が消費税法上の事業に該当しないとして更正の請求をしたところ，課税庁がこれを認めなかったため争ったものである。

課税庁は，事業の概念について，所得税法は，個人が一定期間内に稼得した所得に担税力を見出してこれを課税の対象とするもので，消費者に広く薄く負担を求める消費税法とは立法趣旨を異にするものであるとして，消費税法独自の事業概念が妥当すると主張した。一方，納税者は，所得税法と同じ基準で事業の概念を考えるべきであり，社会通念上事業と称する程度の規模で建物の賃貸を行っているかにより判断すべきであると主張した。

裁判所の指摘するように，所得税では，事業規模という評価基準もあるが，消費税はそれと異なり規模を問わない。問われるのは，反復，継続，独立して行われているかである。ただ，免税事業者の判断として，明確な金額基準があるから，全く規模を問わないともいえないだろう。課税実務において，規模を問わないという基準で判断されている以上，明確に法定する必要があるのではないだろうか。

【論　点】

① 社会通念としての事業概念と税法上の事業概念。

② 消費税法による譲渡の対価と事業性。

219

074　免税事業者の消費税

最高裁第三小法廷平成17年1月25日判決

平成12年（行ツ）第128号・消費税決定処分等取消請求上告事件

【掲　載】ＴＫＣ：25420087・ＴＡＩＮＳ：Ｚ255－09919

【判　示】課税売上高の計算において，免税事業者の売上総額には控除すべき消費税額は存しないとされた事例。

〔第1審：東京地判平成11年1月29日・平成9年（行ウ）第121号〕

〔控訴審：東京高判平成12年1月13日・平成11年（行コ）第52号〕

【解　説】

　課税売上高の判定基準である3000万円以下の免税点は，平成16年4月1日以後開始する課税期間から1000万円に引き下げられたが，算定に関する原則的な考え方には変更はない。

　当初，課税売上高の判定における3000万円の算定方法については，基準期間が課税業者であるか，免税事業者であるかによって異なることに論議があった。

　ひとつは，課税期間の基準期間において課税業者であった場合には，その期間における課税売上高には消費税・地方消費税に相当する金額が含まれているから，税抜き計算を行ったうえで3000万円基準に当てはめることになる。

　他方，免税業者であった場合には，消費税納付の義務が免除されているから，課税資産の譲渡等により収受する金額には消費税・地方消費税に相当する金額が含まれていないため，収受した金額の総額を課税売上高するという考え方である。

【事案の概要と経緯】

　納税者は，消費税法原に規定する事業者たる法人であり，本件基準期間において，免税事業者に該当するとして，以下のように主張した。

　免税事業者の行う課税資産の譲渡等についても，消費税が課され，単に納税義務が免除されるにすぎないから，基準期間の課税売上高の計算においては，売上総額から免税事業者が納付すべき消費税額に相当する額を控除すべきである。

　事業者が行った資産の譲渡等には，消費税が課されること，免税事業者の要件となる基準期間における課税売上高とは，基準期間において課されるべき消費税額に相当する額を控除したもの，すなわち消費税抜きの金額であることは明らかであり，右各規定における事業者から免税事業者を除外する規定はない。

　本件基準期間において，納税者が事業者に該当すること及び売上総額として3052万9410円を収受したことは当事者間に争いがない。そうすると，本件基準期間における原告のした課税資産の譲渡等に対応する消費税の納税義務が発生し，納税者は納税義務者となるが，消費税法9条1項の適用により納税義務が免除されたことになるから，その課税売上高は，消費税額に相当する額を除外した金額，すなわち，売上総額3052万9410円に103分の1を乗じた2964万203円となる。

　免税事業者の設定する価格にも少なくとも課税仕入れに係る消費税額に相当する額が含まれているから，免税事業者の課税売上高の計算において消費税額を控除しないときは，免税事業者については仕入れに際して支払った右消費税額までもが課税売上高に含まれることとなり，課税事業者に対する取扱いと比べて著しい不均衡を生ずる。

　これに対して，課税庁の主張は以下のとおりである。

《消費税法関係》

　免税事業者は，納税義務を免除され，法に規定する納税義務を前提とした諸規定の適用を受けないことになり，免税事業者が行う課税資産の譲渡等について課されるべき消費税は存しないから，基準期間の課税売上高の計算において，売上総額から控除すべき消費税額に相当する額はない。

　免税事業者には，申告を前提とする消費税の納付義務も発生しない。したがって，免税事業者の行う資産の譲渡等の対価の額の中には免税事業者が納付すべき消費税額に相当する額，すなわち「課されるべき消費税額に相当する額」は含まれていない。したがって，本件基準期間において免税事業者であった納税者の課税売上高の計算においては，除外されるべき「消費税額に相当する額」は存しなかったことになる。

　消費税法9条1項は同法5条の例外として免税事業者を規定するものであるから，免税事業者には納税義務が免除されているのであって，納税義務を発生させた上でこれを免除するものではない。また，税制改革法11条1項が規定する消費税の転嫁は，免税事業者が消費者から消費税額に相当する額を取得しながら，その全額を国庫に納めなくてよいことを予定しているものではない。

　納税者の指摘する通達は，免税事業者には，課税事業者に認められる消費税額と当該消費税に係る取引の対価の額とを区分して経理する税抜経理方式を認めず，税込経理方式によることとしたことから，免税事業者がした商品の仕入れ，資産の購入に当たって，相手方が税抜経理方式により消費税額に相当する額を区分して請求してきた場合でも，当該消費税額に相当する額を含めた金額が仕入金額又は資産の取得価額等となることを注意的に記載したものであり，免税事業者に消費税の納税義務が発生することを前提とするものではない。

　課税仕入れの額に含まれる消費税額に相当する額は，仕入税額控除の問題であって，課されるべき消費税の問題ではない。

　免税事業者が課税事業者と同様の売却価格を設定したとしても，それは，価格決定の問題であって，免税事業者の売上げに「課されるべき消費税額に相当する額」が含まれているとする根拠とはならない。

　同一事業者が課税事業者である場合と免税事業者である場合とで現実には同一の価格設定をしている場合が多いとしても，法的には免税事業者が消費税を転嫁することは予定されていないのであるから，毎年の売上総額が同一であるという納税者の設例は，法の文理解釈を論ずるには適当でない。

　裁判所は，第1審，控訴審及び最高裁のいずれも納税者の主張を棄却している。

【判決要旨】

①　資産等の譲受人にとっては，譲渡人が免税事業者であるか課税事業者であるかによって取得する資産又は役務の価値が異なるものではないから，現実の価格設定の場面においては，免税事業者からの譲渡であるからといって課税事業者と異なる価格設定がされるものではないであろうが，これは免税事業者と課税事業者とが混在するという流通過程の下での需給関係において，免税事業者は課税事業者と同様の価格設定が可能となるということに過ぎず，生産から流通を経て消費に至る過程において消費税の納税義務者とされなかった免税事業者について，そこでの価格増加分に対して消費税が課され，これに相当する額が転嫁されたものではないのである。

②　消費税法6条の規定により非課税とされる資産の譲渡等あるいは免税事業者の行う課税資産の譲渡等に含まれる価格の増加分については，これに課される消費税，ひいては転嫁されるべき消費税は存在しないというべきである。

　免税事業者の行った課税資産の譲渡等につき課されるべき消費税が存在しない以上，基準期間において免税事業者であった者の売上総額から除外すべき消費税額に相当する額も存在しないということになる。

221

③　消費税法28条１項の趣旨は，課税資産の譲渡等の対価として収受された金銭等の額の中には，当該資産の譲渡等の相手方に転嫁された消費税に相当するものが含まれることから，課税標準を定めるに当たって上記のとおりこれを控除することが相当であるというものである。したがって，消費税の納税義務を負わず，課税資産の譲渡等の相手方に対して自らに課される消費税に相当する額を転嫁すべき立場にない免税事業者については，消費税相当額を上記のとおり控除することは，法の予定しないところというべきである。

【検　討】

小規模事業者対策とされる消費税法における免税事業者の規定は，消費者から徴収した消費税相当額が国庫に納税されず，事業者の懐に入ってしまうという点で導入当初から益税があると問題視されていた。

本事案では，免税事業者の売上に課される消費税分は，価格設定の一部であるとしている。つまり，消費者が税として支払っている消費税相当額は，実際は租税ではない。納税目的として事業者への預かり金でもなく，価格の一部ということになる。

現在においても，この問題は解決しておらず，このような理屈からすれば，益税論議自体が，不毛なものになってしまうのである。消費者が事業者から転嫁される「消費税」について，価格の一部という認識を持つ消費者は，そう多くはないはずである。消費者は，最終的に転嫁され負担すべき「消費税」を，納税義務者である事業者に預けているという認識のほうが，一般的である。

本事案における裁判所の判断は，免税事業者には初めから消費税の納税義務がないという解釈を示している。消費税は存在しないという理論である。したがって，免税事業者が消費税分として受け取っているとしても，その増加分は，「免税事業者は課税事業者と同様の価格設定が可能となるということに過ぎず」といっている。消費者が負担する「消費税」が，租税ではなく価格の一部とする見解を踏襲したものである。

【論　点】

①　免税業者の趣旨と意義。
②　免税業者の転嫁と益税。

《消費税法関係》

075 仕入税額控除と帳簿保存

最高裁第一小法廷平成16年12月16日判決
平成13年（行ヒ）第116号・課税処分取消請求事件
【掲　　載】裁判所ＨＰ・ＴＫＣ：28100112・ＴＡＩＮＳ：Ｚ254-9860
【判　　示】仕入税額控除における帳簿・請求書の保存の意義には提示まで含まれるとされた事例。
〔第１審：前橋地判平成12年５月31日・平成７年（行ウ）第４号〕
〔控訴審：東京高判平成13年１月30日・平成12年（行コ）第219号〕

【解　　説】

　消費税の納税額は，基本的には売上・収入に係る消費税額（仮受消費税）から仕入・経費の支出に係る消費税額（仮払消費税）を控除し，その残額を納めることになる。この計算方法を，簡易課税制度と対比して，本則課税（原則課税）ということが多い。

　この本則課税における控除する金額を仕入税額控除という。つまり，仕入税額控除の対象となるのは，その課税期間中に国内において行った課税仕入れに係る消費税額とその課税期間中に保税地域から引き取った課税貨物について，税関に納付又は納付すべき消費税額となる。

　仕入税額控除を受けるためには，課税期間の課税仕入れ等の税額の控除に係る帳簿及び請求書等を保存しなければならない。この保存の意義に関する論争がある。すなわち税務調査の際に，調査官から帳簿等の提示を求められた場合の提示拒否が帳簿及び請求書等を保存しないことに該当するか否かという問題である。

　保存にあたらないとする見解は，消費税法30条７項の「保存しない場合」には，単に帳簿書類等が事業者の支配下に存在しない場合ばかりではなく適法な税務調査に際し税務職員からその提示・閲覧を求められたときに正当な理由なくこれに応じない場合も含まれると解するのである。

　この見解に対して，「保存という文言の通常の意味からしても，また，法全体の解釈からしても，税務調査の際に事業者が帳簿又は請求書等の提示を拒否したことを，消費税法が定める保存がない場合に該当する，あるいはそれと同視した結果に結び付ける考えは，もはや法解釈の域を超えるものといわざるを得ないという反対の見解もある。

　帳簿等の保存及び記載要件に対する判断は，厳格なものが多い。保存義務に関して，平成10年４月から従来の「帳簿又は請求書」から「帳簿及び請求書」と文言が改正されている。そのため，現在における課税実務では，事業者の負担が重くなっているといわざるを得ない。

【事案の概要と経緯】

　納税者は，大工工事業を営む個人事業者（いわゆる白色申告）であるが，平成２年１月１日から同年12月31日までの課税期間の消費税について確定申告をしなかった。また，納税者は，昭和63年分，平成元年分及び同２年分の所得税についてそれぞれ確定申告をしたが，その申告書に事業所得に係る総収入金額及び必要経費を記載せず，その内訳を記載した書類を添付しなかった。

　課税庁の職員は，納税者が本件課税期間について納めるべき消費税の税額を算出するため，また，上記の所得税に係る申告内容が適正であるかどうかを検討するため，納税者の事業に関する帳簿書類を調査することとした。

　上記職員は，平成３年８月下旬から納税者の妻と電話で数回話をするなどして調査の日程の調整に努めた上，その了承を得て，同年10月16日，同月25日，同年11月18日，平成４年１月21日及び同月31日の５回にわたり納税者の自宅を訪れ，納税者に対し，帳簿書類を全部提示して調査に協力するよう

223

求めた。

　しかし，納税者は，上記の求めに特に違法な点はなく，これに応じ難いとする理由も格別なかったにもかかわらず，上記職員に対し，平成２年分の接待交際費に関する領収書を提示しただけで，その余の帳簿書類を提示せず，それ以上調査に協力しなかった。上記職員は，提示された上記の領収書312枚をその場で書き写したが，その余の帳簿書類については，上告人が提示を拒絶したため，内容を確認することができなかった。

　そこで，課税庁は，納税者の本件課税期間に係る消費税につき，調査して把握した納税者の大工工事業に係る平成２年分の総収入金額に103分の100を乗じて得た消費税法（平成６年法律第109号による改正前のもの）28条１項所定の課税標準である金額に基づき消費税額を算出した上で，提示された上記の領収書によって確認された接待交際費に係る消費税額だけを法30条１項により控除される課税仕入れに係る消費税額と認め，その余の課税仕入れについては，同条７項が規定する「事業者が当該課税期間の課税仕入れ等の税額の控除に係る帳簿又は請求書等を保存しない場合」に該当するとして，同条１項が定める課税仕入れに係る消費税額の控除を行わないで消費税額を算出し，平成４年３月４日付けをもって決定処分及び無申告加算税賦課決定処分をした。

　納税者は，上記各処分について課税庁に異議の申立てをした上で国税不服審判所長に対して審査請求をしたところ，国税不服審判所長は，平成７年３月30日付けで，上記各処分の一部を取り消す旨の裁決をした後の各処分等の取消しを請求した。

　第１審，控訴審及び最高裁は，いずれも納税者の請求を棄却している。

【判決要旨】

①　消費税法が事業者に対して帳簿の備付け，記録及び保存を義務付けているのは，その帳簿が税務職員による検査の対象となり得ることを前提にしていることが明らかである。そして，事業者が国内において課税仕入れを行った場合には，課税仕入れに関する事項も消費税法により帳簿に記録することが義務付けられているから，国税職員は，上記の帳簿を検査して上記事項が記録されているかどうかなどを調査することができる。

②　事業者が，消費税法施行令50条１項の定めるとおり，消費税法30条７項に規定する帳簿又は請求書等を整理し，これらを所定の期間及び場所において，同法62条に基づく税務職員による検査に当たって適時にこれを提示することが可能なように態勢を整えて保存していなかった場合は，同法30条７項にいう「事業者が当該課税期間の課税仕入れ等の税額の控除に係る帳簿又は請求書等を保存しない場合」に当たり，事業者が災害その他やむを得ない事情により当該保存をすることができなかったことを証明しない限り（同項ただし書），同条１項の規定は，当該保存がない課税仕入れに係る課税仕入れ等の税額については，適用されないものというべきである。

③　事実関係等によれば，納税者は，課税庁の職員から帳簿書類の提示を求められ，その求めに特に違法な点はなく，これに応じ難いとする理由も格別なかったにもかかわらず，上記職員に対し，平成２年分の接待交際費に関する領収書を提示しただけで，その余の帳簿書類を提示せず，それ以上調査に協力しなかったというのである。これによれば，納税者が，法62条に基づく国税職員による上記帳簿又は請求書等の検査に当たり，適時に提示することが可能なように態勢を整えてこれらを保存していたということはできず，本件は法30条７項にいう「事業者が当該課税期間の課税仕入れ等の税額の控除に係る帳簿又は請求書等を保存しない場合」に当たり，本件各処分に違法はないというべきである。

《消費税法関係》

【検　　討】

　消費税の本則課税は，売上高に係る消費税額から仕入高に係る消費税額を控除する。つまり，消費者から預かった消費税額から事業者が負担し支払った消費税額を差し引き，その差額を納付する。そのため，支払った消費税額である仕入税額の増減が納税額に影響を及ぼすが，事業者は支払額を帳簿に記載し，関係資料を「保存」する義務がある。

　最高裁は，この「保存」には，国税職員に「提示」することまで含むという解釈を示したが，法文上は「保存をしない場合」と規定しているのみで，「提示」が租税法上の効果に結びつくことを窺わせるような規定は存在していない。「保存」と「提示」とは，元々別の概念と考えられるため，「保存」が「提示」を含むものとする考え方が，法文の文脈を離れて「保存」という文言の一般的な意味と比較すると，その一般的な意味を超えて解釈したことになる。このような法文の解釈が，国民にとっては予測し難いもので不明確であることから，文言上の批判があることは，いうまでもない。

　また，消費税の本質に及ぼす影響も少なくない。本来，消費税の原則は，仕入税額控除を前提に課税されるものであり，納税者の税務調査に対する態度如何で制裁的に租税負担が増加する課税庁の手法にも疑問も生じる。税務調査に対する受忍義務の要請を逸脱した行為といっていい。

【論　　点】

①　消費税の趣旨と本則課税の意義。
②　「保存」と「提示」の解釈と適用。

076 仮名帳簿と課税仕入

◇◇

東京地裁平成9年8月28日判決

平成7年（行ウ）第232号・消費税更正処分取消請求事件

【掲　載】裁判所HP・TKC：28021531・TAINS：Z228-7973

【判　示】仕入税額控除の要件として保存すべき帳簿には，真実の仕入先の氏名又は名称を記載
　　　　　することを要求しているというべきであるから，仮名であると認められる仕入取引に
　　　　　係る消費税額については控除を認めることができないとされた事例。

〔控訴審：東京高判平成10年9月30日・平成9年（行コ）第128号〕

〔上告審：最決平成11年2月5日・平成10年（行ツ）第315号〕

◇◇

【解　説】

　仕入税額控除の適用要件として，帳簿及び請求書等の保存義務を検討する前に，その記載内容と状況の程度についての論議がある。業種・業界又は業態あるいは取引慣行に応じて，どの程度まで許されるか否かという問題である。

　所得計算における損金又は必要経費の計上においては，その信憑性を判断するために支払相手を特定し，その実在性を立証することは納税者の責任である。そうはいっても，税務調査においては柔軟に対処されてきたが，消費税の分野では，保存義務という適用要件を踏まえる必要からか，比較的厳しい判断が多い。

【事案の概要と経緯】

　納税者は，医家向け専門の医薬品の現金卸売業を営んでいる青色申告の同族会社であり，消費税法上の事業者に該当する。医家向け専門の医薬品の現金卸売業には，病院，医院及び医者等に医薬品を販売する納入業者と，納入業者に対して医薬品を販売する供給業者との二種類があり，納税者は供給業者にあたる。

　納税者は，税務調査の結果，仕入帳等のうち課税仕入れの相手方の氏名等として仮名を記載した部分は，会計帳簿等に当たらないなどとして，仕入税額控除を認めないとする更正処分等の取消しを求めた。

　仮名の理由について，納税者は，仕入先獲得のためチラシを作成し全国の薬品の卸，小売業者，調剤薬局等に郵送し，多くの仕入先は，納税者の店舗に商品を持参して納税者が現金決済取引を行うという形態をとっていることから，全国の不特定多数の事業者からの仕入れを予定してチラシメールにより仕入れを行っている納税者のような業態は，顧客のほとんどが一見の客であり，これらの者が原告に名乗った氏名又は名称が真実であるか否かは知る由もなく，納税者は，不特定かつ多数の者から仕入れを行っているのであると主張した。

　裁判所は，第1審，控訴審及び最高裁のいずれもが，納税者の主張を棄却している。

【判決要旨】

① 　消費税法30条7項は，1項による仕入税額控除の適用要件として課税仕入に係る帳簿等を保存することを要求している。そして7項で保存を要求されている帳簿とは，8項に列記された事項が記載されているものを意味するのは明らかであり，7項の趣旨からすれば，8項の事項が真実の記載であることは当然に要求されている。

② 　納税者の事業が適用をうける薬事法の規定にも譲受人等の氏名等の記載を要する書面の保存規定

《消費税法関係》

があることに鑑みれば，個々の取引の相手方を特定し，その氏名又は名称を確認してこれを記帳することが著しく困難であったとは認められない。さらに，法定帳簿に真実の仕入先の氏名又は名称を記載することによって，顧客がそれを行わない同業者へ商品を売却するような事情が想定されるとしても，調査官は守秘義務を負担しているので，かかる事態は規範的意義を有する商慣習であったということはできず，納税者の事態は7項ただし書きの「やむを得ない事情」に該当しない。

③　法人税の算定においては，課税仕入が全額売上原価として損金の額に算入されているのであるから，課税仕入の支払代価に含まれている消費税額を税額控除することは，納税者の当然の権利であり，消費税法が真に存在を確認する対象は，課税仕入の事実であり，その事実確認のために帳簿の保存と記載事項が法定されているにすぎず，7項及び8項の規定は仕入税額控除の要件規定ではないと納税者は主張するが，法人税と消費税は別個の制度であり，その課税要件や税額控除の要件が異なるのは明らかであるから，このことから7項及び8項の規定は仕入税額控除の要件規定ではないと解することはできない。

【検　　討】

当時の消費税法では，課税仕入等の税額控除に係る帳簿又は請求書のいずれかを保存すれば仕入税額控除が適用されていたが，現行消費税法では，帳簿及び請求書を共に保存しない場合には仕入税額控除を適用しないとする旨条文が改正されている。しかし，本事案で示された，消費税法30条7項の求める帳簿等に真実の仕入先の氏名又は名称を記載する必要があるという結論は，現行法においても維持されている。

製薬メーカーと正規の取引を行っている医家向け医薬品の卸売業者が，資金繰り等の目的などで，いわゆる現金問屋と称されている本事案の納税者のような卸売業者に商品を売り込み換金することがある。医薬品という極めて換金性の高い商品であるからこそ成り立つという現象といえる。正規のルートからはずれて医家向けの販売を行っている業者にとっては，現金問屋は重宝な存在であるが，一方，廉価という理由でそれらの医薬品を購入する医師や調剤薬局があるということもその存在理由のひとつに挙げられよう。

現金問屋にとっては，正規のルートで医薬品メーカーから商品を仕入れることはできないため，商品を持ち込む同業者等が唯一の存在となる。したがって医薬品メーカーへの対策として，いわば仕入先に迷惑をかけない等の理由から相手の名称を秘匿することが慣行化され，帳簿等に仮名で記載されていることが多い。これは取り扱う商品が医薬品という信頼性の高いものであるから通用する取引といえるだろう。

納税者は，課税庁が再三にわたって真実の仕入先の書面提出を要求したにもかかわらずそれを拒否した。また，全医薬品のうち3分の1は必要事項を書面に記載し保存しなければならないという薬事法の適用対象商品であったこと，取引先の氏名又は名称を含む仕入取引上の事項について秘密を守ることを明示して顧客を獲得しようとしていたこと等を考慮すると，誤って仮名帳簿を作ったというよりも，故意に仮名帳簿を作成したと思われなくもない。結局，仕入れた薬品の出所が，横流し，在庫処分など社会的に指弾される場合の可能性が高いのかもしれない。商品が，少量でも換金性が高い薬品であるという特殊性が背景にあるといえる。

いずれにせよ，消費税法は帳簿等の保存を義務付け，その存在をもって仕入税額控除を認めている。適正な帳簿等の保存が無用な紛争を防ぐ上で必要となる。

さらに特殊な取引として，潜水漁業者が採取してきた底生魚介類を水揚げした浜辺で計量して現金と引換えで販売業者に売り渡すという，いわゆる浜取引に対する判断がある。原告・納税者は，このようなあわただしい浜取引において，メモに魚介の種類，数量及び金額の内訳を記載し，これに基づ

227

いて判取帳に取引年月日，金額及び取引相手方の名称として潜水漁業者の仲間内の呼称を記載するのが精一杯であり，消費税法30条8項1号イ所定の「氏名又は名称」につき氏等しか記載できないのもやむを得ないと主張した。

　　高松地裁平成10年9月28日判決は，「仮に，事業者の事業形態により帳簿に相手方の氏名又は名称を記載することが事実上困難である場合には記載の程度が緩和されるものと解することができ，かつ，本件取引の実態が原告主張のようなものであるとしても，（a）納税者において取引一覧表のとおり一部を除き本件取引の相手方の『氏名』を明記できること，（b）納税者代表者は本人尋問において，原告と取引のある潜水漁業者は10ないし15人程度でいずれも顔なじみの者である旨供述していること，（c）判取帳等の記載は浜での取引終了後に補充することが通常可能であると考えられることからすると，納税者が本件取引の相手方の『氏名又は名』を判取帳に記載することが格別困難であるとは言えず，納税者の右主張は採用できない」と判示している。

【参考判例】
高松地判平成10年9月28日・平成8年（行ウ）第1号（ＴＫＣ：28033325・ＴＡＩＮＳ：Ｚ238-8244）

【論　　点】
①　仕入税額控除の要件である帳簿及び請求書等の保存義務と記載内容の範囲。
②　業種・業界・業態・取引慣行による特殊な会計処理等の限界と適用範囲。

《消費税法関係》

077　簡易課税の手続

名古屋地裁平成15年5月28日判決

平成15年（行ウ）第14号・課税処分取消請求事件

【掲　載】裁判所ＨＰ・ＴＫＣ：28082296・ＴＡＩＮＳ：Ｚ253-9354

【判　示】消費税簡易課税制度の届出書の事業区分の記載が空欄であっても届出の効力が生じる
　　　　　として，簡易課税制度が適用されるとした事例。

〔控訴審：名古屋高判平成15年8月19日・平成15年（行コ）第36号〕

〔上告審：最決平成15年12月18日・平成15年（行ツ）第292号〕

【解　説】

　消費税の簡易課税を選択する場合には，所轄税務署長に消費税簡易課税選択届出書を提出する必要がある。この届出書の効力は，原則として，提出した日の属する課税期間の翌課税期間から生ずることになるが，消費税簡易課税制度選択不適用届出書を提出しない限り，継続して適用される。

　簡易課税制度の適用を選択した事業者は，2年間継続して簡易課税制度を適用した後でなければ，消費税簡易課税制度選択不適用届出書を提出することはできない。

【事案の概要と経緯】

　建築物の清掃，設備機器のメンテナンス，建築物のリフォーム等を業とする法人で消費税課税事業者である納税者は，いったんは消費税簡易課税制度の選択届出をしたものの，実額による仕入税額の控除による本則課税の方式によるのが有利であるとして，これによる控除を行って消費税等の確定申告をしたのに対し，課税庁が簡易課税制度を適用して更正処分等をしたことから，その取消しを求めた。納税者が提出した簡易課税選択届出書の事業内容等欄のうち，事業内容欄には「建築物の清掃及び各種設備機器の点検，保守」の記載があるが，事業区分欄は空欄であった。

　課税庁の主張は以下のとおりである。

　本則課税による控除と簡易課税制度のいずれを適用するかは，当該事業者の選択に委ねられているが，後者を選択した場合には，みなし仕入率により計算した「金額は，当該課税期間における仕入れに係る消費税額とみなす。」とされているところ，納税者は，平成12年5月25日，課税庁に対して本件届出書を提出し，簡易課税制度を選択しているから，これを前提とする本件処分は，消費税の性質に反するものではなく，適法である。

　簡易課税制度は，実際の課税仕入れに係る消費税額を計算することなく，事業者の営む事業の種類の区分に応じたみなし仕入率により計算した金額を課税仕入れに係る消費税額とみなして控除するものであるが，その課税期間中に事業者が実際に営む事業の種類に応じてみなし仕入率が適用される。そのため，簡易課税制度選択届出書に記載された事業の種類と課税期間における実際の事業の種類が一致しないこともあり得るのであって，仮に，届出書に記載された事業の種類とその課税期間における実際の事業の種類が一致しない場合であっても，届出を無効と解することはできない。そうすると，本件届出書の事業区分欄に記載漏れがあったとしても，本件届出の効力に影響を及ぼすものではない。

　事業区分欄が空欄であることは，届出の効力に何ら影響を与えないのであるから，本件届出書の提出を受けた被告が，このような不備について必ずしも事業者に対して補正を求めたり，書類不備の連絡をしなければならないものではない。

　課税庁は，納税者の平成10年10月6日から平成11年9月30日までの事業年度の課税売上高が3000万円を超えており，本件課税期間以降の課税期間について「消費税課税事業者届出書」の提出が必要に

229

なること及び簡易課税制度を選択する場合には「消費税簡易課税制度選択届出書」の提出が必要になることから，注意喚起のため，平成12年３月ころ，納税者に対し，(1)「ご存じですか消費税の届出書！」と題するチラシ，(2)消費税課税事業者届出書の用紙，(3)消費税簡易課税制度選択届出書の用紙，(4)消費税課税事業者届出書及び消費税簡易課税制度選択届出書の記載例を送付した。

　本件案内チラシには，課税期間の課税売上高が3000万円を超える法人は消費税課税事業者届出書を提出する必要がある旨並びに課税期間の課税売上高が２億円以下の法人は簡易課税制度を選択できる旨及び簡易課税制度を選択する場合の手続について記載されているものの，本則課税による控除と簡易課税制度の概要や計算の仕組みまで記載されているものではなく，まして簡易課税制度の選択を誘導するような記載はない。また，「お分かりにならない点や相談されたいことがありましたら，税務署（法人課税部門）にお気軽にお尋ねください。」との記載があるから，納税者が簡易課税制度の仕組みが分からないのであれば，いつでも相談することは可能であった。したがって，納税者は，自らの判断と責任において簡易課税制度選択届出書を作成・提出し，簡易課税制度を選択したというべきであり，本件届出は有効である。

　これに対して，納税者は，(1)本件届出書は，最重要記載事項である事業区分欄が記載されないまま提出されているから，簡易課税制度選択届出としては無効であり，(2)課税庁が，事業区分欄が記載されていないことを速やかに納税者に通知していれば，納税者は課税庁に対してその意味を質問し，その結果，簡易課税制度の選択が不利益であることが判明したはずであるから，このような連絡なくしてなされた本件処分は違法であり，(3)本件案内チラシは，簡易課税を選択するよう誘導するものであるから，本件届出は無効である，と主張した。

　裁判所は，第１審，控訴審及び最高裁のいずれも納税者の請求を棄却している。

【判決要旨】

①　簡易課税選択届は，その記載事項がすべて記入されていなければ効力を有しないと解するのは合理的ではなく，どの事業者がいつから簡易課税を選択するのかに関わる事項など，必要不可欠と考えられる事項の記載が欠けている場合には効力を生じないとみるべきである。事業区分についてはその記載によってではなく，あくまでも実際に行われた事業の内容が基準となるから，簡易課税選択の趣旨に照らして必要不可欠な事項とはいえないというべきで，届出書の事業区分の欄が空欄でも，このことをもって届出書の効力が生じないと解することは相当でない。

②　事業区分欄が空欄であることは，前記のとおり届出の効力に影響を与えるものではないから，提出を受けた課税庁が，不備について，事業者に対して補正を求めたり，書類不備の連絡をしなければならない義務を負担するとは到底解されない。したがって，連絡をしなかったことをもって，本件処分が違法になるとはいえない。

③　課税庁は，注意喚起のため，事業者の課税期間開始以前に，案内チラシ・消費税課税事業者届出書および消費税簡易課税制度選択届出書の用紙・届出書の記載例を送付している。また，案内チラシには「基準期間の課税売上高が２億円以下の法人は簡易課税制度を選択することができます。簡易課税制度の適用を受けようとする場合には『消費税簡易課税制度選択届出書』を提出してください。」と記載されているのみであって，その選択を誘導するような記載は一切ない。案内チラシは，簡易課税の選択を事業者の主体的な判断に委ねていると認められるから，その選択を誘導するものであるとはいえない。

【検　　討】

　本事案は，納税者が初め簡易課税制度選択届出書を提出したが，その後本則課税のほうが有利であ

《消費税法関係》

ることに気づき，本則課税で消費税額の申告を行ったところ，簡易課税による更正処分を受け，それについて簡易課税選択届出書の無効を主張して争われた。簡易課税制度を選択した場合は，2年間継続して制度を適用しなければならず，適用をやめる場合には簡易課税選択不適用届出書を提出しなければならない。しかし，簡易課税制度を選択してから2年間は，簡易課税選択不適用届出書を提出することができず，提出以後にしか不適用の効力は発生しないため，2年間の適用期間中に制度選択の誤りに気づいてもそれを是正することはできない。そのため，本事案において，納税者は，簡易課税選択届出書の事業区分の記載がないことを理由として，簡易課税制度選択届出書の効力の無効を主張した。

届出書の提出時期と課税期間の時期とで事業の内容・割合に違いが生じることは多々あり，事業区分の記載が最重要事項とは思われない。その点，届出書の効力を認めた裁判所の判断は妥当といえる。ただ，選択の有利・不利の記載が一切なく，納税者に知識もない状態で逆に選択できますと書いてあれば，むしろ有利に感じてしまう可能性は高い。課税庁の違法性は問えないまでも，不親切は否めない。

また，選択届出書の収受に関する課税庁のミスに接した経験を踏まえると，課税庁の手続上の不備に対処できる納税者の心構えも必要といえる。

【論　　点】
①　簡易課税制度の趣旨と手続の意義。
②　課税庁に提出する申請書等の記載内容の不備と効力。

078 簡易課税の事業区分

名古屋高裁平成18年2月9日判決

平成17年（行コ）第45号・消費税等更正処分等取消請求控訴事件

【掲　載】裁判所HP・TKC：28110413・TAINS：Z256-10305

【判　示】歯科技工事業は，歯科医師の指示書に従って，歯科補てつ物を作成し，歯科医師に納品することを業務内容としており，歯科医療行為の一端を担う事業である性質を有すること等を考慮すると，製造業ではなくサービス業に該当するとされた事例。

〔第1審：名古屋地判平成17年6月29日・平成16年（行ウ）第56号〕

〔上告審：最決平成18年6月20日・平成18年（行ツ）第120号〕

【解　説】

　消費税法は，中小事業者の仕入れに係る消費税額の控除の特例を規定している。この簡易課税制度とは，基準期間における課税売上高が5000万円以下である課税期間について，消費税簡易課税制度選択届出書を提出した場合には，消費税額から控除することができる課税仕入れ等の税額の合計額は，本則計算ではなく，その課税期間の課税標準額に対する消費税額から当該課税期間における売上げに係る対価の返還等の金額に係る消費税額の合計額を控除した残額に，事業の種類ごとに定めるみなし仕入率を乗じて計算した金額とする方法である。

　簡易課税制度の運用に当たって，納税者が混乱するのは業種の判定である。簡易課税における税額計算の方法は，みなし仕入率の事業分類により異なることから，このみなし仕入率の適用如何によっては税負担に差異が生じる。そのため，納税者が選択した事業分類について課税庁と争う場合も出てくる。

　なお事業分類の判定にあたって，各事業のすべての要素を含んでいるため，単一の事業区分に所属させるのが困難な場合もある。この場合には，実際の仕入率に最も近いみなし仕入率に基づく事業区分ではなく，区分されている事業ごとの課税資産の譲渡等に係る消費税額を基礎として，それぞれの事業区分に応じたみなし仕入率を乗じて，仕入控除税額をすべきという見解が一般的である。

　政令は，卸売業とは，他の者から購入した商品をその性質及び形状を変更しないで他の事業者に対して販売する事業をいうものとし，小売業とは，他の者から購入した商品をその性質及び形状を変更しないで販売する事業をさすと規定する（消費税法施行令57条6項）。

【事案の概要と経緯】

　納税者は，歯科技工所を営む法人であり有限会社であり，消費税簡易課税制度選択届出書を提出した。納税者の事業は，自ら原材料を仕入れ，歯科医師の指示書に従って，患者の歯の石こう型に適合する歯科医療用の補てつ物等を製作し，歯科医師に納品している。また，修正，作り直しが必要な場合であっても，専ら歯科医師の指示に従って修正，作り直しをするのであって，納税者が患者に直接接する機会はない。すなわち，納税者は，歯科医師との間で歯科補てつ物等の製作納入に関する契約を締結しているのであって，患者との間には何ら契約が締結されることはない。

　納税者は，自己の営む歯科技工業が消費税法施行令に定める第三種事業（製造業）に該当するとして，消費税及び地方消費税の申告をしたところ，課税庁から控訴人から納税者の事業は第五種事業（サービス業）に該当するとして，消費税等の各更正処分及び過少申告加算税の各賦課決定を受けたことから，各処分の取消しを求めた。

　課税庁は，歯科技工事業は，不特定多数の者への販売を目的として歯科補てつ物を制作する「製造

232

《消費税法関係》

業」とするよりも，特定の者に対する歯科医療の用に供する歯科医師の治療用具としての歯科補てつ物の作成，修理，加工による「歯科医療行為に付随するサービス提供事業」である点にその本質があるものと解される，と主張した。

　これに対して，納税者は，独立した事業者であり，複数の歯科医師との間で取引を行っているところ，主として原材料の仕入れは自ら行い，専ら歯科医師の指示書に従って歯科補てつ物を製作して納品しているのであり，仮に修正，作り直しが必要な場合でも，それは専ら医師の指示に従って行うのであって，納税者が患者に直接接する機会はなく，専ら有体物である歯科補てつ物の製作と納品であるところ，新たな製品を作り出し販売することに本質があるのであって，無体の役務を提供するという要素は全くないから，歯科技工事業はサービス業ではなく，製造業である，と主張した。

　第1審は，歯科技工士は，印象採得，咬合採得，試適，装着等，患者と直接接することが禁止され，まして，歯科技工士が患者と対面することも考えられない歯科技工所で営まれる本件事業は，原材料を基に患者の歯に適合するように成形した補てつ物を納入し，これの対価として一定の金員を受け取るという内容であり，有形物を給付の内容とすることが明らかであるから，本件事業が製造業に当たると解するのが相当であり，患者に対して無体の役務を提供しているとみることは困難であるから，サービス業には当たらない，と判示し納税者の主張を認容した。

　そのため，課税庁がこれを不服として控訴したところ，控訴審は，歯科技工事業はサービス業と認定した。納税者は上告したが，最高裁は上告不受理を決定したため納税者が敗訴した。

【判決要旨】

①　租税法規の解釈については，当該法令が用いる用語の意味，内容が明確かつ一義的に解釈できるかを，まず検討することが必要であるが，それができない場合には，立法の趣旨

②　目的及び経緯，税負担の公平性，相当性等を総合考慮して検討した上，用語の意味，内容を合理的に解釈すべきである。消費税法施行令57条では，製造業，サービス業に属する各事業自体の内容を明らかにした定義規定は存在しない。歯科技工所の事業が，「製造業」または「サービス業」のいずれかに該当するかを判断するに当たっては，消費税簡易課税制度の目的，立法経緯，税負担の公平性，相当性等についても検討する必要がある。

③　簡易課税制度における事業区分については，消費税法基本通達において，第三種事業および第五種事業の範囲は，おおむね日本標準産業分類によることとされている。日本標準産業分類に代わり得る普遍的で合理的な産業分類基準は見当たらないことなどから簡易課税制度における事業の判定に当たり，同分類によることの合理性は否定できない。

④　歯科技工業が，歯科医師の指示書に従って，歯科補てつ物を作成し，歯科医師に納品することを業務内容としており，歯科医療行為の一端を担う事業である性質を有する。平均課税仕入れ等からも，みなし仕入れ率を100分の50とすることには合理性がある。歯科技工業は第5種事業中の「サービス業」に該当する。

【検　討】

　簡易課税制度は，中小事業者の納税事務負担を軽減する目的で導入された制度である。導入当初から，簡易課税制度を選択した場合には，適用区分によるが本則課税を選択して計算した場合と比べて消費税額の一部が事業者の手許に残ってしまうという益税発生の制度上の批判が行われてきた。

　現行法では，適用上限を5000万円，みなし仕入れ率の適用区分を6区分にし，それぞれ，第一種事業（卸売業）90％，第二種事業（小売業）80％，第三種事業（製造業）70％，第四種事業（その他の事業）60％，第五種事業（サービス業等）50％，第六種事業（不動産業）40％と区分しており，簡易課

233

税制度は，縮減の方向にある。

　また，平成31年（2019年）10月１日を含む課税期間（同日前の取引は除きます）から，第三種事業である農業，林業，漁業のうち消費税の軽減税率が適用される飲食品の譲渡を行う事業を第二種事業とし，そのみなし仕入率は80％（現行70％）が適用されることになっている。

　簡易課税におけるみなし仕入率の適用については，業種区分がきわめて重要である。日本標準産業分類に従うのが望ましいのであれば，法律にそのことを明記する必要がある。法律に明記のない基準に従うことは，不明確な規定に基づいて行われた実務を法律に明記されていない不合理な基準を用いて救済し，不明確な規定の存続を肯定するかのような役割を果たしており，申告納税制度の下では問題がある。

　もっとも，日本産業分類が，産業統計上の目的で制定されたものであり，個々の業種，業者の特殊性は考慮されていない。裁判所のいうような，普遍的で合理的な産業分類基準と断言することは難しい。やはり，業種区分の判断については，統計目的よりも実態を詳細に検討すべきである。

　簡易課税を選択する上で，納税者にとって明確で，実体を反映し，かつ予測可能な規定にさせていくことが重要であり，申告時に判断可能な規定であることが特に求められる。同時に，簡易課税は，中小事業者の納税事務負担を軽減する目的で導入された制度であることを忘れてはならない。

【論　　点】
①　簡易課税制度における事業区分の意義。
②　日本標準産業分類の意義と限界。

《相続税法関係》

079 節税目的の養子縁組

最高裁第三小法廷平成29年1月31日判決

平成28年（受）第1255号・養子縁組無効確認請求事件

【掲　載】裁判所ＨＰ・ＴＫＣ：25448430・ＴＡＩＮＳ：Ｚ999－5372

【判　示】専ら相続税を節税するためにする養子縁組であっても，民法に規定する「当事者間に縁組をする意思がないとき」に当たるということができないとされた事例。

〔第1審：東京家判平成27年9月16日・平成26年（家ホ）第56号〕

〔控訴審：東京高判平成28年2月3日・平成27年（ネ）第5161号〕

【解　説】

　相続税の計算上，基礎控除の額は税負担の軽減につながるが，金額は法定相続人の数により増加する。つまり相続人の数が多ければ，相続税が節税になるから，孫，嫁や婿とまで養子縁組をして，基礎控除額を膨らます手法は，相続税対策の基本とされていた。

　もっとも，そんなことは誰でも考えつく方法であるから，当然，封じ込まれた。昭和63年の税制改正で，基礎控除の額の計算上，相続人の数に算入できる養子の数は，実子がいる場合には1名，実子がいない場合には2名までに限定された。税務の取扱いでも，相続税の負担を不当に減少させる結果となると認められる養子は認められていない（相続税法基本通達63－2）。実子がいるのに養子を迎えることは，相続税を不当に減少させるという見解である。

　この改正について，民法の手続きをへて成立した養子縁組の効果が相続税法で否定されることに異論をはさむ見解も少なからずみられたが，現在に至っている。

【事案の概要と経緯】

　Aは平成24年4月に長男及びその妻と共に自宅を訪れた税理士等から，長男の子どもである当時1歳の孫を自らの養子とすると，遺産に係る基礎控除額が増えることなどによる相続税の節税効果がある旨の説明を受けた。

　この説明を受け，Aと長男らが養子縁組届を作成し，平成24年5月に区長に提出がされ，養子縁組がなされた。ただ，その後10月にAから離縁届が提出され，これを受けた長男側は離縁が無効であることを確認する訴訟を起こし，離縁が無効であることが確定した。

　Aの死後，Aの長女と二女が，本件養子縁組は縁組をする意思を欠くものであると主張して，養子縁組が無効であることの確認を求めて提訴した。

　第1審は，養子縁組の意思があり有効と判断した。

　これに対して，控訴審は，本件養子縁組の動機は，要するに，昔ながらの「家を継ぐ」というものではなく，A所有の不動産を相続し，その管理を継続するということにほかならないし，本件養子縁組は，専ら，税理士が勧めたA死亡の場合の相続税対策を中心としたAの相続人の利益のためになされたものにすぎず，Aや長男夫婦において，Aの生前にAと孫との間の親子関係を真実創設する意思を有していなかったことは，明らかというべきであり，Aが，養子縁組届であることを認識せずに本件縁組に署名したとする長女らの控主張を採用することはできないものの，本件養子縁組は，Aや長男夫婦に真に養親子関係を創設する縁組意思がなかったことから無効といわざるを得ない，と判示した。

　最高裁は，控訴審の判断には，法令の違反があるとして，控訴審判決を破棄し，長女らの請求を棄却した第1審判決は正当であるとした。

235

【判決要旨】

① 本件は，被上告人（Aの長女と二女）が，上告人（Aの長男の子）に対して，本件養子縁組は縁組をする意思を欠くものであると主張して，その無効確認を求める事案である。

② 控訴審は，本件養子縁組は専ら相続税の節税のためにされたものであるとした上で，かかる場合は民法802条1号にいう「当事者間に縁組をする意思がないとき」に当たるとして，被上告人らの請求を認容した。

③ しかしながら，民法802条1号の解釈に関する原審の上記判断は是認することができない。その理由は，次のとおりである。

④ 養子縁組は，嫡出親子関係を創設するものであり，養子は養親の相続人となるところ，養子縁組をすることによる相続税の節税効果は，相続人の数が増加することに伴い，遺産に係る基礎控除額を相続人の数に応じて算出するものとするなどの相続税法の規定によって発生し得るものである。相続税の節税のために養子縁組をすることは，このような節税効果を発生させることを動機として養子縁組をするものにほかならず，相続税の節税の動機と縁組をする意思とは，併存し得るものである。したがって，専ら相続税の節税のために養子縁組をする場合であっても，直ちに当該養子縁組について民法802条1号にいう「当事者間に縁組をする意思がないとき」に当たるとすることはできない。

⑤ そして，前記事実関係の下においては，本件養子縁組について，縁組をする意思がないことをうかがわせる事情はなく，「当事者間に縁組をする意思がないとき」に当たるとすることはできない。

⑥ 以上によれば，被上告人らの請求を認容した原審の判断には，判決に影響を及ぼすことが明らかな法令の違反がある。論旨は理由があり，原判決は破棄を免れない。そして，以上説示したところによれば，被上告人らの請求は理由がなく，これを棄却した第1審判決は正当であるから，被上告人らの控訴を棄却すべきである。

【検　討】

　相続税対策を理由に孫を養子にした男性の養子縁組が有効かどうか，が争われた事案である。相続税対策目的の養子縁組は無効，となれば実務に多大な影響を及ぼすこととなり，大きな注目を集めた。新聞各紙も判決を大きく報道している。

　民法802条で養子縁組の無効について定められており，(1)人違いその他の事由によって当事者間に縁組をする意思がないとき。(2)当事者が縁組の届出をしないとき。これらのいずれかに該当すると養子縁組は無効とするとされている。本事案では，当事者間に縁組みをする意思がなかったといえるかどうか，が問題となった。

　孫等を養子とし，基礎控除額を増加させる等して相続税対策とする，ということは昔から行われてきた。そのため税制改正により，相続税の基礎控除額を算出する際等に法定相続人の数に含めることができる被相続人の養子の数は制限されてきた。現在では被相続人に実子がいる場合には1人まで，被相続人に実子がいない場合には2人まで，とされている。

　このように法定相続人に含めることができる養子の数が制限されても孫等を相続人にするため養子とすることは，相続税対策の手法として現在でも広く行われている。最高裁においても二審判決が維持された場合には，実務はかなり混乱をしたと思われる。

　しかし最高裁は，専ら相続税の節税のために養子縁組をする場合であっても，直ちに当該養子縁組について民法802条1号にいう「当事者間に縁組をする意思がないとき」に当たるとすることはできない，として相続税対策のためであったとしても当事者間に養子縁組をする意思があったのであれば養子縁組は有効であるとした。目的が相続税対策であれ，当事者間に縁組をする意思があった，とい

うことである。当事者には相続税対策という明確な目的があり，縁組をする意思はあったのであり，当然の判断といえる。

　養子縁組の無効確認訴訟であり，Aと長男の子どもである孫との養子縁組をAの長女及び二女が，相続税対策だけが目的であり，養子縁組をする意思は無かったため無効である，と主張していた。いわゆる争続といえる事案だろう。養子縁組には相続税対策だけではなく様々な効果がある。孫は通常相続人ではなく，相続分は無いが，養子縁組をすることにより相続人となる。その結果，本来，長男，長女そして二女の3人で3分の1ずつであったはずの法定相続分が養子となった孫を含め4等分することとなる。つまり長男一家の相続分がその分増加することとなる。

　縁組届出後に離縁届が提出された背景にも，長女，二女が縁組を知らされていなかった，ということが関係しているようである。長女，二女も承知の上での養子縁組であれば，このような問題にはならなかったのであろうが，実際には離縁届から始まり，このような裁判にまで発展してしまった。相続税の増税を機に，相続税対策を含めて様々な相続対策が話題となっている。養子等による相続対策を実行する際には，相続人全員での話し合いが重要であるをことを本事案は示しているといえる。

【論　　点】

①　民法上の養子を相続税法が制限することの趣旨と批判。

②　相続対策と相続税対策と差異と限界。

080　相続税の非課税財産

```
東京地裁平成24年6月21日判決
平成22年（行ウ）第494号・相続税更正処分取消等請求事件
【掲　載】ＴＫＣ：25481789・ＴＡＩＮＳ：Ｚ262−11973
【判　示】弁財天及び稲荷を祀った各祠の敷地部分を相続税法の非課税財産として容認した事例。
```

【解　　説】

　被相続人が残した貨幣価値に換算できる財産は，すべて相続税の対象となる。ただ政策上，非課税となっている以下のような財産がある。

(1)　墓地，墓石，仏壇，仏具，神を祭る道具など日常礼拝をしている物

(2)　地方公共団体の条例によって，精神や身体に障害のある人又はその人を扶養する人が取得する心身障害者共済制度に基づいて支給される給付金を受ける権利（受給権）

(3)　相続によって取得したとみなされる生命保険金のうち500万円に法定相続人の数を掛けた金額までの部分

(4)　相続や遺贈によってもらったとみなされる退職手当金等のうち500万円に法定相続人の数を掛けた金額までの部分

(5)　相続や遺贈によって取得した財産で相続税の申告期限までに国又は地方公共団体や公益を目的とする事業を行う特定の法人に寄附したもの

【事実の概要と経緯】

　納税者は，相続財産である各土地のうち，弁財天及び稲荷を祀った各祠の敷地部分を相続税法に規定される「墓所，霊びょう及び祭具」に「準ずるもの」として，非課税財産として申告等を行った。

　課税庁は，以下の理由から敷地は非課税財産に当たらないとした。

　庭内神し（神祠）については，日常礼拝の対象となっているのは，ご神体及びそれを祀る建物としての庭内神しそのものであって，その敷地は含まないから，庭内神しの敷地については，「これらに準ずるもの」には該当しない。

　各祠は，祖先の霊を祀る設備とはいえず，「墓所，霊びょう」には該当しないし，祖先の祭祀，礼拝の用に供されているわけでもないから，「庭内神し」や「神たな」のように，日常礼拝の用に供されている財産として非課税規定にいう「これらに準ずるもの」に該当するにすぎない。

　日常礼拝の対象となっているのは，各祠それ自体であって，その敷地ではなく，「墓所，霊びょう」が祖先の遺体や遺骨を葬り，祖先に対する礼拝の対象となっていることと比較して，両者は性格を異にしているし，非課税財産とされている理由も異なるといえる。

　庭内神しの敷地の評価については，庭内神し及びその敷地の状況に基づいて，庭内神しが個人の住宅敷地内に存在しているものの，（ア）地域住民等の信仰の対象とされている場合と，（イ）庭内神しが個人の住宅敷地内に存在し，道路に面していない又は塀等に囲まれるなどして，一般人が参拝するには，当該敷地の所有者等の了解を取る必要があるなど，主に当該敷地所有者及びその親族等の信仰の対象とされている場合に分けて検討すべきである。

　各祠は，納税者の家族以外の者が参拝の対象としているものではないから，上記（イ）に該当するところ，納税者の主張をみても，その主観的な感情や認識はおくとしても，庭内神しを移設し，当該敷地を更地にすること等に関し何らかの法的な規制や事実上の制約はないから，その取引価格が通常の宅地の取引価格に比して著しく低下するとはいえず，敷地部分又はその宅地全体について，相続税

《相続税法関係》

の課税上，非課税とし又は一定の評価減を行う必要性は認められない。

裁判所は次のように判示して，納税者の主張を認容した。

【判決要旨】

① 相続税法の非課税規定やその他の関係法令をみても，非課税規定にいう「墓所，霊びょう及び祭具」や「これらに準ずるもの」の具体的な定義を定めた規定は特にない。しかし，「墓所」等の文言が有する通常の意義及び非課税規定の趣旨からすれば，「墓所」とは一般に死者の遺骸や遺骨を葬った所をいい，遺体や遺骨を葬っている設備（墓石・墓碑などの墓標，土葬については埋棺など）を意味する民法にいう「墳墓」に相当するものと解され，民法上，当該設備の相当範囲の敷地は，墳墓そのものではないものの，これに準じて取り扱うべきものと一般に解されていることも併せ考慮すると，「墓所」は，墓地，墓石等の墓標のほか，これらのものの尊厳の維持に要する土地その他の物件を含むと解するのが相当である。「霊びょう」とは一般に祖先の霊を祀った屋舎をいい，必ずしも遺体や遺骨の埋葬を伴う施設ではないものの，広い意味で民法にいう「墳墓」に相当するものと解され，「墓所」と比較しても祖先崇拝・祭祀等の目的や機能上の点で異なることはないことからすると，「霊びょう」は，祖先の霊を祀った屋舎のほか，その尊厳の維持に要する土地その他の物件を含むと解するのが相当である。「祭具」とは，民法と同様に，祖先の祭祀，日常礼拝の用に供されるい位はい，霊位，それらの従物などをいうものと解される。

② 非課税規定にいう「これらに準ずるもの」とは，その文理からすると，「墓所」，「霊びょう」及び「祭具」には該当しないものの，その性質，内容等がおおむね「墓所，霊びょう及び祭具」に類したものをいうと解され，さらに，相続税法が，祖先祭祀，祭具承継といった伝統的感情的行事を尊重し，これらの物を日常礼拝の対象としている民俗又は国民感情に配慮する趣旨から，あえて「墓所，霊びょう又は祭具」と区別して「これらに準ずるもの」を非課税財産としていることからすれば，截然と「墓所，霊びょう又は祭具」に該当すると判断することができる直接的な祖先祭祀のための設備・施設でなくとも，当該設備・施設（以下，設備ないし施設という意味で「設備」という。）を日常礼拝することにより間接的に祖先祭祀等の目的に結びつくものも含むものと解される。そうすると，「これらに準ずるもの」には，庭内神し（これは，一般に，屋敷内にある神の社や祠等といったご神体を祀り日常礼拝の用に供されているものをいい，ご神体とは不動尊，地蔵尊，道祖神，庚申塔，稲荷等で特定の者又は地域住民等の信仰の対象とされているものをいう。），神たな，神体，神具，仏壇，位はい，仏像，仏具，古墳等で日常礼拝の用に供しているものであって，商品，骨とう品又は投資の対象として所有するもの以外のものが含まれるものと解される。

③ 庭内神しとその敷地とは別個のものであり，庭内神しの移設可能性も考慮すれば，敷地が当然に「これらに準ずるもの」に含まれるということはできない。しかし，非課税規定の趣旨並びに「墓所」及び「霊びょう」の解釈等に鑑みれば，庭内神しの敷地のように庭内神し等の設備そのものとは別個のものであっても，そのことのみを理由としてこれを一律に「これらに準ずるもの」から排除するのは相当ではなく，当該設備とその敷地，附属設備との位置関係や当該設備の敷地への定着性その他それらの現況等といった外形や，当該設備及びその附属設備等の建立の経緯・目的，現在の礼拝の態様等も踏まえた上での当該設備及び附属設備等の機能の面から，当該設備と社会通念上一体の物として日常礼拝の対象とされているといってよい程度に密接不可分の関係にある相当範囲の敷地や附属設備も当該設備と一体の物として「これらに準ずるもの」に含まれるものと解すべきである。

④ 敷地及び各祠の位置関係及び現況等によれば，各祠は，庭内神しに該当するところ，敷地は，①各祠がコンクリート打ちの土台により固着されてその敷地となっており，しかも各祠のみが存在し

239

ているわけではなく，その附属設備として石造りの鳥居や参道が設置され，砂利が敷き詰められる
など，外形上，小さな神社の境内地の様相を呈しており，②各祠やその附属設備（鳥居は納税者の
父の代には既に存在していた）は，建立以来，敷地から移設されたこともなく，その建立の経緯を
みても，敷地を非課税財産とする目的でこれらの設備の建立がされたというよりは，真に日常礼拝
の目的で各祠やその附属設備が建立されたというべきであるし，祭事にはのぼりが敷地に立てられ，
現に日常礼拝・祭祀の利用に直接供されるなど，その機能上，各祠，附属設備及び敷地といった空
間全体を使用して日常礼拝が行われているといえる（例えば，仏壇や神たな等だけが置かれていて，
当該敷地全体や当該家屋部分全体が祖先祭祀や日常礼拝の利用に直接供されていない単なる仏間の
ようなものとは異なるといえよう）。

⑤　このような各祠及び敷地の外形及び機能に鑑みると，敷地は，各祠と社会通念上一体の物として
日常礼拝の対象とされているといってよい程度に密接不可分の関係にある相当範囲の敷地というこ
とができる。

　以上からすると，敷地は，非課税規定にいう「これらに準ずるもの」に該当するということができ
る。

【検　討】

　裁判所は，非課税規定の趣旨について，民法897条１項の祭祀財産の承継の規定の精神にのっとり，
また，民俗又は国民感情の上からも祭祀財産が日常礼拝の対象となっている点を考慮して定められた
ものと判示する。相続税の計算上，葬式費用が控除されることから，この非課税規定も，宗教性が考
慮された措置と考えがちであるが，その根底には，祖先崇拝や祖先の霊への尊厳の理念がある。いう
までもなく，これは何もわが国独自の文化ではなく，洋の東西，信仰を超越した人類の本質といえば
大袈裟に聞こえるだろうか。

　本事案における神祠は，納税者の祖先が祀られているものはないが，代々，納税者の家で継承する
ことで祖先崇拝を体現し，あわせて家内安全，商売繁盛を祈念してきた存在といえる。確かに課税庁
が指摘するように，いわば建築物である祠を移動させ，更地にできなくもない。しかし，父祖から受
け継いできた土地自体も祖先への崇敬であることも踏まえれば，神祠の敷地に対する判旨は妥当とい
えるだろう。

【論　点】

①　非課税財産の趣旨と適用範囲。

②　税法の解釈と適用における宗教性の意義。

《相続税法関係》

081 相続財産の範囲

最高裁第二小法廷平成22年10月15日判決
平成21年（行ヒ）第65号・相続税更正処分取消請求事件
【掲 載】裁判所HP・TKC：25442705・TAINS：Ｚ260−11535
【判 示】所得税の更正処分の取消を求めた税務訴訟の継続中に，当事者である納税者自身が死
亡した場合には，税務訴訟に勝訴すれば還付されるはずの納付済み所得税の相当額を
還付請求権として，相続財産に算入すべきと判断された事例。
〔第１審：大分地判平成20年２月４日・平成17年（行ウ）第13号〕
〔控訴審：福岡高判平成20年11月27日・平成20年（行コ）第９号〕

【解 説】

　相続税の税額計算は，他の国税に比べたシンプルな税制といっても過言ではない。法人所得に対する加算減算の計算過程や消費税の課税仕入の煩雑さなどに比べ，相続税の場合は，相続財産の総額とそれに対するいわゆる遺産分割の協議が成立していれば，機械的な税額計算で終了する。

　したがって，相続財産の確認と評価額の算出が，相続税事案における第一の作業となる。通常，相続財産は動産，不動産，あるいは知的所有権を問わず，隠匿・隠蔽されている場合はさておき，その存在は明らかにされている。いわゆるみなし相続財産とされるものであっても，相続税の申告期眼までには確定している。

【事案の概要と経緯】

　被相続人Ａは平成９年４月大分地裁に対して所得税更正処分取消訴訟を提起したが，訴訟係属中の平成12年７月にＡが死亡したため，その相続人である納税者がその地位を承継した。納税者はＡが死亡したことにより取得した相続財産に係る相続税の申告を平成13年５月に行った。

　一方，大分地裁は，平成13年９月及び10月，所得税更正処分取消訴訟につき，同処分を取り消す旨の判決を下し確定した。納税者はこれにより同年12月にＡが納付した所得税額，過少申告加算税及び延滞税額（以下「過納金」）のほか，還付加算金を受領し，平成13年所得税確定申告において過納金及び還付加算金を一時所得として確定申告を行った。これに対して，課税庁は平成15年４月付けで，過納金は納税者が相続により取得した財産であるとして相続税に係る申告につき相続税の更正処分を行った。

　課税庁の主張は，おおむね以下のとおりである，

　抗告訴訟における取消判決は遡及効を有しているから，別件所得税更正処分は，同処分の取消訴訟の判決確定により当初から存在しなかったことになる。そうすると，観念的には，Ａが別件所得更正処分に基づき納付した時点に遡って，本件過納金の還付請求権が発生していたということができる。

　また，本件過納金は本来Ａに還付されるべきものであるが，これが納税者に還付されたのは，納税者がＡの財産を相続したことをその理由とするのであり，この相続がなければ，本件過納金が原告に還付されることはなかったのである。すなわち，納税者は，還付金を受けるべき地位を承継したのであり，たとえその発生時期が相続開始後であるとしても，本件過納金の還付請求権は相続財産を構成するというべきである。

　さらに，本件過納金の還付請求権は，所得税又は相続税のいずれかの課税対象となるべきものであるところ，本件過納金はＡが有していた財産を原資として納付された金銭（過納金）であり，取消判決の確定により，それが当初から逸出しなかったことになるにすぎないから，仮にＡが生存しており

241

同人に還付された場合には，これを一時所得又は雑所得の収入金額として発生したとみるべき事実が認められず，所得税の課税対象とはならない。こうした本件過納金の還付請求権の性質は，相続という偶然の事情によって左右されるものではなく，Aの納付により減少した相続財産が，納税義務が消滅して本件過納金が発生することにより回復されるだけなのであるから，これを納税者の所得とみることはできない。したがって，本件過納金の還付請求権はAの相続財産を構成するというべきである。

　第1審は，以下のように示して，相続開始時点では過納金の還付請求権は存在しなかったとして納税者勝訴とした。

①　相続税の納税義務の成立時点は，「相続又は遺贈による財産取得の時」（国税通則法15条2項4号）であるところ，相続人は相続開始の時から被相続人の財産を包括承継するものであり（民法896条），かつ，相続は死亡によって開始する（民法882条）から，納税義務の成立時点は，原則として，相続開始時すなわち被相続人死亡時である。

②　相続税法上の相続財産は，相続開始時（被相続人死亡時）に相続人に承継された金銭に見積もることができる経済的価値のあるものすべてであり，かつ，それを限度とするものであるから，相続開始後に発生し相続人が取得した権利は，それが実質的には被相続人の財産を原資とするものであっても相続財産には該当しないと解すべきである（ここでは相続税法上のいわゆるみなし相続財産は考慮しない。）。

③　過納金の還付請求権がAの相続財産を構成するかどうかを検討するに，確かに，本件過納金の原資はAが拠出した納付金ではあるが，Aの死亡時すなわち相続開始時には，別件所得税更正処分取消訴訟が係属中であり，未だ過納金の還付請求権が発生していなかったことは明らかである（判決による課税額の減少に伴う過納金の発生時期が，確定判決の効力が生じた時であることについて，当事者間に争いはない。）。

　そうすると，相続開始の時点で存在することが前提となる相続財産の中に，過納金の還付請求権が含まれると解する余地はないといわざるを得ない。

　控訴審は，取消訴訟の取消判決が確定したことにより当該処分が遡及して否定され，当初からなかった状態になるのであるから還付請求権は納税した日に遡って発生し，過納金の原資を拠出したAの相続財産を構成するとして逆転判決をくだした。

　上告審も，過納金の還付請求権が，被相続人の相続財産を構成し，相続税の課税財産となると解した。

【判決要旨】

　所得税更正処分及び過少申告加算税賦課決定処分の取消判決が確定した場合には，上記各処分は，処分時にさかのぼってその効力を失うから，上記各処分に基づいて納付された所得税，過少申告加算税及び延滞税は，納付の時点から法律上の原因を欠いていたこととなり，上記所得税等に係る過納金の還付請求権は，納付の時点において既に発生していたこととなる。このことからすると，被相続人が所得税更正処分及び過少申告加算税賦課決定処分に基づき所得税，過少申告加算税及び延滞税を納付するとともに上記各処分の取消訴訟を提起していたところ，その係属中に被相続人が死亡したため相続人が同訴訟を承継し，上記各処分の取消判決が確定するに至ったときは，上記所得税等に係る過納金の還付請求権は，被相続人の相続財産を構成し，相続税の課税財産となると解するのが相当である。

【検　　討】

　最高裁は，(1)国税通則法は還付請求権の遡及的発生を予定していないし，相続税法も被相続人死亡

《相続税法関係》

「時」に着目して課税関係を規律するものであって，法律関係の後発的な遡及的変動を取り込むことを予定していないこと，(2)本件更正処分及び原判決は，個別法規の解釈を十分に行わず，またこのような課税関係の公平という点にも十分配慮することなく，取消判決の遡及効という極めて抽象的な概念を主たる根拠として，結論を導いたものであること，(3)本件還付請求権がAの相続財産というのであれば，社会通念に照らして考えれば，Aが生前中に還付を請求することができるものでなければならないはずである，などの上告理由には答えていない。

Aの死亡時点では所得税更正処分取消訴訟は，係属中であり，現実に還付請求権は発生していない。相続税の申告期限時点でも取消訴訟は確定しておらず，取消判決が確定したのは申告期限から4ヶ月以上経過した後である。このような状況で，納税者が自ら還付請求権を相続財産に含めて申告するということは現実的ではない。納税者はAの死亡時に取消訴訟の原告としての地位を承継しただけであり，第1審のいう通りAの死亡時すなわち相続開始時には，未だ過納金の還付請求権が発生していなかったと考えるのが自然である。

本事案の前提である取消訴訟は第1審で確定したが，本事案では課税庁が控訴した。過納金の還付請求権が相続財産となるとした場合，取消訴訟が確定するまで相続税の課税財産が確定しないから時間を要することになる。もっとも税務訴訟は少なく，さらに納税者勝訴は極めて珍しいことから，今後も本事案のようなケースは出てこないだろう。仮に類似事案に直面したときには，還付請求権を相続財産に含めて申告し，取消訴訟で敗訴したら更正の請求をするか，あるいは勝訴判決により還付が確定した後，直ちに修正申告をする，という対策が想定できるが，実務的には後者が無難といえるだろうか。

【論　点】

① 相続財産の意義と範囲。
② 税務訴訟の納税者勝訴率と還付請求権の遡及発生。

082　相続財産とされる貸付金

大阪高裁平成21年8月27日判決

平成21年8月27日・相続税更正処分取消等請求控訴事件

【掲　載】ＴＫＣ：25471439・ＴＡＩＮＳ：Ｚ259−11263

【判　示】会社資産の範囲を明確化した査察調査及びこの結果を受け入れた修正申告がなされた
　　　　ことによって会計帳簿の信用性は十分に担保されていることから，帳簿記載の借入金
　　　　（被相続人からの貸付金）の存在が認められた事例。

〔第１審：大阪地判平成20年９月18日・平成17年（行ウ）第204号〕

〔上告審：最決平成23年２月１日・平成21年（行ツ）第332号〕

【解　　説】

　会計帳簿には，一般に高い信用性が認められるが，その記載内容が正しいと即断することはできない。会計帳簿の記載内容の基にある原始証票や契約書等の証拠を検証することによって，記載内容の適正性を確認することができる。

　本事案では，被相続人が代表取締役を務めていた同族会社の会計帳簿の借入金勘定の記載内容を根拠に，被相続人による同族会社への貸付金が相続財産を構成すると認定できるかが問題となっている。貸付金債権の存否が争われているが，問題となった会計帳簿には被相続人による貸付金の記載がある。とりわけ，国税局の査察調査を経て誤りを補正された会計帳簿が存在する場合，原始証票や契約書等の証拠によって貸付金の存否を検証すべきかどうかが問題となっている。

【事案の概要と経緯】

　Ａ株式会社は，平成11年６月から国税局の査察調査を受け，その結果，Ａに帰属すべき多額の簿外現金等の存在が判明した。査察調査に基づく修正申告を受け入れたＡでは，同社に帰属すると認定された簿外現金等を借入金勘定で処理していた。

　平成12年７月に，Ａの元代表取締役である被相続人Ｂの死亡に伴い遺産分割が行われた。その後平成15年に，税務署長は，Ａにおける会計帳簿の借入金勘定の記載内容から貸付金債権３億2299万余円の申告漏れを認定して，更正処分を行った。これに対して，Ｂの子である納税者らが貸付金は存在しないとして，更正処分等の取消しを求めた。

　課税庁が，同族法人の帳簿の記載内容には高い信用性が認められるのを前提に，帳簿記載を主たる根拠として本件貸付金の存在を認定できると主張した。

　第１審は，商人が営業上の財産及び損益の状況を明らかにするため，公正なる会計慣行に従って，会計帳簿及び貸借対照表を作成するとされているとしても，そのことから当然に商人の作成する会計帳簿が一般的に高い信用性を有するとはいえず，会計帳簿の信用性の根拠は，会計帳簿が日常の業務の中で起こった事実に即して，継続的，連続的に途切れることなく，かつ，通常一般の会計処理方法に従った記載方法によって記載されていることにあるところ，本件借入金勘定の会計処理が誤った処理であることからすれば，本件借入金勘定における会計処理の継続性，連続性が保持されたものとは認められないため，信用を置くべき基礎が備わっているとはいい難く，個別的に検討してみても，これに対応した課税庁が主張する本件貸付金の発生・消滅の事実の認められないものがあるため，本件貸付金が，本件相続に係る相続財産として存在したと認めることはできない，と判示して課税庁の主張を排斥した。

　これに対して控訴審は，逆転し納税者敗訴となった。最高裁が不受理決定したことから，納税者の

《相続税法関係》

敗訴が確定した。

【判決要旨】

① Aは，本件査察調査により同社に帰属すべき簿外現金等の存在が国税局に判明し，修正申告を余儀なくされたものであって，売上除外金により形成された資産の会社資産又は個人資産の区分及び両者の関係については，長期間にわたる本件査察調査によって明確化され，Aもこの査察結果を受け入れ，修正申告することにより会社資産と個人資産との区分及び両者の関係を明確化していた。そして，本件査察調査を経たAの会計帳簿には虚偽取引や架空取引が記載されている可能性は皆無であるというべきであるから，Aと被相続人との債権債務関係については，基本的にAの会計帳簿から認定し得る。

② Aは，修正申告の結果，加算税や延滞税を含む追徴税を納付するための多額の資金が必要となり，これに伴い各種預金を解約するなどして，資金を同社に受け入れる必要があったほか，本件査察調査で指摘された簿外現金等を会社経理に組み入れるための会計帳簿の修正処理も必要であったのであるから，これらに伴う会計処理の相当性については改めて検討する必要があり，その際に生じた明らかな誤りは本件借入金勘定から除外する必要がある。従って，本件借入金勘定を検討すれば，Aと被相続人との債権債務関係が明らかになる。

③ 会計帳簿は，法律上公正な会計慣行に従って作成することが義務づけられており，企業の収益力を適正に表示し，債権者等の利益保護を図り，また企業が合理的な経営を行うために作成されものであって，貸借対照表等の決算書を作成する基礎となる重要な書類である。そして，法律は，高い信用性を担保するため，さまざまな規定を置いているのであって，一般的に高い信用性が認められる。なるほど，課税手続において，会計帳簿の記載が，他の証拠等による事実と齟齬する内容が記載されていることが明らかになることもあるが，このような場合においても，当該会計帳簿を基礎とし，齟齬する部分についてのみ是正した上，その後の課税手続が進められるのであって，一部の明らかな誤りが帳簿全体の信用性を喪失させるなどと考えることはできない。

④ Aにおける会計帳簿は，会社資産の範囲を明確化した本件査察調査及びこの結果を受け入れた修正申告がなされたことによってその信用性は十分に担保されている。また，相続開始の時期がこれに近接していることに照らしても，その後に虚偽取引や架空取引等が記載されている可能性があるとはいえず，本件調査により指摘された過誤以外の部分については，十分に信用することができ，一部の過誤に起因して本件借入金勘定に係る会計処理全体が信用できないなどということはない。

⑤ 同族会社の代表取締役が当該同族会社に対して貸付けをする場合には，個々の取引に係る金銭消費貸借契約書までは作成しないケースが多く，このような代表者貸付金については，会計帳簿により，全体としてその存在が認められれば，これを個々に特定表示することができない場合であっても，その債権の存在が認められる。

【検　討】

本事案では，貸付金の存否の認定あたり，会計帳簿の信用性が問題となった。課税庁が，被相続人Bが代表取締役を務めていた同族会社Aの会計帳簿の借入金勘定の記載内容を根拠に貸付金の存在を認定して，貸付金がBの相続財産を構成すると主張するのに対して，Bの子である納税者らが，会計帳簿の記載内容のみを根拠に貸付金の存在を認定できないと主張している。この会計帳簿が国税局の査察調査を経て誤りを補正された帳簿である点に特徴がある。

控訴審は，高い信用性を担保するために法律でさまざまな規定の置かれる会計帳簿には一般的に高い信用性が認められるのを前提に，査察調査を経て誤りを補正されたAの会計帳簿には虚偽取引や架

空取引が記載されている可能性は皆無であるとして，会計帳簿の信用性を認めて，ＡとＢとの債権債務関係は，基本的にＡの会計帳簿から認定できるとした。控訴審も指摘するように，同族会社の代表取締役と同族会社との金銭消費貸借では，契約書等を作成しないことが多い。しかし，金銭消費貸借の存否の認定は事実認定の問題であるから，その認定は，金銭消費貸借契約書等の直接証拠により行われなるべきである。たとえ，本事案における会計帳簿が査察調査を経て誤りを補正した会計帳簿であるとしても，会計帳簿は金銭消費貸借契約の存在を証明する直接証拠ではなく，間接的証拠に過ぎない。そうすると，会計帳簿の信用性を殊更に強調して，借入金勘定に記載した内容の基にある原始証票や契約書等の証拠を検証せず，貸付金の存在を認定した控訴審の判断は問題を残した。債権債務関係の発生・消滅事実を証明する契約書など直接証拠が存在したならば，貸付金の存否に係る認定に疑問の余地はなかったはずである。

　控訴審は，会計帳簿に間接証拠として極めて高い信用性があることを示唆した。実務においては，会計帳簿の記載内容と証拠の連関性に注意を払うべきことを今更ながら確認させられた事案である。

　国税局事案である本事案の納税者における会計帳簿は，納税者自身が作成したはずである。会計帳簿の作成がコンピュータで処理されることが当然であるが，改竄が容易であることも否定できない。

　もっとも中小企業におけるそれは，最終的に税理士等により整備されることが多いことを踏まえると，税理士等に課せられる会計帳簿の信用性に対する責任は極めて重い。

【論　　点】
①　中小企業における会計帳簿の作成と信頼性。
②　同族会社と同族関係者との取引における立証責任と方法。

《相続税法関係》

083　相続税申告における保険契約の有効性

東京地裁平成24年10月16日判決
平成23年（ワ）第27874号・損害賠償請求事件
【掲　載】ＴＫＣ：25498362・ＴＡＩＮＳ：Ｚ999－0137
【判　示】被相続人である保険契約者の意思能力が否定され保険契約の有効性が示された事例。

【解　説】

　相続税対策という手段が存在するなら，その手法は，(1)相続財産を減少させる，(2)相続財産の評価を下げる，の二つが考えられる。

　減少させる場合には，財産の売却，贈与，投資などの取引が想定できるが，これらの取引に伴い新たな課税関係が生じることもある。一方，評価を下げる手法では，現金，預貯金などの資金を，相続税評価による時価評価額が取得（購入）価額より低く評価される土地建物を購入することが一般的である。資金調達のため，金融機関等から融資を受け，債務控除額を増加させる方法も相続税対策の一環といえる。

　しかしながら留意すべきことは，これら一連の取引は，財産の所有者つまり被相続人の法律行為であり，当該人物の意思により決定されるということである。相続人らが勝手に取引契約を締結することは当然，無効である。

【事案の概要と経緯】

　一般的に納税者は税務申告に対して不慣れである。まして相続税の申告ともなれば，一生のうちに一度経験するかどうかであり，税理士に依頼をしたとしても，必要資料をそろえることなどは容易なことではない。そのため，税理士には専門家として納税者の無知や資料不備に対する善管注意義務が存在する。しかし，納税者が意図的に虚偽の説明を行っていた場合はどうであろうか。

　本事案は，相続人の１人が税理士に対し虚偽の説明を行い，それを信頼して申告した結果，その他の相続人から損害賠償請求を受けたという極めて不可解で，理不尽な民事訴訟である。しかし，この訴訟から違法な相続税対策を企む相続人とそれに加担する企業，それに対処する課税庁による税務調査の実態が垣間見られる，興味深い事案である。

　原告の兄であるＡは，原告及びＡの母であるＢが亡くなった平成20年12月19日の３日前に証券会社の社員とＢが入院していた病室を訪れた。そこでＢの了解が得られたとして病院の控え室でＡがＢの署名を代筆することにより受取人を原告，Ａ及びＡの子の３人とする年金保険契約の申込書を作成し，同日保険会社に保険料３億円が支払われた。

　Ｂが亡くなった後，原告らは税理士法人である被告に相続税申告手続きを委任した。被告は，原告らに対しＢの相続財産について聞き取りを行い，資料の提出を求めたところ，原告らは，他の資料と共に，上記保険契約に基づいて保険金の受給権が確定したことを知らせる支払調書を提示した。その際，被告に対しＡは，Ｂがこの保険によって今後を憂うことがなくなったと喜んでいたこなどを説明していた。

　その後，課税庁から調査を受けた際，原告らは，保険契約はＢの真意に基づくものでありＢも喜んでいた，などと説明した。しかし，課税庁がＢのカルテを取り寄せるなどして分析したところ，亡くなる３日前にはＢは「刺激をしても覚醒しない状態」であり，保険契約を締結することができる状態にはなかったことが判明した。そこで課税庁は，保険契約当時，Ｂは意思表示できる状態にあったとはいえず，保険会社に支払われた３億円の保険料の返還請求権が相続財産に含まれるなどとして，相

247

続税の更正及び加算税の賦課決定を通知した。

　原告らは，当初，課税庁と争う姿勢であり，被告に対し，弁護士の紹介を依頼した。被告は，原告らに弁護士を紹介するとともに，異議申立てを勧めたが，原告らは，結局，弁護士に委任することも異議申立ても行わなかった。しかしその後，原告が，被告は保険契約の有効性を調査検討すべきであり，有効性が否定される可能性が高いのであれば，これを依頼者である原告に伝え，適正な税務申告をすべきであったにもかかわらず，有効性を検討することを怠ったのであり，被告には債務不履行があり加算税及び延滞税相当額1538万2200円と申告手数料200万円の合計1738万2200円の損害を被った，として被告に対し損害賠償請求を行った。

　第1審は以下のように判示して，原告の請求を棄却した。原告は控訴したようであるが，その後の詳細は不明である。

【判決要旨】

① 　被告は，原告らからBの相続税の申告手続を委任された税理士法人として，所属する税理士Cにおいて，原告らを代表していたAから事情を聴取したところ，Aは，Cに対し，本件保険契約に係る支払調書を示し，保険会社において原告らの保険金の受給権を確定させたことを明らかにしたほか，Bが保険契約を締結した理由や，保険契約が締結できて喜んでいたことなどを説明したのである。そうすると，保険会社が原告らの受給権を確定させて保険契約の効力を認めている上，Aの語る内容は特に不自然なものではなく信用し得るものであるから，Cにおいて，Aの提供した資料と説明が不十分，不適切なところはないと判断したからといって，税理士としての義務に違反したと認めることはできない。

② 　この点，原告は，保険契約の締結日のわずか3日後にBが死亡したことや，合計3億円もの巨額の保険料が支払われていることから，課税当局が本件保険契約の有効性を否認する可能性があることは，専門家でなくとも容易に認識可能であり，専門家である被告としては当然に認識すべき事柄であった旨主張する。しかし，Bの申告書上の相続財産の価額は10億円を超えることが認められるから，相続人らのために年金を遺す趣旨で3億円の契約を締結することがそれほど不自然であるとはいえないし，契約者が死亡直前まで意識が明瞭であることは十分あり得ることである。そして，上記のとおり保険会社においても保険契約の有効性を認めて原告らの保険金受給権を確定させている上，Aの説明は信用し得るものであったのであるから，原告が指摘する上記の事情だけでは，Cにおいて，課税当局が保険契約の有効性を否定する可能性を認識すべきであったなどということはできない。

③ 　実際にも，Cにおいて調査すれば保険契約の有効性に問題のあることを認識し得る状況にあったということもできない。すなわち，Aは，Bの病室にD証券の社員とともに入り，保険契約の締結についてBの了解が得られたとしていたものであり，Aは，国税調査官に対しても同旨の説明をしていたのであるから，Cが聞いても真実を述べたとは解されない。また，Bの状態を認識していた原告も，Aとともに国税調査官の質問を受けながら，自ら認識した内容，すなわちBが契約を了解する意味で頷くことはあり得ない状況であったことを国税調査官に対し明らかにしてはいないのであるから，Cが原告に聞いても，原告がこのことを述べたとは解されない。さらに，保険会社が保険契約の有効性を認めて原告らの受給権を確定させている以上，代理店であるD証券側から真実が語られるということも考え難い。課税当局において保険契約の有効性を否認することができたのは，Bのカルテを取り寄せて分析を行った結果であるが，税理士にはこのような調査手段がない以上，Cにおいて課税当局と同様に本件保険契約の有効性に問題のあることを認識し得るような資料を入手し得たとはいえない。

《相続税法関係》

【検　　討】

　原告らが結局，課税庁と争わなかったのは，課税庁が指摘するように保険契約当時Bには意思能力がなかったとからであろう。しかし，原告らは，税理士に支払調書を提示し，課税庁にも故人も喜んでいた，と説明していた。

　にもかかわらず原告らは，亡くなる3日前の契約であり，保険料が3億円と巨額であった，という2点を根拠に，税理士は課税庁がその有効性を否認する可能性を認識し有効性を調査検討すべきであったと主張した。油断も隙もあったものではないといえるが，課税庁に対する異議申立てすらも回避した原告らにしては大胆な言動である。

　本事案においては，病院内における保険契約締結の際に，保険会社の代理店として大手証券会社の社員が同席している。少なくとも同席した証券会社社員は，契約者であるBに意思決定能力が欠如していたことを十分，認識していたことは明かである。その結果，証券会社は高額な代理報酬，保険会社は巨額の保険料を享受した。判決では，保険契約履行に関する説明は記載されていない。

【論　　点】

①　申告納税制度における意思能力の意義と立証方法。
②　相続税対策と税理士の職務。

249

084 親族名義預金の帰属

東京地裁平成26年4月25日判決

平成25年（行ウ）第104号・更正すべき理由がない旨の通知処分の取消訴訟事件

【掲　載】ＴＫＣ：25519317・ＴＡＩＮＳ：Ｚ264－12466

【判　示】相続人名義の預貯金は，被相続人から生前贈与を受けたものとして更正の請求について，当該預貯金は相続財産に含まれるとされた事例。

〔控訴審：東京高判平成26年10月22日・平成26年（行コ）第187号〕

〔上告審：最決平成27年6月30日・平成27年（行ツ）第46号他〕

【解　説】

　以下のことは，相続税法の常識といっていい。

　すなわち，銀行預金の所有者は，名義だけで判断するとは限らない。確かに，相続財産において，金融機関等に預けてある預金が一番分かりやすい財産といえる。この場合，通帳に記載してある名義がその所有者とまず考えるが，課税庁は，(1)預金の原資の出所，(2)預金の管理方法，のふたつの基準をもとに総合的に判断し，預金の所有者を認定する。

　なかでも専業主婦名義の預金は判断が難しい相続財産である。妻名義の預金は，夫から妻へ贈与したお金の積み重ねの結果だと主張しても，例えば非課税枠の110万円を超えない範囲で贈与したと主張しても，立証は難しいと考える。

　依頼者に夫の収入をやり繰りして，節約した賜物であり，妻としての，まさしく内助の功の結果であるから，相続財産の2分の1までは非課税となる配偶者控除は，この妻の内助の功を評価した制度である，と説示されることが多い。

【事案の概要と経緯】

　Aは昭和55年頃から，贈与税の基礎控除額の範囲内の金額を自らの子である納税者や納税者の子らの名義となっている預貯金口座に概ね贈与税の基礎控除額の範囲内の金額を1年に1回の頻度で預け入れていた。Aは，これらの証書を手元に保管し納税者ら各名義人に交付はしていなかった。

　平成21年4月25日にAが亡くなった後，相続人である納税者は，相続税の申告を依頼した税理士から上記預貯金についてもAの相続財産として申告することを勧められた。納税者は各名義人がAから生前に贈与を受けたものであると認識しており，その方針には反対した。しかし，申告期限が迫っていたため，他の相続人と共に，これらの預貯金もAの相続財産として記載された申告書を平成22年2月23日に提出した。

　その後，納税者は，平成23年2月22日，申告預貯金のうち，納税者ら名義の定期預貯金については，亡Aが生前に各名義人に対して贈与したものであるにもかかわらず，相続財産として相続税を申告してしまったという理由で，更正の請求をした。なお，納税者を除く他の共同相続人は更正の請求をしなかった。

　更正の請求を受けた課税庁は，調査の結果，納税者らと亡Aとの間で，生前に贈与契約が締結され，かつ，その贈与が履行された事実が認められず，申告預貯金の一部である納税者ら名義の預貯金は，相続開始時において各名義人に帰属していたとは認められないと判断し，更正をすべき理由がない旨の通知処分をしたため，納税者は，その取消しを求めた。

　第1審及び控訴審は，いずれも納税者の請求を棄却し，最高裁も上告不受理を決定したため，納税者の敗訴が確定した。

250

《相続税法関係》

【判決要旨】

① 認定事実及び証拠によれば，(1)亡Ａは，昭和55年頃から，納税者ら親族の預貯金口座を多数開設していたところ，これらを一括して手帳に記録していたほか，上記の手帳の記録には亡Ａ本人の預金も含まれていたこと，(2)本件申告預貯金等に係る口座は，いずれも，亡Ａが，自らの財産を原資として定期預貯金を開設したものであり，平成11年11月25日以前に預入れられたものについては，預入れの際，名義人の住所は亡Ａの住所地とされ，届出印は亡Ａが保管していたものが利用されたこと，(3)平成11年の住所変更等の手続や，平成11年及び12年開設口座に係る手続も，亡Ａが行ったものであること，(4)亡Ａは，上記各手続をした後も，本件申告預貯金等に係る証書を自ら保管し，納税者ら親族に交付することはなかったこと，(5)亡Ａは，平成14年５月２日と同月20日，納税者ら名義の預貯金を解約し，亡Ａは，納税者に対し，同年６月３日，解約済の納税者名義の預貯金の金額を上回る金額を交付したこと，(6)亡Ａは，上記の平成14年５月20日における解約金を自己の普通預金口座に入金し，同口座の資金を本件土地の購入資金に充て，亡Ａ名義で本件土地を取得したこと，(7)亡Ａは，平成15年以降，納税者に対して変更後の届出印を返還した後も，本件申告預貯金に係る証書を自ら保管していたことが認められる。そして，(8)納税者においては，平成11年の住所変更等の手続の以前において，本件納税者ら名義預貯金等の全容を正確に把握していたとはいえない。

② 本件申告預貯金等を贈与する旨の書面が作成されていないことをも勘案すれば，亡Ａは，相続税対策として，毎年のように，贈与税の非課税限度額内で，納税者ら親族の名義で預貯金の預入れを行っていたものの，証書は手元に保管して納税者ら親族に交付することはせず，納税者において具体的な資金需要が生じたり，亡Ａ自身において具体的な資金需要が生じた際に，必要に応じてこれを解約し，各名義人の各預貯金の金額とは直接関係のない金額を現実に贈与したり，あるいは自ら使用することを予定していたとみるべきである。したがって，亡Ａにおいては，昭和55年頃当時又はその後の各預入の当時，将来の預入金額又はその後の預入れに係る各預入金額を，直ちに各名義人に贈与するという確定的な意思があったとまでは認められないというべきである。

③ 納税者は，亡Ａが証書を保管していたことにつき，納税者が証書を保管していても預貯金を下ろすことはできないし，特に金員を必要とする事情もないことから，そのままに置いていたのであり，亡Ａは，他人の財産を預かっていたにすぎない旨主張する。しかしながら，平成14年以降における定期貯金の解約の状況とその使途に照らすと，亡Ａが証書を保管していたのは，それまでに預入れられた金員の具体的な使途につき亡Ａが自己の意思を反映する余地を残す意図があったためであるといわざるを得ない。したがって，納税者の上記主張は採用することができない。

④ 納税者は，平成15年１月６日からは「金融機関等による顧客等の本人確認等に関する法律」が施行され，原則として本人でなければ本人名義の預金を下ろすことができなくなり，同日以降，亡Ａ，は納税者名義の定期預貯金の管理処分権を完全に喪失したといえる旨主張する。しかしながら，同法が施行されたからといって，これを契機として，直ちに亡Ａの贈与意思が確定的なものとなったと評価することはできない。

⑤ 亡Ａが，その生前において，納税者に対し，納税者ら名義の定期預貯金（本件納税者ら名義預貯金）を贈与したと認めることはできないから，これらの預貯金は亡Ａの相続財産に帰属するものというべきである。

【検　討】

いわゆる名義預金について，生前に贈与が行われていたといえるかどうかが問題となった事案である。裁判所が認定した事実から考えるに，本事案で問題となった預貯金は，亡Ａが納税者らのために蓄えていたものと推測できる。一方，贈与契約書の作成もされておらず，その管理も亡Ａが行い，決

して納税者らが自由にできる状況にはなかった。贈与に関する意思疎通があったかは不明確である。

　いうまでもなく贈与契約は，当事者の意思確認であるから，必ずしも書面は要しないが，書面のもつ立証性は高い。しかし立証すべきは，結果である。少なくとも贈与契約完了後，当該資産の新たな所有者となった受贈者は，当該資産を自由に消費，運用，利用，転貸，売却できる状況にあるはずである。

　本事案において，納税者が主張したように近年は金融機関の本人確認も厳しい。しかし，未成年であっても保護者の同意があれば預金口座は開設できる。ATM等を利用すれば，通帳やキャッシュカードを使い，名義人以外の者でも入出金はたやすいのである。預金の真の所有者が誰であるかを明確にしておくべきであるが，そのことで自ずから贈与契約の履行が立証されることになる。

　本事案は，安易な続税対策に関係者が惑わされた結果かもしれないが，相続税申告書作成において，贈与契約の不備について示唆した税理士の見解は適切であったといえる。

【論　　点】

① 　贈与の意義。

② 　連年贈与の効果と限界。

《相続税法関係》

085　小規模宅地の特例（「居住の用に供された宅地」の意義）

福岡高裁平成21年2月4日判決
平成20年（行コ）第27号・相続税更正処分取消等請求控訴事件
【掲　載】ＴＫＣ：25451003・Ｚ259−11137
【判　示】マンションの利用状況を認定し，マンションが生活の拠点として使用されていたとは
　　　　　認められないとして小規模宅地等の特例の適用を認めなかった事例。
〔第1審：佐賀地判平成20年5月1日・平成18年（行ウ）第10号〕
〔上告審：最決平成22年2月5日・平成21年（行ヒ）第157号〕

【解　　説】

　居住用の土地に対しては，評価額を減額する小規模宅地等の評価の特例がある。平成27年1月から相続税法が改正され，課税ベースが広がった。これを受け，いわゆる相続税対策がテレビ番組や雑誌で特集されたが，その中の必ず相続税対策のひとつとして紹介されたのが，この小規模宅地の評価の特例だった。

　小規模宅地等の評価の特例における代表的な制度は，相続の開始の直前に被相続人等が居住していた土地のうち，一定の選択をした土地は，土地の評価額を一定の割合を減額する制度ある。例えば，被相続人が居住していた土地を配偶者や同居する子どもが相続する場合に330平方メートルまで80%減額される。ただし，配偶者が相続する場合は無条件であるが，子どもの場合は同居しており，またその後も継続して居住しているなど条件が厳しくなっている。

　この特例の趣旨は，被相続人とその相続人が居住している土地建物は，その後も相続人らが居住する「自宅」であることから，相続税の負担を軽減するということである。

【事案の概要と経緯】

　本事案では納税者が，二つの宅地について被相続人がそのいずれにも居住していたとして小規模宅地等の特例を適用して申告した。特例の適用の対象となる「居住の用に供されていた宅地等」は，「主として居住の用に供していた宅地等」に限られるか，そして，問題となった宅地が「居住の用に供されていた宅地」に当たるか，が問題となった。

　小規模宅地等の特例については平成22年度に大きな改正が行われている。そのきっかけの一つともいえる裁判例である。平成22年度改正により特定居住用宅地等は主として居住の用に供されていた宅地等に限ることとすることが明文化されたが，税務おいて，住所は一カ所に限られるのか，それとも2カ所以上認められうるのであるのか課題は残る。

　納税者は，父である被相続人が（平成14年11月死亡），平成13年6月に購入したマンションの敷地及びa市の家屋を相続した二つの宅地について，いずれも租税特別措置法に規定される小規模宅地等についての相続税の課税価格の計算の特例の適用があるとして，相続税の申告をした。

　これに対して課税庁が，特例が適用されるべき宅地等はあくまでも，被相続人が主として居住の用に供していた宅地等1個のみに限られるものと解するのが相当である，また，マンションはわずかの日数しか利用しておらず，水道光熱費の使用状況も，単身居住者すら生活しているとはおよそ認められないほどにごく少量であることなどから生活の拠点とは到底いえないとして，マンションに係る宅地について小規模宅地等は適用されないとした更正処分等を行ったため，納税者は，その取消しを求めた。

　第1審は，次のように判示して，納税者の主張を認容した。

253

① a市家屋では，自動車を運転できない被相続人にとって，福岡へ仕入れに行ったり，b市内に営業や買い物に行くのに不便であったため，これを改善する目的で，本件マンションを購入したこと，現に，被相続人は，手術後の平成13年11月ころ以降，再手術のために入院した平成14年3月ころまでの間，少なくとも週に1回程度は，本件マンションに立ち寄り，時折は宿泊もしていたこと，本件マンションには，水道設備の他，日常生活に必要な電化製品も備えられており，被相続人は，本件マンションにおいて，これらを利用していたことが認められ，これらによれば，被相続人による本件マンションの利用は，単に娯楽や一時的な目的に出たものではなく，生活の改善を目的に，a市家屋及び本件マンション双方において生活することを選択した一つの生活スタイルに基づくものと認めることができる。以上によれば，本件マンションは，被相続人にとって，生活の拠点として使用されている実態にあったというべきである。

② 本件マンションが，a市家屋との比較において，主として居住の用に供されてはいなかったことを窺わせる事情とはいえるものの，本件においては，生活の拠点が複数存在することも妨げられないのであるから，このような比較検討は不要であるし，被相続人が本件マンションの利用状況を仮装していたとは到底認められない以上，病気等の事情から結果的に利用が極端に少なかったとしても，上記の事情のみをもって，本件マンションが生活の拠点ではないということはできない。

③ 被相続人の入居目的は，福岡への足掛かりのみではなく，b市内での活動の足掛かりという目的もあったのであるから，福岡への足掛かりとしての利用がなかったとしても，被相続人の入居目的どおりの利用がなかったとはいえない。また，本件マンションの間取り，電化製品の種別は，非相続人が，将来的に孫などの親類を本件マンションに招くことを考えていたことを推認させるとしても，それが直ちに，被相続人が本件マンション購入直後に本件マンションを利用する意図がなかったことを推認させるとまではいえない。したがって，被相続人は，本件マンションに生活の拠点を置いていたといえるから，本件宅地は，本件特例の「居住の用に供されていた」宅地にあたるものというべきである。

控訴審は，逆転し，納税者の主張を斥け，棄却した。最高裁は不受理を決定したため，納税者の敗訴が確定した。

【判決要旨】

① 本件特例の「居住の用に供されていた」宅地に当たるかどうかについては，被相続人が生活の拠点を置いていたかどうかにより判断すべきであり，具体的にはその者の日常生活の状況，その建物への入居の目的，その建物の構造及び設備の状況，生活の拠点となるべき他の建物の有無その他の事実を総合勘案して判断されるべきである。

② 本件マンションの面積や間取りは，被相続人が1人で居住するには不必要なほど広く，電気もその使用量に比べて契約容量が極めて大きい。家具や電化製品も世帯用の製品が購入されており，被相続人は運転免許を持たないにもかかわらず，駐車場契約を締結している。したがって，本件マンションの入居目的が，専ら被相続人1人が仕入れ等の便宜のために居住するためのものであったかどうかについては疑問がある。

③ 被相続人が本件マンションを住所として届け出た金融機関や取引先はなく，郵便物はa市家屋に届けられており，本件マンションに届く郵便物はダイレクトメールの類に過ぎず，知人らに本件マンションで生活していると知らせた形跡もなく，入退院を繰り返していた時期や平成14年8月以降は最後までa市家屋で療養していたものである。

④ 本件マンションの利用状況等からすれば，被相続人が病気等の事情から利用できなかったことを

《相続税法関係》

考慮しても，被相続人は本件マンションにおいてほとんど生活していなかったのであり，その利用も散発的であって，納税者が主張するa市家屋と本件マンションの両方に居住する生活スタイルというものも確立するに至っておらず，本件マンションが生活の拠点として使用されていたとは認められない。

【検　討】

当時の措置法の規定には，小規模宅地の特例に関する従前の個別通達にあった「主として居住用の用に供していた」の文言が削除されていた。課税庁は，措置法の規定も個別通達と同様の解釈とする主張をしたが，第1審，控訴審ともにこれを斥けた。本事案は，最高裁は上告不受理を決定したため控訴審が確定し，結果としては納税者敗訴となったが，解釈上，小規模宅地特例の適用が複数箇所，認められる場合もあるとして評価されていた。しかし，平成22年度改正により特定居住用宅地等は一カ所に限ると明文化された。

控訴審の結論は，「生活の拠点」をa市に限っている。判旨は，大きな理由として，マンション設備が世帯使用であることを挙げているが，その根底に単身者は狭い設備に居住するという主観的な判断が窺われることは，極めて残念なことである。しかも控訴審では，金融機関や取引先に対する住所がa市であることを指摘する。誰でも信用取引等に要する得住所は，印鑑証明や住民票など住民基本台帳に登録した使用村から交付された文書をもとにするが，これは，実態とは異なり便宜的な場合もある。住民登録の場所が「生活の本拠」と定義される住所（民法22条）とは限らないことは，いわば常識であるが，このような素人的指摘に，興味深いものがある。

確かに，本事案は被相続人が病気療養中である期間もあり，本人の自由な意思による生活に制限がある状況であったことも否定できない。それでも，第一審が，小規模宅地特例の適用とは別に，「生活の拠点が複数存在する」複数住所説の存在を容認したことは，画期的な判断といえる。特定居住用宅地等は1カ所に限られたが税務における住所を考える際に大いに参考となる事案といえる。

極めて興味深いと思えるのは，本事案の被相続人は呉服商であるが，法定相続人である妻，娘及び娘の夫は，税理士である。したがって一般の納税者であるならば，想起しないような発想や税法解釈に基づき，訴訟を提起したと言えなくもない。しかし，その根底には，税理士であるからこその実務的視点からの問題提起として評価できる内容といえるのである。

【論　点】
① 小規模宅地等の評価の特例の趣旨。
② 「居住の用に供される」の判断基準。

086　有料老人ホームに入居した被相続人の生活の本拠と小規模宅地評価

東京地裁平成23年8月26日判決

平成22年（行ウ）第695号・相続税更正処分取消等請求事件

【掲　載】ＴＫＣ：25501936・ＴＡＩＮＳ：Ｚ261−11736

【判　示】国税庁が公表する質疑応答事例にある，「老人ホームへの入所により空家となっていた建物の敷地についての小規模宅地等の特例」における回答が争点となった事例。

【解　説】

　国税庁が公表する質疑応答事例にある，「老人ホームへの入所により空家となっていた建物の敷地についての小規模宅地等の特例」における回答には，「被相続人が居住していた建物を離れて老人ホームに入所したような場合には，一般的には，それに伴い被相続人の生活の拠点も移転したものと考えられます」が，「一律に生活の拠点を移転したものとみるのは実情にそぐわない面があります」としたうえで，「次に掲げる状況が客観的に認められるときには，被相続人が居住していた建物の敷地は，相続開始の直前においてもなお被相続人の居住の用に供されていた宅地等に該当するものとして差し支えないものと考えられます」としている。

(1)　被相続人の身体又は精神上の理由により介護を受ける必要があるため，老人ホームへ入所することとなったものと認められること。

(2)　被相続人がいつでも生活できるようその建物の維持管理が行われていたこと。

(3)　入所後あらたにその建物を他の者の居住の用その他の用に供していた事実がないこと。

(4)　その老人ホームは，被相続人が入所するために被相続人又はその親族によって所有権が取得され，あるいは終身利用権が取得されたものでないこと。

　さらに，注記では，「特別養護老人ホームの入所者については，その施設の性格を踏まえれば，介護を受ける必要がある者に当たるものとして差し支えない」とし，「その他の老人ホームの入所者については，入所時の状況に基づき判断」すると明記されている。

【事案の概要と経緯】

　被相続人Ａの死亡によって開始した相続において，被相続人らが従前，居住していた家屋（本件家屋）の敷地である宅地（本件宅地）をＡの妻Ｂと納税者が共同で取得し，本件宅地について，租税特別措置法69条の4第3項2号に規定する特定居住用宅地等に該当するとして，小規模宅地等についての相続税の課税価格の計算の特例（本件特例）を適用して相続税の申告をしたところ，課税庁から，Ａらは相続の開始前から終身利用型の有料老人ホームに入居しており，本件宅地は相続の開始の直前においてＡらの居住の用に供されていたとはいえないから，本件特例の適用はないなどとして，更正処分等を受けた。

　Ａは，平成17年2月，寝たきりの状態となり，ＡＢともに介護を必要とする状態であったため，同年4月16日，子である納税者と共に老人ホームへの入居契約を締結し，終身施設利用権を取得した上で，同日，老人ホームに入居した。Ａらは，老人ホームに入居後も，本件家屋に家財道具を置いたままにしており，ガスの契約は解除したが，電気及び水道の契約は継続していた。また，Ａらの住民基本台帳上の住所は，老人ホームに入居後も，本件家屋の所在地とされていた。なお，Ａらが老人ホームに入居して以降，本件家屋は空家となっており，相続の開始の直前において，納税者は，これに居住しておらず，生計も別にしていた。

《相続税法関係》

　　納税者は「老人ホームへの入所により空家となっていた建物の敷地についての小規模宅地等の特例」についての国税庁の質疑応答事例にあげられた本件特例の適用要件のうち，あてはまらないのは「終身利用権が取得されたものでないこと」との要件だけであり，これは不合理である。質疑応答事例を正しく解釈すれば本件宅地は居住の用に供されていた宅地に当たるというべきであるとして，処分の取消しを求めた。つまり，被相続人等が特別養護老人ホームに入所したことにより空家となっていた建物の敷地については本件特例の適用が認められるにもかかわらず，有料老人ホームへの入所により空家となっていた建物の敷地には適用が認められないのは不当であり，終身利用権に係る要件は不要と解すべきである旨主張した。

　　課税庁は，質疑応答事例は，被相続人等が特別養護老人ホームの入所者であるときに本件特例の適用を認めるとしたものではないし，被相続人等が特別養護老人ホームに入所していた場合と有料老人ホームに入所していた場合とでは，施設の目的及び入所者，設備及び運営の基準等が異なるため，本件特例の適用の可否の判断結果が異なり得ることは当然であり，被相続人等が特別養護老人ホームに入所していたときに本件特例の適用を認めるとしたものではないと主張した。

　　裁判所は，納税者の訴えを棄却し確定した。

【判決要旨】

① 　ある土地が本件特例に規定する被相続人等の「居住の用に供されていた宅地」に当たるか否かは，被相続人等が，当該土地を敷地とする建物に生活の拠点を置いていたかどうかにより判断すべきであり，具体的には，(1)その者の日常生活の状況，(2)その建物への入居の目的，(3)その建物の構造及び設備の状況，(4)生活の拠点となるべき他の建物の有無その他の事実を総合考慮して判断すべきものと解するのが相当である。

② 　これを本件についてみるに，(1)Aらは，本件老人ホームに入居した平成17年4月16日から相続の開始の日までの約1年8か月の間，Aが入院のために外泊をしたほかに外泊をしたことはなく，専ら老人ホーム内で日常生活を送っていたこと，(2)平成17年2月以降，AB両名ともに介護を必要とする状況となったところ，本件家屋において納税者の介護を受けて生活することが困難であったことから，終身利用権を取得した上で老人ホームに入所したもので，その健康状態が早期に改善する見込みがあったわけではなく，また，本件家屋において原告等の介護を受けて生活をすることが早期に可能となる見込みがあったわけでもなかったのであって，少なくとも相当の期間にわたって生活することを目的として老人ホームに入居したものであること及び(3)老人ホームには，浴室や一時介護室，食堂等の共用施設が備わっており，居室には，ベッドやエアコン，トイレ等の日常生活に必要な設備が備え付けられていた上，Aらは，老人ホーム内において，協力医療機関の往診を受け，あるいは，介護保険法等の関係法令に従い，入浴，排せつ，食事等の介護，その他の日常生活上の介助，機能訓練及び療養上の介助を受けることができたもので，老人ホームには，Aらが生活の拠点として日常生活を送るのに必要な設備等が整えられていたことが各認められる。

③ 　以上からすれば，Aらが，老人ホームに入居した後も，本件家屋に家財道具を置いたまま，これを空家として維持しており，電気及び水道の契約も継続していたことを考慮しても，相続の開始の直前におけるAらの生活の拠点が老人ホームにあったことは明らかというほかない。

④ 　質疑応答事例については，その内容自体から明らかなとおり，病気治療のため病院に入院していた被相続人が退院することなく死亡した場合におけるその生活の拠点に係る事実の認定に関する照会回答要旨と同様の性格のもので，老人ホームに入所していた被相続人が死亡した場合におけるその生活の拠点に係る事実の認定についての考え方を述べたものにすぎず，被相続人等の「居住の用に供されていた宅地」に当たるか否かは，相続の開始の直前において当該被相続人等が老人ホーム

257

に入所していたとの一事をもって一律に決すべきものではなく，個別の事案の事実関係に照らして判断すべきものである。質疑応答事例の要件に示された考え方を踏まえて個別の事案において認定判断をする際に，被相続人が特別養護老人ホームに入所していた場合と，終身利用権に係るものを含む約定の下に有料老人ホームに入居していた場合との間で，それぞれの施設の法令上の性格の相違等を反映し，異なる結論に達することがあることは，当然のことというべきである。

【検　　討】

国税庁が公表する質疑応答事例の規範性について議論がなされてきた。少なくとも公刊される文書等と異なり，ホームページの改変は容易であり，またネット上の記載を疑いなく受け入れる層が拡大している傾向からすれば，疑義が生じることは明らかである。しかし，本事案における裁判所の判示は，結果として質疑応答事例の意義を容認したとも取れる内容といえる。実務的には，質疑応答事例の評価にお墨付きを与えたといえるだろう。

ただ本事案は，高齢化社会における現実の一端を示した。本人の意思に関係なく老人ホームでの生活が余儀なくされる高齢者の実態である。今後，増加する，いわゆる老老相続に合わせた相続税制について，検討すべき課題を示したといえる。

仮に相続税対策としての節税策があるとするならば，多くの解説書や雑誌特集が取り上げるのは，小規模宅地評価の特例対策である。そのため，すでに平成22年4月から，小規模宅地等の評価の特例が改正され，増税が先行していることも広く知られるようになった。一般的な要件でいえば，被相続人の自宅を相続する場合にはその土地の評価は減額されるが，改正後は配偶者や同居の親族等に対象が限定されたことから，節税対策として注意を促す指摘は散見される

本事案は，この改正には直接関係はないが，根本的な問題である被相続人の自宅，つまり居住の場所すなわち住所とされる生活の本拠が争点となり，いわゆる相続税対策に及ぼした影響は大きい。

確かに自宅を離れて介護のため老人施設等で居住する高齢者が増えている。その場合でも，従前の自宅は，親族が継続して居住していることが多いと思われるが，俗にいう核家族化の結果，親子が別世帯のときには本事案のような現象が生じる。終身利用権を取得していることは老人ホームを，いわば仮住まいではなく，終の棲家と定めたとされた。

納税者が主張した国税庁の質疑応答事例によれば，「その老人ホームは，被相続人が入所するために被相続人又はその親族によって所有権が取得され，あるいは終身利用権が取得されたものでないこと」と示している。

【論　　点】

①　国税庁が公表する質疑応答事例の規範性。
②　小規模宅地等の評価の特例の趣旨と高齢化社会。

《相続税法関係》

087 「著しく低い価額」の対価の意義

東京地裁平成19年8月23日判決

平成18年（行ウ）第562号・贈与税決定処分取消等請求事件

【掲　載】ＴＫＣ：28132409・ＴＡＩＮＳ：Ｚ257－10763

【判　示】相続税評価額と同水準の価額かそれ以上の価額を対価として土地の譲渡が行われた場
　　　　　合は，原則として相続税法7条にいう「著しく低い価額」の対価による譲渡とはいえ
　　　　　ないとした事例。

【解　説】

　著しく低い価格の対価で財産の譲渡を受けた場合に，当該行為は法律的には贈与に該当しない。贈与税が課税できない。相続税法7条は，このような場合を想定し，実質的には贈与と同視することを根拠に，対価と時価との差額について，贈与者に対する経済的利益の贈与があったとみなして贈与税を課税すると規定している。同条は租税回避行為の個別否認規定であるが，同条は，租税回避の意図の有無を課税要件に掲げていない。

　本事案では，親族に譲渡した土地の価格が，相続税法7条にいう「著しく低い価格」に該当するか否かが争われているが，同条にいう「時価」概念が明らかにされなければ，「著しく低い」かどうかを判断できないことから，この点も争われている。裁判所が，租税回避の意図がいかに評価すべきかを判断した点も注目すべきである。

【事案の概要と経緯】

　Aと納税者Bは夫婦であり，納税者CとDはその間の子である。有限会社Eは，納税者Aが代表者を務め，納税者C及びDが全額出資している会社である。

　Aは，平成13年8月23日，Fから宅地及び隣接する私道を代金4億4200万円で購入した。E社は，平成13年8月23日，Fから土地上の各建物を代金合計7800万円で購入した。

　Aは，土地を取得した後，これをE社に賃貸したが，E社はAに権金を支払わなかった。E社が支払っている地代は，1平方メートル当たりの年額がおおむね2万円で計算されたものであり，これは，土地の路線価（36万円）を基に計算した土地の価額の6パーセントに相当する金額である。

　Aは，平成15年12月25日，納税者Bに対し，土地の持分を代金8902万余円で売った。Aは，同日，納税者Cに対し，土地の持分を代金3677万余円で売った。

　各売買に係る契約書によれば，売買代金の算出根拠は次のとおりとである。土地の1平方メートル当たりの価額は，平成15年度路線価×奥行価格補正率×（1－借地権割合）の計算式によって算出される。借地権割合は，堅固な建物（貸家）の敷地の用に供しており，相当の地代の授受が行われていることの減額の趣旨であり，20パーセントである。この計算式によって求められる27万余円が土地の1平方メートル当たりの価額とされ，これに面積及び持分割合を掛けたものを代金額とした。

　税務署長は，親族から土地の持分を買った納税者について，当該購入代金額は相続税法7条の規定する「著しく低い価額の対価」であるから，時価との差額に相当する金額は贈与により取得したものとみなされるとして，平成16年7月2日，納税者Aに対して，課税価格を1978万余円，納付すべき税額を709万余円とする平成15年分贈与税の決定等を行った。同日，納税者Cの平成15年分贈与税の申告について，課税価格を2033万余円（増差額817万余円），納付すべき税額を736万余円（増差額408万余円）とする更正等を行った。

　これに対して，納税者らは，当該代金額はいずれも相続税評価額と同額であるから同条は適用され

259

ないことから，各処分は違法であると主張してその取消しを求めて訴えを提起した。

裁判所は納税者の主張を認容し，納税者勝訴で確定した。

【判決要旨】

① 贈与税は，相続税の補完税として，贈与により無償で取得した財産の価額を対象として課される税であるが，その課税原因を贈与という法律行為に限定するならば，有償で，ただし時価より著しく低い価額の対価で財産の移転を図ることによって贈与税の負担を回避することが可能となり，租税負担の公平が著しく害されることとなるし，親子間や兄弟間でこれが行われることとなれば，本来負担すべき相続税の多くの部分の負担を免れることにもなりかねない。

② 相続税法７条は，このような不都合を防止することを目的として設けられた規定であり，時価より著しく低い価額の対価で財産の譲渡が行われた場合には，その対価と時価との差額に相当する金額の贈与があったものとみなすこととした（遺贈の場合は相続税であるが，贈与税と同じ議論が当てはまる。）。

③ 租税負担の回避を目的とした財産の譲渡に同条が適用されるのは当然であるが，租税負担の公平の実現という同条の趣旨からすると，租税負担回避の意図・目的があったか否かを問わず，また，当事者に実質的な贈与の意思があったか否かをも問わずに，同条の適用がある。

④ 同条にいう時価とは，財産の価額の評価の原則を定めた同法22条にいう時価と同じく，客観的交換価値，すなわち，課税時期において，それぞれの財産の現況に応じ，不特定多数の当事者間で自由な取引が行われる場合に通常成立すると認められる価額をいう。

⑤ 相続税評価額と同水準の価額かそれ以上の価額を対価として土地の譲渡が行われた場合は，原則として「著しく低い価額」の対価による譲渡ということはできず，例外として，何らかの事情により当該土地の相続税評価額が時価の80パーセントよりも低くなっており，それが明らかであると認められる場合に限って，「著しく低い価額」の対価による譲渡になり得る。もっとも，その例外の場合でも，さらに，当該対価と時価との開差が著しいか否かを個別に検討する必要がある。

⑥ 土地については，相続税評価額が時価の80パーセントの水準よりも低いことが明らかであるといえるような特別の事情は認められないから，相続税評価額と同程度の価額かそれ以上の価額の対価によって譲渡が行われた場合，相続税法７条にいう「著しく低い価額」の対価とはいえない。そして，納税者Ｂ購入持分も，納税者Ｃ購入持分も，相続税評価額と全く同じ金額の代金によって譲渡されたものであるから，結局，各売買の代金額は，いずれも「著しく低い価額」の対価には当たらない。

【検　討】

本事案では，相続税法７条の解釈と，売買代金額が「著しく低い価格」に該当するか否かが争われた。とりわけ，相続税法７条にいう「時価」の意義および「著しく低い価格」の判定基準が問題となっている。

裁判所は，相続税法７条の立法趣旨を確認したうえで，同条は，親子間や兄弟間での租税負担の回避を目的とした財産の譲渡だけでなく，租税負担回避の意図・目的があったか否かを問わず，また，当事者に実質的な贈与の意思があったか否かを問わず適用されると明らかにした。そのうえで，同条にいう時価とは，財産の価額の評価の原則を定めた相続税法22条にいう時価と同意義であることから，相続税評価額と同水準の価額かそれ以上の価額を対価として土地の譲渡が行われた場合は，原則として「著しく低い価額」の対価による譲渡といえず，例外的に，何らかの事情により当該土地の相続税評価額が時価の80パーセントよりも低くなっており，それが明らかであると認められる場合に限って，

《相続税法関係》

「著しく低い価額」の対価による譲渡というとの判断基準を示した。

本事案の売買代金額は、相続税評価額が時価の80パーセントの水準よりも低いことが明らかであるといえず、相続税評価額と同程度の価額かそれ以上の価額の対価によって譲渡が行われていることからは、同条にいう「著しく低い価額」の対価に該当しないとの判断を下した。

裁判所も述べているように、贈与税は、相続税の補完税としての性質を持つ。もっとも、納税者が、有償であるが、時価より著しく低い価額の対価で財産の移転を図る場合には、贈与税を回避することが可能となる。そこで、相続税法7条は、このような贈与税の回避行為を防止する租税回避行為に否認規定である。

もっとも同条は、租税回避の意図の有無や、贈与対象者などを課税要件としていないことから、当事者間の租税回避の意図などを考慮されず、当該財産の売買代金額が、「著しく低い価額の対価」であるか否かで判断されることになる。租税法律主義の下では、租税法は厳格な文理解釈がなされるべきであることから、条文を文理解釈して抽出することができない課税要件を付加することは許されない。裁判所が明らかにした相続税法7条の解釈は、租税法律主義の視点から評価できる。

裁判所は、相続税法7条にいう「時価」と22条にいう「時価」が同概念であり、両者は、客観的交換価値を意味するとする一方で、課税実務上で通常用いられる相続税評価額は客観的交換価値といえるとして、相続税評価額と同水準の価格は、原則として「著しく低い価格」に該当しないと判断した。

客観的な資産評価の基準を明らかにすることは非常に難しい問題であるが、相続税評価額が時価の80％程度あることを認めつつも、相続税評価額と同水準の価格は、「著しく低い価格」に該当しないとした点は、今後の資産評価における納税者の予測可能性の向上に資する判断であるといえる。

【論　　点】
①　贈与税の趣旨と適用範囲。
②　時価の概念。

088　贈与税における住所の判定

最高裁第二小法廷平成23年2月18日判決

平成20年（行ヒ）第139号・贈与税決定処分取消等請求事件

【掲　載】裁判所HP・TKC：25443124・TAINS：Z261-11619

【判　示】明らかに租税回避のおそれがあると裁判所も指摘するが，住所認定に関する従来の判断基準をクリアーしており，租税法律主義の観点からも納税者の主張が容認された事例（武富士事件）。

〔第1審：東京地判平成19年5月23日・平成17年（行ウ）第396号〕

〔控訴審：東京高判平成20年1月23日・平成19年（行コ）第215号〕

【解　説】

　民法22条は，各人の生活の本拠をその者の住所と定めている。この民法上の住所である生活の本拠は，客観主義に基づく単一のものである。しかも諸法に住所の定義がないことから，この民法上の住所概念が援用され，生活の本拠に疑義がある場合には，職業，家族，財産，滞在日数及び社会通念など判断基準に従い総合的な勘案するという方法で，住所を推定してきた。

　住所と課税の関わりが議論されるのは所得税の分野である。居住者について，所得税法は，⑴国内に住所を有する者，⑵現在まで引き続いて国内に1年以上居所を有する者，と定義することから，居住者の判定において住所の持つ意味は大きい。国内外を頻繁に移動している個人で，住所の存在が判定し難いときには，推定規定が設けられている（所得税法施行令14条，15条）。職業，家族，財産，滞在日数及び社会通念などの判断基準である。さらに，税務の取扱いでは，客観主義を採っているが（所得税基本通達2-1），当然，住所は単一である。

　もちろんこの住所の意義は，所得税法のみならず相続税法においても同様である。しかし，これら判断基準による判定は，あくまでも推定である。当事者からその推定に反する事実を示し，課税庁の判定と異なる意思を表明した場合には，当然，改めて住所の有無を判定しなければならない。

【事案の概要と経緯】

　当時の相続税法の規定には，国内に住所がない非居住者に対する国外資産の贈与に関する非課税措置があった。そこで贈与者が所有する財産を国外へ移転し，更に受贈者の住所を国外に移転させた後に贈与を実行することによって，わが国の贈与税の負担を回避する方法が，いわゆる節税方法として一般に紹介されていた。この場合の居住の有無は，住所すなわち生活の本拠の判定であり，

　第1審は，納税者の3年半ほどの期間中，香港に住居を設け，約65パーセントに相当する日数を香港に滞在し，国内には約26パーセントに相当する日数しか滞在していなかったのであるから，納税者が日本国内に住所すなわち生活の本拠を有していたと認定することは困難であるとしてした。

　控訴審は，香港における滞在日数を重視し，日本における滞在日数と形式的に比較してその多寡を主要な考慮要素としていずれが住所であるかを判断するのは相当でなく，納税者の生活の本拠は，国内自宅にあったものと認めるのが相当であるとして判示した。

　最高裁は，控訴審判決を破棄し，納税者の主張を認容し，確定した。

【判決要旨】

①　納税者は，贈与を受けた当時，香港駐在役員及び各現地法人の役員として香港に赴任しつつ国内にも相応の日数滞在していたところ，贈与を受けたのは上記赴任の開始から約2年半後のことであ

《相続税法関係》

り，香港に出国するに当たり住民登録につき香港への転出の届出をするなどした上，通算約3年半にわたる赴任期間である期間中，その約3分の2の日数を2年単位（合計4年）で賃借した香港居宅に滞在して過ごし，その間に現地において会社又は各現地法人の業務として関係者との面談等の業務に従事しており，これが贈与税回避の目的で仮装された実体のないものとはうかがわれないのに対して，国内においては，期間中の約4分の1の日数を杉並居宅に滞在して過ごし，その間に本件会社の業務に従事していたにとどまるというのであるから，贈与を受けた時において，香港居宅は生活の本拠たる実体を有していたものというべきであり，杉並居宅が生活の本拠たる実体を有していたということはできない。

② 控訴審は，納税者が贈与税回避を可能にする状況を整えるために香港に出国するものであることを認識し，期間を通じて国内での滞在日数が多くなりすぎないよう滞在日数を調整していたことをもって，住所の判断に当たって香港と国内における各滞在日数の多寡を主要な要素として考慮することを否定する理由として説示するが，一の場所が住所に当たるか否かは，客観的に生活の本拠たる実体を具備しているか否かによって決すべきものであり，主観的に贈与税回避の目的があったとしても，客観的な生活の実体が消滅するものではないから，上記の目的の下に各滞在日数を調整していたことをもって，現に香港での滞在日数が期間中の約3分の2（国内での滞在日数の約2.5倍）に及んでいる納税者について事実関係等の下で本件香港居宅に生活の本拠たる実体があることを否定する理由とすることはできない。このことは，法が民法上の概念である「住所」を用いて課税要件を定めているため，本件の争点が上記住所概念の解釈適用の問題となることから導かれる帰結であるといわざるを得ず，他方，贈与税回避を可能にする状況を整えるためにあえて国外に長期の滞在をするという行為が課税実務上想定されていなかった事態であり，このような方法による贈与税回避を容認することが適当でないというのであれば，法の解釈では限界があるので，そのような事態に対応できるような立法によって対処すべきものである。そして，この点については，現に平成12年法律第13号によって所要の立法的措置が講じられているところである。

③ 控訴審が指摘するその余の事情に関しても，期間中，国内では家族の居住する杉並居宅で起居していたことは，帰国時の滞在先として自然な選択であるし，納税者の会社内における地位ないし立場の重要性は，約2.5倍存する香港と国内との滞在日数の格差を覆して生活の本拠たる実体が国内にあることを認めるに足りる根拠となるとはいえず，香港に家財等を移動していない点は，費用や手続の煩雑さに照らせば別段不合理なことではなく，香港では部屋の清掃やシーツの交換などのサービスが受けられるアパートメントに滞在していた点も，昨今の単身で海外赴任する際の通例や納税者の地位，報酬，財産等に照らせば当然の自然な選択であって，およそ長期の滞在を予定していなかったなどとはいえないものである。また，香港に銀行預金等の資産を移動していないとしても，そのことは，海外赴任者に通常みられる行動と何らそごするものではなく，各種の届出等からうかがわれる

④ 納税者の居住意思についても，納税者は赴任時の出国の際に住民登録につき香港への転出の届出をするなどしており，一部の手続について住所変更の届出等が必須ではないとの認識の下に手間を惜しんでその届出等をしていないとしても別段不自然ではない。そうすると，これらの事情は，本件において納税者について事実関係等の下で香港居宅に生活の本拠たる実体があることを否定する要素とはならないというべきである。以上のことから納税者は，贈与を受けた時において，国内における住所を有していたということはできないというべきである。

⑤ 補足意見は，以下のとおりである。一般的な法感情の観点から結論だけをみる限りでは，違和感も生じないではない。しかし，そうであるからといって，個別否認規定がないにもかかわらず，この租税回避スキームを否認することには，やはり大きな困難を覚えざるを得ない。けだし，憲法30

263

条は，国民は法律の定めるところによってのみ納税の義務を負うと規定し，同法84条は，課税の要件は法律に定められなければならないことを規定する。納税は国民に義務を課するものであるところからして，この租税法律主義の下で課税要件は明確なものでなければならず，これを規定する条文は厳格な解釈が要求されるのである。明確な根拠が認められないのに，安易に拡張解釈，類推解釈，権利濫用法理の適用などの特別の法解釈や特別の事実認定を行って，租税回避の否認をして課税することは許されないというべきである。そして，厳格な法条の解釈が求められる以上，解釈論にはおのずから限界があり，法解釈によっては不当な結論が不可避であるならば，立法によって解決を図るのが筋であって，裁判所としては，立法の領域にまで踏み込むことはできない。後年の新たな立法を遡及して適用して不利な義務を課すことも許されない。結局，租税法律主義という憲法上の要請の下，法廷意見の結論は，一般的な法感情の観点からは少なからざる違和感も生じないではないけれども，やむを得ないところである。

【検　討】

裁判所も指摘するように，多額の課税回避は一般論としては納得できないことは否定しない。しかし補足意見が如実に示しているように租税法律主義の厳格な適用は，法令遵守と租税負担の公平が期待する見地からすれば，至極当然の結論というべきである。今後，住所の有無又は存在が争点となる事案においては，既存の民法概念を超えた住所の単一・複数論が検討されてもいい。今回の最高裁補足意見は，漠然ではあるが，その方向性を明らかにしたとはいえないだろうか。

通常では，住所は，単一・客観主義により生活の本拠を判定するが，その判定基準は，職業，家族，財産，滞在日数及び社会通念などを総合的な勘案するという方法が採られてきた。これらの判定基準は，課税庁が長年に渡って構築したものであるにもかかわらず，本事案では，課税庁は「後だしジャンケン」的手法で，みずからの論理に反駁した。課税庁にしてみれば，解釈で運用してきたツケが回ってきた嫌いがある。

【論　点】

①　「生活の本拠」の意義。
②　租税回避と租税法律主義の原則。

《相続税法関係》

089 書面によらない贈与

京都地裁平成27年10月30日判決

平成26年（行ウ）第10号・贈与税決定処分取消等請求事件

【掲　載】ＴＫＣ：25546845・ＴＡＩＮＳ：Ｚ265－12750

【判　示】書面によらない金地金の贈与において，贈与の有無等の主張に関する立証責任が争点となった事例。

【解　説】

　相続税法は，贈与により財産を取得した者は，贈与税の納税義務を定めている。亡くなった人から財産を貰えば相続税が，生きている人から財産を貰えば贈与税が課税されるが，この二つの税は財産の移動に対して課税することを互いに補うという，補完税の関係にある。

　相続税法は，贈与の定義を規定していない。そこで，通常は，民法が定める定義が適用される。民法549条で，贈与は，当事者の一方が自己の財産を無償で相手方に与える意思を表示し，相手方が受諾をすることによって，その効力を生ずる，と規定している。同じように，民法550条は，「書面によらない贈与は，各当事者が撤回することができる。ただし，履行の終わった部分については，この限りでない」と規定しているから，贈与の取り決めは口約束でも成立することになる。

　さらに，税法の領域では，財産引渡時説の見地から，贈与税が無償による財産の移転に対する担税力に着目し，また法律上の原因に基因する経済効果に対しても贈与とみなして，民法上の贈与より広い概念と捉える傾向にある。形式的な所有権移転を財産の取得と認識するのではなく，取得した財産を実際に支配管理でき得る状態で担税力が発揮されると考え，贈与契約の履行をもって財産の取得がなされたと考えることがある。

　名古屋地裁平成10年９月11日判決は，私法上の法律行為である贈与について，本来であるなら極めて立証性の高いはずである公正証書の作成に関して，詳細な事実認定により疑問を提起した上で，真実の贈与の時期を，公正証書作成日ではない，それ以後に行われた登記申請手続の期日とする実質的判断を示している。

【事案の概要と経緯】

　納税者は，平成18年４月４日，父Ａから贈与を受けた25kgの金地金を，Ａの許可を得た上で，5752万5000円で売却した。なお納税者は，この金地金の贈与について贈与税の申告をしていなかった。

　その後課税庁が，納税者は平成18年４月４日に，金地金を売却しているから，納税者が金地金を自己の財産として現実に支配管理し自由に処分することができる状態に至ったことが外形的かつ客観的に認められるのは同日であり同日に納税者は金地金25kgの贈与を受けたとして，平成24年７月５日付けで平成18年分贈与税の決定処分等をした。

　これを受け納税者が，金地金は平成18年４月４日に贈与を受けたものではなく，平成６年６月12日頃に13kg，平成12年７月20日頃に５kg，そして平成16年12月６日頃に７kg，と３回にわたり贈与を受けたものであるから，上記贈与税決定処分等は違法であると主張して，その各取消しを求めた。

　裁判所は納税者の主張を一部認容し，確定した。

【判決要旨】

① 金地金の贈与の時期が争点になっており，納税者は，３回にわたる贈与を主張しているが，主張立証責任の分担からして，納税者が立証責任を負担しているものではなく，課税庁が平成18年４月

265

４日の贈与の立証責任を負担しているのであって，納税者としては，課税庁の立証に合理的な疑い
を生ぜしめ，これを不奏功にしさえすれば足りるものである。

② 真に，「贈与」契約が成立したのであれば，その後，受贈者が贈与された財産を自己の財産とし
て支配管理し自由に処分することができるのは，贈与の履行を待つまでもなく，贈与の性質上，当
然のことであって，課税庁の主張するような，受贈者が贈与された財産を，自己の財産として現実
に支配管理し自由に処分することができる状態に至った，などという要件をあえて付加する必要は
ない。むしろ，このような要件を付加することは，贈与契約自体は成立しているのに，法律上の障
害ではなく，事実上の障害によって贈与された財産を自由に処分することができないような場合に
まで，贈与契約の成立を否定するようなことになりかねず，「贈与」の概念を混乱させることにな
り妥当ではない。このような要件は，あくまで，「贈与」契約が成立したか否かの事実認定におい
て考慮されるべき事柄である。

③ 我が国の民法は，契約の成立には，意思表示の合致のみで足り，契約等の書面を要しないとして
おり，この点は，書面によらない贈与であっても同様である。そして，意思表示が合致したか否か
は，最終的には，裁判所が自由心証主義に基づいて，諸般の事情に照らして判断するのであって，
あえて，「外形的かつ客観的に明らかな事実」に基づいて判断することを要するものではない。む
しろ，この点を強調することは，親族間の贈与のように，秘密裏に行われることが多い贈与の場合
に，課税の便宜のみが強調され，実際の贈与の時期より明らかに遅い時期を贈与の時期と認定し，
その結果，「贈与」の概念を混乱させることにつながることになり，妥当ではない。

④ 平成６年６月12日頃にＡから金地金13kgの贈与を受けたとする納税者の夫Ｂの証言及び平成12年
７月20日頃にＡから金地金５kgの贈与を受けたとするＢの証言は，それ自体，具体的かつ詳細であ
り，贈与の一応の動機も存在し，特段，不自然な点や不合理な点など，信用性を疑わせる事情は見
当たらない上，Ａが作成した金地金保有量の在庫確認文書とも合致している。これらをあながち虚
偽として排斥する根拠に乏しく，平成18年４月４日に本件金地金25kgのうち13kg，及び５kgの贈与
を受けたとする課税庁の立証には合理的な疑いが残るといわざるを得ない。

⑤ Ｂは，金地金のうち７kgについては，平成16年12月６日頃，Ａから贈与を受けた旨証言している。
しかしながら，本贈与に関しては，Ｂの証言によってもＡの贈与の動機が不明である。前２件の贈
与に関しては，当該時期に贈与が行われたことについての一応の動機が存在するのに，この件のみ
存在しないのはそれ自体不自然である。しかも，納税者がその裏付けとして主張するのは，Ｂ手書
きの明細書のみであるが，その記載も平成16年11月25日より後の時点での各金地金保有量について
は，これを認めるに足りる的確な証拠がないし，残余の15.9kgの所在も不明である。

⑥ 金地金のうち７kgの贈与時期が平成18年４月４日であったとしても，明細書記載の各出来事との
間に矛盾が生じるものではなく，明細書をもって，平成16年12月６日に本件金地金のうち７kgの贈
与及び引渡しがあったことを十分に窺わせる証拠とは認め難い。したがって，Ｂの証言も直ちに信
用できるものではない。そうすると，平成18年４月４日に本件金地金のうち７kgの贈与・引渡しが
あったとの本件各処分に係る課税庁の論拠を揺るがすことはできないというべきである。

【検　討】

金地金の贈与の時期が問題となった事案である。裁判所はまず，課税庁が平成18年４月４日の贈与
の立証責任を負担し，納税者は，課税庁の立証に合理的な疑いを生じさせ，これを不奏功にすれば足
りるとした。そして課税庁は「外形的かつ客観的に明らかな事実」に基づいて「財産の取得」があっ
たか否かを判断すると主張したが，裁判所は，この点を強調することは，課税の便宜のみが強調され，
実際の贈与の時期より明らかに遅い時期を贈与の時期と認定し，その結果，「贈与」の概念を混乱さ

《相続税法関係》

せることにつながることになり妥当ではない，ともしている。

　本事案では贈与契約書は無かったが，証言とあわせて，贈与の動機や金地金の在庫確認文書等によって裁判所は課税庁の立証に合理的な疑いありとし，25kgの内，18kgは課税庁の主張を認めなかった。しかし，残りの7kgについては納税者が根拠とした証言や明細書では十分な証拠とはいえないとし課税庁の主張を認めている。

　本事案の納税者は，贈与税の申告をしておらず，贈与の時期を証明する，という発想も元々はなかったのだろうと思われる。そのためはっきりとした贈与日時は納税者もわからず，何日頃，という主張となっている。結果として18kg分については金地金の管理明細や実際の購入状況等から納税者の主張が認められたが，本来は金地金や現金等の記録が残らない現物の贈与については，裁判所が指摘した，課税の便宜のみが強調され実際の贈与の時期より明らかに遅い時期を贈与の時期と認定されること，を防ぐために積極的に贈与の時期を証明することができる書類を整えておく必要がある。裁判所は課税庁の立証に合理的な疑いを生じさせ，これを不奏功にすれば足りるとしているし，贈与契約の成立は意思表示の合致で足りるとしているが，それを証明するには結局，証言だけでは足らず，具体的な証拠書類等が必要ともいえる。

　贈与税の申告をすることは当然であるが，贈与契約書を作成する等，贈与の時期を証明できるようにしておくことが重要といえる。

【参考判例】
名古屋地判平成10年9月11日・平成9年（行ウ）第7号（ＴＫＣ：28040533・ＴＡＩＮＳ：Ｚ238-8235）

【論　　点】
①　贈与の意義と効果。
②　贈与の立証と責任。

090　地方税法と条例の関係

最高裁第一小法廷平成25年3月21日判決

平成22年（行ヒ）第242号・神奈川県臨時特例企業税通知処分取消等請求事件

【掲　載】裁判所ＨＰ・ＴＫＣ：25445425・ＴＡＩＮＳ：Ｚ999-8316

【判　示】神奈川県臨時特例企業税条例は，法人事業税を定める地方税法の規定との関係におい
　　　　て，その趣旨，目的に反し，その効果を阻害する内容のものであって，法人事業税に
　　　　関する同法の強行規定と矛盾抵触するものとされた事例（神奈川県臨時特例企業税条
　　　　例事件）。

〔第１審：横浜地判平成20年３月19日・平成17年（行ウ）第55号〕

〔控訴審：東京高判平成22年２月25日・平成20年（行コ）第171号〕

【解　説】

　地方税法改正により法定外税導入の緩和が行われ，地方自治体による独自課税が従来に比べて容易
になったことから，自主課税の拡充という考え方が現実的なものとなった。雨後の筍のように全国で
登場した法定外税，いわゆる新税の是非を踏まえた自主財源の確保のための独自課税の論議が，あた
かも地方分権を推進する方策のひとつとして議論されてきた。その背景には，いうまでもなく法定外
税における目的税の解禁と従来の許可制から総務大臣との事前協議に基づく同意制に移行したことが
その要因といえる。

　しかし，新税による自主課税には大きな問題がある。つまり課税対象の偏在化であり，課税の公平
に対する批判がある。新税の多くは，その課税対象として選挙権を持たない法人企業や個人であって
も地域外からの訪問者（観光客）などに焦点を当てており，租税を徴収しやすい所から徴収するとい
うような課税の原理原則に反するという施策であるという批判があるからである。同じように地方税
は，応益負担の原則によるという見地からの批判も出ている。

　本来，選挙権を有する住民個人を対象に「サービス」と「税負担」をセットにして問いかけること
が税制として望ましいはずである。たとえ環境対策を標榜したとしても，新税が地域住民から歓迎さ
れ，受け入れられるが否かが重要といえよう。

　いずれにしても新税という独自課税が，財政難にあえぐ地方自治体の苦肉の策であるとするならば，
本末転倒も甚だしいといえる。確かに自主的な課税を競うことは，地方自治の本旨のあるべき意識を
高めるものとして評価できるが，他方，安易な増税につながるおそれも出てくる。

【事案の概要と経緯】

　神奈川県は，平成13年に神奈川県臨時特例企業税条例を制定した。同条例は，地方税法の規定に基
づく道府県法定外普通税として，県内に事務所又は事業所を有し資本の金額又は出資金額が５億円以
上の法人に対し，法人事業税の課税標準である所得の金額の計算上繰越控除欠損金額を損金の額に算
入しないものとして計算した場合の所得の金額に相当する金額（当該金額が繰越控除欠損金額を超え
る場合は繰越控除欠損金額に相当する金額）を課税標準とし，税率を原則100分の３（平成16年４月
１日以降は100分の２）とする企業税を課すとした。

　同条例の適用対象となった納税者が，本条例は法人事業税につき欠損金額の繰越控除を定めた地方
税法の規定を潜脱して課税するもので違法・無効である等として，神奈川県に対して，既に納付して
いた平成15，16年度分の企業税等の還付請求等を求めた。

　第１審は，企業税は，法人事業税における欠損金額の繰越控除のうち一定割合の控除を実質的に遮

《地方税法関係》

断し，当該部分に相当する額を課税標準として法人事業税に相当する性質の課税をする効果を意図したもので，企業税の課税は，法人事業税の課税標準である所得の計算につき欠損金額の繰越控除を定めた規定の趣旨に反して違法であるとして，これを定める本条例が違法，無効であると判断した。

　控訴審は，本件条例は，資本金等が5億円以上の大法人の「事業活動」に対し，その法人に，欠損金の繰越控除をしないで計算した「所得」即ち「欠損金の繰越控除前の利益」を課税標準として，法定外普通税を課するものとして制定されたと解され，本件条例の定める企業税は，法人事業税が課税の対象としていない欠損金を繰越控除する前の「利益」に課税するものということができるから，法人事業税とは課税標準が同一ではなく，二重課税ではないだけでなく，法人事業税とは「別の税目」であって，法人事業税の課税標準等を変更する趣旨のものではないとして適法とした。

　最高裁は，控訴審判決を破棄し，違法無効を認定した。

【判決要旨】

① 普通地方公共団体は，地方自治の本旨に従い，その財産を管理し，事務を処理し，及び行政を執行する権能を有するものであり（憲法92条，94条），その本旨に従ってこれらを行うためにはその財源を自ら調達する権能を有することが必要であることからすると，普通地方公共団体は，地方自治の不可欠の要素として，その区域内における当該普通地方公共団体の役務の提供等を受ける個人又は法人に対して国とは別途に課税権の主体となることが憲法上予定されているものと解される。
しかるところ，憲法は，普通地方公共団体の課税権の具体的内容について規定しておらず，普通地方公共団体の組織及び運営に関する事項は法律でこれを定めるものとし（92条），普通地方公共団体は法律の範囲内で条例を制定することができるものとしていること（94条），さらに，租税の賦課については国民の税負担全体の程度や国と地方の間ないし普通地方公共団体相互間の財源の配分等の観点からの調整が必要であることに照らせば，普通地方公共団体が課することができる租税の税目，課税客体，課税標準，税率その他の事項については，憲法上，租税法律主義（84条）の原則の下で，法律において地方自治の本旨を踏まえてその準則を定めることが予定されており，これらの事項について法律において準則が定められた場合には，普通地方公共団体の課税権は，これに従ってその範囲内で行使されなければならない。

② 地方税法が，法人事業税を始めとする法定普通税につき，徴収に要すべき経費が徴収すべき税額に比して多額であると認められるなど特別の事情があるとき以外は，普通地方公共団体が必ず課税しなければならない租税としてこれを定めており（4条2項，5条2項），税目，課税客体，課税標準及びその算定方法，標準税率と制限税率，非課税物件，更にはこれらの特例についてまで詳細かつ具体的な規定を設けていることからすると，同法の定める法定普通税についての規定は，標準税率に関する規定のようにこれと異なる条例の定めを許容するものと解される。

③ 企業税を定める本件条例の規定は，地方税法の定める欠損金の繰越控除の適用を一部遮断することをその趣旨，目的とするもので，企業税の課税によって各事業年度の所得の金額の計算につき欠損金の繰越控除を実質的に一部排除する効果を生ずる内容のものであり，各事業年度間の所得の金額と欠損金額の平準化を図り法人の税負担をできるだけ均等化して公平な課税を行うという趣旨，目的から欠損金の繰越控除の必要的な適用を定める同法の規定との関係において，その趣旨，目的に反し，その効果を阻害する内容のものであって，法人事業税に関する同法の強行規定と矛盾抵触するものとしてこれに違反し，違法，無効であるというべきである。

【検　討】

　本事案の争点は，神奈川県の制定した企業税条例が地方税法の規定する法人事業税の趣旨を逸脱す

るものであるか否かである。本条例の違法性を，既定の法人事業税と比較考量して論ずるか，あるいは地方自治体の自主課税を前提に導くか，上告審での判断が注目されるところであった。

　結局，最高裁は，企業税の性格を，法人事業税の課税標準等を変更するものと結論付けた。つまり地方税法は，法人事業税が，各事業年度間の所得の金額と欠損金額の平準化を図り法人の税負担をできるだけ均等化して公平な課税を行うという趣旨，目的から欠損金の繰越控除の必要的な適用を定めるが，企業税がこの趣旨に反すると判示した。

　法人事業税の欠損金の繰越控除制度は，担税力のない法人に対する課税を制限するためと考えられる。しかし，課税対象が資本金額等を5億円以上とする企業税では，いわゆる大企業の欠損金が，課税の公平に関する指標である担税力を反映しているかは疑問である。中小企業のそれとは同等に論ずべきではない。

　本事案は，地方分権一括法の施行により法定外税の導入が拡大された以降，東京都銀行税事件が控訴審で終わったことから，最初の最高裁判断であるが，地方分権推進の流れに逆行するという見解もある。確かに，地方分権の鍵である財源確保にあたって，自主課税は，税源移譲等とともに重要な施策であり，法定外税が自主課税の根幹とされているから，影響は大きい。企業税は，法定外税といって，東京都銀行税と同じように法人事業税を前提とし，類似した租税であることは否定できず，その意味から法定外税の在り方にも課題を残した。

　ただ，次に示す補足意見は興味深い。

　国税や法定地方税が広く課税対象を押さえているため，これらの税との矛盾抵触を避けて，地方公共団体が法定外税を創設することには，大きな困難が伴うというのが実情かもしれない。しかし，憲法が地方公共団体の条例制定権を法律の範囲内とし，これを受けて地方自治法も条例は法令に違反しない限りにおいて制定できると定めている以上，地方公共団体の課税自主権の拡充を推進しようとする場合には，国政レベルで，そうした方向の立法の推進に努めるほかない場面が生じるのは，やむを得ないことというべきである。

　この補足意見は，従来からの地方税法枠法論の延長ではあるが，地方分権推進へのエールとも感じられる。一方，本判決は，地方分権の対象に，行政，立法と共に極めて中央集権的な司法制度も包含されるか否かを司法自身がどう考えているかの手掛かりになるかもしれない。

【論　点】
①　地方自治の本旨と自主課税。
②　地方税制における法定外税の趣旨と意義。

《地方税法関係》

091　固定資産税の賦課期日

最高裁第一小法廷平成26年9月25日判決

平成25年（行ヒ）第35号・固定資産税等賦課取消請求事件

【掲　載】裁判所ＨＰ・ＴＫＣ：25446635・ＴＡＩＮＳ：Ｚ999−8335

【判　示】固定資産税は固定資産の所有者に賦課され，所有者とは，家屋については，登記簿又
　　　　　は家屋補充課税台帳に所有者として登記又は登録されている者をさすが，家屋の現況
　　　　　から未登記の所有者に課税された事例。

〔第1審：さいたま地判平成24年1月25日・平成23年（行ウ）第19号〕

〔控訴審：東京高判平成24年9月20日・平成24年（行コ）第89号〕

【解　説】

　固定資産税は，原則として1月1日（賦課期日）現在における固定資産の所有者として，土地又は
家屋については，登記簿又は土地補充課税台帳若しくは家屋補充課税台帳に所有者として登記又は登
録に登録された者に課税される。これを台帳課税主義といっている。したがって，通常の理解として
は，不動産登記を経ることで，課税台帳に登載され，所有者として課税対象となると考えられている。

【事案の概要と経緯】

　納税者は平成21年12月7日に家屋を新築し，その所有権を取得した。平成22年1月1日の時点では，
その家屋に着き登記はされておらず，家屋補充課税台帳における登録もされていなかった。その後，
平成22年10月8日にその家屋につき，所有者を納税者として，登記原因を「平成21年12月7日新築」
とする表題登記がされた。

　課税庁は，平成22年12月1日，その家屋につき，平成22年度の家屋課税台帳に，所有者を納税者，
建築年月を平成21年12月，新増築区分を新築とするなどの所要の事項の登録をした。その上で同日，
納税者に対しその家屋に係る平成22年度の固定資産税等の賦課決定処分をした。

　これを受けて納税者が，平成22年度の賦課期日である平成22年1月1日の時点において登記簿又は
家屋補充課税台帳に家屋の所有者として登記又は登録されていなかったから，家屋に係る同年度の固
定資産税等の納税義務者ではなく，上記賦課決定処分は違法であると主張して，課税庁を相手に，そ
の取消しを求めた。

　第1審は納税者の主張を斥け棄却したが，控訴審は納税者の主張を認容する逆転判決となったが，
最高裁は控訴審判決を破棄し，納税者の敗訴が確定した。

【判決要旨】

①　固定資産税は，土地，家屋及び償却資産の資産価値に着目し，その所有という事実に担税力を認
　めて課する一種の財産税であるところ，法は，その納税義務者を固定資産の所有者とすることを基
　本としており，その要件の充足の有無を判定する基準時としての賦課期日を当該年度の初日の属す
　る年の1月1日としているので，上記の固定資産の所有者は当該年度の賦課期日現在の所有者を指
　すこととなる。

②　他方，土地，家屋及び償却資産という極めて大量に存在する課税物件について，市町村等がその
　真の所有者を逐一正確に把握することは事実上困難であるため，法は，課税上の技術的考慮から，
　土地又は家屋については，登記簿又は土地補充課税台帳若しくは家屋補充課税台帳に所有者として
　登記又は登録されている者を固定資産税の納税義務者として，その者に課税する方式を採用してお

271

り，真の所有者がこれと異なる場合における両者の間の関係は私法上の求償等に委ねられているものと解される。

③ このように，法は，固定資産税の納税義務の帰属につき，固定資産の所有という概念を基礎とした上で，これを確定するための課税技術上の規律として，登記簿又は補充課税台帳に所有者として登記又は登録されている者が固定資産税の納税義務を負うものと定める一方で，その登記又は登録がされるべき時期につき特に定めを置いていないことからすれば，その登記又は登録は，賦課期日の時点において具備されていることを要するものではないと解される。

④ そして，賦課期日の時点において未登記かつ未登録の土地若しくは家屋又は未登録の償却資産に関して，法は，当該賦課期日に係る年度中に所有者が固定資産税の納税義務を負う不足税額の存在を前提とする定めを置いており，また，賦課期日の時点において未登記の土地又は家屋につき賦課期日後に補充課税台帳に登録して当該年度の固定資産税を賦課し，賦課期日の時点において未登録の償却資産につき賦課期日後に償却資産課税台帳に登録して当該年度の固定資産税を賦課することを制度の仕組みとして予定していると解されること等を踏まえると，土地又は家屋に係る固定資産税の納税義務の帰属を確定する登記又は登録がされるべき時期について上記のように解することは，関連する法の諸規定や諸制度との整合性の観点からも相当であるということができる。

⑤ 以上によれば，土地又は家屋につき，賦課期日の時点において登記簿又は補充課税台帳に登記又は登録がされていない場合において，賦課決定処分時までに賦課期日現在の所有者として登記又は登録されている者は，当該賦課期日に係る年度における固定資産税の納税義務を負うものと解するのが相当である。

⑥ なお，土地又は家屋について，賦課期日の時点において登記簿又は補充課税台帳に登記又は登録がされている場合には，これにより所有者として登記又は登録された者は，賦課期日の時点における真の所有者でなくても，また，賦課期日後賦課決定処分時までにその所有権を他に移転したとしても，当該賦課期日に係る年度における固定資産税の納税義務を負うものであるが，このことは，賦課期日の時点において登記簿又は補充課税台帳に登記又は登録がされていない場合に，賦課決定処分時までに賦課期日現在の所有者として登記又は登録されている者が上記のとおり当該年度の固定資産税の納税義務を負うことと何ら抵触するものではない。

⑦ 前記事実関係等によれば，納税者は平成21年12月に本件家屋を新築してその所有権を取得し，本件家屋につき，同22年10月に所有者を納税者として登記原因を「平成21年12月7日新築」とする表題登記がされ，平成22年12月1日に本件処分がされたものであるから，納税者は，賦課決定処分時までに賦課期日である同年1月1日現在の所有者として登記されている者として，本件家屋に係る平成22年度の固定資産税の納税義務を負うものというべきである。

【検 討】

1月1日現在において完成済みであるが未登記であった新築建物について固定資産税等は課税できるのか，が争点となった。納税者は，固定資産税等は「1月1日に家屋の所有者として登記又は登録されている者」に対して課税するのであり，1月1日現在において登記がされていない家屋についてはその後登記がされたとしても課税できないはずである，などと主張した。

固定資産税は固定資産の所有者に課する，とされている。ここでいう所有者とは，家屋については，登記簿又は家屋補充課税台帳に所有者として登記又は登録されている者をいう。賦課期日は1月1日であるが，所有者としての登記又は登録が1月1日にされている必要があるのか，それとも登記又は登録が後日であっても1月1日の所有者として登記又は登録されていればいいのか。

本事案の納税者は12月中に家屋を新築しており，翌年1月1日にはその家屋の所有者であった。そ

《地方税法関係》

の事実は本人も認めており，後日行われた登記でも確認できる。固定資産税は資産価値のある固定資産の所有という事実に担税力を見いだし，その所有者に課税される税であり，登記や登録は所有者を確定させるための手段に過ぎないはずである。1月1日に未登記であれば課税されないということであれば新築の場合，登記を遅らせるだけで固定資産税の課税逃れができることとなってしまう。

　課税技術上，登記又は登録された者が納税義務者とされているが，登記又は登録の時期まで規定していない以上1月1日時点で登記又は登録が具備されていることを要するものではないとした裁判所の判断は妥当なものといえる。

　納税者は平成21年12月7日に家屋を新築し，その所有権を取得したにもかかわらず，翌年10月8日まで登記をしなかったが，登記原因を「平成21年12月7日新築」とする表題登記をした。10か月間，未登記であった経緯は不明であるが，直ちに登記をしなければならないという状況にもなかったといえる。

　確かに地方税法を見れば，1月1日に未登記であるなら，固定資産税は賦課されないと読めるだろう。また節税という言葉は，多くの納税者にとって魅力的に感じるかもしれないが，現実は厳しい。本事案の納税者の感想も同様であろう。登記原因の期日に細工を施さなかったことを後悔したかもしれない。

　本事案は，安易な節税対策は合理性がないことを明示した。その結果，1月1日に未登記の場合には課税されないといういい加減な節税話も消滅したといっていい。

【論　点】

①　賦課課税制度と台帳課税主義。

②　固定資産税の趣旨と意義。

092　固定資産の評価方法

那覇地裁平成29年7月19日判決

平成27年（ワ）第90号・国家賠償請求事件

【掲　載】ＴＫＣ：25546783

【判　示】国が自衛隊基地として賃借している各土地の固定資産の評価方法について，所有者及び共有持分権者である納税者らの主張が認容された事例。

〔控訴審：福岡高判平成30年2月15日・平成29年（ネ）第103号〕

【解　説】

　固定資産税は，地方自治体の基幹税として税収に占める割合が高いことから，自治体財政に及ぼす影響が大きい。同時に，固定資産税評価額は，相続税及び贈与税の対象となる財産評価において，土地における倍率方式と家屋の評価額の基礎となる評価額であることから，地方税制以外にも重要な制度といえる。

　ところが，固定資産税は，賦課課税であることから，地方自治体による評価間違いが問題となることが多い。

【事案の概要と経緯】

　国が陸上自衛隊那覇駐屯地（陸自用地），航空自衛隊那覇基地（空自用地）及び大阪航空局那覇空港（空港用地）の3施設として賃借している各土地の所有者ないし共有持分権者である納税者らが，課税庁が平成18年度以降各土地の課税評価を誤り，納税者らに過大に固定資産税を課したため，納税者らに過大に納付した税額分の損害を被ったなどと主張して，課税庁に対し，国家賠償法1条1項に基づき，各過払額及びこれらに対する各不法行為に係る遅延損害金の支払をそれぞれ求めた。

　課税庁が，各土地の評価において，土地全体を一団の土地として取り扱わず，各用地をそれぞれ一団の土地として取り扱って評価したことの違法性や，課税庁が土地の評価の際に採用した不動産鑑定士による鑑定評価の合理性等が争点となった。

　第1審は，課税庁には，各土地に係る登録価格及び固定資産税額の各決定をするに当たり，それぞれ過失があることも明らかであるとして，納税者らの請求を全部認容した。

　控訴審は，平成18年度から平成23年度までの固定資産税納付に係る損害賠償請求権は各納付時から消滅時効が進行し，本件訴訟提起時には3年の消滅時効期間が満了していた旨判示したが，その他の納税者の主張を容認した。

【判決要旨】

①　課税庁は，原告らが，平成27年度の評価替えを受けて行った登録価格についての審査の申出の審理の中で，3施設の土地は，いずれも国の施設として，軍用地機能及び空港用地機能を利用目的とする，有機的に一体利用されている土地であると釈明しているのであり，このことや，課税庁において，平成21年度の評価替えに当たり，3施設の土地全体を一団の土地として取り扱って評価していること（固定資産評価という画一性・公平性が要求される事務の性質を勘案すれば，軍用地の所有者からの要望は，評価の見直しの一つのきっかけにはなったとしても，これが決定的な理由になったとは考え難い。）をも踏まえれば，3施設の土地のうち，陸自用地と空自用地との間，陸自用地と空港用地との間が，県道や国道で隔てられていることを考慮しても，3施設の土地全体を一団の土地として取り扱って評価するのが相当である。

《地方税法関係》

② これに対し，課税庁は，3施設の土地を用地ごとに一団の土地として取り扱うべき根拠の一つとして，自治省回答において，軍用地につき，「例えば施設ごとに一団の土地として取り扱って差し支えない」とされていることを主張する。

しかしながら，自治省回答の上記記載は，その内容及び体裁からすれば，いかなる軍用地についても，施設ごとに一団の土地として取り扱うべきことを求めるものとはいえない。

③ 自治省回答の記載の前の部分には，軍用地の地目認定につき，「部分的に僅少の差異があるときでも，その利用目的に重点を置き，土地全体としての状況を観察して地目を認定するものである。したがって，」との記載があるのであって，その文脈からして，一つの施設の土地を徒に細分化して取り扱うべきでないとの趣旨を表したものであることは明らかである。本件においては，以上とは異なり，複数の施設の土地を一体として取り扱うことができないかが問題となっているのであって，自治省回答の記載は，3施設の土地全体の一団性を否定する根拠とはならないというべきである。したがって，上記課税庁の主張をもってしても，認定判断は左右されない。

④ 課税庁は，3施設の土地は，用地ごとに価格形成要因が異なるのであって，用地ごとに一団の土地とすることで，各標準地とその他の土地との価格形成要因が類似する度合いが高くなり，より適正な評価が可能となる旨主張する。

しかしながら，一定の範囲内の複数筆の土地を一団の土地として取り扱う以上は，標準地とその他の土地との間で価格形成要因に差が生じることは避け難いものであるところ，前記①でみた3施設の土地の共通性に鑑みれば，3施設の土地内の各土地の価格形成要因が異なることを踏まえても，その全体を一団の土地として取り扱うのが相当である。したがって，課税庁の主張には理由がない。

⑤ 課税庁は，3施設の土地全体を一団の土地として取り扱うか，3施設の土地を用地ごとに一団の土地として取り扱うかは，いずれも被告の裁量の範囲内であるという趣旨の主張をする。しかしながら，固定資産評価において，例えば不動産鑑定士の鑑定評価については，その鑑定評価額に一定の幅があり得るのであって，特定の鑑定評価額を採用しなかったからといって直ちに当該登録価格及び固定資産税額の各決定が違法となるとは解されないが，一定の範囲の土地を一団のものとみるか否かについては，事柄の性質上，一義的に決せられるというべきである。3施設の土地全体を一団の土地として取り扱って評価した場合の固定資産税額と，3施設の土地を用地ごとに一団の土地として取り扱って評価した場合の陸自用地や空自用地の固定資産税額との現実の差額等も考慮すれば，3施設の土地全体を一団の土地として取り扱って評価するか，3施設の土地を用地ごとに一団の土地として取り扱って評価するかについて，被告に裁量があるとは解されない。したがって，課税庁の主張は採用できない。

⑥ 3施設の土地全体を一団の土地として取り扱って評価した場合の標準地は，空港用地内に存することになるから，その場合の本件各土地の1平方メートル当たりの評価額は，3施設の土地を用地ごとに一団の土地として評価した場合の空港用地の同評価額に近似する。そして，3施設の土地を用地ごとに一団の土地として取り扱うと，1平方メートル当たりの評価額は，空港用地が最も低くなり，陸自用地及び空自用地はこれより高くなるのであるから，本件各土地の平成18年度ないし平成20年度の評価額（登録価格）は，過大に決定されたものといえる。また，かかる評価額に基づき決定された平成18年度ないし平成20年度の本件各土地の固定資産税額も，過大に決定されたものである。

さらに，本件各土地の平成21年度ないし平成26年度の固定資産税額についても，負担調整措置により，平成18年度ないし平成20年度の固定資産税額の影響を受けて，なお空港用地よりも高くなっているのであるから，やはり過大に決定されたものであるといえる。

⑦ そして，本件各土地ないし3施設の土地の状況・性質については，課税庁の担当職員において，

275

十分に認識していたものばかりである。その上，評価基準や自治省回答の趣旨を正しく把握し，その趣旨に従って本件各土地の評価の在り方を丁寧に検討していれば，自ずと３施設の土地全体を一団の土地として取り扱って評価すべきとの結論に至ったものといえる。現に，課税庁において，平成21年度には３施設の土地全体を一団の土地として取り扱って評価していることをも併せ考慮すれば，固定資産の評価及び固定資産税の賦課決定という事務に当たる職員として要求される通常の注意を尽くしていれば，３施設の土地全体を一団の土地として取り扱って評価すべきことに思い至ることができ，また，思い至るべきであったといえるから，課税庁の担当職員が，平成18年度の評価替えに当たって，３施設の土地を用地ごとに一団の土地として取り扱って評価したことについては，納税者に対する職務上の法的義務に違背したものといわざるを得ない。被告においても，課税庁の担当職員が行った本件各土地の過大な評価に依拠して登録価格の決定を行い，本件各土地に係る固定資産税額の決定を行ったものであるから，その職務上の法的義務に違背したものということができる。したがって，本件各土地に係る登録価格の決定及び固定資産税額の決定には，国賠法１条１項に定める違法性が認められる。被告の担当職員には，本件各土地の評価をするに当たり，那覇市長には，本件各土地に係る登録価格及び固定資産税額の各決定をするに当たり，それぞれ過失があることも明らかである。

【検　　討】

本事案の対象となる各土地は，極めて特殊で広大な土地である。すなわち，陸自用地と空自用地との間，陸自用地と空港用地との間は，県道や国道で隔てられているが，空自用地と空港用地との間に道路はなく，フェンス等のしきりもない。土地の中には，航空自衛隊によって管理されている２つの那覇基地那覇高射教育訓練場があるが，そのうちの一つは，空港用地に囲まれた位置にある（いわゆる飛び地）。

被告は，平成18年度の評価替えに当たり，当初，上記訓練場を空自用地として評価していたが，同訓練場の面積が極めて僅少であるとか，同一の画地内にある各土地については一体として評価すべきとの理由で，空港用地と同様の評価額に修正し，同年９月13日頃，納税義務者にその旨を通知した。

裁判所が指摘するように国は，沖縄県がアメリカ合衆国の施政権下にあった時代から，沖縄県内の一定の土地をいわゆる軍用地として使用しており，沖縄県の本土復帰後も，各土地及び那覇軍港の用に供する土地として賃借している（各土地の賃料額は，宅地や宅地見込地等の種別はあるものの，同じ種別の土地の１平方メートル当たりの賃料額はおおむね同額である）。したがって，各土地については，所有者がこれを自由に使用することはできない。また，各土地内は立入りが制限されており，被告において，固定資産評価のための現地調査を行うこともできない。現時点において，各土地に係る賃貸借契約が終了するとの具体的な計画はない，としている。

判決では，各土地の状況・性質については，被告の担当職員は，十分に認識していたものばかりであり，評価基準や自治省回答の趣旨を正しく把握し，その趣旨に従って各土地の評価の在り方を丁寧に検討していれば，自ずと各土地全体を一団の土地として取り扱って評価すべきとの結論に至ったものといえる，と断定して，納税者に対する職務上の法的義務に違背したものといわざるを得ないと判示した。

沖縄県内にある，いわゆる街の不動産屋の店頭には，軍用地売買の広告を目にする。本事案のように，自由に使用できず，立ち入りも制限される土地であっても不動産取引の対象となる。税務では，土地評価は，経済的交換価値である時価とされる。この時価の算定は，路線価又は固定資産税評価額で行われるが，これらの価額は取引相場より低い価額に設定されている。これらの実情を踏まえ，何かと議論の対象となる沖縄の軍用地の評価に対して，裁判所が，被告に対して，職務上の法的義務に

違背すると示したことは注目すべき判決といえる。

【論　点】

① 　固定資産税の趣旨と固定資産税評価額の意義。

② 　訴訟提起と消滅時効。

093　工事中の土地に対する固定資産税評価

東京地裁平成22年11月12日判決

平成21年（行ウ）第180号・固定資産評価審査決定取消請求事件

【掲　載】ＴＡＩＮＳ：Ｚ999－8277

【判　示】固定資産税の賦課期日において工事中の土地であっても，建築計画等によりその土地が将来どのように利用されるか明確であれば，それに基づき画地を認定し固定資産税を課すべきであるとした事例。

【解　説】

　固定資産税は賦課期日の定められた税であり，基本的には賦課期日の現況でどのように評価するのかが判断されるべきである。ただ，賦課期日時点で工事中であった場合，工事中の土地として，工事完了後どのように利用されるかに関わらず，一画地として評価するのか，それともその後どのように利用されるのかを建築計画等により総合的に判断し，画地を認定するべきであるのかが問題となる。

【事案の概要と経緯】

　隣接する数筆の土地を所有する納税者が平成12年11月に，その敷地上にある建物をすべて解体して更地にした上で，納税者からその数筆の土地の一部の定期借地権の設定を受けた民間事業者が，事務室等が入る地下２階，地上12階建ての建物（以下，「事務所棟」）を建てる一方，納税者が，その余の各土地（以下，「自用地」）上に地下２階，地上５階建ての建物と，高層階に賃貸用住居が入る地下２階，地上14階建ての建物の附属建物（以下，これらを併せて「納税者使用建物」）を建築するという計画をたてた。

　その後本計画に基づく工事は平成13年９月頃着手され，同14年１月１日及び同15年１月１日当時も継続し，同年６月頃完了した。課税庁は平成14年度及び同15年度の各土地を，事務所棟用地を含む敷地全体と併せて一画地と認定し，一画地としての評価に基づいて固定資産税を課した。しかし，事務所棟と納税者使用建物完成後の，平成16年度評価では一体に利用されているとはされずに，敷地全体を一画地と認定することなく評価された。平成14，15年度の敷地全体での評価は，全体で30億円を超える評価となっていたが，土地の一部に非課税地を含んでいたことなどもあり敷地を一画地として評価しなかった平成16年度の評価では，約４億円と大きな差が生じていた。

　納税者はこの平成14，15年度の敷地全体を一画地と認定しての評価を不服として平成18年に審査委員会に対し，審査の申出をしたが，審査委員会は同20年，各申出を棄却する旨の各決定をした。そこで納税者は審査評価決定の取消しを求めて訴えを提起したが，裁判所は請求を棄却した。

【判決要旨】

①　課税庁は，平成14年１月１日及び同15年１月１日当時，敷地が工事用地として囲いで囲まれていたことや，工事が事務所棟用地部分，納税者使用建物用地部分に明確に区分されることなく一体として進められていたことなどを根拠に，平成14年度及び同15年度の各土地１の評価においては，敷地全体を一画地と認定すべきである旨主張する。

②　しかし，固定資産税の課税標準となる固定資産（土地）の価格が，当該土地の資産価値を評価したものであることにかんがみれば，その算定の基礎となる画地の認定において利用状況等の一体性を判断するに当たっても，そのような観点から検討すべきであるところ，敷地を囲んでいた囲いは，工事を実施するに当たりその工事区域を画するためのものにすぎないのであり，敷地は，上記各賦

《地方税法関係》

課期日において，工事が現に行われている土地という意味では一体であったといえるとしても，その限度にとどまるものというほかなく，上記事情をもって，敷地全体がその利用状況等において一体をなしていたとすることは，敷地を構成する各土地の資産価値の評価という観点からは相当でないというべきである。

③　平成14年度の賦課期日の時点において，敷地は，外形上はその全体が一つの囲いで囲まれ，一つの工事の現場として一体をなしているように見えていたとしても，近い将来において，計画のとおり，少なくとも自用地部分と事務所棟用地部分とがその利用状況等において明確に区別されるに至ることが確実視されたものであったということができ，敷地を構成する各土地の資産価値も，そのような将来的な利用状況等の影響を受ける状況にあったというべきである。そして，同15年度の賦課期日の時点においては，なおも敷地全体が一つの囲いで囲まれ，工事が継続している状況であったとはいえ，納税者使用建物及び事務所棟が建ち上がり，外形上も自用地部分と事務所棟用地部分とをおおむね区別することができる状況にあったものである。

④　このような事情を考慮すれば，敷地を構成する各土地の平成14年度及び同15年度の評価においては，計画に基づく将来的な敷地の利用状況等を前提に画地の認定をすべきものであるところ，自用地と事務所棟用地とがその利用状況等において一体をなすものといえないことは明らかである（現に，弁論の全趣旨によれば，工事が完了した後にされた平成16年度の評価においては，自用地と事務所棟用地とを併せて一画地と認定されることはなかったことが認められる。）。

⑤　したがって，平成14年度及び同15年度の土地の評価においては，少なくとも自用地部分と事務所棟用地部分とを分けて画地の認定をすべきであったというべきである。

【検　討】

本事案のような規模の開発では完成後の具体的な計画が存在しない，といようなことは通常考えられない。課税庁には完成後の計画まで含めた慎重な調査と判断が求められているといえるだろう。固定資産税は賦課課税であり，その課税標準等について精査する機会はあまりないのが現状といえる。しかし，このような事例が存在する以上，納税者の側でも固定資産税への理解を深め，本事案のような新築案件はもとより，折をみて評価を確認する必要があるといえる。

隣接する数筆の土地を所有する納税者がその隣接する土地に自用の建物と賃貸用事務所棟を建築，完成後にはそれぞれの建物が建築された土地が，それぞれ別々の土地として評価され固定資産税が課された。しかし，建築中は同時に工事が行われたため一つの囲いでその数筆の土地はおおわれていた。課税庁は，建築中の敷地全体を併せて一画地と認定して評価し，固定資産税を課した。工事中の一つの囲いでおおわれた数筆の土地は一体的に利用されているといえるかどうかが主な争点となった。

課税庁は，敷地が工事用地として一つの囲いで囲まれており，工事は事務所棟と納税者使用建物の区別なく一体として進められていた点，工事の総合元請けのプレスリリースに「全体敷地面積」，「全体延べ面積」，「全体開発期間」等の記載があった点，建築確認申請が納税者使用建物と事務所棟を併せた延べ面積で申請されている点などから敷地は一体的に利用されていたといえ，一画地として評価できる，としたが，これだけで一体的に利用していたといえるであろうか。

工事の際の囲いや，工事の総合元請のプレスリリース等，一体の開発とみることができる部分にのみ着目し，土地全体で一体での利用としているが，一体での利用といえるかどうかの判断は，その土地がどのように利用されているかによってなされるべきである。工事中の土地の場合には工事完了後にどのように利用されるのかによって一体的に利用されているかどうかを判断するべきであろう。本事案の場合，極めて具体的に定められた計画があり，その計画をみていけば目的の異なる建物が同時に建築されている，ということは明らかである。隣接する土地で同時に工事を行うのであるから土地

279

を一つの囲いで覆うのは合理的であるし，そのことから一体的に利用していたとするのは無理がある。工事計画等に基づき，そこで何を建築中なのか，どのように利用されるのかに着目しなければその利用状況等は判別できないというべきであろう。事実，完成後計画通りに利用された本事案の土地は，自用の建物と賃貸用事務所等では別々に利用されているとして別々の評価となっている。

【論　点】

① 　固定資産税評価額の評価方法。
② 　固定資産税評価に対する納税者の救済制度。

《地方税法関係》

094　固定資産税の誤評価

最高裁第一小法廷平成22年6月3日判決
平成21年（受）第1338号・損害賠償請求事件
【掲　載】裁判所HP・TKC：25442264・TAINS：Z999-8260
【判　示】固定資産税評価の間違いについて固定資産評価審査委員会に審査の申出をできなかっ
　　　　た場合においても国家賠償訴訟による損害の回復の道があることを示し，固定資産税
　　　　の誤評価による課税ミスについて国家賠償請求が認められた事例。
〔第1審：名古屋地判平成20年7月9日・平成19年（ワ）第1317号〕
〔控訴審：名古屋高判平成21年3月13日・平成20年（ネ）第732号〕

【解　説】

　賦課課税である固定資産税においては，自治体による評価間違いが問題となることが少なくない。
この点について地方税法は，固定資産評価審査委員会に対する審査の申出及びその決定に対する取消
しの訴えによってのみ争うことができる，と規定している。さらに，その申出期限については，毎年
4月1日の固定資産の価格を登録した旨の公示の日から納税通知書の交付を受けた日後60日以内に，
文書をもって，固定資産評価審査委員会に審査の申出をすることができる，としている。

　納税者は固定資産の評価等に不服がある場合には，この審査の申出により損害を回復する，という
のが通常である。しかし，審査申出の期限は非常に短い。明らかに課税側である自治体職員のミスに
よって誤った課税がなされていた場合にも審査申出期限が過ぎてしまっている過去の分については救
済される手段がないのだろうか。

【事案の概要と概要と経緯】

　平成18年度に至るまで，納税者の所有する倉庫（以下「本件倉庫」）は，N市により一般用の倉庫
に該当することを前提にして評価され，税額が決定されおり（以下「本件各決定」），納税者は，本件
各決定に従って固定資産税等を納付してきた。平成18年5月26日付けで，N市M区長は納税者に対し，
本件倉庫が冷凍倉庫等に該当するとして，平成14年度から同18年度までの登録価格を修正した旨を通
知した上，上記各年度に係る本件倉庫の固定資産税等の減額更正をした。その後，納税者は，同14年
度から同17年度までの固定資産税等につき，納付済み税額と上記更正後税額との差額として389万
9000円を還付された。

　そこで納税者は昭和62年度から平成13年度までの各賦課決定の前提となる価格の決定には本件倉庫
の評価を誤った違法があり，上記のような評価の誤りについて過失が認められると主張して，所定の
不服申立手続を経ることなく，N市を相手に，国家賠償法1条1項に基づき，上記各年度に係る固定
資産税等の過納金及び弁護士費用相当額の損害賠償等を求めた。

　第1審及び控訴審は，いずれも納税者の請求を棄却した。控訴審は，国家賠償法に基づいて固定資
産税等の過納金相当額を損害とする損害賠償請求を許容することは，当該固定資産に係る価格の決定
又はこれを前提とする当該固定資産税等の賦課決定に無効事由がある場合は別として，実質的に，課
税処分を取り消すことなく過納金の還付を請求することを認めたのと同一の効果を生じ，課税処分や
登録価格の不服申立方法及び期間を制限してその早期確定を図った地方税法の趣旨を潜脱するばかり
か，課税処分の公定力をも実質的に否定することになって妥当ではない。そして，評価基準別表第13
の7の冷凍倉庫等に係る定めが一義的なものではないことなどに照らすと，本件各決定に無効とすべ
き程度の瑕疵はない，などと判示した。

281

最高裁は，控訴審判決を破棄し，差し戻した。

【判決要旨】

① 国家賠償法1条1項は，「国又は公共団体の公権力の行使に当る公務員が，その職務を行うについて，故意又は過失によって違法に他人に損害を加えたときは，国又は公共団体が，これを賠償する責に任ずる。」と定めており，地方公共団体の公権力の行使に当たる公務員が，個別の国民に対して負担する職務上の法的義務に違背して当該国民に損害を加えたときは，当該地方公共団体がこれを賠償する責任を負う。

② 地方税法は，固定資産評価審査委員会に審査を申し出ることができる事項について不服がある固定資産税等の納税者は，同委員会に対する審査の申出及びその決定に対する取消しの訴えによってのみ争うことができる旨を規定するが，同規定は，固定資産課税台帳に登録された価格自体の修正を求める手続に関するものであって（435条1項参照），当該価格の決定が公務員の職務上の法的義務に違背してされた場合における国家賠償責任を否定する根拠となるものではない。

③ 控訴審は，国家賠償法に基づいて固定資産税等の過納金相当額に係る損害賠償請求を許容することは課税処分の公定力を実質的に否定することになり妥当ではないともいうが，行政処分が違法であることを理由として国家賠償請求をするについては，あらかじめ当該行政処分について取消し又は無効確認の判決を得なければならないものではない〔最高裁昭和35年（オ）第248号同36年4月21日第二小法廷判決・民集15巻4号850頁参照〕。このことは，当該行政処分が金銭を納付させることを直接の目的としており，その違法を理由とする国家賠償請求を認容したとすれば，結果的に当該行政処分を取り消した場合と同様の経済的効果が得られるという場合であっても異ならないというべきである。そして，他に，違法な固定資産の価格の決定等によって損害を受けた納税者が国家賠償請求を行うことを否定する根拠となる規定等は見いだし難い。

④ 固定資産の価格の決定及びこれに基づく固定資産税等の賦課決定に無効事由が認められない場合であっても，公務員が納税者に対する職務上の法的義務に違背して当該固定資産の価格ないし固定資産税等の税額を過大に決定したときは，これによって損害を被った当該納税者は，地方税法432条1項本文に基づく審査の申出及び同法434条1項に基づく取消訴訟等の手続を経るまでもなく，国家賠償請求を行い得るものと解すべきである。

⑤ 記録によれば，本件倉庫の設計図に「冷蔵室（－30℃）」との記載があることや本件倉庫の外観からもクーリングタワー等の特徴的な設備の存在が容易に確認し得ることがうかがわれ，これらの事情に照らすと，控訴審判決が説示するような理由だけでは，本件倉庫を一般用の倉庫等として評価してその価格を決定したことについてN市長に過失が認められないということもできない。

⑥ 以上と異なる見解の下に，納税者の請求を棄却すべきものとした控訴審の判断には，判決に影響を及ぼすことが明らかな法令の違反がある。論旨はこの趣旨をいうものとして理由があり，控訴審判決は破棄を免れない。

【検　討】

本事案は，倉庫が冷凍倉庫なのか，一般の倉庫なのかが問題となったのではなく，国家賠償請求により過去に遡り固定資産の評価が間違っていた場合の損害回復を求めることができるか，という点が問題となった。賦課課税方式をとる固定資産税等においては，評価の間違いにすぐ気づかずに審査の申出をしない場合には国家賠償訴訟による損害の回復も求め得ない，というのでは，納税者にとって酷というべきである。国家賠償請求訴訟による損害回復を認めた裁判所の判断は妥当なものといえよう。

《地方税法関係》

　控訴審においてN市は，固定資産の価格とは適正な時価をいうから，納税者は，評価基準に拘束されず，専門の倉庫業者の立場として，独自に資産価値を測定・検証等することは十分に可能であった，などと主張している。しかし，固定資産税は賦課課税方式の税であり，固定資産の価格の決定はすべて評価基準に従っているはずであるから，納税者はN市の評価に間違いがあるとは通常考えない。賦課課税方式の税額計算の基礎となる登録価格の評価が過大であるか否かは納税者には直ちには判明しないであろうし，それは専門の倉庫業者であろうと同様である。本事案の場合，外見上それとわかる冷凍倉庫を一般倉庫と20年も間違って評価していたというのであるからN市の固定資産評価体制に問題があったといえる。

　通知課税ともいうべき固定資産税課税においては，従来から，多くの自治体で課税ミスが頻発してきた。行政の不備と怠慢に納税者が泣き寝入りしてきた現実を踏まえると，本事案は納税者の権利救済に一歩踏み込んだ判断といえるが，償却資産に対する課税対象と異なり，見落としがちであることに留意する必要はある。

【論　　点】

① 　固定資産評価審査委員会制度の趣旨と効果。
② 　課税ミスと国家賠償請求の適用。

283

095 固定資産の誤評価と納税者の責任

東京地裁平成29年5月10日判決

平成27年（ワ）第14084号・国家賠償請求事件

【掲　載】ＴＫＣ：25560216・ＴＡＩＮＳ：Ｚ999－8389

【判　示】課税庁が，住宅用地の特例を適用しなかったため，過納付相当額の損害が生じたとして，納税者が求めた賠償請求の一部を認容した事例。

【解　説】

　周知のように納税義務が確定させる主要手続は，通常，申告納税方式と賦課課税方式の二つの方法があるが，地方税の主流である賦課課税方式は，納税義務が課税庁の納税義務者に対する賦課決定によって確定する方法である。賦課決定は，通知書が納税義務者に送達したときに効力が生じることになる。

　賦課課税は，納税者にすれば，いわば通知課税であるから一方的な課税という意識は強いのも事実である。確かに，申告納税に比べ，手続きに関する納税者の負担という見地からすれば議論の余地はない。しかし，賦課課税が疑問視されるのは，固定資産税において頻発する誤課税や誤徴収の存在である。その結果，税務行政に対する納税者の不信も出てくる。賦課課税の本質は，納税者の行政に対する信頼であり，いわば課税ミスは無いという前提に立つはずである。

　賦課課税における，いわゆるミスは，最終的には行政の怠慢という結論に帰することで，行政に対して注意を喚起することに止まることが多いような気がする。しかし，根底には，税務職員の法律解釈に対する知識と認識の欠如があることを忘れてはならない。

【事案の概要と経緯】

　納税者の父であるＡは，昭和33年，土地2に建物を建築し，居住し始めた。Ａは，昭和57年頃，建物を土地2から土地1へ曳行するとともに，建物の1階部分を増築して，建物の曳行後から平成元年頃まで，建物の1階部分で飲食店を営業し，2階部分に居住した。

　Ａは，平成5年，建物の1階部分の内装工事をした。自宅部分と賃貸する事務所部分との間にはドアが残ったが，ドアは自宅部分側から鍵をかけ，ガムデープを貼ってドアで事務所部分と自宅部分を行き来することができないようにした。内装工事の結果，建物の自宅部分は，1階部分の一部分及び2階部分全てとなり，総床面積は，建物の総床面積の2分の1以上となった。また，自宅部分と事務所部分は，それぞれ独立の出入口及びトイレを有し，自宅部分には炊事場が存在するようになった。Ａは，平成5年頃以降，建物の事務所部分を第三者に賃貸した。

　Ａは，固定資産税の特例等に関する案内文書を受けて，各土地が小規模非住宅用地であるとして，固定資産税減免申請書を都に提出しており，また，平成7年度から平成20年度までの間，各土地が住宅用地であることを申告していなかった。Ａは，平成7年度から平成20年度まで，都からの賦課決定に従い，固定資産税等を支払っていた。

　ところが，納税者は，平成25年3月，土地2に建物を新築したことを契機に，固定資産税の額が高額であることに違和感を覚えた。納税者からの指摘を受けて，都は，平成26年2月頃，今まで非住宅用地として認定していた各土地が小規模住宅用地に該当するとして，平成21年度分から認定の変更をし，固定資産価格等の修正をした。納税者は，平成21年度から25年度までの都税過納付分の還付通知を受けた。

　納税者は，住宅用地に対する固定資産税等の特例の適用のない賦課処分により，Ａは過大な固定資

《地方税法関係》

産税等の支払をすることになったとして，都に対して，国家賠償法１条１項に基づく損害賠償を求めた。

裁判所は納税者の請求の一部を認容し，確定した。

【判決要旨】

① 建物は，平成５年頃の内装工事により，事務所部分と自宅部分とに明確に構造上分けられ，それぞれ独立の出入口，トイレ，炊事場部分のある構造となり，Ａは，以後自宅部分に居住していた。自宅部分は，建物の総床面積の２分の１以上の面積を有していたのであるから，平成５年頃から少なくともＡが死亡する平成22年までの間，建物は併用住宅であった。

② 建物は，平成５年頃から平成22年までの間，居住部分の床面積が建物の総床面積に占める割合が２分の１以上である併用住宅であったのであるから，都としては，各土地のうち，建物の敷地全体を含む大部分について，住宅用地と認定して特例を適用すべきであった。

③ 都が特例を適用せず，固定資産税等を過大に計算して賦課決定をしていたからといって，直ちに国賠法上違法の評価を受けるものではなく，特例の適用に関して，職務上尽くすべき注意義務を尽くしたか否かによりその違法性を判断すべきである。

④ 建物の利用形態が，レストラン営業から事務所等に変更されたことを疑われ，昭和59年頃の調査時に自宅部分が独立性を有していなかったとしても，利用形態の変更によって独立性を有し，建物が併用住宅に該当するに至っている可能性が充分に考えられるから，所内調査によっても，少なくとも平成５年には綿密調査を実施する契機が存在していたといえ，仮に，綿密調査を実施していたら，建物が併用住宅であることが判明していたものと考えられる。

⑤ 都は平成26年に至るまで各土地全てについて非住宅用地であることを前提に特例を適用していなかったのであるから，建物が併用住宅であることを同年まで看過し続けていたのであって，都が各土地の住宅用地の認定に際し，平成５年には綿密な調査をすべきであるのにこれを怠ったか又は漫然としか調査していなかった結果によるものといえる。賦課決定には都の過失及び違法性が認められる。

⑥ Ａは，各土地の所有者として，住宅用地の申告等をすべき義務を負っていたにもかかわらず，平成７年度から平成20年度までの間，各土地が住宅用地であることを申告していなかった。Ａは，都から，納税通知書とともに，固定資産税等の土地の課税標準の求め方や特例の適用要件等の説明のある案内文書等を送付されており，各土地の利用状況を踏まえれば特例が適用されるべきことを容易に知り得る状況にあったといえるから，申告義務を果たすことも困難ではなかった。

⑦ もともと併用住宅に関しては外観から認定をすることが困難な場合も多いと考えられるところ，都の併用住宅の認定，ひいては特例の適用の有無を判断する上では，土地の所有者による協力が重要なのであるから，Ａの行動によって，都による特例の適用を一定程度困難ならしめ，Ａの損害が発生し又は拡大されたということができるから，Ａの損害について３割を過失相殺する。

【検 討】

本事案では，地方税法349条３の２及び702条の３に規定する住宅用地に対する固定資産税等の特例の適用をめぐって，当時，各土地に特例の適用があったにもかかわらず，適用のない賦課決定をした都には，国家賠償法１条に規定する損害賠償の責任があるか否かが問題となっている。

納税者は，都は，住宅用地の申告の有無に関係なく，特例の適用要件の有無について調査を尽くす義務を尽くしていなかったと主張した。これに対して，都は，所内調査及び外観調査の結果，綿密調査を行う必要がないと判断したのであり，職務上通常尽くすべき注意義務を尽くしていたと主張した。

285

裁判所は，当時，各土地に特例の適用があったと確認したうえで，特例の適用に関する職務上尽くすべき注意義務を尽くしたか否かにより，国家賠償法上の違法性を判断するとした。都は，平成5年には綿密調査をすべきであったにもかかわらず，怠ったか又は漫然としか調査していなかったのであり，賦課決定には都の過失及び違法性が認められるとした。もっとも，Aが住宅用地の申告等の義務を怠ったことにより，都による特例の適用を一定程度困難にしており，Aの損害の3割を過失相殺すると判断した。

　地方税法384条1項及び都条例136条の2第1項は，住宅用地の所有者に対して申告義務を規定している。裁判所は，住宅用地の申告は特例の適用要件ではなく，都による住宅用地の認定を補完するものにすぎず，住宅用地の申告をしなかったことは賦課決定の違法性や都の過失に影響しないとした。一方で，住宅用地の申告は罰則を伴う義務であり，都による認定調査を補助するものであることから，義務違反により損害の発生や拡大が認められる以上，過失相殺の事情とするとした。申告をしなかったことは，国家賠償法上の故意又は過失の判断に影響しないとしつつも，過失相殺の有無とその割合で考慮するとして，納税者に一定の責任を負わせた点に，本事案は注目される。

　確かに，都が調査義務を尽くしていたならば，本来は納付する必要がない税であるから，3割の過失相殺は納税者に酷であるともいえる。納税者に大きな負担を課す申告納税制度と異なり，通知課税と揶揄され，納税者にとってはいわば受け身の課税方式である賦課課税制度において，納税者に法律上の申告義務が課すならば，課税庁は，その趣旨と意義を納税者に日頃から周知される必要を自覚すべきである。

《地方税法関係》

096 不動産取得税と特例要件

最高裁第一小法廷平成28年12月19日判決

平成28年（行ヒ）第6号・不動産取得税還付不許可決定処分取消請求事件

【掲　載】裁判所ＨＰ・ＴＫＣ：25448336・ＴＡＩＮＳ：Ｚ999－8377

【判　示】土地上に建築された複数棟の建物について，不動産取得税が減額される住宅に該当するという納税者の主張が排斥された事例。

〔第1審：東京地判平成26年11月20日・平成25年（行ウ）第705号〕

〔控訴審：東京高判平成27年9月2日・平成26年（行コ）第488号〕

【解　説】

　租税の課税対象として，所得，資産，消費，流通に係る経済行為や取引が挙げられる。資産においては，資産の取得，維持，管理，運用に伴う資力に担税力を見いだし，そこに課税するという考え方といえる。

　資産課税といえば，不動産に課税する固定資産税，自動車に課税する自動車税が想起されるが，これらの租税には，ともに取得時に課税する不動産取得税，自動車取得税が存在する。

　これらの租税は，それぞれ資産を取得するだけの資力を持っていることに担税力があるとして，その経済力に着目したといえる。

　ただ，消費税の税率10％改正に伴い廃止予定の自動車取得税の場合は，自動車として機能を有する商品を取得するわけであるから，課税客体は，いわば完成品が対象であり，また所得者も明確な意思を持って取得しているから，課税自体に疑義を申し立てることはない。

　これに対して，不動産取得税は，概要の通りシンプルな税制に思えるが，基本的な問題での議論はある。不動産の取得とは，売買，贈与，交換による取得のほか，家屋の新築，改築，増築も含まれるとされている。

【事案の概要と経緯】

　不動産の売買，仲介，コンサルティングに関する業務等を営む株式会社である納税者は，平成20年3月19日，独立行政法人Ｃから土地を購入したが，その後，平成22年3月9日，Ａ株式会社に対して，代金73億円で売却した。都税事務所長は，平成23年5月11日付けで土地取得に対する不動産取得税賦課処分をし，納税者は，同月31日までに，不動産取得税7926万6100円を納付した。

　地方税法73条の27第1項（都税条例48条の4）は，土地取得に対する不動産取得税について，一定の要件を充足した場合には，減額すべき額に相当する税額を還付すると規定する。これを受けて，地方税法73条の24第1項1号（条例48条1項1号）は，土地を取得した日から2年以内に土地上に住宅（特例適用住宅）が新築された場合には，土地取得に対する不動産取得税は，一定額を減額すると規定する（減額規定）。

　土地取得が平成16年4月1日から同26年3月31日までの間に行われたときには，地方税法附則10条の2第2項（条例附則5条の2の7）が，特例適用住宅が新築されるまでの期間を3年以内，さらに，土地の取得の日から3年以内に特例適用住宅が新築されることが困難である場合として政令で定める場合には4年以内とすると規定していた。この政令で定める場合について，地方税法施行令附則6条の17第2項は，(1)特例適用住宅が居住の用に供するために独立的に区画された部分（独立区画部分）が100以上ある共同住宅等であって（戸数要件），(2)土地を取得した日から共同住宅等が新築されるまでの期間が3年を超えると見込まれることについてやむを得ない事情がある都知事が認めた場合であ

287

ると規定していた。

A社は，平成24年3月5日，土地上に建築された各建物について，同年1月30日新築を原因として，表示に関する登記を得た。各建物は特例適用住宅であるが，合計6棟の建物，総戸数405戸であった。一方で，各棟は構造的に独立した建物であり，戸数はいずれも100戸に満たなかった。

納税者は，平成24年6月13日，都税総合事務センター所長に対して，土地上に建築された複数棟の建物について特例適用住宅に該当するとして，不動産取得税の還付を求める申請をした。これに対して，所長は，同年8月9日，不動産取得税を還付しないとの処分をしたことから，納税者が処分の取消しを求めた。

第1審は納税者の請求を棄却したが，控訴審は，特例適用住宅の新築に係る不動産取得税の還付の制度は，居住の用に供せられる部分の床面積に着目して，一定の居住性を備えた住宅の供給を促進することを目的としており，取得した土地上に建築される共同住宅等が1棟で独立区画部分を100以上有する場合と，複数棟で合計100以上有する場合とで違いはなく，行政機関に対する各種申請手続や近隣住民との調整などに時間を要することも同様であるとした。戸数要件について，1棟の共同住宅等ごとに判断されるべきことは法令の文言上明示されておらず，減額規定について明文の規定なく制度趣旨に反して制限的に適用すべきではないから，減額規定は，複数棟の共同住宅等で合計100以上の独立区画部分がある場合にも適用されると判示して，納税者の請求を認容した。

これに対して，最高裁は控訴審判決を破棄し，第1審判決を支持したため，納税者の敗訴が確定した。

【判決要旨】

① 地方税法73条の14第1項は，地方税法施行令附則6条の17第2項において戸数要件の対象となる共同住宅等につき，「共同住宅，寄宿舎その他これらに類する多数の人の居住の用に供する住宅」と規定し，地方税法73条4号は，住宅につき，「人の居住の用に供する家屋又は家屋のうち人の居住の用に供する部分で，政令で定めるもの」と定義しているから，地方税法施行令附則6条の17第2項の共同住宅等は，家屋に含まれる。地方税法73条3号は，家屋につき，「住宅，店舗，工場，倉庫その他の建物をいう。」と定義しているところ，ここでいう建物は，屋根及び周壁又はこれらに類するものを有し，土地に定着した建造物であって，その目的とする用途に供し得る状態にあるものをいい，別段の定めがない限り，1棟の建物を単位として把握されるべきである。

② 地方税法施行令附則6条の17第2項の共同住宅等に関して定められた戸数要件を充足するか否かの判断においても，別段の定めがない限り，1棟の共同住宅等を単位とすべきであるところ，この点について別異に解すべきことを定めた規定は設けられておらず，複数棟の共同住宅等を合わせて戸数要件を判断することを前提とした規定も存在しないことに照らすと，1棟の共同住宅等ごとに判断することが予定されている。

③ 地方税法施行令附則6条の17第2項にいう独立区画部分が100以上ある共同住宅等に当たるか否かは，1棟の共同住宅等ごとに判断すべきである。

④ 各建物は，1棟ごとの独立区画部分がいずれも100未満であって戸数要件を満たさないから，処分は違法であるとはいえない。

【検　　討】

本事案では不動産取得税の減額を受けることができるか否かが争われているが，争点は，(1)各建物が戸数要件を満たした特例適用住宅に該当するか否か，(2)各建物の建築がやむを得ない事情要件を満たすか否か，である。

《地方税法関係》

　納税者は，土地上に建築された共同住宅等の総戸数が100以上であれば，戸数要件を満たすと主張した。東京都は，共同住宅棟を複数棟新築して独立区画部分が100以上になる場合であっても，各棟の独立区画部分が100未満であれば戸数要件を満たさないと主張した。

　最高裁は，地方税法等の規定を確認したうえで，地方税法施行令附則6条の17第2項に規定する戸数要件を充足するか否かも，別段の定めがない限り，1棟の共同住宅等を単位として判断すべきであるとした。本事案の各建物は1棟ごとの独立区画部分がいずれも100未満であり戸数要件を満たさないことから，減額を受けることができないとして，納税者の請求を排斥した。

　東京高裁と最高裁の違いは，東京高裁が，減額特例は独立区画部分の床面積に着目したうえで，規定は1棟の共同住宅等ごとに判断すべきであると明示していないとしたのに対して，最高裁が，地方税法等の規定を踏まえると，別段の定めがない限り，1棟の建物を単位として戸数要件を判断すべきであるとした点に見られる。

　土地上に複数棟の共同住宅が新築された場合，1棟ごとに戸数要件が充足されたか否かを判断するか，あるいは複数棟ごとに判断するかについて，規定が明確にしていなかったことが問題の発端である。減額特例であることを理由に規定を厳格に解釈することは問題であるが，最高裁は，地方税法等の他の規定との関係性から「共同住宅等」の意義を明らかにしたといえる。

　マンション建設では建築制限や住民との合意形成などの制約があることからは，1棟100戸以上とする形式な戸数要件が本来の減額特例の趣旨と合致しているかは今後問われるべきであろう。しかし，土地取得に対する不動産取得税の減額特例に関する戸数要件について，土地上に共同住宅棟を複数棟新築した場合も，1棟の共同住宅等ごとに100以上の独立区画部分があるか否かを判断することを明らかにした最高裁判決が実務に与える影響は少なくない。

【論　　点】
①　不動産取得税の趣旨と性格。
②　不動産取得税における取得の意義と対象。

097 自動車税の減免要件

最高裁第三小法廷平成22年7月6日判決

平成21年（行ヒ）第52号・自動車税減免申請却下処分取消等請求事件

【掲　載】裁判所ＨＰ・ＴＫＣ：25442391・ＴＡＩＮＳ：Ｚ999－8272

【判　示】条例に規定される減免の要件である「天災その他特別の事情」は，徴収の猶予の要件よりも厳格に解すべきで，納税者の意思に基づかないことが客観的に明らかな事由によって担税力が減少する事情のみを指すものであり，納税者は，脅迫された結果，自動車を貸与することを承諾したのであるから，購入した自動車を利用できないという損害を被ったことは，納税者の意思に基づかないことが客観的に明らかであるとはいえないとした事例。

〔第1審：名古屋地判平成20年5月29日・平成20年（行ウ）第1号〕

〔控訴審：名古屋高判平成20年11月20日・平成20年（行コ）第31号〕

【解　説】

　自動車税とは，自動車の保有者に対して課される都道府県税である。一方で，納税者が自動車を保有しているという事実があるとしても，天災等により自動車を利用できない保有者に対して課税を行うことは，担税力に応じた課税に合致しない。

　そこで，地方税法は，天災等による担税力の減少又は消滅に係る徴収の猶予等の救済措置のほか，地方公共団体が条例で，自動車税の負担を軽減するための個別的な救済措置を置くことを認めている。

　問題となるのは，天災という客観的に明らかな事情だけでなく，人災という主観的な事情が含まれる場合も，個別的な救済をすべきかどうかである。個別的な救済措置である以上，主観的な事情を考慮することにより，減免の範囲が不明確となることは問題であるともいえる。

【事案の概要と経緯】

　本事案で問題となっているのは，納税者が脅迫された結果，自動車を第三者に貸与して自動車を利用できなかった場合に，条例の定める自動車税の減免の要件を充足するか否かという点である。脅迫の有無，さらに，脅迫による自動車の貸与が減免要件を充足するかが問題となる。

　納税者は，平成13年1月に，Ａの求めに応じて本件自動車を購入したところ，購入した自動車を貸与するようＡから脅迫を受けたため，やむなく承諾して自動車をＡに引き渡した。本件自動車は，同年2月に，自動車登録ファイルに登録された。

　納税者は，平成15年1月に，Ａを被告として，本件自動車などの引渡し等を求める訴えを裁判所に提起し，同年8月に，納税者の請求を認容する旨の判決を受け，同判決は確定した。その後，納税者が裁判所執行官に対して申し立てた動産執行は，Ａの住所地が空き家となっていたため，同年10月に執行不能により終了した。

　納税者は，平成19年1月に，本件自動車に係る自動車税の納税地を管轄する県税事務所長に対し，平成13年4月ころに自動車をＡに横領されて以降，自動車を占有しておらず，また自動車の所在も不明である等を理由に，平成17年度及び同18年度の本件自動車に係る自動車税各3万余円の減免を申請した。平成19年3月に，同県税事務所長が愛知県県税条例72条の減免規定に該当しないと申請を却下する旨の処分を行ったことから，納税者が本件処分の取消しを求めて訴訟を提起したが，第1審も納税者の請求を棄却した。

　控訴審は，納税者がＡに本件自動車を喝取され，自動車を使用できない状況になったのみならず，

《地方税法関係》

そのような状態を解消すべく，Aに対し民事訴訟を提起した上で，勝訴判決に基づく強制執行を申し立てるなど，できるだけの努力を行ったものの，Aが転居して行方不明となり，自動車の所在も不明となったとの事実から，動産執行以後，納税者において自動車税を支払った上でAに対し求償権を行使するのは事実上不可能であったと認定した。盗難の場合には自動車税の減免を認めるのに対して，求償が事実上不可能になった後の自動車税の減免を認めないとするのは合理性のない不平等な取扱いであり，本件処分は裁量権の範囲を逸脱した違法な処分であるとして，納税者の主張を認容した。

しかし最高裁は，控訴審判決を破棄し，納税者の敗訴が確定した。

【判決要旨】

① 課税庁による恣意を抑制し，租税負担の公平を確保する必要性にかんがみると，課税の減免は，法律又はこれに基づく命令若しくは条例に明確な根拠があって初めて行うことができる。

② 地方税法162条による自動車税の減免は，天災等により担税力が減少し又は消滅したため，徴収の猶予等の同法の定める他の措置によっても同税の負担を課すことが相当性を欠くと認められるような納税者に対し，地方公共団体の条例において定める要件に適合することを条件として個別的な救済を図るための制度である。

③ 県税条例72条は，「天災その他特別の事情により被害を受けた者」に対し自動車税を減免することができると規定しているところ，これは，天災等によりその財産につき損害を受けた者に対し，上記と同様の観点から，同税の減免を認める趣旨のものと解される。

④ 財産につき損害を受けた納税者に対する徴収の猶予について定める地方税法15条1項1号は，「震災，風水害，火災その他の災害」及び「盗難」という，いずれも納税者の意思に基づかないことが客観的に明らかな事由によって担税力が減少し又は消滅した場合のみを要件として掲げている。そうすると，県税条例72条の定める減免の要件としての「天災その他特別の事情」についても，徴収の猶予の要件よりも厳格に解すべきものであるから，少なくとも，これらの要件と同様に，納税者の意思に基づかないことが客観的に明らかな事由によって担税力を減少させる事情のみを指すと解するのが文理にも沿い，相当である。

⑤ 損害の回復のためにできる限りの方策を講じたものの不奏功に終わったというような事情は，当該損害を被った者につき自動車税の減免の「必要があると認めるもの」に当たるか否かを判断する際に考慮することがあり得るのは格別，当該損害自体が納税者の意思に基づかないことが客観的に明らかな事由によって生じたといえるか否か，すなわち，「天災その他特別の事情」に当たるか否かの判断には直接の関連性を有しない。

⑥ 納税者は，脅迫された結果であるとはいえ，Aに対し本件自動車を貸与することを承諾していたというのであるから，Aがその購入した本件自動車を利用し得ないという損害を被ったとしても，それがAの意思に基づかないことが客観的に明らかな事由によって生じたものとはいえず，したがって，これを「天災その他特別の事情」に当たるということはできない。

【検　討】

本事案の争点は，納税者が脅迫された結果，自動車を他人に貸与して当該自動車を利用できなかった場合に，本件条例72条の定める自動車税の減免の要件を充足するか否かである。

最高裁裁は，県税条例の準則法である地方税法162条の解釈と，地方税法15条の定める徴収の猶予の要件との関係性を踏まえて，県税条例72条の定める減免の要件は，徴収の猶予の要件よりも厳格に解すべきであり，少なくとも，納税者の意思に基づかないことが客観的に明らかな事由によって担税力を減少させる事情のみを指すと判断した。その上で，本件自動車を利用できないという損害を被る

291

過程で，Aに対し自動車の貸与を承諾するとの納税者の意思が存在しており，被った損害が納税者の意思に基づかないことが客観的に明らかな事由によって生じたとはいえないとした。

確かに，納税者は自らの意思で自動車を購入しており，また脅迫された結果とはいえ，納税者は貸与を承諾している。しかし，納税者が自動車の返還請求等を裁判所に提起した上で，動産執行を行ったという事実を軽視することはできない。納税者が主張しているのは，動産執行等により本件自動車の返還を求めた納税者の積極的な行動後の年度で課された自動車税の減免である。納税者の積極的な行動は，自動車貸与を承諾した納税者の意思の存在の連続性を遮断する事実といえよう。動産執行以後は，納税者の意思に基づかない事由により担税力を減少する事情が存在したといえるから，本事案は，県税条例72条の定める減免の要件を充足するといえる。したがって，最高裁の判断には疑問がある。

県税条例は，自動車税の減免における行政庁の裁量権を認める規定であるが，問題は，減免規定の要件を形式的に適用すると，納税者の実質的な担税力に応じた課税を行うことができない点にある。控訴審も述べるように，自動車の盗難と本事案は実質的に同質の状況にあり，Aに対する求償が事実上不可能になった後の自動車税の減免を認めないのは合理性のない不平等な取扱いである。残念なことに本事案は，最高裁判決により確定したが，判旨のように行政庁の裁量規定を形式的に適用すると，実質的な担税力に応じた課税を実現できず，結果として裁量権の範囲を逸脱することになることを行政庁は，認識すべきである。

同時に，あえていえば少額である自動車税であっても最高裁まで争うという行政庁の姿勢を理解しておく必要がある。

【論　点】
① 地方税法と地方税条例との関係。
② 減免要件の趣旨と納税者の意思。

《地方税法関係》

098　入湯税と納税指導

神戸地裁平成27年10月29日判決
平成25年（行ウ）第38号・入湯税更正処分等取消請求事件
【掲　載】ＴＫＣ：25541735
【判　示】入湯税の特別徴収義務者が，課税庁から，入湯客数及び入湯税を過少申告していたと
　　　　　して受けた更正処分等について，申告内容は課税庁担当職員との協議に従った実態に
　　　　　即したものであり，過少申告等ではないという主張が排斥された事例。
〔控訴審：大阪高判平成28年９月30日・平成27年（行コ）第167号〕
〔上告審：最決平成29年10月３日・平成29年（行ヒ）第35号〕

【解　説】

　関東地方屈指の観光地，箱根の大涌谷で噴火によりに立ち入れ規制が実施されたのは平成27年５月
であった。神奈川県箱根町の平成27年度における町税収入の約12％が入湯税収入と見込んでいたが，
入山規制により当初の見込額の６割程度に落ち込むと報じられた（読売新聞平成27年10月２日）。温
泉地を要する地方自治体の財政に占める入湯税の存在が注目された。

　その箱根町のＨＰによれば，入湯税は，鉱泉浴場（温泉浴場）における入湯行為に対して入湯客に
課税する目的税であり，入湯税の徴収については，特別徴収で徴収するよう定められている。

　特別徴収とは，温泉・鉱泉浴場の経営者等が，利用者に対して施設利用の料金とともに徴収し，そ
の徴収した税金を町に納入することであり，入湯税の特別徴収義務者は，温泉・鉱泉浴場の経営者等
で，町が指定する。

　特別徴収義務者の義務は，次のとおりである。

⑴　入湯客から入湯税を徴収すること

⑵　徴収した入湯税を期限までに申告し，納入すること

⑶　徴収簿に入湯客数・税額・免除客数を記載すること

　入湯税の税率は，宿泊を伴うもの（宿泊客）１人１泊 150円，宿泊を伴わないもの（日帰り客）
１人 50円である。

　入湯税の申告と納税は，翌月の末日までに，１日から末日までに徴収した入湯税額，入湯客数及び
免税者の人数などを記載した納入申告書で申告し，納入書によって納税することになる。

入湯税（宿泊・日帰り入湯客とも）の課税が免除されるのは，次の場合などである。

⑴　年齢12歳未満の者（小学生以下）

⑵　共同浴場又は一般公衆浴場に入湯する者

　　この共同浴場とは，商売として経営されている浴場ではないが，一般公衆浴場と同じ趣旨の下
　　に利用されるもので，例えば，会社の独身寮などで利用されるものをいう。また，一般公衆浴場
　　とは，公衆浴場法の営業許可を受けた公衆浴場で，いわゆる銭湯程度のもので，地域住民の日常
　　生活に密接な関係があり，住民が気軽に利用できる程度のものをいう。

⑶　教職員の引率する高等学校以下の生徒及び児童

⑷　疾病により長期療養を必要とする者

【事案の概要と経緯】

　納税者は，平成12年９月より鉱泉浴場を備えた複合型娯楽施設を運営する株式会社である。納税者
の所在する自治体は平成12年10月１日に改正市税条例を施行し入湯税を導入した。この入湯税の導入

にあたり，課税庁と納税者は事前に折衝を行っていた。その際，納税者から，経営が厳しいため入湯税導入後5年間は，入湯客数の3分の1を課税標準とし，申告納入額を年ベースで1000万円程度とする方式を採用してほしい旨の要望がだされていた。

そこで課税庁は，月ごとの入湯客を3万3000人と仮定して算出した仮定適正納入額（年2970万円）を前提に，当初は納入額を少額にし，毎年納入額を逓増させ，入湯税導入後20年目に仮定適正納入額の申告納入となるように設定する方式（20年過少申告認容方針）により算定した場合の各年度の申告納入額の一覧表を作成した。

課税庁は納税者に対し20年過少申告認容方針等を提案し，課税庁提案の20年過少申告容認方針の方が納入額は少なくなるなどと説明した。納税者は，景気動向等を勘案し状況変化に応じた対応も求めた上で，20年過少申告認容方針を受け入れた。そのため，課税庁は，納税者は向後20年過少申告認容方針に従って入湯税を申告納入することになる旨の報告を内部決裁した。

その後，平成12年は，ほぼ計画通りの金額が納められたが，すぐに納入額は落ち込み，上記計画の金額にもとどかないような状況となっていった。その後異動により課税庁の担当者が変更となり，新しい担当者から納税者に対する事情聴取等が行われ，入湯税は特別徴収であり，実績に基づいた結果に従って適正に申告納入するよう求められていた。

平成17年10月申告分から，平成24年9月申告分までについて納税者の当初納入額は約4280万円であったが，平成24年4月，市民税課に納税者に脱税の疑いがある旨の情報がよせられ調査が行われた。納税者は，課税標準である入湯客数を正確に把握するための営業帳簿において，入場者と入湯客とを区別していなかったため，施設の入場者全てが鉱泉浴槽に入湯したものと推定して課税され，同期間の納入額を合計で約1億6990万円とする更正処分等が行われた。

これを受け納税者は，当初の申告納入は課税庁の担当職員との協議に従った実態に即したもので，課税庁と合意の上のことであり，過少申告ではない等と主張して，更正処分等の取消しを求めた。

第1審は納税者の請求を棄却し，控訴審は更正処分の一部が更正の期間制限に違反し違法であるとして第1審判決の一部を変更したが，納税者の本質的な主張は斥けた。最高裁は上告不受理を決定したため，納税者の敗訴が確定した。

【判決要旨】

① 認定事実によれば，納税者の当初の過少申告は，課税庁が提示した20年過少申告認容方針の趣旨に沿ったものであったと認められるものの，同方針自体，明らかに地方税法や市税条例に反する方針であって，仮に外部に漏洩すれば直ちに是正を余儀なくされるであろう違法なものであるから，これへの信頼は，法的に保護に値するものとは言い難い。しかも，認定事実によれば，同方針は，違法ながらも入湯税導入20年後には適正な申告納入となることを目指して毎年度99万円の増額を予定していたにもかかわらず，納税者は，徴収開始から5年を経過した本件期間中にあっても，通じて本件施設の入場者数の2〜3割，時には2割をも下回る入湯客数をもって申告納入してきたものであって，納税者が課税庁の見解を信頼して申告納入をしてきたと認めることも困難である。

② この点につき，証人は，本件協議において，入場者数の3分の1程度を課税標準とするとの合意があったと証言するが，公務員である課税庁担当者らが内部決裁した20年過少申告認容方針以外の合意をすることは，容易に考え難いことといわざるを得ないし，納税者自身が上記のとおり，3分の1を大きく下回る申告納入を繰り返していることに加え，納税者が，平成14年3月，平成17年3月及び同年4月に行われた課税庁との面談において，入湯客の実績に基づいて適正に申告納入するよう指導を受け，上記合意に言及していないことからすれば，上記証言は信用できず，他に納税者と課税庁との間で本件施設の入場者のうち約3分の1程度を入湯客数として申告すれば足りるとの

《地方税法関係》

合意が初年度を超えて成立したと認めるに足りる証拠はない。かえって，上記各事実からすれば，納税者は，遅くとも，上記のとおり，適正な申告納入の指導を受けた平成17年4月までには，自らの不適正な申告納入を課税庁が容認してはいないことを認識していたと認めるのが相当である。

③　以上の事情の下では，本件期間における納税者の過少申告に，納税者の責めに帰することのできない客観的な事情があり，過少申告加算金の趣旨に照らしてもなお納税者に過少申告加算金を賦課することが不当又は酷になるような事情があるとはいえず，処分行政庁が本件期間における納税者の過少申告に「正当な理由」はないと認めたことに違法があるとはいえない。

【検　討】

　課税庁の担当者が入湯税の過少申告に関与していたとして話題となった事案である。裁判所が指摘するように，当初の合意自体が明らかに地方税法や市税条例に反するものであり，違法なものであることは明かである。このような違法な合意をたてに信義則を主張することはできない。

　入湯税が課税される鉱泉浴場とその他の施設が一体となっているような場合，入湯税は鉱泉に入湯する入湯客に対して課税されるのであるから，施設は利用するが入湯しない，というような客には課税されないのが本来である。しかし，これを区別していない場合には，施設利用者全てが入湯したものとして課税されることとなる。もちろん，入湯客の実数を把握していれば施設利用客の総数ではなく入湯客数により，申告することができる。入湯客の実数把握は，当然納税者の仕事であるが，納税者はこれを行っていなかった。そのため，調査を受けた際には，利用者全員が入湯していたとして，課税されることとなった。

　課税庁からは，入り口をわけるなどして入湯客数の正確な数値を把握すれば入湯客実数により申告することができる等の説明は事前折衝の際にされていたが納税者は頑強に入湯税の減額を求めたようである。ただ，入湯税の申告に納入に対し頑強に抵抗した納税者を納得させるためとはいえ，違法な提案を行った課税庁の責任は非常に重い。納税者は調査を受けた後，平成24年10月から平成25年4月に営業を休止するまでの期間は，入湯客の実数をカウントして申告納入を行っている。課税庁が当初から，過少申告を容認するようなことがなければ，このような問題にはならなかったかもしれない。

　課税庁の担当者が当初の過少申告に関与し，これを容認するような合意を決済していたことも課税庁は認めている。15年以上前のことであり，現在このようなことは無いはずであるが，地方税に関与する地方自治体の職員にも自覚が求められていることを改めて示した事案といえる。

【論　点】

①　入湯税の趣旨と性格。
②　納税指導の効果と納税者の責任。

295

099　地方公務員の守秘義務

```
札幌高裁平成30年3月27日判決

平成30年（う）第12号・地方税法違反，加重収賄，業務上横領被告事件

【掲　載】ＴＫＣ：25560324

【判　示】厳重に保護すべき秘密を知人に漏らし，多額の賄賂を収受するなど，悪質な態様によ
　　　　　り職務の公正に対する社会の信頼を大きく損なったとして有罪とされた事例。

〔第1審：釧路地判平成29年12月4日・平成29年（わ）第33号〕

〔上告審：最決平成30年9月11日・平成30年（あ）第608号〕
```

【解　　説】

　秋田県下で，市税務課長が税の滞納者を戸別訪問して徴収した現金を着服したという報道があった（日経新聞平成27年6月21日）。後日，督促を受けた滞納者が反論すれば，直ちに発覚してしまう短絡的な犯行といえる。平成28年1月に報じられた滋賀県下の町役場税務課員の横領事件では，容疑者自身がテレビのインタビューに登場するなど全国的に話題になったが，この職員が税の収受を管理するパソコンに接触できる立場にあったことから，実態解明まで時間がかかったという。

　誤解を怖れず述べれば，横領着服はありがちな事件である。中小企業では，税務調査において，従業員の不正行為が国税調査官の指摘で露呈するのは，珍しいことではない。地方自治体のなかで，少額な証紙販売に比べ，税の徴収は直接，現金に触れる機会があることから，誘惑が多いのかもしれないが，対象が公金ということで，直接の被害者がないことから，罪の意識が薄いのだろうか，横領した本人も周囲も反省が足りないと感じさせられる。

【事案の概要と経緯】

　被告人は，平成22年4月1日から平成27年3月31日までの間，北海道中川郡α町住民課課長補佐兼税務担当スタッフリーダーとして勤務し，徴税吏員として固定資産税等の町税に関する調査及び町税の徴収に関する業務に従事し，同町の運用する住民情報管理システム「アクロシティ」にアクセスして同システムに蔵置された納税者の固定資産所有状況，同税滞納状況等の情報を入手する権限を有していたものであるが，以下のような罪となる事実が認められる。

　平成22年10月7日頃から平成26年8月28日頃までの間，前後34回にわたり，北海道中川郡α町β×丁目×番地×Ｂ整骨院又は同町β△丁目△番地△α町役場において，Ｃから町税等として現金合計212万6000円を徴収し，これを同町のために業務上預かり保管中，いずれもその頃，前記各場所において，ほしいままに，これを自己の用途に費消する目的で着服して横領した。

　平成23年11月29日頃，北海道中川郡α町γ×番地××Ｄ方において，Ｅから，Ｄに係る固定資産税として現金12万5400円を徴収し，これを同町のために業務上預かり保管中，その頃，同所において，ほしいままに，これを自己の用途に費消する目的で着服して横領した。

　平成26年5月28日頃，前記α町役場において，Ｆに対し，同町の運用する住民情報管理システム「アクロシティ」に登録された有限会社Ｇの平成26年度における所有土地の所在地，登記地目・地積及び現況地目・地積等の情報を印字した書面1通を手交するとともに，同社が同土地に係る固定資産税を長く滞納しており，役員との連絡もつかず，事業実態がない旨を告げるなどし，もって地方税に関する調査及び地方税の徴収に関する事務に関して知り得た秘密を漏らした。

　平成26年5月28日頃，前記α町役場において，山林等を購入するなどしてその土地上の立木を売却することを企図していた前記Ｆに対し，前記第3の職務上不正な行為をしたことに対する謝礼の趣旨

《地方税法関係》

であることを知りながら，同年８月８日，前記Ｆから，同町β×丁目□番地□□所在のＨ銀行Ｊ支店に開設された被告人名義の普通預金口座に650万円の振込入金を受けてその供与を受け，もって職務上不正な行為をしたことに関して賄賂を収受した。

第１審は，次のように判示した。

① 被告人は，Ｆに対し，税務担当者として知り得た職務上の秘密を漏えいし，その謝礼の趣旨で賄賂を収受した。被告人の漏えいした情報は，厳重に保護されるべき納税者の情報であり，賄賂の金額も650万円もの多額に及ぶなど，態様は悪質で，町の税務行政，さらには公務員の職務の公正に対する社会の信頼を損うこと甚だしい。賄賂はＦが自ら申し出たものであるが，被告人は拒絶の態度も示さず安易にこの申出を受入れており，同情すべき点はない。被告人は，Ｆの就農が町の利益になると考えたというが，上記の信頼失墜の重大さに鑑みれば，酌むべき事情には当たらない。

② 被告人は，徴税吏員としての地位を悪用し，滞納者から徴収した税金を着服することを繰り返した。その回数は30回以上に及び，常習的犯行というほかない。態様を見ても，滞納者の信頼に乗じて納税させた上で，欠損処理により巧妙に発覚を防ぎつつ私腹を肥やした卑劣なものである。町の税務行政への信頼失墜も看過し難い。被害総額は約225万円を超えるが，被告人は相応の資産を有しながら，未だ賠償に向けた動きは見られない。

以上によると，被告人の刑事責任は重大であって，被告人が本件各犯行を認め，反省の態度を示していること，被告人の二男が当公判廷で今後の監督を誓約していること，被告人には前科前歴がないことなどを考慮しても，刑の執行を猶予すべき事案とはいえず，被告人を懲役３年６月，650万円を追徴するに処するのが相当であると判断した。

控訴審は，情状酌量し減刑の判断を示し，最高裁は被告人の上告を棄却した。

【判決要旨】

① 第１審判決は，以下の事情を考慮して，被告人の刑事責任は重大であると判断し，反省の態度など酌むべき事情も勘案して上記の刑を定めている。すなわち，⑴被告人は厳重に保護すべき秘密を知人に漏らし，同人の申出に安易に応じて多額の賄賂を収受するなど，悪質な態様により職務の公正に対する社会の信頼を大きく損なっており，この点に関して酌むべき事情は認められない。また，⑵税金を着服し私腹を肥やす一方，欠損処理により発覚を防ぐなど，卑劣かつ巧妙な態様で常習的な横領に及んでいる。財産的被害も大きく，賠償に向けた動きも見られない，というのである。原判決の上記量刑判断は相当であり，是認することができる。

② これに対し，控訴趣意の所論は，⑴漏らした情報は登記情報などであり，秘匿性の高いものではなかった上，被告人は町長から知人の就農に対する協力を求められるなど，加重収賄に至った経緯に酌むべき点がある，⑵被告人所有の不動産は，へき地にあるなど，売却が困難であったため，横領の弁償金調達に至らなかったなどと指摘し，原判決の量刑が重過ぎて不当であると主張する。

③ しかし，⑴については，特定の会社に係る所有物件や税金滞納の状況等の信用に関わる情報は，私人の秘密として保護に値し，被告人はそうした情報を厳重に管理すべき立場にあったのに漏えいしたのであるから，強い非難を免れないというべきである。また，所論指摘の経緯は犯行を正当化するものとは到底いえず，酌むべきとも評価できない。⑵については，被害弁償は結局実現していなかったのであるから，原判決の判断は左右されない。上記所論には理由がなく，原判決の量刑は，その言渡しの時点において，重過ぎて不当であるとはいえない。

④ しかしながら，当審における事実取調べの結果によれば，原判決後に，被告人は，不動産仲介業者から融資を受けた上，弁護人を介して，ａに対し，本件横領の被害弁償として遅延損害金を含む282万円余りを支払ったことが認められる。この事情に原判決の指摘する上記量刑事情を併せ考慮

297

すると，本件事案の悪質性等に照らせば，本件が弁護人の主張するような執行猶予相当の事案であるとは到底いえないものの，原判決の量刑は，現時点では，刑期の点でやや重きに過ぎ，これを破棄しなければ明らかに正義に反するに至ったというべきである。よって，刑事訴訟法397条２項により原判決を破棄した上，同法400条ただし書を適用し，被告事件について更に判決する。

⑤　第１審判決の認定した罪となるべき事実に原判決掲記の罰条を適用し，同様の刑種の選択及び併合罪加重をした刑期の範囲内で，上記の理由により被告人を懲役３年に処し，刑法21条を適用して原審における未決勾留日数のうち70日をその刑に算入し，被告人が原判示第４の犯行により収受した賄賂は没収することができないので，同法197条の５後段によりその価額金650万円を被告人から追徴することとし，主文のとおり判決する。

【検　討】

平成31年２月に発表された公務員等の汚職などによる腐敗認識指数という指標では，わが国は180カ国中，20位とされている。しかしながら，公務員の収賄に関する報道も決して少ないとはいえない現実も，直接的被害者が明確にならないという無責任感覚は，横領着服と同様といえる。

これに対して，公務員による秘密漏洩，守秘義務違反は極めて重大である。最近でも，茨城県下で市生活福祉課課長補佐と係長が，暴力団組員に生活保護受給者の個人情報を漏らしたとして，地方公務員法違反（守秘義務違反）で逮捕されている（読売新聞平成29年７月１日）。個人情報の漏洩は直接の被害者が発生する。つまり，漏洩情報は，不特定多数ではなく，対象が意図的に特定された情報であることに留意すべきである。

しかも本事案において漏洩されたものは，税情報である。税情報は個人情報に課税対象となる収入や資産状況が付与された高度なプライバシー保護を要する内容であることを忘れてはならない。

被告側は，控訴趣旨において，漏洩した情報が，「登記情報などであり，秘匿性の高いものではなかった」と主張している。このことは，訴訟上のテクニックという側面も理解できるが，やはり税情報の本質に対する認識不足という感想は否めない。その対価が650万円であったことは，情報価値の高さがおのずから示されている。

かつて岐阜県下において，市税務課長が不動産業者に４人分の固定資産税情報を提供し，逮捕された事件があった。岐阜県警によると地方税法違反（秘密漏洩）では全国で初めてとされた（中日新聞平成20年６月25日）。その後，同課長に対して，岐阜地裁は懲役10月執行猶予３年の判決を言い渡したと報じられた（中日新聞平成20年９月23日・判例集等未登載）。本事案は，この事件と比べ，横領に秘密漏洩及び収賄という極めて悪質な犯罪である。しかしながら，その罪状に眼を奪われることにより，地方公務員による税情報の漏洩が地域住民に及ぼす深刻な問題から眼をそらしてはならない。

【論　点】

①　公務員の守秘義務の意義と範囲。
②　税情報の概念と影響。

《 そ の 他 》

100　税理士の守秘義務

大阪高裁平成26年8月28日判決
平成25年（ネ）第3473号・損害賠償請求控訴事件
【掲　載】ＴＫＣ：25540022・ＴＡＩＮＳ：Ｚ999－0151
【判　示】弁護士法に基づく照会に応じて依頼者の確定申告書等を依頼者の承諾をないまま開示
　　　　　したことが依頼者のプライバー権を侵害したとされた事例。
〔第1審：京都地判平成25年10月29日・平成25年（ワ）第579号〕

【解　説】

　税理士法38条は、「税理士は、正当な理由がなくて、税理士業務に関して知り得た秘密を他に洩らし、又は窃用してはならない」と定めている。税理士に限らず、業務上、知り得た依頼者の情報に関しては、守秘義務を遵守することは、多くの専門職には課せられている。

　しかしながら税理士の顧客、業界でいうところの関与先の多くは、中小企業であり、その大半が株主と役員が同一である家族経営の同族会社となっている。そのため、これらの企業では、ひとたびお家騒動が勃発すれば、親族間の骨肉の争いが生じ、また相続の開始に伴い、争族に発展することは少なくない。この場合に、税理士は依頼者一族のなかで中立を保つべきであるが、難しい立場に置かれることは避けられない。税理士に課せられる守秘義務も複雑となる。

【事案の概要と経緯】

　原告（控訴人）は平成19年9月から平成23年2月まで、A社に在籍していた。A社は、A社における原告の勤労実体が争点の一つなっている別件訴訟を提起している。A社の代理人である弁護士は、本事案の被告（被控訴人）である税理士が代表役員を務める税理士法人を照会先として、Aが平成22年3月以降、体調を崩して就労困難な実態にあり、A社における就労実態がなかったことを立証するためとして、Aの確定申告書や総勘定元帳の写しを提出するよう弁護士法23条の2に基づく照会の申出をし、弁護士会から税理士法人に対し照会がなされた。

　照会を受けた税理士は、原告の同意を得ることなく、平成15年から平成21年までの確定申告書及び総勘定元帳の各写しを提供した。

　これを受けて原告は、自らの承諾を得ないまま確定申告書控え等を開示したことがプライバシー権を侵害する不法行為に当たると主張して、不法行為による損害賠償請求権に基づき、税理士に対し損害賠償を求めた。

　第1審は、税理士法38条は、「税理士は、正当な理由がなくて、税理士業務に関して知り得た秘密を他に漏らし」てはならない旨を規定し、税理士法基本通達38－1は、「法38条に規定する『正当な理由』とは、本人の許諾又は法令に基づく義務があることをいうものとする」としており、弁護士法23条照会の趣旨及び回答の性質に照らせば、弁護士法23条照会に対する回答は、「法令に基づく義務がある」場合に該当し、税理士法38条の「正当な理由」があるものと解するのが相当である、などとして、原告の請求を棄却した。

　これに対して、控訴審は原告の請求を認め、被告に損害賠償の支払を命じた。

　その後、上告受理申立てが行われたが、詳細は不明である。

【判決要旨】

①　弁護士法23条照会は、公共的性格を有するものであるが、法文上、照会事項は「必要な事項」と

299

規定されるのみで特段の定義や限定がなく，照会先も「公務所又は公私の団体」と広範囲であるため，事案によっては，照会を受けた者が照会事項について報告することが，個人のプライバシーや職業上の秘密保持義務等の保護されるべき他の権利利益を侵害するおそれのある場合も少なくないと考えられる。したがって，23条照会を受けた者は，どのような場合でも報告義務を負うと解するのは相当ではなく，正当な理由がある場合には，報告を拒絶できると解すべきである。そして，正当な理由がある場合とは，照会に対する報告を拒絶することによって保護すべき権利利益が存在し，報告が得られないことによる不利益と照会に応じて報告することによる不利益とを比較衡量して，後者の不利益が勝ると認められる場合をいうものと解するのが相当である。この比較衡量は，23条照会の制度の趣旨に照らし，保護すべき権利利益の内容や照会の必要性，照会事項の適否を含め，個々の事案に応じて具体的に行わなければならないものである。

② 税理士の守秘義務の例外としての「正当な理由」（税理士法38条）とは，本人の許諾又は法令に基づく義務があることをいうと解されるところ，一般には23条照会に対する報告義務も「法令に基づく義務」に当たると解される。

③ もっとも，税理士の保持する納税義務者の情報にプライバシーに関する事項が含まれている場合，当該事項をみだりに第三者に開示されないという納税義務者の利益も保護すべき重要な利益に当たると解される。したがって，税理士は，23条照会によって納税義務者のプライバシーに関する事項について報告を求められた場合，正当な理由があるときは，報告を拒絶すべきであり，それにもかかわらず照会に応じて報告したときは，税理士法38条の守秘義務に違反するものというべきである。そして，税理士が故意又は過失により，守秘義務に違反して納税義務者に関する情報を第三者（照会した弁護士会及び照会申出をした弁護士）に開示した場合には，当該納税義務者に対して不法行為責任を負うものと解される。

④ 本件照会申出の理由は，A社が，別件訴訟において，原告が平成22年3月以降，体調を崩して就労困難な実態にあり，A社における就労実態がなかったことを立証するためのものということである。一方，照会事項の中心は，確定申告書及び総勘定元帳の写しの送付を求めることにあるものと認められる。しかし，原告の健康状態を立証するためであれば，医療機関等への照会によるのが直截であり，収入の変動を通じて健康状態の悪化を立証するということ自体が迂遠というべきである。この点を措くとしても，平成22年3月以降の納税者の体調不良を立証しようとするのであれば，原告の平成22年の確定申告書等とそれ以前の確定申告書等を比較するのでなければ意味がないはずである。ところが，税理士が原告の確定申告を行っていたのは平成15年から平成21年までであり，平成22年の確定申告は担当していない。そうであるとすれば，税理士の所持する確定申告書等だけでは原告が平成22年に体調不良により収入が減少したかどうかを認定することはおよそ期待できないというべきであるから，最長10年間にわたる確定申告書等の送付を求める照会事項3は，23条照会としての必要性，相当性を欠く不適切なものといわざるを得ない。23条照会の公共的性格という観点からみても，本件照会が別件訴訟における真実の発見及び判断の適正を図るために必要かつ有益であるとは言い難い。

⑤ 確定申告書及び総勘定元帳の内容は，原告本人の収入額の詳細のほか，営業活動の秘密にわたる事項や家族関係に関する事項等，プライバシーに関する事項を多く含むものであり，これらの事項がみだりに開示されないことに対する納税者の期待は保護すべき法益であり，これらの事項が開示されることによる納税者の不利益は看過しがたいものというべきである。

⑥ 本件確定申告書等については，これが開示されることによる原告の不利益が本件照会に応じないことによる不利益を上回ることが明らかである。したがって，税理士が本件照会に応じて本件確定申告書等を送付したこと（本件開示行為）は，守秘義務に違反する違法な行為というべきである。

《その他》

【検　　討】

　いわゆる弁護士会照会といわれる制度と税理士の守秘義務との関係が争点となった事案である。弁護士会照会については，最高裁昭和56年4月16日判決が，犯罪歴の照会を受けそれを漫然と回答した自治体に対し損害賠償を認めており，照会を受けた者が回答を行うことには損害賠償のリスクを負うことを認めているといえる。

　本事案で，当然のことであるが，裁判所は，守秘義務は「税理士業務の根幹に関わる極めて重要な義務」と明示している。そのうえで判決は，税理士が弁護士照会により報告を求められたとしても，「正当な理由」がある場合には報告を拒絶することができ，正当な理由があるにもかかわらず，税理士が照会に応じた場合には守秘義務に違反すると示した。

　この「正当な理由」の判断にあたっては，報告が得られないことによる不利益と，照会に応じて報告することによる不利益とを，個々の事案に応じて具体的に比較衡量すべきとしている。残念ながら，この不利益の範疇には，税理士の収入維持は含まれるはずはない。

　ただ本事案の背景は深刻な事情がある。親族間の争いのなかで，A社との関わりが深い税理士の立場も複雑である。すなわち，(1)原告は，A社入社前から，おそらく入社後も個人事業として建築工事業を営んでいたこと，(2)A社の前社長は原告の実母であり，現社長は原告の伯父（原告の母の兄）であり，A社の実質的オーナーであること，(3)A社が提起した別件訴訟は，現社長である兄が，前社長である実妹の在任中における背任行為等を指弾したものであること，(4)A社現社長は，他にも代表者をつとめる企業を有しており，税理士は開業以来のこれらの企業の顧問税理士を受任していたこと，(5)原告と被告は，原告が大学生であった頃から面識があったこと，などが挙げられる。

　実務的な発想からすれば，いわばA社を通じて，密接な関係にある税理士は弁護士に情報を提供することは容易であったはずである。しかし，あえて弁護士会照会をとることで，税理士の守秘義務違反を指摘されることを回避し，合わせて情報の公平性，客観性を主張することを意図したかもしれない。やはり紛争が始まった段階で，本来，原告が保管等すべき確定申告関係の資料を，税理士は，原告に返却すべきだったといえよう。

【論　　点】

①　守秘義務の意義と範囲。
②　税理士法38条の趣旨と適用範囲。

301

＜著者紹介＞

林　仲宣（はやし　なかのぶ）

1952年　愛知県豊橋市生まれ

現　在　税理士

　　　　明治学院大学大学院，専修大学大学院，中京大学大学院各非常勤講師

　　　　市町村職員中央研修所（市町村アカデミー）客員教授

【最近の主な著書】

（単著）

地方分権の税法学（税務経理協会）2011年

租税基本判例120選（改訂版）（税務経理協会）2014年

実務のための財産評価判例集（税務経理協会）2015年

アドバイス税法講義（税務経理協会）2016年

役員給与，退職金をめぐる税務判決・裁決45選（大蔵財務協会）2018年

（共編著）

交際費税務に生かす判例・裁決例53選（税務経理協会）2010年

はじめての租税法（成文堂）2011年

贈与税対策に生かす判例・裁決例45選（税務経理協会）2012年

重要判決・裁決から探る税務の要点理解（清文社）2015年

実務のための貸倒損失判決・裁決例集（税務経理協会）2016年

収益認識基準の法人税実務（ぎょうせい）2018年

実務のための資本的支出・減価償却・修繕費判例・裁決例50選（税務経理協会）2018年

ガイダンス税法講義（4訂版）（税務経理協会）2019年

著者との契約により検印省略

令和元年9月15日　初版第1刷発行

実務に役立つ
租税基本判例精選100

著　者　林　　　仲　宣
発行者　大　坪　克　行
印刷所　税経印刷株式会社
製本所　牧製本印刷株式会社

発　行　所　〒161-0033 東京都新宿区
　　　　　　下落合2丁目5番13号

株式
会社 **税務経理協会**

振　替　00190-2-187408
ＦＡＸ　(03)3565-3391

電話　(03)3953-3301（編集部）
　　　　(03)3953-3325（営業部）

URL　http://www.zeikei.co.jp/

乱丁・落丁の場合は，お取替えいたします。

© 林　仲宣 2019　　　　　　　　　　　　Printed in Japan

本書の無断複写は著作権法上での例外を除き禁じられています。複写される
場合は，そのつど事前に，（社）出版者著作権管理機構（電話 03-3513-6969，
FAX 03-3513-6979，e-mail：info@jcopy.or.jp）の許諾を得てください。

JCOPY ＜（社）出版者著作権管理機構 委託出版物＞

ISBN978-4-419-06635-2　C3032